21世纪高等教育会计通用教材
国家级特色专业建设成果
国家级一流本科专业建设点配套教材
省级一流专业配套教材
省级重点学科建设成果
国家级一流本科课程教材
省级课程思政示范课程教材
省级精品课程教材
省级优秀教材

会计学原理

（第五版）

Accounting Principles

张志康　主编

东北财经大学出版社
Dongbei University of Finance & Economics Press
大连

图书在版编目（CIP）数据

会计学原理／张志康主编．—5版．—大连：东北财经大学出版社，2023.8（2025.8重印）

（21世纪高等教育会计通用教材）

ISBN 978-7-5654-4868-3

Ⅰ．会…　Ⅱ．张…　Ⅲ．会计学-高等学校-教材　Ⅳ．F230

中国国家版本馆CIP数据核字（2023）第125177号

东北财经大学出版社出版

（大连市黑石礁尖山街217号　邮政编码　116025）

网　　址：http://www.dufep.cn

读者信箱：dufep@dufe.edu.cn

大连雪莲彩印有限公司印刷　　　东北财经大学出版社发行

幅面尺寸：185mm×260mm　字数：451千字　印张：19.25　插页：1

2023年8月第5版　　　2025年8月第5次印刷

责任编辑：李智慧　李　栋　　　责任校对：刘贤恩

封面设计：原　皓　　　版式设计：原　皓

定价：46.00元

教学支持　售后服务　　联系电话：（0411）84710309

如有印装质量问题，请联系营销部：（0411）84710711

第五版前言

党的二十大报告指出，要“深化教育领域综合改革，加强教材建设和管理”。大学教材是高等学校教育教学、推进立德树人的关键要素。为了进一步充实、完善和更新《会计学原理》教材内容，我们修订出版了《会计学原理》第五版。

此次对《会计学原理》的修订幅度较大，主要体现在以下几个方面：

一是按照《中共中央关于认真学习宣传贯彻党的二十大精神的决定》的要求，以党的二十大精神指导教材修订工作，并在第一章、第五章和第十四章的内容中融入了党的二十大精神，增强了教材的政治站位；

二是新增了每一章的教学目标，在明确每章知识和能力目标的同时，特别设计了思政目标，以此正确引导教师、学生的教学与学习活动，尽力发挥专业课教材作为“培养什么人、怎样培养人、为谁培养人”这一根本问题的重要载体所具有的铸魂育人功能；

三是按照新形态教材建设的要求，制作了数字化资源，以二维码的形式呈现，通过扫描二维码，即可对教材若干相关内容的学习进行进一步深化和拓展；

四是在每章后新增了该章知识点尝试自测系统，通过扫描二维码，即可借助于判断题、单项选择题和多项选择题，便捷地对该章知识点的掌握情况进行尝试性测试；

五是进一步充实、完善和更新了第八章中交易或事项的种类、内容及其账务处理方法，相应修改了第十二章和第十三章中有关会计凭证、会计账簿和财务报表等涉及的内容、数据，从而进一步增强了对会计实务业务处理能力和操作技能的训练；

六是借鉴《会计人员职业道德规范》等最新的相关会计规范，对会计人员职业道德内容等问题的阐述及时进行了更新。

此次《会计学原理》的修订工作由本人完成，我校会计学院胡北忠、梁媛媛老师给予了诸多宝贵建议和热情帮助。由于修订工作繁复，修订工作量较大，教材中难免存在错漏、不妥之处，恳请各位同仁及读者指正。

此外，我们对与《会计学原理》相配套的《会计学原理同步检测》《会计学原理课程实验》也进行了修订，分别出版了第五版和第六版。在此，希望《会计学原理》《会计学原理同步检测》《会计学原理课程实验》的修订出版，对兄弟院校“会计学原理”课程的教学能起到更好的促进作用。

张志康

2023年5月8日于贵州财经大学

第一版前言

纵观中外大学会计教育，开设“会计学原理”（Accounting Principles）课程的历史可谓悠久；综观国内大学，不设置会计类专业、不开设“会计学原理”课程的，在当下已寥寥无几。无疑，社会经济发展的迫切需要促进了会计教育的飞跃发展，会计教育的飞跃发展促进了《会计学原理》教材（含同类不同名称的教材）建设的繁荣。在《会计学原理》教材建设呈现勃勃生机、教材建设工作硕果累累的当下，再编写出版一部富有特色的《会计学原理》教材，显然面临十分艰难的挑战和抉择。与此同时，我校的会计学专业是2007年批准的省级“高等学校示范性本科专业”和2008年经教育部、财政部批准的第三批“高等学校特色专业建设点”，“会计学原理”课程是2006年批准的省级精品课程，承担“会计学原理”课程教学的教师具有丰富的教学经验。为了总结我们在本科教学质量与教学改革工程项目建设中的探求和成果，反映我校教师在长期教学实践与教学改革过程中的思考、心得和经验，彰显我校“会计学原理”课程的教学特色，我们鼓足勇气编写了这部教材。

这部教材除了积极借鉴和吸纳当代会计理论研究、会计实务的最新成果，尊重和传承传统教材的科学内涵、精华内容之外，还主要尝试在以下几个方面进行积极大胆的探索，力图有所创新：

第一，在谋篇布局上，以上篇、中篇和下篇将全部十六章内容一分为三，使“基本理论”、“基本方法”和“组织管理”这一脉络清晰、突出，易于对全书内容的整体理解和把握。

第二，结合国内外会计理论与实务的最新研究成果，专章阐述“会计目标和会计信息质量特征”“会计对象和会计要素”“会计假设和会计记账基础”“会计程序和会计方法”等内容，这既体现了本教材对建立“会计概念框架”的诉求，也增强了教材理论部分应有的地位，突出了会计学“原理”的特色。

第三，基于对“财产清查”性质、目的、作用、内容的探究，把它从会计核算方法体系中剔除，并将其置于“登记会计账簿”这一专门方法的范畴，从而构建了由六种专门方法组成的新的会计核算方法体系，改变了会计核算包括七种专门方法的传统会计核算方法体系。

第四，在第八章中，将财产清查交易或事项的账务处理置于经营成果交易或事项的账务处理之前，这既符合交易或事项发生的实际，也使得经营成果交易或事项的内容更为丰满，保证了对经营成果交易或事项进行账务处理的完整性、真实性。

第五，在第八章第七节“账户按用途结构的分类”中，针对“盈余公积”“待处理财产损溢”等常用账户的归属，并未随意或模糊处理，而是采取积极态度，通过对“实收资本”“资本公积”“盈余公积”账户用途、结构共性的认真分析，创造性地提出了“资本积累账户”的概念，将“实收资本”“资本公积”“盈余公积”账户较为合理地归入了“资本积累账户”的名下；通过对“待处理财产损溢”账户用途、结构的分析并借鉴前人的成果，将其归入了“暂记账户”的名下。

第六，在第十六章中特意单独设置了“出纳工作”一节，阐述了出纳的含义、出纳工作的内容、出纳工作岗位的设置和出纳人员的配备以及出纳业务的办理等内容，试图以此弥补大学会计教育中长期以来存在的教学内容的不足。

第七，在内容安排和文字表述以及证、账、表格式设计等若干细微之处，竭力注意建立对会计活动规律的整体认识，强调文字形式的经济交易或事项与原始凭证、会计分录与记账凭证、“T”字账与具体账页等的相互关系及仿真度，增强教材的实用性。

第八，自始至终注意把握“经济交易或事项”这一术语的使用，着力推进我国会计准则用语、会计教材用语、会计实务用语的一致性以及我国会计用语的国际趋同性。

此外，按照期间费用的含义，本教材重新界定了期间费用包括的内容。

当然，“会计学原理”是主要阐述会计基本理论、基本方法、基本技能和会计工作组织管理基本知识的一门课程，一部《会计学原理》教材无论是否具有特色，也无论富有怎样鲜明的特色，显然都还不足以满足课程教学及其不断改革的需要，也难以完全反映我们在“会计学原理”课程建设中的探求。因此，我们已经编写出版了配套教材——《会计学原理课程实验》（东北财经大学出版社，2009），我们还将编写出版相关的配套练习，以求全面反映我校“会计学原理”课程的建设成果。

本教材由贵州财经学院张志康教授提出编写大纲和写作指导思想并担任主编，“会计学原理”课程组教师集体参与了编写大纲的讨论。教材初稿的撰稿人有：张志康（第一、二、五、六、七、八、九、十一章）、钱润红（第三、四章）、袁旭（第十章）、徐倩（第十二章）、邱静（第十三章）、廖治宇（第十四、十五章）、梁媛媛（第十六章）。教材最后由张志康总纂、定稿。

本教材的编写吸纳了我国许多会计理论专家、学者的最新研究成果，参阅了在国内具有广泛影响的多部教材；教材编写也受益于我校胡北忠教授、张勇教授、董延安教授、李志益副教授和李艳副教授的许多中肯意见和建议；教材出版得到了东北财经大学出版社从事审、编、排、校、检等工作的同志们的大力支持和帮助。值此教材出版之际，谨对他们表示由衷的谢意。

苦于时间仓促，更因水平所限，本教材难免有疏漏、不妥和错误之处，恳请各位同仁及读者不吝赐教。

张志康

2010年12月贵州财经学院·桂湖

目 录

上篇 会计总论

中篇 会计核算方法

下篇 会计工作组织管理

上篇

会计总论

会计既是一门古老而成熟的学科，也是一门充满生机和活力的学科，是当今经济、管理领域里一个理论既丰富又科学、方法既先进又完备的重要学科。面对完善的会计知识体系，当下的初学会计者除了要了解会计的历史发展，认识会计的职能、特点和基本含义以外，首要的就是要从总体上建立起“会计概念框架”，从总体上把握会计活动的基本规律。

基于此，本篇共设置了五章，即：“会计概述”“会计目标和会计信息质量特征”“会计对象和会计要素”“会计假设和会计记账基础”“会计程序和会计方法”。

第一章

会计概述

【本章教学目标】

知识目标：本章简要阐述会计产生、发展的基本历程，着重阐述会计的基本概念。通过本章学习，要求了解会计产生、发展的基本历程，初步理解会计的基本职能、特点、本质和概念。

能力目标：能够通过对会计基本职能、特点、本质的认识，正确把握会计的概念。

思政目标：通过对会计产生、发展基本历程的了解，初步认识我国会计的历史辉煌和我国当代会计的先进性，树立文化自信、道路自信的理念，增强专业认同感和学习会计专业知识的信心。

第一节　会计的产生、发展和会计环境

一、会计的产生

会计不是从来就有的，会计产生于人类的生产行为。但是，并不是人类的生产行为一经产生就产生了会计。会计是社会生产发展到一定历史阶段的产物，社会生产的发展、经济管理的客观要求才是会计产生和发展的前提条件。

众所周知，人类的生产活动是最基本的实践活动。人类要生存和发展，首先必须谋得衣、食、住、行等生活所需的物质资料，而这些物质资料只有靠人类自身开展生产活动，在劳动中取得和创造。人类进行的生产活动是劳动所得和劳动耗费的矛盾统一体。在生产过程中，一方面会创造物质财富，取得一定的劳动成果，即会有所得；另一方面又要投入和消耗人力、物力和财力，发生各种劳动耗费，即会有所费。正是因为如此，人类在生产活动中自然就会关心劳动所得与劳动所费之间的联系，认识到应使劳动所得大于劳动所费，并总是力图做到以一定的劳动耗费获得尽可能多的劳动成果，或者为了获得一定的劳动成果总是力图耗费尽可能少的劳动，以提高生产活动的经济效益。这正如马克思所指出的："在一切社会状态下，人们对生产生活资料所耗费的劳动时间必然是关心的，虽然在不同的发展阶段上关心的程度不同。"[①]为了达到这样的目标，人类在生产活动中一方面

① 马克思.资本论（第一卷）[M].中共中央马克思 恩格斯 列宁 斯大林著作编译局，译，北京：人民出版社，1975：88.

不断地改进生产技术，提高生产技术水平，另一方面不断加强管理，提高经营管理水平。经过长期的生产管理实践，当人类逐步认识到要了解生产过程中的劳动消耗和劳动成果情况，要处理好劳动所费与劳动所得的关系，客观上必须从数量方面对生产活动过程进行观察、计算、登记、分析和比较时，会计就应运而生了。

据考证，人类的原始计量、记录行为产生于10万~30万年前的旧石器时代中、晚期。一般认为，会计的产生始于人类社会的早期生产。随着社会生产的不断发展和管理要求的不断提高，会计得以不断发展、丰富和完善。马克思曾经指出，会计最初只是“生产职能的附带部分”，也就是人们在“生产时间之外附带地把收支、支付日等记载下来”。只有当社会生产力发展到一定水平，特别是当商品经济有了一定的发展以后，会计才“从生产职能中分离出来，成为特殊的、专门委托的当事人的独立的职能”[①]。

二、会计的发展

会计从其产生起一直发展到今天，经历了漫长的历史过程，这一过程大致可以分为古代会计、近代会计和现代会计三个发展时期。

（一）古代会计发展时期

一般认为，从旧石器时代的中、晚期至公元15世纪末为古代会计时期。在这一时期，会计的重要特征是采用单式簿记法，复式簿记法尚处于初创阶段。

在人类社会所处的蒙昧时期，由于生产力水平极其低下，劳动产品极为匮乏，生活极为简单，人们只靠打猎、捕鱼、采集野果为生。因此，人们只在头脑中作些计算和记忆，就可以对极为简单的劳动生产活动的基本情况做到心中有数。

当人类进入野蛮时代，在原始公社的后期，生产力有了进一步发展，产品出现剩余，社会生产有了分工，产品的交换等经济往来也开始产生并逐渐频繁，生产活动趋于复杂，劳动耗费和劳动成果都有所增加，于是出现了人类记录史上最为古老的“结绳记事”。随着生产的进一步发展，人类出现了语言文字，人们就把生产活动中的有关经济事项的数据用文字记录下来，并逐步使得这种计算、记录工作从生产活动中分离出来，最终形成特殊的、专门的独立职能，成为专职人员从事的经济管理工作。正如马克思指出的那样：“在远古的印度公社中，已经有一个农业记账员。在那里，簿记已经独立为一个公社官员的专职。”[②]

到了奴隶社会，由于整个社会生产力水平有了新的提高，生产活动更加纷繁，从而促使简单的会计计算工作有了进一步发展，开始采用一定的简单处理程序，并分设了专门账册。“中华优秀传统文化源远流长、博大精深，是中华文明的智慧结晶”[③]早在公元前1046年到公元前771年的我国西周时期，就已经出现了“会计”一词，清代焦循在《孟子正义》一书中曾将其解释为“零星算之为计，总合算之为会”。据史料记载，我国西周王朝设有专门管理钱粮赋的官员，总管王朝会计的官职为“司会”，为计官之长，进行“月计岁会”。

---

① 马克思.资本论（第二卷）［M］.中共中央马克思 恩格斯 列宁 斯大林著作编译局，译，北京：人民出版社，1975：151.

② 马克思.资本论（第二卷）［M］.中共中央马克思 恩格斯 列宁 斯大林著作编译局，译，北京：人民出版社，1975：151.

③ 习近平.高举中国特色社会主义伟大旗帜 为全面建设社会主义现代化国家而团结奋斗——在中国共产党第二十次全国代表大会上的报告［EB/OL］.（2022-10-25）.https：//www.gov.cn/xinwen/2022-10/25/content_5721685.htm.

进入封建社会，生产力进一步发展，农民积极劳动，改进耕作技术，农业和手工业达到了较高水平，从而进一步促进了会计的发展。在我国，从秦汉到唐宋，逐步形成了一套记账、算账的古代会计模式，即“四柱清册”方法，它通过“旧管+新收=开除+实在”这一平衡公式，对一定时期内财产物资的收支记录加以总结，以检查日常记账的正确性和完整、系统地反映经济活动全貌，成为我国封建社会会计的一个杰出成就。公元10世纪至15世纪中叶，我国的民间会计也有了一定发展，在此期间，不仅以“四柱清册”为核心的中式会计的方法体系得以建立和完善，而且账房组织制度已经形成。从15世纪中叶起，中国开始在政治、经济、文化及科学技术诸方面落后于西方国家。自此，在世界会计发展史上，中国会计占主导地位的时代过去了。近500年来的世界会计史，一直朝着西方经济发达国家会计占主导地位的方向发展。

早在11世纪末至12世纪，整个欧洲商人与东方发生了空前的全面性贸易往来关系，意大利北部的伦巴底和中部的托斯坎尼开始控制东方和西欧的中介贸易。为了应付较为复杂的交易事项和治理早期市场中的混乱现象，人们已开始解决交易制度与计量制度方面的安排问题。那时，意大利的威尼斯、热那亚、佛罗伦萨等一些新建城市的商人们将积聚的大量资本陆续投入到工业及银钱业中去，从而进一步促进了手工业、商业和银钱业的发展。意大利北方商业和金融业的振兴，特别是资本主义经济关系的萌芽和发展，使得一直沿用的单式簿记越来越不能满足经济发展对计量、记录工作的需要，于是在13世纪初至15世纪中后期，先后产生了佛罗伦萨式、热那亚式和威尼斯式三种各具特色的复式簿记。这三种复式簿记分别代表复式簿记的萌芽阶段、改进阶段和初步完备阶段。尽管当时人们对复式簿记的认识还存在局限性，但复式簿记的光辉照亮了未来西欧会计乃至世界会计的发展里程，它实现了世界会计发展史由古代阶段向近代阶段的转变，改写了世界会计发展的历史。

（二）近代会计发展时期

从15世纪末复式簿记的广泛传播到20世纪会计学的创立，属于近代会计时期。

1494年11月10日，近代会计之父、意大利数学家卢卡·帕乔利（Luca Pacioli，1445—1517）在威尼斯出版了《算术、几何、比及比例概要》（Summade Arithmetica Geometria，Proportioniet Proportionalita，亦译作《数学大全》）一书。该书第一部分中的第九篇第十一论“计算与记录要论”（Tractatus Party Cularis de Computiset Scripturis）对复式簿记作了相当全面、系统的描述，奠定了西式复式簿记的全部基础，成为会计发展史上的重要里程碑。该书的出版标志着近代会计的开始。

公元16世纪至17世纪，荷兰、德国、法国、英国等先后引进、继承和发展了意大利的复式簿记实务与理论，最终在欧洲造就了“帕乔利时代”。17世纪的英国资产阶级革命扫清了社会生产力的发展障碍，进而带来了18世纪70年代的产业革命，使英国会计的发展进入到创新时期。同时，18世纪以来，英国的公共会计师事业逐步兴旺发达。1854年苏格兰成立了第一个会计师协会——爱丁堡会计师协会。英国在审计、复式簿记原理与早期成本会计方面的贡献，使它很快成为世界会计发展的中心，这一历史地位一直保持到19世纪。在18世纪与19世纪之交，德国在会计、审计研究方面也出现大的突破。由于德国在会计、审计理论研究与方法处理应用方面充分体现了西欧大陆国家的特色，在世界会计发展史上自成一派，成为“大陆式会计、审计”的创始国，从而与英国及后来的美国分庭抗礼，与“英美式会计、审计”并列成为两大流派。

西方会计的崛起是资本主义经济发展、科学技术进步、产业革命率先在西欧产生和发展的必然结果，其后，它在近代会计发展史上占据支配地位。至20世纪初，伴随着资本主义市场经济发展中心的转移，世界会计发展中心也就从英国乃至西欧转移到了美国。

总的来说，在近代会计发展时期，实现了世界会计发展史上的两大根本性转变：一是实现了由古代会计向近代会计发展阶段的转变，其间适应早期市场经济发展变化要求，逐步以复式簿记的方法体系取代了单式簿记的方法体系，并较为系统地建立了“簿记学”的基本理论，而复式簿记、簿记学的基本理论和历史成果，成为后来建立会计学的坚实基础和重要组成部分；二是在19世纪与20世纪之交，在产业革命的深刻影响下，适应资本主义市场经济发展的需要，以建立成本会计为立足点，以确立会计在公司经营管理中的重要地位为基本指导思想，已在实务处理和理论研究等方面朝着会计时代的方向发展转变，这一转变固然在进入20世纪后才最终完成，但19世纪确实为其奠定了坚实基础，那些跨世纪会计学者、会计教育家、会计工作者以及工程技术人员为完成这一转变发挥了重要作用。

（三）现代会计发展时期

从20世纪初会计学创立开始，会计发展的历史进入了崭新的现代会计时期，使20世纪成为世界会计发展史上最伟大的一百年。

在会计发展历史进程中，由簿记向会计学的转变是在20世纪初期经历了30年左右后才最终完成的。会计学的创立是在产业经济进入繁荣发展阶段后对经济管理提出一些新问题、会计界参与解决这些新问题后的必然结果。在1900年至1913年间，以电力、化工、石油等部门为产业主体的工业生产得到成倍增长，国际贸易额也得以迅速增加，公司经济在欧美国家各大城市迅速发展，以合理的资本会计制度作为公司的管理标准已成为当代资本主义存在的最起码的先决条件。1916年，亨利·法约尔的名著《工业管理与一般管理》一书出版，该书明确指出了财务与会计在公司经营管理工作中的重要地位，此后，不少管理学家在其研究结论中认定了会计的管理职能，这些思想认识影响颇为深远。在美国，以工程师泰罗为首的成本计量与控制思想以及成本理论与实务处理方法，同20世纪初英国学者所建立的会计理论、德国学者所建立的审计理论、资产负债表理论，是确立会计学地位最重要的思想与理论。这些理论及在其指导下体现在公司经营管理中的变化，彻底宣告了簿记时代的结束及会计时代的到来。与此同时，正是由于以泰罗为代表的工程师与会计师们的密切结合，把会计的发展引向强化公司内部控制的管理会计方面，从而为“管理会计”的建立奠定了基础，并初步形成了财务会计与管理会计并立的局面。

自20世纪40年代起，在新技术革命推动下，现代市场经济发展的基本格局形成，并迅速朝着系统化、信息化与科学化的方向发展。为适应这一发展变化要求，从20世纪50年代起，传统会计便开始朝着现代会计方向发生转变，并且进展十分迅速，至60年代便进入现代会计发展的奠基阶段。高新技术发展与新经济革命所带来的现代会计变革是全面、系统和根本性的，其巨大成就体现在多个方面，最终形成了现代会计的基本体系。传统会计向现代会计的转变具体表现在：政府财计组织建设方面实现了财政、税收、预算、会计及审计组织的一体化建设，公司财务会计组织建设方面确立了财务与会计部门在公司中的组织地位，以财务、会计和内部审计为主体形成了科学、严格、系统的内部管理控制关系；市场经济发达国家在20世纪中叶先后建立健全了财务会计法制体系，特别是会计准则的建设从根本上突破了以往一般性制度立定颁行的基本格局，把会计规范形成与会计理论建设统一在一起，从而既具有技术规范特性，又具有一定的理论性、系统性和法定性，成为会计发展史上划时代的进步；由于财务会计准则的研究、制定和颁行，财务会计报表体系的形成和编报、分析方法的科学化，计算机在会计中的应用等，现代财务会计在继承传统财务会计基本内容的基础上得以建立和发展；由于会计环境发生重大变化，在20世纪50年代已进入现代管理会计发展阶段，1952年在伦敦举行的国际会计师联合会会议第一次正式提出“管理会计”这一概念，标志着现代会计被正式划分为财务会计和管理会计两大分支，50至70年代，管理会计基本体系已经建立起来并在应用中取得进展，尤其是70年代以后，在高新技术产业发展的影响下，又初步建立了“作业标准成本体系”“作业成本管理体系”，“战略管理会计”也相继兴起并成为现代管理会计进一步发展的进取目标；20世纪中叶以来，随着“国民经济核算体系”“社会责任会计”“社会责任审计”“国际会计”等的先后建立、发展和逐步完善，现代会计突破了微观经济的圈子，逐步渗透到宏观经济领域，宏观会计得以产生和发展；20世纪科学技术与市场经济所发生的巨大变化及在现代经济管理思想、理论发展方面的重大成就，促进了现代会计思想体系和理论体系的形成，它既支配着20世纪会计的发展，也深刻影响到21世纪会计发展的各个方面。

进入20世纪90年代，现代会计发展历史进入了一个新的全面发展的阶段。在这一阶段，会计发展面临着高新技术和高科技产业进入快速发展时期对会计的挑战，面临着经济发展迅速向全球化推进对会计的挑战，面临着新信息时代到来世界朝着信息与知识经济方向发展对会计的挑战等。这些挑战必将使现代会计发展的历史以90年代作为又一新的起点，在21世纪创造新的辉煌。

综上所述，20世纪科技与经济发展的百年辉煌造就了现代会计发展的百年辉煌。近一百年来，会计发展的历史迅速地显示出四大转变和趋势：由簿记时代向会计时代的转变、由传统会计向现代会计的转变（传统会计分化为财务会计和管理会计）、由工业经济时代的会计向信息与知识经济时代的会计的转变、由历史成本会计向公允价值会计的转变。

三、中国会计的发展

在我国，尽管会计产生的历史源远流长，唐宋以后也曾先后出现过“四柱清册法”“龙门账”“四脚账”等较为科学的会计方法，甚至形成了复式簿记的雏形，但在19世纪中叶以前始终没有完备的复式簿记。1897年，中国通商银行首先采用了借贷复式簿记。蔡锡勇于1905年出版的《连环账簿》首先介绍了借贷复式簿记，第二部书籍是谢霖和孟森于1907年合著的《银行簿记学》。1921年，以提倡改良中式簿记而驰名的会计学家徐永祚在上海开设了“徐永祚会计师事务所”。1925年3月，成立了我国历史上第一个会计师公会——上海会计师公会。1933年，徐永祚拟订了《改良中式簿记方案》，主张采用收付记账法，并在部分企业、银行和某些部门得以广泛传播和运用。后来徐永祚还编辑了《改良中式簿记概说》。国民政府统治时期，经过20世纪30年代的会计改良与改革之争以及改良与改革方案的推行，至20世纪40年代，无论政府会计还是公司会计的革新都取得了一定进展。然而总的说来，在中华人民共和国成立以前，由于我国长期处于封建社会和半封建半殖民地社会，政治、组织制度腐败，文化、科技、经济和管理比较落后，从而在很大程度上限制了会计的发展，会计面貌变化不大。

1949年中华人民共和国成立，中国从此发生了翻天覆地的变化，中国经济、中国会计进入了一个崭新的发展时期。

经过20世纪50年代至60年代的经济恢复与初步发展，中华人民共和国的会计事业逐步建立和发展起来，并在财计组织建设、统一会计制度、改革与统一会计方法、建立会计方法体系，开展会计理论研究以及会计教育等方面取得了初步成效，为社会主义会计事业进一步发展奠定了基础。

1978年党的十一届三中全会召开，党和国家把工作重点转移到现代化建设上来，坚定不移地实行改革开放政策，并逐步把经济改革全面推向纵深发展阶段，从而为全面开展会计改革创造了良好的社会经济环境。1985年我国颁布了《中华人民共和国会计法》，标志着我国会计工作从此进入法制阶段，经过1999年的修订颁布，我国会计法规建设呈现出了历史性进步。

20世纪90年代以来，我国经济发展和改革步入快车道。在90年代初，为了规范会计行为和着手解决我国会计与国际会计的协调、接轨问题，在国务院及财政部领导下，我国开始着手研究、制定会计准则，并于1992年11月30日颁布了《企业会计准则》，之后先后发布了若干具体会计准则。1997年5月28日我国颁布了《事业单位会计准则》。会计准则的颁布与实施，突破了原有计划经济体制下的会计核算模式，建立了反映市场经济发展要求，接近国际会计惯例而又具有我国特色的新的会计管理体系，使我国会计发展进入了一个新的时期。

进入21世纪，我国会计进入了一个崭新的发展时期。2000年6月21日，国务院颁发了《企业财务会计报告条例》；2000年12月29日，财政部发布了《企业会计制度》；2001年11月27日，财政部发布了《金融企业会计制度》；2004年4月27日，财政部发布了《小企业会计制度》；2004年8月18日，财政部发布了《民间非营利组织会计制度》；2006年2月15日，财政部发布了由1项基本会计准则和38项具体会计准则组成的企业会计准则体系，这标志着适应我国市场经济发展要求、与国际财务报告准则（IFRS）实质性趋同的、可以独立施行的企业会计准则体系正式建立，成为我国会计发展史上的重要里程碑；2009年9月2日，为了响应2008年国际金融危机爆发后二十国集团（G20）领导人峰会、金融稳定理事会（FSB）关于建立全球统一的高质量会计准则的倡议，财政部印发了《中国企业会计准则与国际财务报告准则持续全面趋同路线图（征求意见稿）》，提出了中国企业会计准则与国际财务报告准则持续全面趋同的背景、主要内容和时间安排；2010年12月29日，财政部发布了《基层医疗卫生机构会计制度》；2010年12月31日，财政部发布了重新制定的《医院会计制度》；2012年12月19日，财政部发布了修订后的《事业单位会计制度》；2013年12月18日，财政部发布了修订后的《行政单位会计制度》；2014

年，财政部对2006年发布的具体会计准则进行了修订，发布了修订后的第2、9、30、33、37号企业会计准则，同时新发布了第39、40、41号企业会计准则；2015年10月至2018年12月，财政部陆续发布了《政府会计准则——基本准则》和9项具体准则；2017年4月28日，财政部发布了《企业会计准则第42号——持有待售的非流动资产、处置组和终止经营》。目前，我国已经形成了由1项基本会计准则、40多项具体会计准则组成的企业会计准则体系和由1项基本会计准则、9项具体会计准则组成的政府会计准则体系。

可以预见，随着经济全球化进程的加快和适应我国市场经济改革发展的需要，一个既融入世界、又彰显自身魅力和影响力的中国会计发展的时代即将到来。

综观古今中外的会计，其产生、发展的历史表明：起源于生产实践活动的会计随着社会生产的发展和经济管理的需要，经历了一个由简单到复杂、由低级到高级的漫长历史发展过程。发展到今天，会计已经成为一种重要的经济管理活动；社会生产越发展，经济管理要求越高，会计就越重要。正如马克思所指出的，生产“过程越是按社会的规模进行，越是失去纯粹个人的性质，作为对过程的控制和观念总结的簿记就越是必要；因此，簿记对资本主义生产，比对手工业和农民的分散生产更为必要，对公有生产，比对资本主义生产更为必要”[①]。

四、会计环境

（一）会计环境的内涵

任何事物的产生、存在与发展都是一定环境作用的结果。会计产生、发展的历史进程同样表明，会计这门学科的每一次发展和进步都有着深刻的历史背景，都受制于一定的会计环境。

会计环境是指在特定发展阶段会计所赖以生存和发展的各种客观条件及限制性因素，主要是指一定的社会经济环境。影响会计生存和发展的环境因素是多方面和错综复杂的，一般说来，它涉及生产力、生产关系和上层建筑等方面，具体包括政治、法律、经济、科技、教育和文化等因素。政治是经济的集中表现，一个国家的政治体制必然会影响企业所有制结构，进而影响会计的生存和发展；法律是统治阶级意志的体现，会计活动过程必然会受到一个国家会计法律的规范和制约；经济因素包括一个国家的经济管理体制、所有制结构、经济类型与企业组织形式、资本来源、经济发展水平、经济国际化程度等方面，它对会计有着最直接最广泛的影响。此外，一个国家的科技水平、教育状况以及基于社会普遍认可的价值观和人生观的文化因素等，同样对会计的生存和发展有着重要影响。

会计环境既是会计理论研究的重要课题，也是研究其他会计理论及开展会计实务的重要基础。随着会计环境的发展变化，新环境必然会对会计提出新的要求，进而促进会计的发展，会计的发展又会反作用于一定的社会经济环境。显然，研究新时期的会计环境，把握社会经济环境对会计的重要影响和会计对社会经济环境的反作用，对于正确认识不同时期、同一时期不同国家、不同企业组织形式等之间会计的共性和个性，对于正确认识会计理论和会计实务的继承、改革、发展和完善问题，对于正确认识会计实践活动所处的环境

---

① 马克思.资本论（第一卷）[M].中共中央马克思恩格斯列宁斯大林著作编译局，译，北京：人民出版社，1975：152.

特征从而充分发挥会计在经济管理中的重要作用等，都具有十分重要的意义。

（二）会计与其所处环境的关系

著名会计大师D.S.乔伊在其《国际会计》一书中指出："在一段时期内，会计不过是银行业和税收方案中的记录系统；随后，以复式记账法满足了商业企业的需要；工业化和劳动分工使成本性态分析和管理会计的发展成为可能；现代股份有限公司的出现促进了定期财务报告和审计；最近，会计已经以人力资源会计与计量、报告和审查不同组织的社会责任等方式，展示了它在反映公共利益方面的能力；目前，会计又在人们的行为、政府部门以及国际范围等方面发挥其作用；会计正在为国内和国际的公开交易证券的市场提供进行决策的信息；它甚至扩展到管理咨询的领域。"显然，会计与其所处的一定社会经济环境之间存在着紧密的联系，这种关系集中体现在社会经济环境对会计的巨大影响和会计对社会经济环境具有的反作用两个方面。

从会计产生和发展的历史进程看，社会经济环境对会计的影响是广泛、深刻而又错综复杂的，人类历史不同发展阶段上的社会经济环境造就了不同的会计理论、方法、工艺和技术。在早期的人类社会，由于只需要反映财产使用和分配情况，从而只要求会计对生产活动进行简单的记录和计量；随着生产的发展、生产力水平的提高，不仅要求会计对生产活动进行记录和计量，而且要求对其结果进行分析、比较和考评；企业经济活动的日益持续性则对会计提出了不仅要反映单一期间的生产活动，而且要反映持续经济活动的需要；货币的出现和广泛应用，使会计采用货币作为统一的计量尺度成为需要和可能；随着早期海运、商业和贸易的发展，合伙企业和金融信贷的出现，使得经济关系特别是债权债务关系日趋复杂，为适应已经变化了的社会经济环境，才促成了13世纪至15世纪复式簿记的初创和不断完善；17世纪英国资产阶级革命扫清了社会生产力发展的障碍，进而带来了18世纪70年代的产业革命，使机器大工业取代了手工工场，生产规模迅速扩大，由此孕育并推动了成本会计、折旧概念的发展，而经济的进一步发展和竞争的加剧，不仅导致了定期成本计算，而且激起了标准成本的萌芽并促使其逐步走向成熟；产业经济进入繁荣发展阶段后，客观上对经济管理提出了一系列新的要求，管理科学逐步兴起，人们对会计的期望和认识逐步提高，会计开始逐步参与经济决策和控制，从而使本量利分析、责任会计等先后运用到会计中来；现代股份有限公司的出现导致所有权与经营权的分离，从而对会计提出了定期财务报告的要求，这就促使公认会计准则的形成，进而也更快地促进了公共会计事业的进一步发展；第二次世界大战后，随着经济活动范围的日益扩大和资本的国际流动，出现了跨国公司，经济发展呈现国际化、全球化的态势，这就不可避免地要求会计能够协调各国会计法规、会计准则、会计制度和会计实务，国际会计应运而生；19世纪末至20世纪初出现的以穿孔卡片系统为主要代表的机械化数据处理技术在会计领域的运用，导致了会计数据处理技术发展史上的一次重大变革，而电子计算技术在会计领域的广泛采用，则在会计数据处理方式及会计工作组织、会计人员的知识结构、会计职能作用的发挥等方面带来更为深刻的影响；进入20世纪90年代，高新技术与高科技产业进入快速发展时期，经济发展迅速向全球化推进，世界朝着信息与知识经济方向发展，新经济时代已经到来，这一新的社会经济环境必将对21世纪会计的发展产生更为广泛、深入的影响。

另一方面，会计对其所处社会经济环境带来的影响并非消极适应，而是具有一定反作用的。会计是对社会再生产过程中能够以货币表现的经济活动的数量方面进行确认、计量、记录和报告的一门科学。由于会计主要是对价值运动进行追踪描述，有时这种价值运动的轨迹及运动量是难以验证的；同时，现实的会计只能依据价值的表象即价格对价值运动进行反映，而价格是波动的，这就使得会计可能依据不同时点的价格来确认、计量、记录和报告同一价值运动，因此，在不同的会计理论与方法指导下对同一价值运动进行的会计处理，将会得出不同的会计结果，进而对它赖以存在的社会经济环境产生一定的影响。会计对社会经济环境的影响主要体现在会计信息所发挥的作用方面。会计提供的信息是以财务信息为主的经济信息，是现代经济生活中各方借以相互沟通的重要媒介，它在一定程度上影响着国家对资源重新进行分配的一系列宏观调控措施，影响着国家对财政、税收、金融、价格以及贸易等方面一系列方针政策的制定和调整，影响着投资者、债权人以及其他与企业存在经济利害关系的外部集团的投资、信贷、买卖、租赁以及货币结算等一系列经济行为，影响着企业内部经营管理的方针、策略和措施等。通过这些影响，会计直接或间接地改变着它所处的政治、法律、经济、科技、文化和教育等社会经济环境。

总之，会计与其所处的社会经济环境之间存在着相互影响、相互作用的关系。社会经济环境的发展变化总是要求与之相适应的会计，而会计对其所处的社会经济环境又总是产生着重要的影响。弄清这一关系，对于不断推动会计理论、会计方法等的发展和完善，对于不断推动社会经济的发展与进步，都具有重要意义。

第二节　会计的基本概念

“概念”是反映对象的本质属性的思维形式，是在实践的基础上从事物中抽象出本质属性的结果，是思维的起点。它是随着客观事物本身的发展而相应地发展变化的，并在一定发展阶段上呈现相对稳定性。会计概念亦然。

在当今的会计学界，会计的概念或定义尚无一个完全公认的、统一的理论概括。这一方面是由于不同的人认识同一事物所具有的一定程度的差异性，在认识会计这一事物时同样会有所表现，另一方面则主要是因为会计受不断变化的社会政治、经济、科技、教育和文化等环境因素的影响，会计的内容日益丰富、职能和作用日趋重要、工艺和方法日渐先进、有关学科与会计的结合渗透日益广泛，从而使会计本身发展变化的节奏加快，增加了人们认识和把握会计概念内涵、外延的难度。为了对会计概念进行科学的理论概括，应当结合对会计产生、发展历史的了解，从会计工作实践出发，首先要认识会计的职能、特征，并真正把握住会计的本质属性。

一、会计的职能

职能是客观事物内在的固有功能。会计职能是指会计在经济管理中所固有的功能，它说明会计客观上存在着什么样的能力。我国会计学界对会计职能的探讨始于20世纪60年代。受马克思关于会计是“对过程的控制和观念总结”论述的启发，我国会计学界对会计职能比较公认的看法是会计具有反映和监督两大基本职能。

（一）会计反映

会计的反映职能也叫核算职能，是指会计具有以货币作为主要计量尺度，借助于专门的核算方法，并通过确认、计量、记录和报告等环节，对特定组织（或称特定会计主体）的经济活动进行记录、计算、分类和汇总，为有关各方提供有用会计信息的功能。从会计产生和发展的历史进程看，会计从来就是以对经济活动从数量方面进行如实反映为基点的，因此，反映职能是会计最基本的首要的职能，也是全部会计管理工作的基础。

会计的反映职能主要表现为会计的事后核算，也就是对特定组织已经完成或已经发生的经济活动进行记录、计算、分类和汇总，得到有用的会计信息。在实际工作中，它体现为取得和填制会计凭证、登记会计账簿、编制财务报告等一系列会计核算工作。当然，会计的反映职能不仅仅是进行事后核算。随着社会生产的发展，组织的经营规模不断扩大，经济活动日趋复杂，市场竞争和经营风险加剧，要求会计管理必须增强预见性和计划性，从而要求会计通过信息反馈，对组织的经济活动进行事前和事中核算。事前核算要求会计参与组织对其经济市场前景、经济效益等进行预测，参与其各项计划的制订和技术组织措施的落实，参与各种经济决策等。事中核算则要求会计在经济活动进行过程中，通过反映和监督有机结合的方法，对经济活动进行控制，使其遵循计划或预期目标正常地进行。

通过会计反映，可以将特定组织的经济活动内容转换成反映其财务状况、经营成果和现金流量情况等的会计信息，从而满足有关各方的不同需要。

（二）会计监督

会计的监督职能也叫控制职能，是指会计具有按照一定的目的和标准，借助会计反映提供的会计信息，通过预测、决策、控制、分析和考评等方法，对特定组织经济活动的合法性、合理性进行督促、控制、干预，使其正常进行的功能。它是会计又一重要的基本职能。

会计监督主要表现为会计对特定组织经济活动过程的干预、控制和督促。监督的目标是经济活动的合法性、合理性，监督的标准和依据包括国家的有关政令、法规、制度和组织的经营方针、计划、定额以及客观经济规律和经济管理的客观要求等。监督的目的就是要保证上述目标的顺利实现。

中共中央办公厅 国务院办公厅《关于进一步加强财会监督工作的意见》

会计监督的对象是特定组织经济活动的全过程，包括事前、事中和事后监督。事前监督是在经济活动开始前审查未来的经济活动是否符合有关政令、法规、制度的规定，是否符合客观经济规律的要求，在经济上是否可行等；事中监督是审查正在发生的经济活动过程及取得的核算资料，借以纠正经济活动进程中的偏误，调整经济活动运行轨迹，促使其正常运行；事后监督是对已经发生的经济活动以及取得的核算资料进行审查、分析、考核和评价，借以检查目标实现情况，找出差距，分析原因，提出改进建议和措施。

会计监督是各种经济监督形式中的主体形式，也是会计管理工作的重要基础和内容。通过会计监督，既可以将特定组织的经济活动完整、连续、系统地置于严格的监管之下，实现必要的自我约束，保证其正常运行，又可以促进国家有关政令、法规和制度等得以贯彻执行，有利于形成和维护良好的社会经济秩序。

需要指出，会计的反映职能和监督职能是相辅相成、密不可分的。会计反映是会计监督的基础，不通过会计反映弄清特定组织的经济活动和取得相应的会计信息，会计监督就失去了对象，就不能有的放矢；会计监督是会计反映的延伸和保证，不通过会计监督保证特定组织经济活动的合法性和合理性，会计反映提供的会计信息的真实性、可靠性和及时性就缺乏保障，会计信息就会失去应有的意义。在会计管理中，反映和监督都不能被偏废，二者的有机结合运用才能使会计管理发挥应有的作用。

此外，会计职能的内容不是一成不变的。随着生产的发展和管理的加强，会计的作用日益重要，会计职能的内容也会不断丰富和发展。我国会计学界有人认为，除了反映和监督是会计的基本职能外，预测经济前景、参与经济决策、评价经营业绩等也是会计的重要职能。

二、会计的特点

会计的特点就是会计作为经济管理活动的重要组成部分，在对特定组织经济活动进行反映和监督的过程中所表现出来的与其他经济管理活动不同的特性。会计的特点主要表现在以下几个方面：

（一）会计以货币作为主要计量尺度

计量尺度也叫计量单位、量度，是计算和衡量事物数量多少所采用的标准，主要包括实物量度、劳动量度和货币量度三类。会计对组织的经济活动进行反映和监督，需要对经济活动从数量和质量上进行说明，因而必然要使用计量尺度。一般说来，对于经济活动过程中的各种活劳动、物化劳动的耗费和取得的各项劳动成果，凡可用实物或劳动时间予以计量的，都应以实物量度或劳动量度加以记录，以便直观地、具体地反映其增减变化和结余情况。但是，由于不同质的财产物资适用各自不同的实物量度，同一实物量度有时适用于多种不同质的财产物资，因而人们难以采用一种统一的实物量度对各种不同质的财产物资进行计量，更难以采用一种统一的实物量度对经济活动的各种不同的数量方面进行综合计量。劳动量度也存在类似的局限性，而货币作为固定地充当一般等价物的特殊商品，具有价值尺度的职能，凝结在商品中的一般的无差别的劳动是价值，价值可以用货币来表现。因此，采用货币量度并在必要时辅之以实物量度和劳动量度，是商品货币经济条件下会计计量尺度的最优选择。会计以货币作为主要计量尺度，才能对组织的经济活动进行综合反映和监督。

（二）会计以凭证作为主要依据

会计信息讲求真实性、可靠性和可验证性，而其最主要的条件就是所反映的经济活动必须有凭有据，这就要求会计对特定组织所发生的任何经济业务都必须取得或填制合法的会计凭证，并加以审核，经审核无误的会计凭证才能作为登记会计账簿的依据。按照这一要求，即使实现了会计工作电算化的组织，也必须以合法的凭证作为账务处理的依据。会计的这一特点是会计区别于统计、业务核算的一个重要标志。

（三）会计要运用一套专门的方法

会计对特定组织的经济活动进行反映和监督，为有关各方提供会计信息，是借助于一套专门方法的运用来实现的。会计采用的最为基本的方法包括设置会计科目、复式记账、填制和审核凭证、登记账簿、成本计算和编制财务报告等，它们相互联系、密切配合，构成一个完整的方法体系。这一独特会计方法体系的运用，也是会计区别于统计、业务核算的一个重要标志。

（四）会计核算具有连续性、系统性、完整性和综合性

连续性就是会计对特定组织的各项经济活动能按发生的时间先后顺序不间断地记录；系统性是会计对特定组织的各项经济活动能够科学分类，从而分门别类并相互联系地对其计量和记录；完整性或称为全面性，就是会计对特定组织的各项经济活动来踪去迹的全部都能完整地加以计量和记录，而不能有所遗漏；综合性是会计借助于货币计量尺度，能够提供总括反映特定组织各项经济活动情况的综合性价值指标，实现对经济活动的价值管理。会计对特定组织的经济活动进行连续、系统、完整、综合的反映和监督，决定了会计能够提供特定组织连续、系统、完整、综合的会计信息，满足有关各方对会计信息的不同需要。

三、会计的本质

纵观中外会计学界对会计本质的认识，主要有“管理活动论”“信息系统论”“控制系统论”等观点。“管理活动论”认为，会计是一种管理活动，是一项经济管理工作[①]；“信息系统论”认为，会计是一个以提供财务信息为主的经济信息系统[②]；“控制系统论”则认为，会计是对一个实体的经济事项按货币计量及公认的原则与标准进行分类、记录、汇总、传达的控制系统，是管理者实现对产权关系、价值运动过程及其结果系统控制的一种具有社会意义的控制活动[③]。

由于会计是随着社会生产的发展和经济管理的需要而不断发展变化的，人们对会计本质属性的理解和认识自然就会受到会计所处的社会政治、经济、科技、教育和文化等环境因素的制约和影响，由此产生对会计本质属性的不同看法自然就不足为奇。

我们认为，将会计视为一种经济管理活动，能够较为准确地反映会计的本质。

从会计产生的历史动因看，会计是适应生产管理需要而产生的经济管理活动。人类生产实践活动是劳动耗费和劳动所得的矛盾统一体，它客观上需要一种经济管理工具，以便对各种劳动耗费、劳动成果从数量上进行计算、记录、分析、比较和考评，促使人们控制和节约劳动耗费，提高经济效益。会计就是适应这种需要而产生的一种经济管理活动。

从会计发展的历史结果看，会计已经逐步发展成为一种以价值管理为主要特征的经济管理活动。自从人类学会计数开始，就有了会计的萌芽。早期，人们对生产过程中的经济活动进行计量和记录也只是出于对生产本身的关心，会计还只是“生产职能的附带部分”而并不占据重要地位。随着生产不断发展，产生了商品货币，当社会再生产过程中一切物质资料的生产、分配、交换和消费都需要通过货币计量后，会计才逐渐形成为一种专门的以价值形式管理经济的技术方法，在实践上就出现了以价值为主要形式来管理生产活动的工作即会计管理工作。进入资本主义社会后，会计的理论、方法、工艺和技术迅速得以发

① 在我国，这一观点最早大约于20世纪80年代由著名会计学家杨纪琬教授提出，持此观点的学者还有阎达五、林志军、陈亚民等。

② 这一观点源于20世纪60年代后期美国会计学会（AAA）关于“本质上会计是一个信息系统”的论断。在我国，著名会计学家余绪缨教授于20世纪80年代初最早提出这一观点，持此观点的学者还有葛家澍、吴水澎、陈汉文、裘宗舜等。

③ 我国最早阐述这一观点的是著名会计学家杨时展和郭道扬教授，持此观点的学者还有朱小平、伍中信等。

展和完善，并逐步形成一门独立的科学，使会计成为经济管理的重要组成部分。发展到今天，管理重心早已从实物管理转向以价值管理为主，会计对经济活动中所有以价值表现的数量方面都要进行计量、记录、指导、调节、控制和考评，会计就成为一种以价值管理为主要特征的经济管理活动。

从会计所处的地位看，会计是经济管理的重要组成部分。在微观经济中，会计通过对一个特定组织的经济活动进行事前、事中、事后的反映和监督，将会计管理活动贯穿于经济活动的全过程，同时揭示经济活动静态和动态全貌，占据大量真实可靠的日常经济活动的第一手资料，提供使用者所需要的各种有用会计信息，使会计成为微观经济管理的主要信息来源。在宏观经济中，通过汇总整理由会计提供的各个组织的会计信息，可以反映一个部门、行业、一个地区乃至整个国家的国民经济状况，是国家进行国民经济综合平衡，制订有关方针、政策和计划，加强宏观经济调控和管理的重要信息来源。同时，国家为了创建良好的经济发展环境和秩序，培育市场体系，维护公平竞争，调节社会分配，实现经济和社会发展目标等，也都离不开会计管理。

此外，会计工作具有专门的机构、专职的人员、完备的规范体系、明确的职能和专门的管理对象，会计机构和会计人员的主要职责以及会计规范的内容都属于经济管理的范畴，会计机构是组织中重要的经济管理机构，会计人员是组织中重要的经济管理者，会计所要研究和解决的问题是现代经济管理所要研究和解决的重要问题，会计知识是运用范围最为广泛和最为有效的经济管理知识，会计学是置身于经济活动中的所有管理人员都应当了解并能运用的一门科学。所有这些都表明，今天的会计已经是一种重要的经济管理活动。

总之，会计是一种经济管理活动，即会计管理。在微观经济管理中，会计是特定组织经济管理的重要组成部分；在宏观经济管理中，会计是国民经济管理的重要组成部分。

四、会计的概念

通过对会计产生、发展历史的了解，特别是通过对会计本质、职能和特点的认识，并综合各家所长，我们倾向于对当今会计的概念作如下表述：会计是以货币计量为基本形式，以凭证为主要依据，运用专门的方法，对特定组织的经济活动进行连续、系统、完整、综合的反映和监督，为有关各方提供有用会计信息，旨在提高经济效益的一种经济管理活动。简言之，会计是对特定组织的经济活动进行反映和监督的一种经济管理活动。

五、会计学科体系

会计学是一门古老、成熟而又充满生机和活力的学科，是当今经济、管理领域的重要学科。应当指出，在当下，无论人们对会计的本质如何认识，无论对会计的概念如何表述，都不影响会计是一个知识体系、是一门专门的科学的事实。

会计学是由相互联系的许多学科组成的有机整体。简要说来，现代会计包括财务会计和管理会计两大分支。就企业而言，财务会计侧重于过去数据，主要向企业外部关系人提供有关财务状况、经营成果和现金流量等方面的信息，故也称对外报告会计；管理会计侧重于未来数据，主要向企业经营者和内部管理者提供进行经营规划、经营管理、预测决策等所需的相关信息，故也称对内报告会计。通常，会计也可按所服务会计主体的经济活动性质分为企业会计（营利组织会计）和行政、事业单位会计（非营利组织会计）等。此外，传统意义上的审计也是会计学科体系的重要分支学科。

在会计教育中，会计学科体系一般体现为课程体系。在我国高等院校会计学专业所设置的课程中，通常按研究的内容结合研究层次，将会计学专业主干课程分为会计学原理（基础会计学）、中级财务会计学（财务会计学）、高级财务会计学（高级会计学）、成本会计学、管理会计学、计算机会计学（会计信息系统）、审计学等课程。

会计学原理课程以企业财务会计为原型，主要阐述会计学的基本理论、基本方法、基本操作技能和会计工作组织管理的基本知识，是会计学学科体系中各分支学科的重要基础，学习者在学好该课程的基础上，才能进一步学习其他会计学专业课程。同时，会计学原理课程所阐述的基本理论和基本方法，也适用于行政、事业单位会计。

本章习题自测

第二章

会计目标和会计信息质量特征

【本章教学目标】

知识目标：本章主要阐述会计目标的含义及内容、确立会计目标的方法和会计信息质量特征的内容。通过本章学习，要求了解会计目标的重要意义，理解“受托责任说”“决策有用说”的基本含义，熟悉会计信息的使用者、会计信息的内容和会计信息的表达形式，从总体上把握会计信息质量特征的内容及其基本含义。

能力目标：能够通过对会计目标问题的全面认识，进一步加深对会计活动的理解。

思政目标：通过对会计目标、会计信息质量特征的理解，明确会计的服务对象，树立法治观念，增强规则意识、服务意识、诚信意识，坚守客观真实、“不做假账”的信念。

第一节　会计目标

一、会计目标的内涵

会计是一种主观的、有目的的经济管理活动。在从事会计活动之前，人们必须确立会计目标，然后根据会计目标的要求去规划会计活动的方向，组织会计活动的实施，指导人们的会计行为。

所谓会计目标，就是在一定的客观经济环境条件下，会计活动所应达到的境地、目的或标准。可以说，会计目标是会计活动中一切矛盾的“焦点”，是会计活动的出发点和归宿，它规定着会计活动的基本方向。

通常，会计目标具有稳定性、多元性和多层次性的特征。会计是随着生产、管理的发展而不断发展的，会计目标必然也会随着会计所处的社会政治、法律、经济、科技等环境因素的改变而发生变化。但在一定时期特定条件下，会计目标应当是相对稳定的。只有相对稳定的会计目标才是现实的会计目标，才能具体指明会计活动的方向。如果会计目标朝令夕改，变化无常，则会使其形同虚设，会计活动就会发生混乱。同时，会计的直接产出物是会计信息，会计信息的使用者是多方面的，会计信息使用者对会计信息的需求是多样性和多层次性的，这又决定了会计目标具有多元性、多层次性的特征。会计目标不能是单一的，而应当是一个多样的、多层次的有机整体，这样才能满足各方面不同层次对会计的需要。

会计目标属于财务会计概念中的最高层次，是会计理论框架的起点和会计理论体系的重要构成内容之一，在会计理论中占有十分重要的地位。研究和合理确定会计目标，具有十分重要的理论指导意义和现实意义。

二、会计目标的内容

从级次上看，会计目标包括会计的总体目标和具体目标。

会计是整个经济管理的重要组成部分，会计的总体目标或终极目标应当与经济管理的目标相一致。在人类社会中，由于存在着物质资源的有限性和社会需求的无限性之间的矛盾，客观上要求节约使用和合理分配物质资源。这就决定了会计必须对经济活动过程中各种活劳动和物化劳动的耗费、各种劳动成果的取得等进行计量和计算，对计量和计算的结果进行分析对比，提出合理配置资源、节约劳动时间、提高经济效益的建议和措施。因此，讲求和提高经济效益就成为会计的总体目标，这与经济管理的目标是一致的。

就企业财务会计而言，会计的具体目标应当是会计所提供的会计信息能够满足不同使用者的需要。至于会计应当提供什么样的会计信息，满足什么样的会计信息使用者的何种需要，在学术界则存在不同看法。西方国家会计界十分重视会计目标的研究，在20世纪70年代和80年代已经形成了“受托责任说”和“决策有用说”两大学派。前者认为会计目标是向资源提供者报告资源受托管理情况，以提供客观信息为主；后者认为会计目标是向会计信息使用者提供进行决策的有用信息。

我国在改革开放前，会计学界对会计目标的研究重视不够，会计目标被会计任务所取代，会计以满足国家直接管理需要为主要目标。20世纪80年代，我国会计学界才开始对会计目标进行研究。随着市场经济体制的逐步建立，两权分离的格局开始形成，社会对会计的认识和期望发生根本性转变，从而才为会计目标问题的研究奠定了实践基础，会计目标才从单纯服务于国家宏观经济管理转变为在满足国家宏观经济管理和调控需要的同时，为投资者及其他决策人提供有用的会计信息，并且为投资者及其他决策人提供有用会计信息逐步趋于主导地位。我国财政部1992年11月30日颁布的《企业会计准则》将会计目标明确表示为：会计提供的信息应当符合国家宏观经济管理的要求；满足有关各方了解企业财务状况和经营成果的需要；满足企业加强内部经营管理的需要。财政部2000年12月29日颁布的《企业会计制度》第十一条第三款指出：“企业提供的会计信息应当能够反映企业的财务状况、经营成果和现金流量，以满足会计信息使用者的需要。”财政部2006年2月15日颁布、2014年7月23日修改的《企业会计准则——基本准则》第四条指出：“企业应当编制财务会计报告。财务会计报告的目标是向财务会计报告使用者提供与企业财务状况、经营成果和现金流量等有关的会计信息，反映企业管理层对受托责任的履行情况，有助于财务会计报告使用者作出经济决策。”显然，我国《企业会计准则——基本准则》的规定既强调受托责任的履行，也要求有助于经济决策，反映了“受托责任说”和“决策有用说”两大学派的基本思想。

三、确立会计目标的方法

确立会计目标，需要解决的问题包括：谁是会计信息的使用者，会计信息使用者需要哪些会计信息，会计如何提供这些会计信息。

（一）会计信息的使用者

归纳而言，企业会计信息使用者包括企业外部信息使用者和内部信息使用者两类。企业外部信息使用者泛指企业外部的组织和人士，主要有政府有关部门、投资者和潜在投资者、债权人、证券经纪人及一般大众等。在社会主义市场经济体制下，企业的投资者和潜在投资者包括由有关政府机构代表的国家、其他法人单位、社会个人或本单位内部职工以及外国投资者。企业的债权人包括向企业发放贷款的银行和其他金融机构、向企业供货的往来单位、企业债券的购买者等。企业内部信息使用者主要是指企业内部各阶层的管理人员，包括企业负责人、各职能机构负责人、企业职工及工会等。

（二）会计信息的内容

如上所述，企业会计信息的使用者是各种各样的，所需要的会计信息也就不尽相同。若按不同需求提供会计信息，恐难保证信息的时效性，收集、整理、加工和输出信息的成本也会很高，甚至可能超过使用信息的获益，各方面所需的不同信息混杂在一起也不便于使用者取舍。因此，会计所提供的会计信息，应集中于各类使用者都普遍关心的信息。

一般说来，会计所提供的主要应当是能够客观地、完整地、及时地反映企业一定日期财务状况、一定时期经营成果和一定时期现金流量等情况的会计信息。从满足会计信息使用者需要的角度看，会计所提供的主要应当是有助于投资者进行投资决策和债权人进行信贷决策、有助于国家进行宏观经济调控和管理、有助于企业经营者和管理者作出各种经济决策和加强经营管理所需要的会计信息。

（三）会计信息的表达形式

总结会计实践经验，企业对外提供会计信息，较为恰当的方式是编制和报送财务会计报告，以财务会计报告作为会计信息的载体。

财务会计报告是指企业对外提供的反映企业某一特定日期的财务状况和某一会计期间的经营成果、现金流量等会计信息的文件。按照我国企业会计准则的要求，企业财务会计报告应当包括财务报表和其他应当在财务会计报告中披露的相关信息和资料。财务报表是对企业财务状况、经营成果和现金流量的结构性表述，它至少应当包括资产负债表、利润表、现金流量表、所有者权益（股东权益）变动表、附注，其中，资产负债表是反映企业在某一特定日期的财务状况的会计报表；利润表是反映企业在一定会计期间的经营成果的会计报表；现金流量表是反映企业在一定会计期间的现金和现金等价物流入和流出的会计报表；所有者权益（股东权益）变动表是反映构成所有者权益（股东权益）各组成部分当期增减变动情况的会计报表；附注是对资产负债表、利润表、现金流量表、所有者权益（股东权益）变动表等报表中列示项目所作的文字描述或明细资料，以及对未能在这些报表中列示项目的说明等。

一般说来，财务会计报告的填报项目、排列方式和报送时间等，均应有助于会计信息使用者完整、真实、及时地了解所需信息。财务会计报告偏重于企业的投资者、债权人和政府有关部门等外部使用者的信息需要，也可用于企业内部管理。对于一些外界机构临时性的特殊信息需要，则需另行提供特殊报表。企业内部经营管理所需的会计信息，除了对外报送的财务会计报告中提供的财务信息资料外，会计人员还需编制内部管理会计报告予以提供和反映。

第二节　会计信息质量特征

一、会计信息质量特征的含义

在上一节中已经指出，会计的目标是向财务会计报告使用者提供与企业财务状况、经营成果和现金流量等有关的会计信息，反映企业管理层受托责任的履行情况，有助于财务会计报告使用者作出经济决策。要达到这一目标，所提供的会计信息自然必须具备相应的质量特征。

会计信息质量特征也即会计信息应当具有的质量要求、质量标准，它主要回答的是会计应当提供什么样的会计信息的问题。

会计信息质量特征是人们对长期以来的会计实践经验所进行的高度理论概括和总结，是会计理论体系的重要组成部分，属于会计理论范畴。明确会计信息质量特征，有利于增进会计信息使用者了解企业提供的会计信息的有用性和局限性，进而帮助他们更好地作出经济决策；同时，会计信息质量特征是企业会计准则的重要内容并在其中居于主导地位，指导着会计准则的制定；相应地，会计信息质量特征也是用以指导会计实践，使会计行为达到一定目标的指针，是用以约束和规范会计机构、会计人员处理具体会计业务和提供会计信息的行为准绳、标准及基本限制条件，是会计信息提供者在选择信息披露的不同方法时应当遵循的重要指南，它决定着会计核算的基本模式，制约着会计方法的选择和会计政策的制定，影响着会计核算工作的整个进程。显然，研究和明确会计信息质量特征，对于丰富、完善和发展会计理论，对于约束和规范企业管理当局及社会各界在会计信息公开上的权力，对于约束和规范企业对外编报财务会计报告的行为，对于为注册会计师判断企业会计信息的质量、对企业财务会计报告作出评价提供质量依据和标准等，都具有十分重要的意义。

二、会计信息质量特征的内容

会计信息质量特征是会计实践经验的高度理论概括，其形成在很大程度上依赖于人们对会计活动本质的认识，并受会计目标、会计环境等的制约和影响。总结多年会计实践经验和中外会计理论研究成果，我国《企业会计准则——基本准则》概括了八项会计信息质量特征，即：可靠性、有用性、明晰性、可比性、实质重于形式、重要性、谨慎性、及时性。

（一）可靠性

可靠性又称客观性或真实性，是指企业应当以实际发生的交易或者事项为依据进行会计确认、计量和报告，如实反映符合确认和计量要求的各项会计要素及其他相关信息，保证会计信息真实可靠，内容完整。

可靠性既是对会计信息质量的要求，也是对会计核算的总体性要求。可靠性应当包括客观性、可验证性等多方面的含义。按照这一要求，会计核算必须以真实、合法、可靠的凭证为依据，加强对会计凭证的审核，如实反映企业发生的各项交易或者事项；所提供的会计信息必须客观、真实地反映企业财务状况、经营成果和现金流量的实际情况，不得提供虚假和歪曲的会计信息；对会计凭证、会计账簿和财务会计报告等会计记录，不得涂改和伪造；对诸如在产品的盘存估价、固定资产使用年限的确定等一些确实无法完全避免会计人员一定程度主观意志影响的事项，会计人员应尽可能取得间接证据，说明其所作的某些主观判断是接近实际的，务必使主观成分减少到最低程度，尽量降低可能发生的误差，保证会计信息的准确性，提高会计信息的精确性。

为了达到会计信息质量的可靠性要求，会计人员必须严格执行各项会计规范，加强会计核算的基础工作，提高自身素质，必须建立健全内部控制制度和对会计核算资料的稽核制度。

（二）有用性

有用性亦称相关性，是指企业提供的会计信息应当与财务会计报告使用者的经济决策需要相关，有助于财务会计报告使用者对企业过去、现在或未来的情况作出评价或者预测。

有用性既是对会计信息质量最根本的要求，也是对会计核算的总体性要求，是实现会计目标的重要表现形式。按照这一要求，会计在收集、加工处理、传递会计信息的过程中，必须考虑有关各方对信息需求的不同特点，以确保提供的会计信息与财务会计报告使用者的需求相关联，确保提供的会计信息有助于财务会计报告使用者对企业过去、现在或未来的情况作出评价或者预测，充分发挥会计信息的作用。

应当指出，有用性并不是要求企业的会计信息完全满足财务会计报告使用者的所有要求。即使不考虑重要性、及时性的质量要求，由于不同的财务会计报告使用者有着不同的需要，再全面的会计信息事实上也难以满足所有方面的需要。因此，企业对外编报的财务会计报告只能反映通用的会计信息，只要使用者通过对其进行适当加工能够得到所需要的信息，能够满足投资者、债权人等有关各方了解企业财务状况、经营成果和现金流量的基本需要，能够满足国家宏观经济管理的基本需要，能够满足企业加强内部经营管理的基本需要，会计信息就必然有助于财务会计报告使用者的经济决策，会计信息就很好地达到了有用性的质量要求。

（三）明晰性

明晰性又称可理解性、清晰性，是指企业提供的会计信息应当清晰明了，便于财务会计报告使用者理解和使用。

会计信息的价值在于决策有用，而明晰性是会计信息有用性的一个重要条件。即使是客观的、有用的会计信息，如果其内涵不清，含义不明，内容不为人们所理解，也无助于财务会计报告使用者的经济决策从而可能变成无用的信息。

显然，按照明晰性要求，会计对交易或者事项的处理应采用规范的操作程序和方法，会计凭证、会计账簿和财务会计报告等会计记录要能清晰地反映企业交易或者事项的来龙去脉，财务会计报告应当一目了然地反映企业的财务状况、经营成果和现金流量，对一些不易理解的问题还应在财务会计报告中作出相应解释，从而使会计信息清晰明了，简明易懂，便于利用。

(四) 可比性

可比性是指企业提供的会计信息应当具有纵向、横向可比性：同一企业不同时期发生的相同或相似的交易或者事项，应当采用一致的会计政策，不得随意变更，确需变更的，应当在会计报表附注中说明；不同企业发生的相同或相似的交易或者事项，应当采用规定的会计政策，确保会计信息口径一致、相互可比。

会计信息质量的可比性要求，主要是满足财务会计报告使用者判断一家企业的优劣得失从而有助于其经济决策的需要。按照这一要求，企业提供的会计信息应当具有纵向、横向可比性。

会计信息的纵向可比性，主要是基于企业会计核算中，在处理诸如发出存货的计价、固定资产折旧的计提、坏账损失的核算等有关交易或者事项时往往存在多种备选方法可供选择，而不同方法用以处理同一交易或者事项会造成企业财务状况、经营成果和现金流量不完全一样的现实状况提出的要求。按照这一要求，一家企业对不同时期发生的相同或相似的交易或者事项的处理方法、会计指标的计算口径、财务会计报告的编制标准等，应当在前后不同的会计期间保持一致性、一贯性，也可借以防止人为操纵会计信息披露，避免误导财务会计报告使用者的经济决策。当然，强调会计信息的纵向可比性，并不意味着一家企业的会计政策一经实行以后就绝对不能变动。当企业经济交易或者事项的内容和性质发生较大变化而继续采用原有会计政策已不足以真实地予以反映，或者经实践发现原有会计政策确已不适应企业经济活动时，企业可以在下一个会计年度对会计政策进行变更。企业会计政策发生变更时，必须把变更的情况、变更的原因以及变更后对企业财务状况、经营成果和现金流量的影响在财务会计报告中加以说明，以免误导财务会计报告使用者的经济决策。

会计信息的横向可比性，主要是满足财务会计报告使用者判断不同企业的优劣得失提出的要求。按照这一要求，不同企业发生的相同或相似的交易或者事项，应当采用规定的会计政策，会计指标应当口径一致，以便确保同一时期不同企业之间的会计信息口径一致、相互可比，以便财务会计报告使用者在进行同一时期不同企业之间横向的比较分析时，能够据以有效地判断企业财务状况、经营成果和现金流量的优劣，从而作出正确的经济决策，也便于国家综合管理部门汇总、比较和分析各个企业提供的会计信息，加强国民经济宏观调控和管理。会计信息的横向可比性强调的是同一时期不同企业之间会计信息具有横向可比的基础、具有共同或类似的特征。因此，只要满足这一要求，不同企业之间对会计处理程序、方法等的选择仍是有一定灵活性的，并不强求绝对一致。

会计信息的纵向可比与横向可比实际上是一个问题的两个方面，二者都强调企业会计信息具有可比的共同基础，不同之处仅表现在：前者要求同一企业在不同时期尽可能采用一致的会计处理方法；后者要求不同企业在同一时期尽可能采用统一规定的会计处理方法。

(五) 实质重于形式

实质重于形式是指企业应当按照交易或者事项的经济实质进行会计确认、计量和报告，不应仅以交易或者事项的法律形式为依据。

在多数情况下，企业发生的交易或者事项的法律形式与其经济实质是一致的，因而在会计核算中，为了简便易行而又能反映交易或者事项的经济实质，企业通常以交易或者事项的法律形式为依据提供会计信息。然而，企业发生的交易或者事项的法律形式与其经济实质并不总是吻合的。当二者在某些情况下出现不一致时，企业应当按照交易或者事项的经济实质进行会计确认、计量和报告，不应仅以交易或者事项的法律形式为依据，以体现对交易或者事项的经济实质的尊重，保证会计信息与客观经济事实相符。

在企业会计核算中，会计信息质量的实质重于形式要求在诸多方面都有运用，这里，以企业采用融资租赁方式租入固定资产为例对其作简要分析说明。融资租赁方式租入固定资产的基本特点是：租赁期限相当长，租赁期接近于固定资产的使用寿命；在租赁期内，企业有权支配使用所租入的固定资产并从中受益；租赁期届满时，所租入的固定资产的所有权转移给企业，或者企业有优先购买所租入的固定资产的选择权等。由此看来，企业对所租入的固定资产的使用权及对其支配使用所能创造的未来经济利益实质上都能实施控制，从经济实质上讲所租入的固定资产符合企业资产的定义。因此，当企业采用融资租赁方式租入固定资产时，在租赁期内，虽然从法律形式上讲所租入的固定资产的所有权并没有转移给企业，但按照实质重于形式的会计信息质量要求，为了体现对经济实质的尊重，就应当将以融资租赁方式租入的固定资产视为企业的资产进行会计确认、计量和报告。

经营租赁租入固定资产的处理

（六）重要性

重要性是指企业提供的会计信息应当反映与企业财务状况、经营成果和现金流量等有关的所有重要交易或者事项。

在实务中，企业发生的各种交易或者事项对企业的财务状况、经营成果和现金流量都会产生影响。但是，按照重要性要求，企业在对外提供会计信息时，应当区别交易或者事项的重要程度，在全面反映企业财务状况、经营成果和现金流量的同时，重点反映与企业财务状况、经营成果和现金流量等有关的所有重要交易或者事项，对于那些相对次要的交易或者事项则可适当简化或合并反映。

就会计信息而言，其重要性是指当一项会计信息被遗漏或错误表达时，可能使依赖该会计信息的财务会计报告使用者所作的经济决策、判断受到影响或改变的程度。通常，一项会计信息是否重要，是否应单独反映或披露，除了严格遵照会计法规的规定外，更重要的是依赖会计人员所作出的职业判断。一般说来，会计人员应当结合企业自身实际，既要看其发生的金额大小，也要视其本身的性质和对财务会计报告使用者作出经济决策的影响等，综合判定会计信息的重要性。

企业提供的会计信息之所以强调重要性，要求分清主次，首先，基于成本效益方面的考虑。会计收集各方面的数据并进行加工、整理，经注册会计师审核后以财务会计报告的形式向会计信息使用者传输信息，其各环节都要花费成本。强调会计信息的重要性，有利于避免会计处理得不偿失，提高核算的经济效益。其次，强调重要性，也是为了确保及时提供会计信息。不分轻重，过于求全，就有可能延误时间，使会计信息丧失效用。此外，强调重要性，有利于提高会计信息的可理解性。如果财务会计报告所载信息轻重不分，主次不明，势必造成会计信息使用者难以理解，难以对相关会计信息进行有效利用。

（七）谨慎性

谨慎性又称稳健性、审慎性，是指企业对交易或者事项进行会计确认、计量和报告应当保持应有的谨慎，不应高估资产或者收益、低估负债或者费用。

在市场经济条件下，企业在生产经营活动中总是存在着应收账款能否收回、固定资产是否会提前报废、有关资产是否会发生减值等一系列事先难以确定的因素，从而使企业生产经营活动具有不确定性，企业不可避免地面临着风险。为求减少或分散、化解企业未来可能发生的风险，自然要求企业在生产经营活动中应持审慎态度。

按照会计信息质量的谨慎性要求，企业对交易或者事项进行会计确认、计量和报告时，不应高估资产或者收益、低估负债或者费用。也就是说，企业不应高估资产价值或资产计价应从低；不应高估收益或不应当确认任何可能实现的收入和利得；不应低估负债或负债估价应从高；不应低估费用或应当合理预计可能发生的费用和损失。根据这一要求，会计人员在对具有不确定性的经济交易或者事项进行会计处理当有多种方法可供选择时，应当作出合理的职业判断，尽可能选用不导致虚增企业利润的做法。在会计实务中，对坏账损失的核算选用备抵法，对固定资产折旧的计提选用加速折旧法，对可能发生的资产减值损失计提资产减值准备等，都是谨慎性要求的具体体现。

应当指出，由于谨慎性要求在会计实务中的运用必然会影响企业的财务状况和经营成果，因此，我国的会计法规不允许企业设置秘密准备，企业不得故意低估资产或者收益，也不得故意高估负债或者费用，以避免扭曲企业真实的财务状况和经营成果，影响会计信息的可靠性、有用性，损害会计信息的质量，误导财务会计报告使用者的经济决策。

（八）及时性

及时性是指企业对于已经发生的交易或者事项，应当及时进行会计确认、计量和报告，不得提前或者延后。

由于会计信息具有时效性，必然要求会计核算应当及时进行，讲求会计信息的时效性以便于使用者的及时利用，防止会计信息失效。具体地说，企业对于当期发生的交易或者事项应当在当期内进行会计处理，不得延至下期；财务会计报告应当在会计期间结束后的规定日期内编制完毕并及时呈报，不得拖延。

会计信息的及时性虽然本身并不能增加会计信息的效用，但如果不及时提供会计信息，即使有用的会计信息也会失效。因此，及时性是会计信息有用性的限制因素，确保及时性是满足会计信息有用性要求的重要保证。

应当指出，以上八项会计信息的质量特征相互联系、紧密配合，共同反映会计信息应当具备的质量要求，企业在对交易或者事项进行会计确认、计量和报告时应当综合加以运用，确保会计信息的质量。

本章习题自测

第三章

会计对象和会计要素

【本章教学目标】

知识目标：本章简要阐述会计对象的含义及基本表现形式，着重阐述企业会计要素的定义、特征、内容及其分类。通过本章学习，要求了解会计对象的含义及其基本表现形式，全面、熟练地掌握会计要素的定义、特征、内容及其分类。

能力目标：能够熟练地掌握企业会计要素的主要内容及其分类方法。

思政目标：通过对会计要素定义、内容及其分类的理解，培养严谨务实的工作态度，增强认识问题的全局观念、系统观念。

第一节　会计对象

一、会计对象的一般含义

会计对象也称会计客体、会计内容，是指会计在行使反映和监督职能时所面对的客体，也就是会计反映和监督的内容，它回答会计对什么进行反映和监督的问题。会计对象是正确认识会计的一道重要门槛，是各种会计方法得以运用的重要基础，中外会计界历来就重视对它的研究。

会计是管理经济的一种活动。一切企业、机关和事业单位都是国民经济的基础单位，具体进行着社会再生产活动和管理活动，都要进行会计管理，但由于各单位工作性质和内容不同，各单位的会计对象也就不尽相同。因此，关于会计对象问题，应有两个认识角度：一是从各单位会计对象的不同特点说明会计的具体对象；二是从各单位会计对象的共同特点说明会计的一般对象。

会计的一般对象，概括地说就是社会再生产过程中能够以货币表现的经济活动。

首先，会计的对象是社会再生产过程中的经济活动。各个企业、机关和事业单位的工作性质、内容虽然不同，但它们的经济活动或多或少都不同程度地与社会再生产过程中的生产、交换、分配和消费四个环节相关，社会再生产过程的各个环节及整个过程，是通过各单位的经济活动来实现的。就企业来讲，它们从事生产经营和服务活动，首先必须从一定渠道取得一定资财作为物质基础，经营活动的开展使各种物化劳动和活劳动发生耗费并因此而实现各种收入，最终形成企业的经营成果，企业如此周而复始、连续不断的经营活动，使企业再生产活动得以进行；至于机关、事业单位，它们为了完成国家所赋予的职责和任务，每年也需要向国家领取一定数额的财政资金，用以购置和增添各种资料设备，并支付职工的劳动报酬及其他各项费用，从而开展财务收支活动。无论是企业还是机关、事业单位的经济活动，显然都是社会再生产过程的组成部分。社会再生产过程各环节的经济活动，都需要会计管理。对社会再生产过程中的经济活动进行反映和监督，就是会计的对象。

其次，会计对象不是社会再生产过程中的全部经济活动，而是其中能够以货币表现的方面。在商品货币经济条件下，社会再生产过程中的经济活动既是使用价值的生产、交换过程，表现为各种物资的运动，又是价值的形成、实现和分配过程，表现为价值的运动。因此，对社会再生产过程中各种经济活动进行的经济管理，既采用实物管理形式，也采用价值管理形式，而在市场经济条件下通常以价值管理为主。由于会计对经济活动的反映和监督主要以货币作为计量尺度，因此，会计所要反映和监督的社会再生产过程中各单位的经济活动，必须能够用货币计量，社会再生产过程中发生的能够以货币表现的经济活动，才构成会计的一般对象。

二、会计对象的基本表现形式

会计的一般对象是对会计反映和监督的内容所进行的一种抽象、概括的描述。为了满足会计反映和监督的实际需要，应将会计的一般对象具体化，弄清社会再生产过程中能够以货币表现的经济活动在会计上的基本表现形式。

就企业而言，任何一家企业要从事经营活动，都必须具有一定的货币资金、原材料、机器、设备、生产经营用房屋、办公用房屋、土地使用权等经济资源作为物质基础，并且这些经济资源应为企业拥有或控制且能以货币计量，企业通过对它们的使用能够在未来带来一定的经济利益。在会计上，这些经济资源称为企业的资产。另一方面，企业的经济资源总是从一定的来源渠道形成的。企业经营活动所需资产可以通过发行股票或直接接受实物等方式向投资者筹集，也可以通过发行债券或其他借贷方式等向债权人筹集。投资者、债权人以一定方式向企业经营者提供资产的同时，就产生了投资者对企业资产的所有权和债权人对企业资产的索偿权。在会计上，投资者对企业资产的所有权称为企业的所有者权益，债权人对企业资产的索偿权称为企业的负债或债权人权益。

与此同时，企业经营者依赖投资者、债权人提供的经济资源从事经营活动，必然要借助为社会需求提供商品或劳务等方式获取一定量的经济利益，如销售产品取得销售收入、提供劳务取得劳务收入以及让渡本企业资产使用权取得租金收入、使用费收入、利息收入等。在会计上，这些经济利益的总流入称为企业的收入。另一方面，企业为获取一定量的收入，必然又会发生相应的资金流出或各种劳动耗费，如销售商品就会发生销售成本、销售费用和销售税金等。在会计上，这些资金的流出或各种劳动耗费称为企业的费用。企业在经营活动过程中所要发生的一定费用，通常应以获取较多的收入为目的，所需获取的一定收入，通常又以发生较少的费用为前提，追求收入大于费用的余额，是企业从事经营活动的最为重要的目标。在会计上，收入大于费用的余额称为利润，反之则称为亏损。

从上述分析来看，企业再生产过程中能够以货币表现的经济活动用会计术语来说，就是企业的资产、负债、所有者权益、收入、费用和利润。同时，随着企业经济活动的开展，企业的资产、负债、所有者权益、收入、费用和利润，它们相互之间还会形成错综复杂、互相影响的一系列数量关系，这种关系，可以较为生动地说明企业再生产过程中能够以货币表现的经济活动的内容。

总之，资产、负债、所有者权益、收入、费用和利润是从会计角度对企业再生产过程中能够以货币表现的经济活动具体内容进行的高度概括，是会计对象具体内容在会计上的基本表现形式，其中，资产、负债、所有者权益是企业财务状况的静态表现，反映企业一定时点的经济活动；收入、费用、利润是企业经营成果的动态表现，反映企业一定时期的经济活动。会计通过对资产、负债、所有者权益、收入、费用和利润进行反映、监督，就可以完整地描述企业再生产过程中能够以货币表现的经济活动。

第二节　会计要素

一、会计要素的一般含义

通过本章第一节我们知道，企业的会计对象是企业再生产过程中能够以货币表现的经济活动，其基本表现形式是企业的资产、负债、所有者权益、收入、费用和利润，这就使得我们在了解和认识会计要素方面有了重要基础。

会计要素又称为财务报表要素，简言之就是会计对象的构成要素。如前所述，企业会计对象是企业社会再生产过程中能够以货币表现的经济活动，其基本表现形式是企业的资产、负债、所有者权益、收入、费用和利润，因而企业会计要素相应就有六项，即：资产、负债、所有者权益、收入、费用、利润。同样的道理，与机关、事业单位所从事的经济活动内容相适应，预算会计要素分为资产、负债、净资产、收入和支出五项。需要说明的是，由于经济活动内容、性质的不同，即使相同名称的会计要素，其内容在企业会计和预算会计上也会存在较大差异。

会计要素是对会计反映和监督的内容按其经济特征进行的高度归并与概括，是会计学中最为基本的概念之一，是财务会计概念框架的重要组成部分，对会计要素的研究构成会计理论研究领域的重要内容。同时，会计要素是对会计对象最基本的带有规律性的科学分类，这种划分在会计核算中具有十分重要的作用，它是会计确认、计量、记录和报告的重要依据和基础，是设置会计科目的基本依据，是设计会计报表的基本框架。

二、会计要素的内容

如前所述，我国《企业会计准则——基本准则》将企业会计要素划分为两类六项，即：反映企业一定日期财务状况的资产、负债、所有者权益和反映企业一定时期经营成果的收入、费用、利润。以下结合本教材后续内容的需要对其主要内容进行介绍。

（一）资产

1.资产的定义及特征

资产是指企业过去的交易或者事项形成的、由企业拥有或者控制的、预期会给企业带来经济利益的资源。在这里，企业过去的交易或者事项包括购买、生产、建造行为或其他交易或者事项；经济利益是指现金及可以转化为现金的非现金资产。

根据上述资产的定义，资产具有显著的特征：第一，资产必须是企业过去的交易或者事项形成的资源，预期在未来发生的交易或者事项不形成资产；第二，资产必须是企业拥有或可以控制的资源，也就是说，资产必须是企业享有其所有权从而能够排他性地从中获得经济利益的资源，或者是虽然并不拥有其所有权但企业能够对其实施控制并从中获得经济利益的资源；第三，资产必须是预期会给企业带来经济利益的资源，如果某一项目不能给企业带来经济利益则不能将其确认为企业的资产，前期已确认为资产的项目一旦完成了为企业带来未来经济利益的使命，也应将其予以注销。

2.资产的主要内容

企业的资产往往以多种形态分布存在于经营活动的不同方面，可以从不同角度作不同分类。在会计上，按其流动性或变现程度的高低顺序，企业的资产分为流动资产和非流动资产两大类。

流动资产是指可以在一年内或者超过一年的一个营业周期内变现或耗用的资产。按照我国企业会计准则的规定，资产满足下列条件之一的，应当归类为流动资产：一是预计在一个正常营业周期中变现、出售或耗用；[①]二是主要为交易目的而持有；三是预计在资产负债表日起一年内变现；四是自资产负债表日起一年内，交换其他资产或清偿负债的能力不受限制的现金或现金等价物。

企业的流动资产主要包括货币资金、交易性金融资产、应收及预付款项、存货、合同资产等。其中，货币资金是企业在经营活动中存在于货币形态的资产，主要包括库存现金和银行存款等；交易性金融资产主要是指企业为了近期内出售所持有的金融资产，如以实现赚取差价的目的而从二级市场购入的股票、债券、基金等；应收及预付款项是企业在经营活动中，在与债务人结算款项时，由于采用转账结算方式、发生垫付或预付款项、产生交易纠纷等原因形成的短期债权，主要包括应收票据、应收账款、预付账款、其他应收款等；存货是企业在日常活动中持有以备出售的产成品或商品、处在生产过程中的在产品、在生产过程或提供劳务过程中耗用的材料和物料等，主要包括在途材料、库存材料、在产品、库存商品（产成品）等；合同资产是企业已向客户转让商品而有权收取对价的权利，且该权利取决于时间流逝之外的其他因素。

非流动资产又可称为长期资产，是指不符合流动资产定义的除流动资产以外的资产，也即不能在一年内或者超过一年的一个营业周期内变现或耗用的资产。

企业的非流动资产内容繁多，常见的主要有债权投资、其他债权投资、长期股权投资、固定资产、无形资产、其他资产等。其中，债权投资是企业以摊余成本计量的长期债权投资；其他债权投资是企业以公允价值计量且其变动计入其他综合收益的长期债权投资；长期股权投资是指企业对子公司的投资、对合营企业的投资，以及对联营企业的投

① 正常营业周期，是指企业从购买用于加工的资产起至实现收回现金或现金等价物止的期间。以工业企业为例，一般可以把营业周期理解为企业从事生产经营活动的一个过程，即企业从以货币资金购买原材料起直至用原材料生产加工出商品，再将商品售出实现其价值最终收回货币资金时止的期间。正常营业周期通常短于一年。因生产周期较长等导致正常营业周期长于一年的，尽管相关资产往往超过一年才变现、出售或耗用，仍应当划分为流动资产。正常营业周期不能确定的，应当以一年（12个月）作为正常营业周期。

资；固定资产是指企业为生产商品、提供劳务、出租或经营管理而持有的使用寿命超过一个会计年度的有形资产，如房屋、建筑物、机器、设备、运输工具等；无形资产是指企业拥有或控制的没有实物形态的可辨认非货币性资产，包括专利权、非专利技术、商标权、著作权、土地使用权和特许权等；其他资产是指除流动资产和前述非流动资产以外的资产，如企业已经发生但应由本期和以后各期负担的分摊期限在一年以上的各项费用即长期待摊费用等。

企业常见的资产，其内容如图3-1所示。

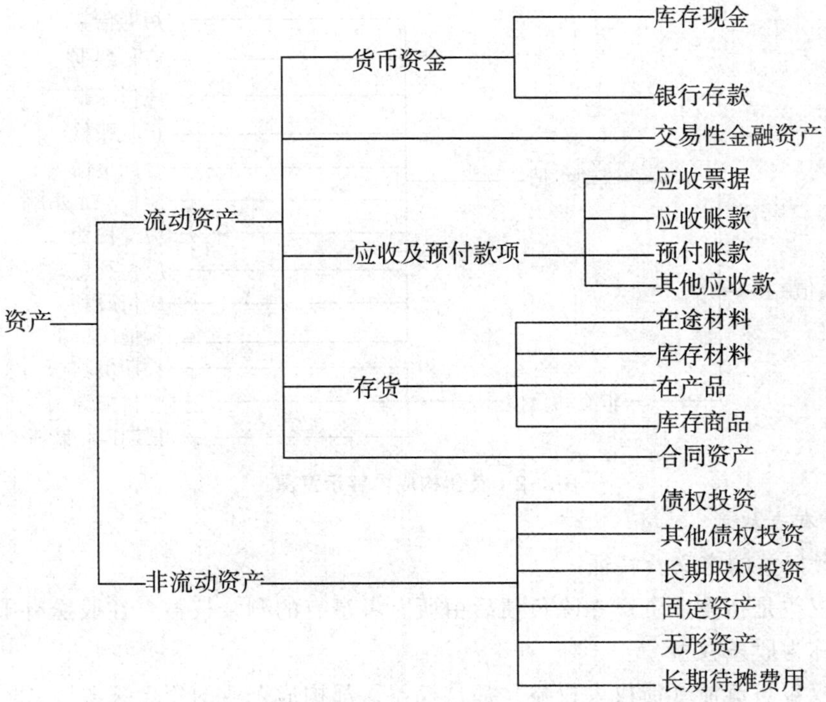

图3-1　资产构成内容示意图

（二）负债

1.负债的定义及特征

负债亦称债权人权益，是指企业过去的交易或者事项形成的、预期会导致经济利益流出企业的现时义务。在这里，现时义务是指在现行条件下已承担的义务。

根据上述负债的定义，负债具有显著的特征：第一，负债是由企业过去的交易或者事项形成的，企业将在未来发生的承诺、签订的合同等交易或者事项，不形成企业的负债；第二，负债是企业承担的现时义务，未来发生的交易或者事项形成的义务不属于现时义务，不应当确认为负债；第三，负债需要清偿，因而负债预期会导致经济利益流出企业。

2.负债的主要内容

企业的负债按其流动性的强弱（偿还期的长短）分为流动负债和非流动负债两大类。

流动负债是指预计在一年内或者超过一年的一个正常营业周期内清偿的债务。按照我国企业会计准则的规定，负债满足下列条件之一的，应当归类为流动负债：一是预计在一个正常营业周期中清偿；二是主要为交易目的而持有；三是自资产负债表日起一年内到期应予以清偿；四是企业无权自主地将清偿推迟至资产负债表日后一年以上。

常见的流动负债主要包括短期借款、应付票据、应付账款、预收账款、合同负债、应付职工薪酬、应交税费、应付利息、应付股利、其他应付款等。

非流动负债又称长期负债，是企业流动负债以外的负债，也就是偿还期在一年或者超过一年的一个营业周期以上的债务。

常见的非流动负债主要包括长期借款、应付债券、长期应付款等。

企业常见的负债，其内容如图3-2所示。

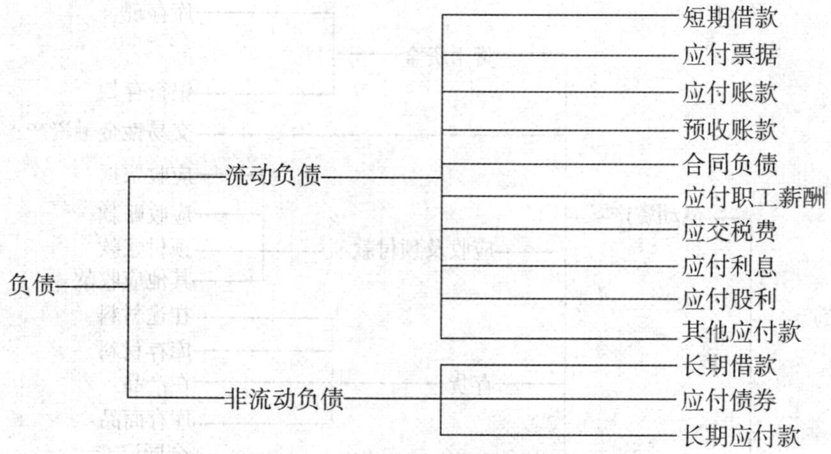

图3-2　负债构成内容示意图

（三）所有者权益

1.所有者权益的定义及特征

所有者权益是指企业资产扣除负债后由所有者享有的剩余权益。在股份有限公司，所有者权益又称为股东权益。

所有者权益与负债（债权人权益）都是权益，都构成企业的资金来源，共同反映企业的产权关系，表明企业的资产归谁所有。但二者又有显著区别，主要表现在：首先，二者的性质和承担的风险不同。负债是债权人对企业资产的索偿权，所有者权益是投资者（所有者）对企业净资产的所有权，债权人对企业资产的要求权优先于投资者。当企业进行清算时，资产在支付了破产清算费用后将优先用于偿还负债，如有剩余资产才能在投资者之间按出资比例等进行分配。从这个意义上讲，债权人承担的风险小于投资者。其次，二者享有的权利不同。债权人往往无权参与企业经营管理和收益分配，但享有按规定条件收回本金和获取利息的权利；投资者可凭借对企业的所有权参与企业的经营管理，并可以利润或股利的形式参与企业的利润分配。再次，二者偿付期不同。负债一般都有规定的偿还期限，必须于一定时期内偿还。而对所有者权益来说，在企业持续经营的情况下，除按法律程序减资外，投资者一般不能随意提前撤回投资。

所有者权益的特征主要是：首先，所有者权益在数量上等于企业全部资产减去全部负债后的余额（即净资产），因而所有者权益金额的确认、计量依赖于资产和负债；其次，所有者仅对净资产即企业全部资产减去全部负债后的余额享有权益；复次，除非发生减资、清算或分派现金股利，企业不需要偿还所有者权益；再次，企业清算时，只有在清偿所有负债后，所有者权益才返回给所有者；最后，所有者凭借所有者权益能够参与企业利润的分配。

2.所有者权益的主要内容

所有者权益所包括的内容可分别从其来源和永久性两方面进行考察，如图3-3所示。

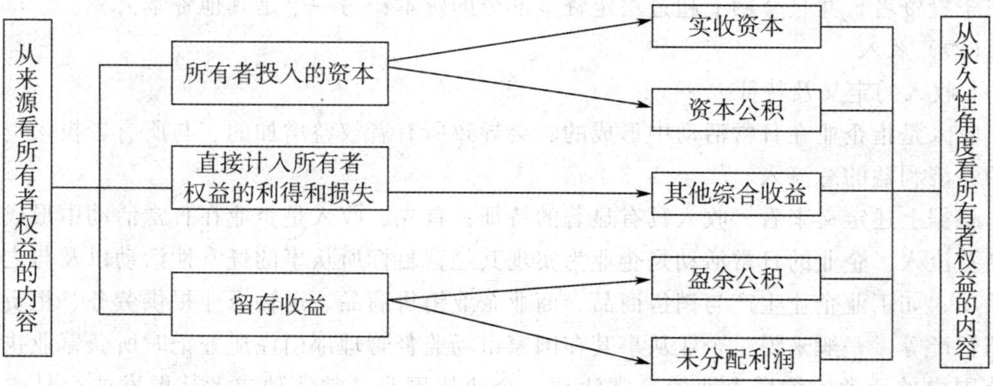

图3-3　所有者权益内容示意图

（1）从来源看所有者权益的内容

所有者权益的来源包括所有者投入的资本、直接计入所有者权益的利得和损失、留存收益等。

所有者投入的资本是企业实际收到的，所有权归属于投资者（所有者）的资本，主要包括实收资本和资本溢价。实收资本又称股本，是指投资者按照企业章程或合同、协议的约定实际投入企业，构成企业所有者权益主体的注册登记的法定资本；资本溢价又称股本溢价，是指投资者或者他人投入到企业、所有权归属于投资者，并且金额上超过法定资本部分的资本。在所有者投入的资本中，实收资本体现了企业所有者对企业的基本产权关系，其构成比例或股东的股份比例，是确定所有者在企业所有者权益中份额和所有者参与企业财务经营决策的基础，也是企业进行利润或股利分配的主要依据，同时还是企业清算时确定所有者对净资产的要求权的依据。

直接计入所有者权益的利得和损失，是指不应计入当期损益、会导致所有者权益发生增减变动的、与所有者投入资本或者向所有者分配利润无关的利得和损失。①直接计入所有者权益的利得和损失主要有其他综合收益，即可供出售金融资产的公允价值变动额等。

留存收益是企业在历年经营活动中积累留存的净利润，是企业盈余公积和未分配利润的统称。盈余公积是指归投资者所共有的、收益转化而形成的资本，是企业按规定从净利润中提取形成的归投资者所共有的积累资金，它可用来弥补亏损或者按规定程序转增资本；未分配利润是企业实现的净利润扣除已分配利润后留待以后年度进行分配的结存利润。

① 利得是指由企业非日常活动所形成的、会导致所有者权益增加的、与所有者投入资本无关的经济利益的流入；损失是指由企业非日常活动所发生的、会导致所有者权益减少的、与向所有者分配利润无关的经济利益的流出。利得和损失包括直接计入所有者权益的利得和损失、直接计入当期利润的利得和损失，前者是所有者权益的构成内容，后者是利润的构成内容。

(2) 从永久性看所有者权益的内容

在企业会计核算中，通常将所有者权益按其永久性递减顺序依次分为实收资本、资本公积、其他综合收益、盈余公积和未分配利润等内容。

资本公积是指归投资者所共有的、非收益转化而形成的资本，它可按规定程序转增资本。资本公积主要有两个来源：一个是资本溢价，即投资者或者他人投入到企业、所有权归属于投资者，并且金额上超过法定资本部分的资本；另一个是其他资本公积。

(四) 收入

1.收入的定义及特征

收入是指企业在日常活动中形成的、会导致所有者权益增加的、与所有者投入资本无关的经济利益的总流入。①

根据上述定义来看，收入具有显著的特征：首先，收入是企业在日常活动中形成的经济利益流入。企业的日常活动是企业为实现其经营目标所从事的经常性活动以及与之相关的活动，如工业企业生产与销售商品、商业企业销售商品、运输企业提供劳务、租赁企业出租资产等。一般来说，企业从事其在国家市场监督管理部门注册登记时所获营业执照规定范围内的活动，均属企业的日常活动。企业从事非日常活动或者从偶发的交易或事项中，也能形成企业经济利益的流入，但这属于企业的利得而不是收入。其次，收入是与所有者投入资本无关的经济利益流入。所有者投入资本会形成企业经济利益流入，但这属于企业的所有者权益而不是收入，收入必须是与所有者投入资本无关而又会导致所有者权益增加的经济利益流入。再次，由于收入是企业经济利益的流入，因而收入的形成总是伴随着资产的增加，或者负债的减少，或者二者兼而有之。最后，收入会导致所有者权益增加。由于收入能增加资产或减少负债或二者兼而有之，而资产减负债等于所有者权益，因而企业取得收入一定能增加所有者权益。此外，收入只包括本企业经济利益的流入，不包括为第三方或客户代收的款项，如代收的增值税等。代收的款项在形成企业经济利益流入的同时增加企业的负债，不增加企业的所有者权益，因而不能确认为本企业的收入。

2.收入的主要内容

企业的收入往往表现为多种不同形态，可以从不同角度对其进行分类。一般说来，不同的企业，由于从事的日常活动的经济性质不同，其收入分为销售商品收入、提供劳务收入和让渡资产使用权收入等。就一家企业而言，在会计核算中，通常按企业从事的日常活动的主次地位不同，将收入分为营业收入和投资收益等，其中，营业收入又分为主营业务收入和其他业务收入。

主营业务收入是企业在日常活动中，为实现其经营目标而从事经常性活动形成的经济利益流入，简言之就是企业从事主营业务形成的经济利益流入。不同的企业，由于从事的主营业务性质不同，其主营业务收入的内容也不一样。例如，工业企业、商业企业的主营业务收入是销售商品收入，从事运输或其他以提供劳务为主的企业的主营业务收入是提供劳务收入，租赁企业或其他从事以让渡资产使用权为主的企业的主营业务收入是让渡资产

① 收入有广义、狭义之分。这里的收入是按我国企业会计准则的规定进行定义的，是一个狭义的概念。广义的收入既包括狭义的收入，也包括利得（即由企业非日常活动所形成的、会导致所有者权益增加的、与所有者投入资本无关的经济利益的流入），如直接计入当期利润的营业外收入等。

使用权收入等。

其他业务收入是企业在日常活动中，为实现其经营目标而从事与经常性活动相关的活动形成的经济利益流入，简言之就是企业从事附营业务形成的经济利益流入。例如，工业企业从事对外出售不需用的原材料、对外转让无形资产使用权等日常活动，所形成的经济利益流入即为其他业务收入。

投资收益是企业以各种方式从事对外投资活动所形成的经济利益流入，包括因对外投资获得的利润（股利）或发生的损失、利息等。

广义、狭义的收入，其相互关系和内容如图3-4所示。

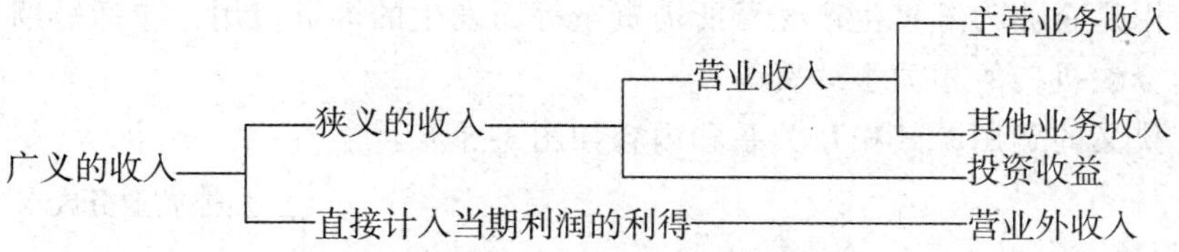

图3-4　广义、狭义收入的相互关系及内容示意图

（五）费用

1.费用的定义及特征

费用是指企业在日常活动中发生的、会导致所有者权益减少的、与向所有者分配利润无关的经济利益的总流出。①

根据上述费用的定义，费用具有显著的特征：首先，费用是企业在日常活动中发生的经济利益的流出。费用产生自企业的日常活动，是为取得收入而付出的代价，费用与收入之间必须存在配比关系。企业从事非日常活动或者在偶发的交易或事项中，也会发生企业经济利益的流出，但这属于企业的损失而不是费用。其次，费用是与向所有者分配利润无关的经济利益流出。向所有者分配利润会发生企业经济利益流出，这种经济利益流出会导致所有者权益减少，但不属于企业发生的费用。再次，由于费用是企业经济利益的流出，因而费用的发生总是伴随着资产的减少，或者负债的增加，或者二者兼而有之。最后，费用会导致所有者权益减少。由于费用是为取得收入而付出的代价，是对收入的一种扣除，因而费用的发生会导致所有者权益减少。

2.费用的主要内容

与收入一样，企业的费用往往也表现为多种不同形态，可以从不同角度对其进行分类。在会计核算中，通常可将企业的费用分为营业成本和期间费用，其中，营业成本又分为主营业务成本和其他业务成本，期间费用则分为税金及附加、销售费用、管理费用和财务费用等。②

主营业务成本是企业在所从事的日常活动中为实现其经营目标而从事经常性活动发生的费用，简言之就是企业为取得主营业务收入而付出的代价。在工业企业、商业企业，其

① 与收入一样，费用也有广义、狭义之分。这里的费用是按我国企业会计准则的规定进行定义的，是与狭义的收入相配比的费用，是一个狭义的概念。广义上的费用既包括狭义的费用，也包括损失（即由企业非日常活动所发生的、会导致所有者权益减少的、与向所有者分配利润无关的经济利益的流出），如直接计入当期利润的营业外支出、所得税费用等。

② 期间费用是指企业日常活动发生的不由特定对象的收入补偿而在发生时直接计入当期损益的费用。人们一直以来都认为期间费用只包括销售费用、管理费用和财务费用。我们认为，按照期间费用的含义，税金及附加等也应当属于期间费用。

主营业务成本就是已销售商品的生产成本、进货成本即商品销售成本。

其他业务成本是企业在所从事的日常活动中为实现其经营目标而从事与经常性活动相关的活动发生的费用，简言之就是企业为取得其他业务收入而付出的代价。

税金及附加是企业在所从事的日常活动中为实现其经营目标而从事经常性活动以及与之相关的活动应当负担的各种税金和教育费附加。

销售费用是企业在销售商品和材料、提供劳务的过程中发生的各种费用，如广告费、展览费、包装费、运输费等。

管理费用是企业为组织和管理企业生产经营所发生的各种费用。

财务费用是企业为筹集生产经营所需资金等而发生的筹资费用，包括短期借款利息支出、支付给金融机构的相关手续费等。

广义、狭义的费用，其相互关系和内容如图3-5所示。

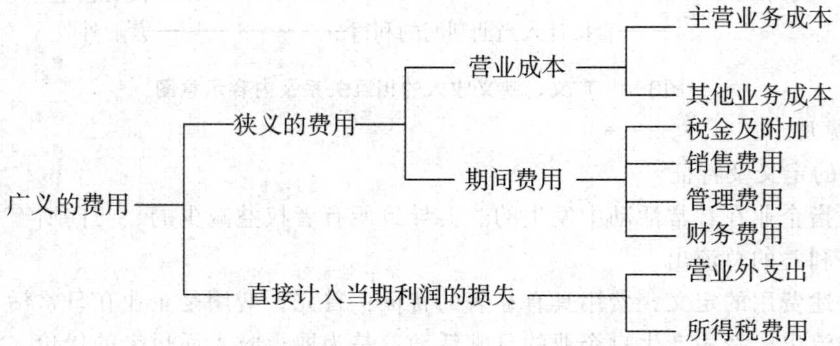

图3-5 广义、狭义费用的相互关系及内容示意图

（六）利润

1.利润的定义及特征

利润是指企业在一定会计期间的经营成果（财务成果），也就是企业的收入减去费用后的净额与直接计入当期利润的利得和损失的总和。[①]

利润的特征主要是：第一，利润金额的确认、计量依赖于企业的收入、费用及直接计入当期利润的利得和损失；第二，利润数额的变动往往引起所有者权益数额变动；第三，利润是评价企业管理层业绩的一项重要指标，也是财务会计报告使用者进行决策的重要参考指标。

2.利润的主要内容

根据上述利润的定义，利润包括收入减去费用后的净额、直接计入当期利润的利得和损失等。

收入减去费用后的净额即营业利润，它是企业从事日常活动取得的成果，它所反映的是企业日常活动的业绩情况。营业利润可用公式表示如下：

营业利润=营业收入-营业成本-税金及附加-销售费用-管理费用-财务费用+投资收益

上式中：

① 利润有广义和狭义之分。在我国企业会计核算中，与利润有关的概念包括营业利润、利润总额和净利润等。这里的利润是指净利润，是一个广义的概念。

营业收入=主营业务收入+其他业务收入

营业成本=主营业务成本+其他业务成本

直接计入当期利润的利得和损失，是指应当计入当期损益、会导致所有者权益发生增减变动的、与所有者投入资本或者向所有者分配利润无关的利得和损失，它是企业从事非日常活动取得的成果，它所反映的是企业非日常活动的业绩情况。在会计核算中，直接计入当期利润的利得主要有营业外收入，直接计入当期利润的损失主要有营业外支出、所得税费用等。企业的营业利润加上营业外收入再减去营业外支出即为利润总额，利润总额减去所得税费用即为净利润（税后利润），用公式分别表示如下：

利润总额=营业利润+营业外收入-营业外支出

净利润=利润总额-所得税费用

企业一定会计期间实现的净利润应按照国家有关规定和投资者的决议进行分配。通过分配，净利润的一部分作为应支付给投资者的利润形成负债中的应付股利，另一部分转化为所有者权益中的留存收益，并分别形成盈余公积和未分配利润。

本章习题自测

第四章

会计假设和会计记账基础

【本章教学目标】

知识目标：本章主要阐述会计假设的含义及其内容和会计记账基础的基本原理。通过本章学习，要求理解会计假设的内容，掌握采用权责发生制、收付实现制计算收入、费用的基本方法。

能力目标：能够熟练地掌握和运用权责发生制、收付实现制。

思政目标：通过对会计假设内容和会计记账基础的理解，增强会计工作的规则意识，培养严谨务实的工作态度。

第一节　会计假设

一、会计假设的意义

在市场经济条件下，企业的经济交易或者事项日趋复杂。为了顺利地组织企业会计核算工作，保证会计信息的质量，确保会计目标的实现，需要在进行会计确认、计量、记录和报告之前对会计核算工作所需的若干相关前提条件进行设定。

会计假设是组织会计核算工作、生成会计信息应当明确的前提条件，是人们对会计确认、计量、记录和报告的有关空间、时间范围和计量形式等前提条件，根据客观的正常情况或发展趋势所作的合乎逻辑的推断或姑且认定，是会计人员不待证明而视为理所当然并加以接受的会计公理。

会计假设并非未经深思熟虑的主观臆造和毫无根据的虚构幻想，也不是经验、事实材料的简单拼接，而是人们在逐步认识和总结长期会计实践活动后所作的合乎逻辑的推理、提炼和高度概括，其结论是抽象性的命题，具有较强的理论性。在会计理论中，会计假设不仅本身是重要的会计理论问题，而且它也为发展会计理论、构建会计理论体系的大厦奠定了重要基础。在会计实务中，会计活动面对的是变化不定的社会政治、法律、经济、科技、文化和教育等社会经济环境，并受其规范和限制。如果对组织会计核算工作必须具备的前提条件不作出设定，就无法确立会计目标，无法提出会计信息质量特征，从而也就无法有效地开展会计活动，最终导致会计活动混乱无序。因此，会计假设是组织、指导会计活动的理论基础，是生成会计信息、保证实现会计目标的重要前提条件。

二、会计假设的内容

从国际会计界已经达成的共识出发，结合我国具体情况看，会计假设应当包括四项内容，即：会计主体假设、持续经营假设、会计分期假设和货币计量假设。

（一）会计主体假设

会计主体亦称会计实体、会计个体，是指会计工作所服务的特定单位或组织。会计主体的选择有较大的弹性。会计主体可以是一家企业、一个非营利组织，也可以是一个家庭、一个政府，而典型的会计主体是经营性企业。随着社会生产发展和经济管理的加强，会计面临着更高的要求，即不仅要反映企业整体的经济活动，而且要反映企业内部各所属单位的经济活动；不仅要反映集团公司整体的经济活动，而且要反映集团公司内部所属母公司、子公司的经济活动。这样，不但企业是会计主体，企业内部所属的分公司、分厂、车间等单位也可以成为会计主体；由母公司和若干子公司通过控股关系组建的集团公司整体上是会计主体，母公司和子公司均为独立的企业法人，也是会计主体。可见，会计主体不同于法律实体。一般说来，作为法律实体的企业法人通常是会计主体，而会计主体则不一定是企业法人。

会计主体假设是指会计工作总是在某一个特定单位里进行的，会计所反映的是一个特定单位经济活动中的交易和事项。它明确了会计核算工作的空间范围。

会计主体假设的形成源于经营主体的产生，是企业组织形式发展的结果。最初的企业由于规模较小，往往由业主（投资者）自行经营，企业的资产、权益和损益就是业主的资产、权益和损益，企业并不独立于业主而单独存在。随着独资经营向合伙经营的转化，当合伙经营企业这种企业组织形式出现后，企业就在经营上独立于合伙人而成为一个独立的经营主体，这就在客观上要求企业建立独立于合伙人自身经济活动的会计，以便把企业的经济活动与其合伙人（投资者）的经济活动区别开来，从而出现了会计主体的概念。股份有限公司出现后，导致所有权与经营权的分离，从而更加强化了企业作为一个独立的经营主体的地位，会计主体假设也就随之成为一个不证自明的合理命题。

会计主体假设明确了会计核算工作的空间范围，解决了会计确认、计量、记录和报告的立场问题。按照会计主体假设，就能将某个会计主体的经济活动与该会计主体的投资者的经济活动区分开来，也能将某个会计主体的经济活动与其他会计主体的经济活动区分开来，从而就能针对某个会计主体的经济活动组织会计核算工作。

（二）持续经营假设

在市场竞争条件下，任何企业都存在持续经营抑或破产、解散、清算的可能。持续经营，是指在可以预见的将来，企业将会按照当前的规模和状态继续经营下去，不会停业，也不会大规模削减业务。

持续经营假设就是指会计核算应当以会计主体持续、正常的生产经营活动为前提，而不考虑其是否破产、解散和清算。它明确了会计核算工作的时间范围。

就企业而言，持续经营假设是在确定了企业是会计主体之后，针对作为会计主体的企业面临着激烈的市场竞争，其经营活动的持续时间具有不确定性而提出的。它是确立会计目标、提出会计信息质量特征并保证会计信息的质量、确定会计政策和方法并保持其一贯稳定性等所必须具备的重要前提条件。有关企业资产、负债项目的划分和计价，费用的按期划分，收益的按期确定，财务会计报告的按期编制等，都是基于企业持续经营这一假定的。

持续经营假设并非意味着企业将永远存在下去，在市场竞争条件下，任何企业都存在破产、解散、清算的可能。因此，企业应当定期对其持续经营的能力作出分析和判断。当有证据预示企业将不能持续存在下去而面临破产清算时，会计人员应当放弃持续经营假设下所采用的会计程序、会计政策和会计方法，并着眼于如何在破产清算条件下客观地反映企业的财务状况、经营成果和现金流量，正确反映企业的变现能力和偿债能力等，以便处理好有关各方的权益关系。

（三）会计分期假设

会计分期是对会计期间的划分。会计分期假设是指把会计主体持续不断的生产经营过程分割为若干较短的、等距的、连续的会计期间，以便分期结算会计账目，按期编制财务会计报告。会计分期假设是对持续经营假设的必要补充，是对会计核算工作时间范围的具体划分，它要求不属于本会计期间的经济业务不能反映在本期会计账目和财务会计报告中。

会计期间是指会计核算工作中为核算生产经营活动或预算执行情况所规定的起讫日期，通常分为会计年度和会计中期。会计中期是指短于一个完整的会计年度的报告期间，包括会计半年度、会计季度、会计月度。会计期间的选择具有一定的弹性。会计年度可以采用公历年度制，即以公历1月1日至12月31日为一个会计年度，也可以采用营业年度，即以每年中企业业务最清淡的时间点作为会计年度的起点和终点。按照我国会计法规的规定，企业会计年度应当采用公历年度制，相应地，会计中期的起讫日期也与公历日历日期相同。

就企业而言，其生产经营活动是持续不断进行的，因此，除非企业破产清算或终止、解散，其损益是无法准确计量的。由于与企业有经济利害关系的外部会计信息使用者需要及时了解企业的财务状况、经营成果和现金流量，以评估经营绩效或作出投资、信贷等经济决策，这就要求会计人员将企业持续不断的生产经营过程人为地划分为等距的、较短的会计期间，以便及时提供会计信息，会计分期假设因此成为一个不证自明的合理命题。

显然，明确会计分期假设意义重大，它产生了本期与非本期的概念，进而为会计主体采用记账基础和折旧、摊销等一系列会计处理方法奠定了重要基础，使分期结算账目，按期编制财务会计报告，提供具有及时性、可比性等质量特征的会计信息成为可能。

（四）货币计量假设

货币计量假设是指会计主体持续不断的生产经营情况都通过价值稳定的货币予以综合反映。它明确了会计核算工作的计量尺度。

货币计量假设包括以下两层含义：

首先，会计主体对持续不断的生产经营情况进行会计确认、计量和报告时以货币计量，其他计量单位虽也使用但不占主要地位。在商品货币经济条件下，货币是固定地充当一般等价物的特殊商品，具有价值尺度职能，是衡量一般商品价值的共同尺度。在会计确认、计量和报告过程中选择货币作为主要的计量单位，既便于会计计量，也便于在量上对企业的生产经营情况进行综合反映、汇总和比较，从而便于企业的经营管理。这也是选择实物计量单位或劳动计量单位难以达到的要求。

其次，假定货币币值是稳定不变的。由于事实上货币本身的币值是不稳定的，货币并不是一个充分稳定的计量尺度，因此，为了保证会计确认、计量和报告的一贯性、稳定性，保证会计信息的可比性，有必要在会计核算中排除货币币值变动的干扰，这就不得不假定货币币值稳定不变或者变化甚微可以忽略，或者币值的前后波动可以相互抵消。

在会计核算中，货币计量假定还需要解决以什么货币作为记账本位币的问题。在我国，人民币是国家法定货币，会计法规规定会计核算以人民币作为记账本位币。在存在多种货币的情况下，或某种业务采用外币结算时，要把有关外币按规定汇率折算为记账本位币。业务收支以外币为主的企业也可以选定某种外币作为记账本位币，但编制的财务会计报告应当折算为人民币反映。境外企业报送给国内有关部门的财务会计报告，应当折算为人民币反映。

应当注意的是，采用货币计量也有缺陷。在某些情况下，企业经营战略、研发能力、市场竞争力等一些影响企业财务状况和经营成果的因素，往往难以用货币来计量，而这些信息对信息使用者的决策又很重要。因此，企业可以在财务会计报告中补充披露有关非财务信息来弥补这样的缺陷。

综上所述，会计假设的内容可概括为：组织会计核算工作，应当明确会计工作为之服务的特定主体；并在其持续经营条件下，将其经营过程划分为等距的会计期间；采用货币作为统一计量尺度，对其交易或事项进行确认、计量、记录和报告。

第二节 会计记账基础

在会计核算中，常常存在企业交易或者事项引起的收入、费用的发生时间与相关货币收支的时间不完全一致的情况。例如，在销售商品的过程中，本期已经收到了款项，但销售并未实现；或者本期已经实现了销售，但并未收到款项。再如，本期已经支付了款项，但该款项并不是为本期生产经营活动而发生的；或者本期生产经营活动已经发生了应当支付的款项，但该款项尚未支付。针对类似的情况，由于会计分期假设的存在，企业必然面临一个问题，即应当在哪一个会计期间确认、计量、记录和报告交易或者事项引起的收入、费用，以便更加真实、公允地反映特定会计期间的财务状况和经营成果，提供及时、可比的会计信息。

解决上述问题，其方法就是会计记账基础。所谓会计记账基础，就是在会计核算中，以何种标准确认、计量、记录和报告特定会计期间交易或者事项引起的收入、费用的方法。会计上主要有两种不同的记账基础，即权责发生制和收付实现制。

一、权责发生制

权责发生制亦称应收应付制、应计制，是指以收入的权利和支出的义务是否属于本期作为标准，计算本期收入、费用的一种会计记账基础。

权责发生制
应用举例

权责发生制要求按权利和责任的归属期来确认、计量、记录和报告特定会计主体的收入和费用，也即按款项是否应当收到和付出作为标准来计算本期的收入和费用，而不论本期是否实际收到和付出款项。其主要内容是：凡是本期实现的收入和发生的费用，不论其款项在本期是否实际收到和付出，均作为本期的收入和费用入账；凡不属于本期实现的收入和发生的费用，也不论其款项在本期是否实际收到和付出，均不作为本期的收入和费用入账。

由于权责发生制能够较为真实、公允地反映企业特定会计期间的财务状况和经营成果，因而主要适用于企业，是国际公认的企业会计记账基础。我国企业会计准则也规定，企业在会计确认、计量、记录和报告中应当采用权责发生制这一会计记账基础。

在会计实务中，企业在采用权责发生制这一会计记账基础确认、计量、记录和报告费用时，必然出现费用的支付期与其归属期（受益期）不一致的情况，表现为两种：一种是事先一次性支付，待以后再根据受益情况分期计入若干受益期的费用、成本中的预付费用，其中，受益期在一个会计年度内的为待摊费用，受益期超过一个会计年度的为长期待摊费用；另一种是事先根据受益情况分期计入若干受益期的费用、成本中，待以后才一次性支付的应付费用或预提费用。对于待摊的费用、预提的费用，由于其受益期在一个会计年度内而不影响企业一个会计年度损益的计算，为了简化会计核算工作，一般在支付时将其直接计入当期损益；对于受益期超过一个会计年度的预付费用，在其支付时先列作资产中的长期待摊费用，以后再根据受益情况分期计入若干会计年度的损益。

权责发生制应
用举例及分析

当然，权责发生制也有其固有的缺陷：在权责发生制下，可能会发生企业盈利情况与现金支付能力的背离，有时这种背离还较为严重。因此，企业会计需要提供以收付实现制为记账基础编制的现金流量表，以弥补权责发生制的不足。

此外，我国境内各级各类独立核算的公立医院，包括综合医院、中医院、专科医院、门诊部（所）、疗养院等，其会计确认、计量、记录和报告也采用权责发生制基础。与企业不同，在公立医院会计实务中，需要对待摊费用、预提费用相关事项进行会计处理。

二、收付实现制

收付实现制
应用举例

收付实现制也称为实收实付制、现金制，是指以款项是否实际收到和付出作为标准，计算本期收入和费用的一种会计记账基础。

收付实现制是与权责发生制相对应的另一种会计记账基础。与权责发生制不同，收付实现制要求按款项实际收到和付出的会计期间来确认、计量、记录和报告特定会计主体的收入和费用，而不论本期是否应当收到和付出款项。其主要内容是：凡是本期实际收到款项的收入和付出款项的费用，不论其款项在本期是否应当收到和付出，均作为本期的收入和费用入账；凡是本期没有实际收到和付出款项的，不论其款项在本期是否应当收到和付出，均不作为本期的收入和费用入账。

目前，我国行政单位会计核算采用收付实现制；在事业单位（含高等学校、中小学校等）会计核算中，除部分经营性经济业务或者事项的核算采用权责发生制外，其他大部分经济业务或者事项的核算采用收付实现制；在由政府举办的独立核算的城市社区卫生服务中心（站）、乡镇卫生院等基层医疗卫生机构会计中，也采用收付实现制基础。

本章习题自测

第五章

会计程序和会计方法

【本章教学目标】

知识目标：本章主要阐述会计程序和会计核算方法体系的基本内容。通过本章学习，要求初步了解会计要素确认的条件和各种会计计量属性的基本含义，从总体上把握会计核算方法的内容及其相互关系。

能力目标：能够熟练地掌握会计程序和会计核算方法的基本内容。

思政目标：通过对会计程序和会计核算方法基本内容的理解，学会用普遍联系的、全面系统的观点观察事物，进一步加深对会计活动的理解，强化对会计活动的整体把握。

第一节　会计程序

生产总是伴随着再生产。企业的生产经营活动是连续不断、周而复始地进行的，伴随其数量方面的是大量技术、经济等多方面的数据资料。会计要对一家企业的经济活动进行反映和监督，为财务会计报告使用者提供有用的会计信息，除了要受会计假设、会计信息质量特征的制约和指导外，还必须遵循一定的会计程序进行，并采用一系列专门的会计方法。

会计程序就是会计为了满足会计信息质量特征的要求，实现会计目标，对一家企业的经济活动进行反映和监督的整个过程及步骤，也就是会计信息的加工处理程序。会计提供信息时，首先应从企业经济活动产生的大量经济数据中筛选、辨认出含有会计信息的数据，使之能够进入会计信息处理系统，然后通过加工处理，将其转换成有用的会计信息，再以恰当的方式输送给会计信息的使用者，从而实现会计目标。在长期的会计实践中，经过人们的不断总结，形成了以会计确认、会计计量、会计记录和会计报告为主要环节的会计程序。

一、会计确认

在整个会计核算过程中，会计确认是确定企业的经济交易或者事项及其数据能否和何时进入会计信息系统的关键环节，是加工处理和输出会计信息的重要前提，它从根本上影响着会计信息质量，决定着会计目标的实现。

所谓会计确认，是指依据一定的标准和条件进行筛选、辨认，以确定企业生产经营活动引发的各项经济交易或者事项涉及的项目是否能够进入、何时进入会计处理过程的工作。在企业会计核算过程中，由于其能够以货币表现的经济活动具体化为资产、负债、所有者权益、收入、费用和利润等六个会计要素，因此，会计确认实际上就是会计要素的确认。

（一）资产的确认

就资产的确认而言，将一项资源确认为资产，必须符合资产的定义和特征，即资产必须是企业过去的交易或者事项形成的、由企业拥有或者控制的、预期会给企业带来经济利益的资源。此外，资产的确认还必须同时满足两个条件：首先，与该资源有关的经济利益很可能流入企业。资产的确认应当与对经济利益流入的不确定性程度的判断结合起来。如果与资源有关的经济利益很可能流入企业，则应将其作为资产予以确认；反之，则不能确认为资产。其次，该资源的成本或者价值能够可靠地计量。在实务中，企业取得的许多资产都是发生了能可靠计量的实际成本的，符合资产确认的可计量条件。需要注意的是，在某些情况下，企业取得的资产没有发生实际成本或者发生的实际成本很小，比如企业持有的某项衍生金融工具形成的资产，如果其公允价值能够可靠计量，也是符合资产的可计量确认条件的。

（二）负债的确认

就负债的确认而言，将一项现时义务确认为负债，必须符合负债的定义和特征，即负债必须是企业过去的交易或者事项形成的、预期会导致经济利益流出企业的现时义务。此外，负债的确认还必须同时满足两个条件：首先，与该义务有关的经济利益很可能流出企业。负债的确认应当与对经济利益流出的不确定性程度的判断结合起来。如果有确凿证据表明与现时义务有关的经济利益很可能流出企业，则应将其作为负债予以确认；反之，则不能确认为负债。其次，未来流出的经济利益的金额能够可靠地计量。作为负债，应当有一个到期偿还的确切金额或者能够合理估计的金额，如果未来流出的经济利益的金额不能可靠地计量，则不能确认为负债。

（三）所有者权益的确认

就所有者权益的确认而言，所有者权益不能像资产、负债那样单独确认。由于所有者权益是企业资产扣除负债后由所有者享有的剩余权益，因此，所有者权益的确认主要依赖于资产和负债的确认，所有者权益金额的计量也主要取决于资产和负债的计量。

（四）收入的确认

就收入的确认而言，除了应当符合收入的定义和特征外，也应当满足严格的条件。由于企业的收入具有多种多样的来源渠道，其确认条件也往往存在差异。一般来说，企业的收入只有在经济利益很可能流入从而导致企业资产增加或者负债减少，并且经济利益的流入额能够可靠计量时才能予以确认。

（五）费用的确认

就费用的确认而言，除了应当符合费用的定义和特征外，也应当满足严格的条件。一般来说，企业的费用只有在经济利益很可能流出从而导致企业资产减少或者负债增加，并且经济利益的流出额能够可靠计量时才能予以确认。

（六）利润的确认

就利润的确认而言，利润与所有者权益类似，不能单独确认。由于利润是指企业一定会计期间的收入减去费用后的净额与直接计入当期利润的利得和损失的总和，因此，利润的确认主要依赖于收入、费用、直接计入当期利润的利得、直接计入当期利润的损失的确认，利润金额的计量也主要取决于收入和费用、直接计入当期利润的利得和损失金额的计量。

二、会计计量

计量就是对一个暂时未知的量用一个已知的量对其进行比较，以确定这个未知量的过程。这里所说的已知的量，通常称作计量尺度。所谓会计计量，就是选择运用一定的计量尺度和计量基础对已确认的会计要素项目进行定量反映，使之转化为会计信息的工作。会计计量在会计核算中处于核心地位，贯穿于整个会计核算过程。会计计量与会计确认密不可分，未经确认就不能计量，而没有会计计量解决会计确认的量化问题，会计确认也就失去了意义。同时，会计计量是会计记录、会计报告的重要前提，没有会计计量解决会计要素的量化问题，会计记录、会计报告也就无从谈起。

会计计量的对象是已经确认的会计要素。对会计要素进行会计计量，一是要确定计量尺度，二是要选择计量属性。

（一）会计计量尺度

会计计量尺度的确定经历了漫长的发展历史。在商品货币经济条件下，为了对企业的经济活动进行综合反映，会计计量以货币量度作为统一计量尺度，以实物量度、劳动量度作为辅助计量尺度。按照国际会计惯例，会计计量以货币作为统一计量尺度时，其货币一般都采用本国法定的名义货币。

（二）会计计量属性

会计计量属性也称会计计量基础，是指所要确定的会计要素在数量方面的经济属性，是确定会计要素金额的基础。按照我国企业会计准则的规定，会计计量属性主要有历史成本、重置成本、可变现净值、现值、公允价值等。

历史成本又称为实际成本，是指取得某项财产的当时所实际支付的现金或者现金等价物的金额。按照我国企业会计准则的规定，在历史成本计量下，资产按照购置时支付的现金或者现金等价物的金额，或者按照购置资产时所付出的对价的公允价值计量；负债按照因承担现时义务而实际收到的款项或者资产的金额，或者承担现时义务的合同金额，或者按照日常活动中为偿还负债预期需要支付的现金或者现金等价物的金额计量。一般说来，历史成本计量属性虽然具有简便易行和所提供的会计信息可靠、真实的特点，但所提供的会计信息在有用性方面可能会存在缺陷。

重置成本又称为现行成本，是指按照当前市场条件重新取得同样一项资产所需支付的现金或者现金等价物的金额。按照我国企业会计准则的规定，在重置成本计量下，资产按照现在购买相同或者相似资产所需支付的现金或者现金等价物的金额计量；负债按照现在偿付该项债务所需支付的现金或者现金等价物的金额计量。

可变现净值是指在企业正常生产经营过程中，现在出售可能收回的净值。按照我国企业会计准则的规定，在可变现净值计量下，资产按照其正常对外销售所能收到现金或者现金等价物的金额扣减该资产至完工时估计将要发生的成本、估计的销售费用以及相关税费后的金额计量。

现值是指未来现金流量以恰当的折现率进行折现后的价值，是考虑了货币时间价值等因素的一种计量属性。按照我国企业会计准则的规定，在现值计量下，资产按照预计从其持续使用和最终处置中所产生的未来净现金流入量的折现金额计量；负债按照预计期限内需要偿还的未来净现金流出量的折现金额计量。

公允价值是指市场参与者在计量日发生的有序交易中，出售一项资产所能收到或者转移一项负债所需支付的价格。按照我国企业会计准则的规定，市场参与者是指在相关资产或负债的主要市场（或最有利市场）中，同时具备下列特征的买方和卖方：一是市场参与者应当相互独立，不存在关联方关系；[①]二是市场参与者应当熟悉情况，能够根据可取得的信息对相关资产或负债以及交易具备合理认知；三是市场参与者应当有能力并自愿进行相关资产或负债的交易。有序交易，是指在计量日前一段时期内相关资产或负债具有惯常市场活动的交易。清算等被迫交易不属于有序交易。主要市场，是指相关资产或负债交易量最大和交易活跃程度最高的市场。最有利市场，是指在考虑交易费用和运输费用后，能够以最高金额出售相关资产或者以最低金额转移相关负债的市场。交易费用，是指在相关资产或负债的主要市场（或最有利市场）中，发生的可直接归属于资产出售或者负债转移的费用。交易费用是直接由交易引起的、交易所必需的，而且不出售资产或者不转移负债就不会发生的费用。运输费用，是指将资产从当前位置运抵主要市场（或最有利市场）发生的费用。

我国企业会计准则规定，企业在对会计要素进行计量时，一般应当采用历史成本，采用重置成本、可变现净值、现值、公允价值计量的，应当保证所确定的会计要素金额能够取得并可靠计量。

三、会计记录

会计记录是指按照一定的账务处理要求，将经过确认、计量的会计要素项目的名称、金额等登记在记账载体上，以便对会计信息进行加工处理，最终获得所需会计信息的工作。由于会计要素要经过确认、计量才能记录，而会计记录又必须以货币来量化反映，因而会计记录过程中同样存在会计确认与计量问题。

会计记录是会计程序中的一个重要环节，只有通过这一环节对会计信息进行分类、汇总及加工处理，才能生成有用的会计信息。在这一环节中，会计记录的手段或记账载体主要是会计凭证、会计账簿、财务会计报告等。在实务中，通过对设置会计科目、复式记账、填制和审核会计凭证、登记会计账簿、成本计算和编制财务会计报告等会计核算专门方法的应用，才能实现会计记录。

四、会计报告

会计报告是指以恰当的方式汇总日常会计确认、计量和记录所得到的会计信息并提供给财务会计报告使用者的工作，简言之就是编制和报送财务会计报告的工作。它是会计程

① 关联方关系具体可参见《企业会计准则第36号——关联方披露》的规定。

序的最后环节。

会计报告涉及以什么方式向财务会计报告使用者传递会计信息的问题。总结会计实践经验，企业对外报告会计信息，较为恰当的载体是财务会计报告。

此外，会计报告还涉及哪些会计信息应当列入财务会计报告、如何列入财务会计报告的问题，也就是应当编制哪些财务会计报告、财务会计报告如何编制的问题。显然，会计报告不是重新简单罗列账簿资料，而是一个再确认、再计量、再记录的过程。

综上所述，会计对一家企业的经济活动进行反映和监督的整个过程及步骤，概括地说就是会计确认、会计计量、会计记录和会计报告。通过这四个紧密联系、相互交织、先后继起的环节，就能够按照会计信息质量特征的要求向财务会计报告使用者传递会计信息，实现会计目标。

第二节 会计方法

一、会计方法的含义

会计方法是用来反映和监督会计对象、实现会计目标的手段。它是从长期的会计实践中总结出来的，并随着会计的不断发展而得以改进和发展。

现代会计方法究竟包括哪些内容，会计界存在着不同认识。一般认为，会计方法包括会计核算方法、会计监督方法、会计分析方法、会计预测方法和会计决策方法等。由于会计核算是会计的基本环节，会计监督、会计分析、会计预测和会计决策等都是在会计核算的基础上利用会计核算提供的资料进行的，因而会计核算方法也就成为学习会计学必须首先认真掌握的最基本的会计方法。

二、会计核算方法体系

会计核算方法是指为了实现会计目标，在遵循会计信息质量特征的基本要求对会计主体的经济活动（具体化为各项会计要素）予以完整、连续、系统的确认、计量、记录和报告过程中所应用的各种专门手段。会计核算方法包括相互联系、密切配合的若干专门方法，是一个完整的方法体系。概括说来，会计核算方法包括设置会计科目、复式记账、填制和审核会计凭证、登记会计账簿、成本计算和编制财务会计报告等六种。[①]以下简要说明各种会计核算方法的特点及它们之间的关系。

① 自中华人民共和国成立至今，在我国以不同名称出版的各种层次的《会计学原理》教科书中，几乎无一例外地指出会计核算包括七种专门方法，即除了这里提出的六种外，还有财产清查。我们认为，将财产清查视为会计核算专门方法不妥。第一，就其性质而言，财产清查是借助特定方法来确定相关财产在一定日期的实存数，以便于账实对比的一种经济管理工作。第二，就其作用而言，财产清查是企业、单位为了保证相关财产的安全完整、维护财经纪律的严肃性、摸清家底以促进提高经营管理水平、通过账实对比以保证会计核算资料真实可靠性所采用的一种重要的经济管理制度，是进行资产评估的一项基础性工作。第三，就其内容而言，财产清查并非每一个企业、单位在每一个会计期间都必须进行，特别是在会计中期，一些企业、单位是不开展财产清查工作的。因此，财产清查不符合会计核算方法在每一个会计期间循环往复运用的特性。第四，就其目的而言，财产清查借助特定方法来确定相关财产在一定日期的实存数，以便于账实对比，是登记会计账簿这一专门方法涉及的对账的一种手段，因而应属于会计核算方法中登记会计账簿这一专门方法的范畴。此外，我国著名会计学者唐国平教授也曾从多个方面进行深入论述，提出了财产清查不是会计核算方法的论断（具体可参见：唐国平.财务会计基本问题研究［M］.北京：经济科学出版社，2010：179-199）。基于此，本教材将财产清查置于会计核算方法中登记会计账簿这一专门方法的范畴。

（一）设置会计科目

会计科目是对会计要素具体内容进行分类核算所规定的项目，是对会计要素进一步分类的项目名称。设置会计科目就是对会计要素具体内容事先进行科学划分，以便为填制和审核会计凭证、设置账户提供依据，为登记会计账簿、设计和编制财务会计报告提供帮助，最终为财务会计报告使用者提供所需要的分门别类的会计信息服务。

（二）复式记账

复式记账是指对发生的每一项经济交易或者事项都必须以相等的金额在两个或两个以上账户中相互联系地进行登记的一种记账方法。世界各国通用的复式记账法是借贷记账法。采用复式记账就会在有关账户中形成对应关系，从而可据以了解有关经济业务内容的来踪去迹，了解经济业务的合理性、合法性、真实性，了解账户记录的正确性。

（三）填制和审核会计凭证

会计凭证是记录经济交易或者事项、明确经济责任的书面证明，是登记账簿的依据。对于已经发生或完成的经济交易或者事项，都应按规定手续取得或填制原始凭证，并经审核无误后用以填制记账凭证，编制会计分录。填制和审核会计凭证是会计核算工作的起点，是会计工作的重要环节，也是对经济活动进行日常监督的重要环节。

（四）登记会计账簿

会计账簿是用来连续、系统地记录一定时期各项经济交易或者事项的簿籍，是会计数据资料的重要载体。登记账簿就是根据审核无误的会计凭证，将其所记录的经济交易或者事项连续地、系统地过记到账簿中，并定期进行结账、对账，以便为编制财务会计报告提供完整而系统的会计数据资料，为会计分析和考核提供日常核算资料。

（五）成本计算

成本计算是指对生产经营过程中所发生的各种费用，按照一定对象进行归集和分配，以计算确定各对象的总成本和单位成本的一种专门方法。成本计算应当选用一定的方法并遵循一定的基本要求和程序进行。通过成本计算可以正确核算会计要素，可以考核企业生产经营过程中劳动耗费的发生情况，并为正确计算企业盈亏提供数据资料。

（六）编制财务会计报告

财务会计报告是会计信息的重要载体，它是以账簿记录的数据资料作为主要依据编制的书面报告文件。财务会计报告能够总括地反映企业一定时点的财务状况和一定时期的经营成果、现金流量等财务信息。编制和报送财务会计报告是企业向财务会计报告使用者提供会计信息的重要方式。企业应当按照会计准则的规定编报财务会计报告，并做到内容完整、数字真实、计算准确、编报及时。

“万事万物是相互联系、相互依存的。只有用普遍联系的、全面而系统的、发展变化的观点观察事物，才能把握事物发展规律”①。由于上述各种会计核算方法不是各自孤立地存在而是相互联系、密切配合的，构成一个完整的方法体系，因而在会计核算工作中必须全面地、综合地运用这些会计核算方法。具体说来，对于日常发生的各项经济交易或者事项，经办人员要填制或取得原始凭证，经会计人员审核整理后，按照设置的会计科目，

① 习近平.高举中国特色社会主义伟大旗帜 为全面建设社会主义现代化国家而团结奋斗——在中国共产党第二十次全国代表大会上的报告［EB/OL］.（2022-10-25）.https：//www.gov.cn/xinwen/2022-10/25/content_5721685.htm.

运用复式记账法编制记账凭证，并据以登记账簿；对于生产经营过程中所发生的各项费用要依据凭证和账簿记录进行成本计算；期末，要在保证账证、账账、账实相符的基础上，根据账簿记录定期编制财务会计报告。

前述各种会计核算方法存在着密切关系，因此，在每一个会计期间都要循序渐进地、周而复始地运用这些会计核算方法。在一个会计期间依次连续运用各种会计核算方法的过程，就构成一个会计循环。一个会计循环包括三个主要环节，即：填制和审核会计凭证、登记会计账簿、编制财务会计报告。如果将会计确认、会计计量、会计记录和会计报告四个主要环节构成的整个过程（参见第五章第一节）称为会计循环，则这里由“证”“账”“表”构成的会计循环也可以另称为会计核算循环。

本章习题自测

中篇
会计核算方法

会计核算方法是为了实现会计目标，在遵循会计信息质量特征的基本要求对会计主体的经济活动（具体化为各项会计要素）予以完整、连续、系统地确认、计量、记录和报告过程中所应用的各种专门手段，它包括设置会计科目、复式记账、填制和审核会计凭证、登记会计账簿、成本计算和编制财务会计报告等六种专门方法，是一个完整的方法体系，在会计核算工作中必须全面地、综合地运用。由于会计核算是会计的基本环节，会计核算方法也就成为初学会计者必须首先掌握的最为基本的方法。

基于此，本篇共设置了七章，即："会计科目和账户""复式记账法：原理""复式记账法：应用""成本计算""会计凭证""会计账簿""财务会计报告"。

第六章

会计科目和账户

【本章教学目标】

知识目标：本章主要阐述会计等式的含义、经济交易或事项对会计等式的影响、会计等式的重要意义、会计科目的含义、设置会计科目的基本方法、会计科目的分类、账户的含义及其与会计科目之间的关系。通过本章学习，应当了解会计等式的含义和重要意义，熟悉经济交易或事项对会计等式的影响过程和结果，熟练掌握企业常用会计科目的设置方法和分类方法，深刻认识和把握账户的含义及其与会计科目之间的关系。

能力目标：能够掌握会计等式的基本原理并熟练地加以运用，熟悉企业常用会计科目的核算内容和分类方法，能够在会计实务中正确设置和使用会计科目。

思政目标：通过对会计等式的认识感受会计的平衡之美，通过对会计科目设置方法的理解发现会计的简洁明快之妙。

第一节　会计等式

一、会计等式的含义和意义

会计等式也称会计基本等式、会计恒等式、会计方程式，它指的是在任何时点上，一家企业的资产总额与负债总额和所有者权益总额之和必然存在的数量相等关系，用公式表示为：

资产=负债+所有者权益

由于负债也称为债权人权益，它与所有者权益可统称为权益，因而上述会计等式也可用公式表示为：

资产=权益

在特定时点上，任何一家企业的资产与权益（含负债和所有者权益）之所以在数量上必然相等，主要是因为二者存在着相互依存关系，二者是同一笔资金的两个不同侧面。一家企业要从事经营活动，就必须拥有或控制一定数量的经济资源作为物质基础，如货币资金、原材料、房屋、机器设备等，在会计上，这些经济资源称为企业的资产。从另一个角度讲，企业的这些资产又总是形成于一定的来源和渠道，是投资者、债权人以一定方式向企业经营者提供的，投资者、债权人对这些资产拥有要求权，在会计上，这种要求权称为权益，其中属于投资者的部分称为所有者权益，属于债权人的部分称为负债或债权人权益。可见，资产表明企业拥有多少和拥有什么经济资源，表明权益存在的具体形态，权益则表明是谁提供了这些经济资源，表明资产的要求权归谁。显然，资产与权益之间存在着相互依存关系，没有无资产的权益，也没有无权益的资产，若从数量上看，则有一定数额的资产必然有相应数额的权益，有一定数额的权益也必然有相应数额的资产。因此，在特定时点上，任何一家企业的资产与负债和所有者权益在数量上必然存在相等关系。

上述会计等式揭示了企业资产、负债、所有者权益三个会计要素之间的内在规律性联系和它们之间的数量关系，高度概括了企业一定时点上的财务状况，在企业会计核算的整个过程中具有十分重要的指导意义，是设置会计科目和账户、复式记账、编制资产负债表的理论依据。

会计等式所揭示的资产、负债、所有者权益三者之间的数量平衡关系，通常反映在企业所编制的资产负债表中，见表6-1。

表6-1 **资产负债表**

编制单位：林城市鼓风机厂 20××年8月31日 单位：元

资产	期末余额	负债及所有者权益	期末余额
库存现金	13 400	短期借款	70 000
银行存款	98 100	应付账款	42 200
原材料	130 000	应交税费	3 500
库存商品	30 000	长期借款	110 000
固定资产	269 000	实收资本	284 800
无形资产	10 000	资本公积	40 000
合计	550 500	合计	550 500

资产负债表是根据会计等式的平衡原理设计、编制的，它能反映企业一定时点的财务状况。表6-1所列示的资产负债表就直观地反映出了林城市鼓风机厂20××年8月31日资产总额与负债和所有者权益总额之间的数额相等关系，同时也能够表明林城市鼓风机厂20××年8月31日资产、负债、所有者权益的分布、构成情况。

二、经济交易或事项对会计等式的影响

（一）引起资产、负债、所有者权益变动的交易或者事项对会计等式的影响

所谓经济交易或者事项，是指企业在生产经营过程中发生的能以货币计量并引起会计要素发生增减变化的各种会计业务事项。其中，经济交易一般是指企业在与其他企业、单位之间的经济活动往来过程中发生的涉及其他企业、单位的各种会计业务事项；经济事项一般是指企业开展经济活动过程中其内部所发生的不涉及其他企业、单位的各种会计业务

事项。[①]

从上述说明来看，企业的经济活动是由各种交易或者事项构成的，交易或者事项显然是企业经济活动的细胞。因此，一家企业要开展生产经营活动，必然总是经常不断地发生各种各样的交易或者事项，从而引起会计要素发生增减变化，进而对会计等式产生影响。

前述表6-1表明，在20××年8月31日（20××年9月1日）这一特定时点上，林城市鼓风机厂的资产总额为550 500元，负债和所有者权益总额也为550 500元，资产与负债和所有者权益在数量上保持平衡关系。以下以林城市鼓风机厂20××年9月份发生的各项交易或者事项为例，分析交易或者事项发生所引起的会计要素的增减变化及其对会计等式产生的影响。

【例6-1】林城市鼓风机厂20××年9月份发生的交易或者事项及其所引起的会计要素的增减变化、对会计等式产生的影响如下：

[业务事项1] 8日，林城市鼓风机厂从中大工厂购入原材料6 000元，货款未付。

这项交易或者事项的发生引起林城市鼓风机厂的原材料增加6 000元，即从原来的130 000元增加到136 000元，也引起应付账款增加6 000元，即从原来的42 200元增加到48 200元；同时，它使林城市鼓风机厂的资产总额增加6 000元，即从原来的550 500元增加到556 500元，也使负债总额增加6 000元，即从原来的225 700元（短期借款70 000元、应付账款42 200元、应交税费3 500元、长期借款110 000元之和）增加到231 700元。由于该项交易或者事项引起会计等式左方的资产总额和右方的负债总额同时增加了相等的数额而又不引起右方所有者权益总额的增减变化，因而会计等式的平衡关系没有被破坏。该项交易或者事项发生后的会计等式如下：

资产556 500元 = 负债231 700元 + 所有者权益324 800元

[业务事项2] 10日，林城市鼓风机厂接受开诚公司投资新设备一台，双方确认的价值为21 000元。

这项交易或者事项的发生使林城市鼓风机厂的固定资产增加21 000元，即从原来的269 000元增加到290 000元，也使实收资本新增加21 000元，即从原来的284 800元增加到305 800元；同时，它使林城市鼓风机厂的资产总额增加21 000元，即从8日的556 500元增加到577 500元，也使所有者权益总额增加21 000元，即从324 800元（实收资本284 800元与资本公积40 000元之和）增加到345 800元。由于该项交易或者事项引起会计等式左方的资产总额和右方的所有者权益总额同时增加了相等的数额而又不引起右方负债总额的增减变化，因而会计等式的平衡关系没有被破坏。该项交易或者事项发生后的会计等式如下：

资产577 500元 = 负债231 700元 + 所有者权益345 800元

[业务事项3] 12日，林城市鼓风机厂以银行存款3 500元缴纳税金。

这项交易或者事项的发生引起林城市鼓风机厂的银行存款减少3 500元，即从原来的

① 交易或者事项，其实就是在我国长期以来的会计实务中，人们一直习惯所称的经济业务。

98 100元减少到94 600元，也引起应交税费减少3 500元，偿清了原欠国家的全部税款；同时，它使林城市鼓风机厂资产总额减少3 500元，即从10日的577 500元减少到574 000元，也使负债总额减少3 500元，即从10日的231 700元（短期借款70 000元、应付账款48 200元、应交税费3 500元、长期借款110 000元之和）减少到228 200元。由于该项交易或者事项引起会计等式左方的资产总额和右方的负债总额同时减少了相等的数额而又不引起右方所有者权益总额的增减变化。因而会计等式的平衡关系没有被破坏。该项交易或者事项发生后的会计等式如下：

资产574 000元 = 负债228 200元 + 所有者权益345 800元

[业务事项4] 18日，林城市鼓风机厂根据原投资协议，在办理相关手续后，以银行存款30 000元发还海丰公司原来投入的资本。

这项交易或者事项的发生引起林城市鼓风机厂的银行存款减少30 000元，即从12日的94 600元减少到64 600元，也引起实收资本减少30 000元，即从原来的305 800元减少到275 800元；同时，它使林城市鼓风机厂的资产总额减少30 000元，即从12日的574 000元减少到54 4000元，也使所有者权益总额减少30 000元，即从12日的345 800元（实收资本305 800元与资本公积40 000元之和）减少到315 800元。由于该项交易或者事项引起会计等式左方的资产总额和右方的所有者权益总额同时减少了相等的数额而又不引起右方负债总额的增减变化，因而会计等式的平衡关系没有被破坏。该项交易或者事项发生后的会计等式如下：

资产544 000元 = 负债228 200元 + 所有者权益315 800元

[业务事项5] 20日，林城市鼓风机厂将现金8 000元存入银行。

这项交易或者事项的发生引起林城市鼓风机厂的银行存款增加8 000元，即从18日的64 600元增加到72 600元，也引起库存现金减少8 000元，即从原来的13 400元减少到5 400元；同时，它使林城市鼓风机厂的资产构成发生了变化，即一部分库存现金转化成了银行存款，但不改变资产总额。由于该项交易或者事项不改变会计等式左方的资产总额和右方的负债总额、所有者权益总额，因而会计等式的平衡关系没有被破坏。该项交易或者事项发生后的会计等式如下：

资产544 000元 = 负债228 200元 + 所有者权益315 800元

[业务事项6] 22日，林城市鼓风机厂从银行借入短期借款20 000元，直接偿还原欠供应单位林城市机电公司的货款。

这项交易或者事项的发生引起林城市鼓风机厂的应付账款减少20 000元，即从20日的48 200元减少到28 200元，也引起短期借款增加20 000元，即从原来的70 000元增加到90 000元；同时，它使林城市鼓风机厂的负债构成发生了变化，即一部分应付账款转化成了短期借款，但不改变负债总额。由于该项交易或者事项不改变会计等式左方的资产总额和右方的负债总额、所有者权益总额，因而会计等式的平衡关系没有被破坏。该项交易或者事项发生后的会计等式如下：

资产544 000元	=	负债228 200元	+	所有者权益315 800元

［业务事项7］25日，林城市鼓风机厂按法定程序办理手续后，将资本公积25 000元转增资本。

这项交易或者事项的发生引起林城市鼓风机厂的资本公积减少25 000元，即从22日的40 000元减少到15 000元，也引起实收资本增加25 000元，即从22日的275 800元增加到300 800元；同时，它使林城市鼓风机厂的所有者权益构成发生了变化，即一部分资本公积转化成了实收资本，但不改变所有者权益总额。由于该项交易或者事项不改变会计等式左方的资产总额和右方的负债总额、所有者权益总额，因而会计等式的平衡关系没有被破坏。该项交易或者事项发生后的会计等式如下：

资产544 000元	=	负债228 200元	+	所有者权益315 800元

［业务事项8］28日，林城市鼓风机厂经与林城市机电配件厂协商，将应付该厂的购料款20 000元转作与该厂联营的投资。

这项交易或者事项的发生引起林城市鼓风机厂的应付账款减少20 000元，即从25日的28 200元减少到8 200元，也引起实收资本增加20 000元，即从25日的300 800元增加到320 800元；同时，它使林城市鼓风机厂的负债总额减少20 000元，即从25日的228 200元减少到208 200元，也使所有者权益增加20 000元，即从25日的315 800元增加到335 800元。由于该项交易或者事项引起会计等式右方负债总额的减少数与所有者权益总额的增加数相等而又不引起左方资产总额的增减变化，因而会计等式的平衡关系没有被破坏。该项交易或者事项发生后的会计等式如下：

资产544 000元	=	负债208 200元	+	所有者权益335 800元

［业务事项9］31日，林城市鼓风机厂根据原来与林城市华利配件厂的联营投资协议，在办理相关手续后，将该厂原来的投资10 000元转作应付账款。

这项交易或者事项的发生使林城市鼓风机厂的实收资本减少10 000元，即从28日的320 800元减少到310 800元，也使应付账款增加10 000元，即从28日的8 200元增加到18 200元；同时，它使林城市鼓风机厂的所有者权益总额减少10 000元，即从28日的335 800元减少到325 800元，也使负债总额增加10 000元，即从28日的208 200元增加到218 200元。由于该项交易或者事项引起会计等式右方所有者权益总额的减少数与负债总额的增加数相等而又不引起左方资产总额的增减变化，因而会计等式的平衡关系没有被破坏。该项交易或者事项发生后的会计等式如下：

资产544 000元	=	负债218 200元	+	所有者权益325 800元

从期末（20××年9月30日）来看，林城市鼓风机厂20××年9月份所发生以上各项交易或者事项对会计等式的综合影响结果，可以通过编制资产负债表的方式得到总括反映，见表6–2。

表6-2 资产负债表

编制单位：林城市鼓风机厂 20××年9月30日 单位：元

资产	期末余额	负债及所有者权益	期末余额
库存现金	5 400	短期借款	90 000
银行存款	72 600	应付账款	18 200
原材料	136 000	应交税费	
库存商品	30 000	长期借款	110 000
固定资产	290 000	实收资本	310 800
无形资产	10 000	资本公积	15 000
合计	544 000	合计	544 000

从以上所列举的林城市鼓风机厂20××年9月份发生的各项交易或者事项来看，一家企业在生产经营活动中总是经常不断地发生着各种各样的交易或者事项，而每一项交易或者事项的发生又必然引起会计要素中至少两个具体项目发生增减变化。

同时，通过分析还可以发现，企业经营活动中发生的引起资产、负债、所有者权益要素发生增减变化的各种交易或者事项，归纳起来不外乎以下九种基本类型：

1.资产与负债同时增加相等金额的交易或者事项（如业务事项1）；

2.资产与所有者权益同时增加相等金额的交易或者事项（如业务事项2）；

3.资产与负债同时减少相等金额的交易或者事项（如业务事项3）；

4.资产与所有者权益同时减少相等金额的交易或者事项（如业务事项4）；

5.资产中不同项目同时等额有增、有减的交易或者事项（如业务事项5）；

6.负债中不同项目同时等额有增、有减的交易或者事项（如业务事项6）；

7.所有者权益中不同项目同时等额有增、有减的交易或者事项（如业务事项7）；

8.负债减少，所有者权益同时等额增加的交易或者事项（如业务事项8）；

9.所有者权益减少，负债同时等额增加的交易或者事项（如业务事项9）。

以上交易或者事项的九种基本类型还可进一步归纳为以下四大类：

1.资产与权益同时增加相等金额的交易或者事项（含上述第1、2类型）；

2.资产与权益同时减少相等金额的交易或者事项（含上述第3、4类型）；

3.资产中不同项目同时等额有增、有减的交易或者事项（即第5类型）；

4.权益中不同项目同时等额有增、有减的交易或者事项（含上述第6、7、8、9类型）。

显然，以上四大类、九种基本类型的交易或者事项发生后，可能改变企业的资产总额与负债和所有者权益总额（如第1、2大类业务类型），也可能不会改变企业的资产总额与负债和所有者权益总额（如第3、4大类业务类型），但不论怎样变化，都不会破坏会计等式的平衡关系。由于这四大类、九种基本类型的交易或者事项代表着引起资产、负债、所有者权益要素发生增减变化的各种各样的交易或者事项，因此，企业生产经营活动中发生的引起这三大会计要素产生变化的任何交易或者事项，都不会破坏会计等式的平衡关系，也就是说，在交易或者事项发生前，企业的资产等于负债加所有者权益，在交易或者事项发生后，企业的资产仍然等于负债加所有者权益。

（二）引起收入、费用变动的交易或者事项对会计等式的影响

企业从事生产经营活动，除了发生引起资产、负债、所有者权益要素增减变化的交易或者事项外，还必然发生引起收入、费用要素增减变化的各种交易或者事项，其基本类型主要有以下四种：

1. 收入的形成伴随着相等金额资产的增加；

2. 收入的形成伴随着相等金额负债的减少；

3. 费用的发生伴随着相等金额资产的减少；

4. 费用的发生伴随着相等金额负债的增加。[①]

如前所述，在一定会计期间之初，企业的资产与负债和所有者权益总是存在数额上的相等关系，这种关系可用公式表示为会计基本等式，即：

资产=负债+所有者权益

在一定会计期间内，企业从事生产经营活动，必然发生引起收入、费用要素增减变化的交易或者事项。由于收入的形成总是伴随着相等金额资产的增加或者相等金额负债的减少，费用的发生总是伴随着相等金额资产的减少或者相等金额负债的增加，因此，发生引起收入、费用要素增减变化的交易或者事项，必然使得会计基本等式中资产、负债的数额在原有基础上发生变化，进而使会计基本等式发生变化、拓展。拓展的会计等式可用公式表示为：

资产=负债+所有者权益+收入-费用

在一定会计期间之末，由于收入减去费用的余额为利润，利润在期末要转化为所有者权益，因此，拓展的会计等式又还原为会计基本等式，即：

资产=负债+所有者权益

由此看来，任何引起收入、费用要素增减变化的交易或者事项也不会破坏会计等式的平衡关系。

会计等式拓展的说明

综上所述，企业在经营活动中发生的任何交易或者事项，不论其引起什么会计要素发生增减变化，都不会破坏会计等式的平衡关系。也就是说，在任何时点上，一家企业的资产与负债和所有者权益总是存在数额上的相等关系，即恒等关系。

第二节 设置会计科目的基本原理

一、会计科目的概念及意义

如前所述，会计反映和监督的内容是企业再生产过程中能够以货币表现的经济活动，

---

① 从第三章第二节的内容看，收入、费用均有广义和狭义之分。为了简便起见，这里的收入、费用均采用其广义的概念。也就是说，在这里，收入既包括狭义的收入，也包括直接计入当期利润的利得；费用既包括狭义的费用，也包括直接计入当期利润的损失。同时，由于利润是收入减去费用的余额，因此，引起收入、费用要素增减变化的各种交易或者事项也就是引起利润要素增减变化的各种交易或者事项，或者说，没有单独引起利润要素增减变化的交易或者事项。

其基本表现形式是资产、负债、所有者权益、收入、费用和利润诸项会计要素，每一项会计要素各自还都包括若干具体内容。同时，一家企业从事其生产经营活动，必然要发生各种各样的交易或者事项并引起会计要素发生增减变化。由于企业从事的经济活动及由此发生的交易或者事项是纷繁复杂的，所以它所引起的各个会计要素之间，特别是各项会计要素具体内容之间增减变化的情况，就呈现出了错综复杂的形式。

为了分门别类地对企业经济活动中发生的会计要素增减变化的各种不同情况进行反映和监督，以便最终为有关财务会计报告使用者提供分门别类的有用信息，以满足其不同方面的需要，在会计核算过程中，首先必须对会计要素的具体内容进行科学分类，必须界定每一项目的含义和范围，规定每一项目得以与其他项目相互区别所具有的显著标志即名称。所谓会计科目，就是对会计要素具体内容进行分类核算所规定的项目，是对会计要素进一步分类的项目名称。会计科目一般简称科目。

设置会计科目，对会计要素具体内容进行科学分类，具有十分重要的意义，它既是一种重要的会计核算方法，也是运用其他会计核算方法的重要基础，是正确组织会计核算工作所必须遵守的重要规则和条件。通过设置会计科目，明确会计要素具体内容中每一项目的含义、范围和名称，可以为设置账户、填制和审核凭证提供依据，可以为设置和登记账簿、设计和编制报表提供帮助，有利于为财务会计报告使用者提供有用的分类信息，满足各有关方面的不同需要。从这一意义出发，可以把会计看成一门关于分类的艺术科学。

二、设置会计科目的基本原则

一家企业要将其会计要素的具体内容科学地划分为若干项目进而设置会计科目，主要应当遵循以下基本原则或要求进行：

1. 统一性。即不同企业之间设置的会计科目应当尽可能一致、统一，以便对不同企业的会计信息进行对比、分析和汇总，保证会计信息的可比性。例如，不论什么企业，对库存现金都设置“库存现金”科目，对存入银行的各种存款都设置“银行存款”科目，对应缴纳的各种税金和教育费附加都设置“应交税费”科目，对实际收到投资者投入的资本都设置“实收资本”或“股本”科目。在实务中，我国企业、单位使用的会计科目是由国家财政主管部门在企业会计准则中事先规定的，一家企业设置会计科目，首先应当遵从企业会计准则的统一规定。

2. 灵活性。即在不违反会计准则中确认、计量、记录和报告规定以及在不影响会计信息可比性的情况下，各企业可以根据其规模大小、业务繁简及不同管理要求等，对国家财政主管部门统一规定的会计科目进行适当的增、删、拆、并。例如，企业可将各车间、部门周转使用的备用金从其他应收款中单列出来，在“其他应收款”科目之外增设“备用金”科目；可将核算各项生产费用的“生产成本”科目分设为“基本生产”和“辅助生产”两个科目；预付货款业务不多的企业可以不设置统一规定的“预付账款”科目而将其并入“应付账款”科目；预收货款业务不多的企业可以不设置统一规定的“预收账款”科目而将其并入“应收账款”科目；可将“其他应收款”和“其他应付款”科目合并设置“其他往来”科目等。同时，不同企业会计科目名称的规定也有一定的灵活性。例如，核算实际收到投资者投入资本的科目，一般企业称“实收资本”科目，股份有限公司称“股本”科目。

3. 完整性。即企业一定时期所设置的会计科目必须涵盖其会计要素的各项具体内容，全面地反映企业各项交易或者事项的发生情况，不能有任何遗漏。同时，由于受社会经济环境变化的影响，企业势必会发生一些新的交易或者事项，其会计要素具体内容也就会随之变化。为了完整地反映会计要素的各项具体内容，会计科目的设置应当适应企业交易或者事项发展的需要。例如，企业从事商品流通而不从事工业性生产业务时，不设置“生产成本”“制造费用”科目，如果根据业务发展需要开展工业性生产时，就应设置“生产成本”“制造费用”科目；企业发生以发行债券方式筹集资金的交易或者事项时，应设置“应付债券”科目等。

4. 准确性。即企业在设置会计科目时，必须严格、明确地界定每一个会计科目的含义、范围，使每一个会计科目都具有特定的核算内容，不能模棱两可，不可相互交叉。例如，“固定资产”和“累计折旧”科目，虽然都核算固定资产，但前者核算固定资产的原始价值，后者核算固定资产的累计折旧额；“短期借款”和“长期借款”科目，虽然都核算企业的借款，但前者核算向银行或其他金融机构借入的期限在一年及一年以下的各种借款，后者核算向银行或其他金融机构借入的期限在一年以上的各种借款；“实收资本”和“资本公积”科目，虽然都核算所有者权益，但前者核算实际收到投资者投入的资本，后者核算归所有者共有的、非收益转化而形成的资本；“制造费用”和“管理费用”科目，虽然都核算劳动耗费，但前者核算企业生产部门（车间）为组织、管理产品生产发生的各项生产费用，后者核算企业为组织、管理企业生产经营活动发生的各项间接性费用。

5. 适用性。即在设置会计科目时，其名称要字义相符、简洁明了，尽量采用在经济生活中人们已经习惯的名称，以便于识别、掌握和运用；同时，对所设置的每一个会计科目都应当正确归类和固定编号，以便于填制和审核会计凭证、登记会计账簿、查阅会计账目、编制财务会计报告和实行会计电算化。企业也可结合实际情况自行确定会计科目的编号。

6. 稳定性。即为了使所提供的会计信息具有纵向可比性，以便于按照相同计算口径对一家企业不同时期的会计信息进行比较、分析和在一定范围内对不同企业会计信息进行综合、汇总，企业设置的会计科目应当保持相对稳定，不能经常随意改变会计科目的名称、核算内容、范围和编号。

三、设置会计科目的方法

设置会计科目，就是按照会计核算要求，结合设置会计科目的基本原则，将会计要素具体内容科学地划分为若干项目进而明确、严格地界定每一个会计科目的名称、含义、范围，使其具有特定的核算内容。

以下结合本教材后续内容的需要，对企业常用会计科目的设置方法进行简要介绍。

（一）资产类科目的设置方法

将会计要素中资产的具体内容科学地划分为若干项目进而明确、严格地界定每一个项目的名称、含义、范围，使其具有特定的核算内容，由此设置的会计科目就是资产类科目。企业常用资产类科目的设置方法主要有：

企业的库存现金，应当设置“库存现金”科目予以核算；

企业存入银行的各种存款，应当设置“银行存款”科目予以核算；

企业存在为交易目的所持有的债券投资、股票投资、基金投资等交易性金融资产，应当设置“交易性金融资产”科目予以核算；

企业存在因销售商品、提供劳务等而收到的商业汇票，包括银行承兑汇票和商业承兑汇票，应当设置“应收票据”科目予以核算；

企业存在因销售商品、提供劳务等应向购货单位或接受劳务单位收取的款项，应当设置“应收账款”科目予以核算；

企业存在按照购货合同规定预付给供应单位的款项，应当设置“预付账款”科目予以核算；

企业存在除应收票据、应收账款、预付账款等以外的其他各种应收、暂付款项，包括应收的各种赔款、罚款，应向职工收取的各种垫付款项等，应当设置“其他应收款”科目予以核算；

企业对于购入材料时发生的构成材料采购成本的买价、采购费用以及在途材料的实际成本等，应当设置“材料采购”科目予以核算；

企业对于库存各种材料的成本，包括原料及主要材料、辅助材料、外购半成品（外购件）、修理用备件（备品备件）、包装材料、燃料等的成本，应当设置“原材料”科目予以核算；

企业对于库存各种商品、产成品的实际成本等，应当设置“库存商品”科目予以核算；

企业存在因已向客户转让商品而有权收取对价的权利，且该权利取决于时间流逝之外的其他因素，应当设置“合同资产”科目予以核算；

企业存在以摊余成本计量的长期债权投资，应当设置“债权投资”科目予以核算；

企业存在以公允价值计量且其变动计入其他综合收益的长期债权投资，应当设置“其他债权投资”科目予以核算；

企业存在对子公司投资、对合营企业投资，以及对联营企业投资，应当设置“长期股权投资”科目予以核算；

企业对于持有的固定资产的原价，应当设置“固定资产”科目予以核算；

企业对于固定资产的累计折旧额，应当设置“累计折旧”科目予以核算；

企业对于持有的专利权、非专利技术、商标权、土地使用权、特许权等各种无形资产的成本，应当设置“无形资产”科目予以核算；

企业对于其发生的应由本期和以后各期负担的、分摊期限在一年以上的各项费用，如以经营租赁方式租入的固定资产发生的改良支出等，应当设置“长期待摊费用”科目予以核算；

企业对于在清查财产过程中查明尚待处理的各种财产盘盈、盘亏和毁损的价值，应当设置“待处理财产损溢”科目予以核算。

（二）负债类科目的设置方法

将会计要素中负债的具体内容科学地划分为若干项目进而明确、严格地界定每一个项目的名称、含义、范围，使其具有特定的核算内容，由此设置的会计科目就是负债类科目。企业常用负债类科目的设置方法主要有：

企业对于向银行或其他金融机构等借入的期限在一年以下（含一年）的各种借款的本金，应当设置“短期借款”科目予以核算；

企业对因购买材料、商品和接受劳务供应等而开出、承兑的商业汇票，包括银行承兑汇票和商业承兑汇票，应当设置“应付票据”科目予以核算；

企业对因购买材料、商品和接受劳务供应等经营活动而应付给供应单位的款项，应当设置“应付账款”科目予以核算；

企业对于按照合同规定向购货单位预收的款项，应当设置“预收账款”科目予以核算；

企业对于已收或应收客户对价而应向客户转让商品的义务，应当设置“合同负债”科目予以核算；

企业对于根据有关规定应付给职工的各种薪酬，包括应付给职工的工资总额、提取的福利费等，应当设置“应付职工薪酬”科目予以核算；

企业对于按照税法等规定应缴纳的各种税费，包括增值税、消费税、所得税、城市维护建设税、教育费附加等，应当设置“应交税费”科目予以核算；

企业对于按照合同约定应支付的利息，应当设置“应付利息”科目予以核算；

企业对于经股东大会或类似机构审议批准的应支付给投资者的利润或现金股利，应当设置“应付股利”科目予以核算；

企业对于除应付票据、应付账款、预收账款、应付职工薪酬、应付利息、应付股利、应交税费等以外的其他各项应付、暂收的款项，应当设置“其他应付款”科目予以核算；

企业对于向银行或其他金融机构借入的期限在一年以上的各项借款，应当设置“长期借款”科目予以核算；

企业对于为筹集长期资金而发行债券的本金和利息，应当设置“应付债券”科目予以核算；

企业对于除长期借款和应付债券以外的其他各种长期应付款，包括应付融资租入固定资产的租赁费、以分期付款方式购入固定资产等发生的应付款项等，应当设置“长期应付款”科目予以核算。

（三）所有者权益类科目的设置方法

将会计要素中所有者权益的具体内容科学地划分为若干项目进而明确、严格地界定每一个项目的名称、含义、范围，使其具有特定的核算内容，由此设置的会计科目就是所有者权益类科目。企业常用所有者权益类科目的设置方法主要有：

企业对于实际收到投资者投入的法定资本，应当设置“实收资本”科目予以核算；

企业对于因非收益转化形成的资本，如企业收到投资者出资额超出其在注册资本中所占份额部分的资本等，应当设置“资本公积”科目予以核算；

企业对于发生的直接计入所有者权益的利得和损失，应当设置“其他综合收益”科目予以核算；

企业对于从净利润中提取的盈余公积，应当设置“盈余公积”科目予以核算；

企业对于在本年度实现的净利润（或发生的亏损），应当设置“本年利润”科目予以核算；

企业对于净利润的分配（或亏损的弥补）和历年分配（或弥补）后的结存余额，应当设置“利润分配”科目予以核算。

（四）成本类科目的设置方法

为了反映企业进行工业性生产的特点，在会计实务中，通常将本属于资产性质的专门核算生产费用的发生、生产成本补偿情况的会计科目单独分类设置，形成成本类科目。企业常用成本类科目的设置方法主要有：

企业对于从事工业性生产时，因进行商品（产品）生产等所发生的各项生产费用，应当设置“生产成本”科目予以核算；

企业对于从事工业性生产时，生产部门（车间）为组织、管理商品生产发生的各项间接性生产费用，应当设置“制造费用”科目予以核算。

（五）损益类科目的设置方法

将会计要素中收入、费用、利润的具体内容科学地划分为若干项目进而明确、严格地界定每一个项目的名称、含义、范围，使其具有特定的核算内容，由此设置的会计科目就是损益类科目。企业常用损益类科目的设置方法主要有：

企业对于在所从事的日常活动中为实现其经营目标而从事经常性活动形成的经济利益流入，简言之就是企业从事主营业务形成的经济利益流入，例如，工业企业、商业企业的销售商品收入等，应当设置“主营业务收入”科目予以核算；

企业对于在所从事的日常活动中为实现其经营目标而从事与经常性活动相关的活动形成的经济利益流入，简言之就是企业从事附营业务形成的经济利益流入，包括出租固定资产、出租无形资产、出租包装物、销售材料等实现的收入，应当设置“其他业务收入”科目予以核算；

企业对于以各种方式从事对外投资活动所形成的经济利益流入，包括因对外投资获得的利润（股利）或发生的损失等，应当设置“投资收益”科目予以核算；

企业对于其发生的与其日常活动无直接关系因而应当直接计入当期利润的各项利得，包括捐赠利得、盘盈利得、罚没利得等，应当设置“营业外收入”科目予以核算；

企业对于在所从事的日常活动中为实现其经营目标而从事经常性活动发生已销售商品的生产成本、进货成本（即商品销售成本），应当设置“主营业务成本”科目予以核算；

企业对于在所从事的日常活动中为实现其经营目标而从事与经常性活动相关的活动发生的实际成本，应当设置“其他业务成本”科目予以核算；

企业对于在所从事的日常活动中应当负担的各种税金和教育费附加，包括企业负担的消费税、城市维护建设税和教育费附加等，应当设置“税金及附加”科目予以核算；

企业对于在销售商品和材料、提供劳务的过程中发生的各种费用，如广告费、展览费、包装费、运输费等，应当设置“销售费用”科目予以核算；

企业对于为组织和管理企业生产经营所发生的各种费用，应当设置“管理费用”科目予以核算；

企业对于为筹集生产经营所需资金等而发生的筹资费用，包括利息支出（减利息收入）、相关手续费等，应当设置“财务费用”科目予以核算；

企业对于其发生的与其日常活动无直接关系因而应当直接计入当期利润的各项损失，包括非常损失、公益性捐赠支出、非流动资产毁损报废损失、盘亏损失等，应当设置“营业外支出”科目予以核算；

企业对于按税法规定应由企业负担、需从本期利润总额中扣除的所得税，应当设置“所得税费用”科目予以核算。

在实务中，为了便于查阅和使用，企业所设置的会计科目一般应编成会计科目表，其中应列明科目的类别、名称和编号，见表6-3。

表6-3　**企业常用会计科目表**

序号	科目名称	序号	科目名称
	一、资产类	27	其他应付款
1	库存现金	28	长期借款
2	银行存款	29	应付债券
3	交易性金融资产	30	长期应付款
4	应收票据		三、所有者权益类
5	应收账款	31	实收资本
6	预付账款	32	资本公积
7	其他应收款	33	其他综合收益
8	材料采购	34	盈余公积
9	原材料	35	本年利润
10	库存商品	36	利润分配
11	债权投资		四、成本类
12	其他债权投资	37	生产成本
13	长期股权投资	38	制造费用
14	固定资产		五、损益类
15	累计折旧	39	主营业务收入
16	无形资产	40	其他业务收入
17	长期待摊费用	41	投资收益
18	待处理财产损溢	42	营业外收入
	二、负债类	43	主营业务成本
19	短期借款	44	其他业务成本
20	应付票据	45	税金及附加
21	应付账款	46	销售费用
22	预收账款	47	管理费用
23	应付职工薪酬	48	财务费用
24	应交税费	49	营业外支出
25	应付利息	50	所得税费用
26	应付股利		

四、会计科目的分类

一家企业所设置的会计科目是一个相互联系、相互补充的完整的体系，它包括科目的内容和科目的级次。科目的内容是指设置会计科目时所规定的会计科目核算的经济内容，它反映各个科目之间的横向联系；科目的级次是指设置会计科目时所规定的提供指标的详细程度，它反映了某一科目内部的纵向联系。为了便于掌握和运用会计科目，有必要按其经济内容和级次进行适当分类。

（一）会计科目按经济内容分类

会计科目按经济内容分类，习惯上也称按科目性质分类，也就是按科目反映的会计要素具体内容分类。由于企业有六个会计要素，因而会计科目应当分为资产、负债、所有者权益、收入、费用和利润六类。但是，由于利润最终要转化为所有者权益，故可将利润类科目并入所有者权益类科目；由于收入和费用最终要体现在当期损益的计算中，因而也可将收入类科目和费用类科目归并为损益类科目；同时，为了清晰地反映制造类企业生产费用的发生和成本计算情况，有必要从资产类科目中单列出成本类科目。因此，会计科目按经济内容分为五类，即：资产类、负债类、所有者权益类、成本类、损益类，见表6-3。

（二）会计科目按级次分类

会计科目按级次分类，也就是按其提供指标的详细程度分类。一般说来，会计科目按其提供指标的详细程度分为总分类科目和明细分类科目两个级次。

总分类科目又叫总账科目、一级科目，是为了对会计要素具体内容进行总括分类以提供总括核算指标所设置的科目。总分类科目的设置有利于企业提供外部财务会计报告使用者需要的会计信息，满足企业对外提供会计信息的需要。表6-3所列的会计科目都是总分类科目。

明细分类科目又叫明细科目，是为了提供详细、具体的核算指标而对某一个总分类科目核算的内容作进一步的分类所设置的科目。明细分类科目的设置有利于满足企业对内提供会计信息，加强内部经营管理的需要。例如，在“应付账款”总分类科目下按供应单位名称设置明细分类科目，可以具体反映应付哪个单位的款项。再如，在“实收资本”总分类科目下按投资者设置明细分类科目，可以具体反映各个投资者的投资情况。

此外，当某个总分类科目下所设的明细分类科目太多时，为了便于归类和汇总，企业还可增设二级科目，从而使会计科目的级次变为三级，即：一级科目、二级科目、明细科目。

表6-4以“原材料”科目为例，说明了企业总分类科目与明细分类科目之间存在的关系。

表6-4 会计科目按提供指标详细程度分类示意表

总分类科目（一级科目）	明细分类科目	
	二级科目（子目）	明细科目（细目）
原材料	原料及主要材料	槽钢 角钢 圆钢
	辅助材料	油漆 润滑油
	燃料	煤炭 柴油

按照我国企业会计准则的规定，总分类科目一般由国家财政主管部门统一规定，明细分类科目除企业会计准则规定设置的以外，由各企业根据经营管理需要比照企业会计准则的规定自行设置。在会计实务中，除“库存现金”“银行存款”“累计折旧”等少数总分类科目不必设置明细分类科目以外，大多数总分类科目都需要设置明细分类科目。

第三节 账户及其基本结构

一、账户的概念及意义

企业在生产经营过程中，总是经常发生各种各样的交易或者事项，从而引起会计要素具体内容发生增减变化。为了对各项交易或者事项及其引起的会计要素具体内容增减变化的情况进行分门别类的核算，首先必须对会计要素具体内容进行科学分类，设置会计科目。然而，设置会计科目只是解决了对会计要素具体内容进行科学分类的问题，只是为分类核算提供了依据，要对各项交易或者事项及其引起的会计要素具体内容增减变化的情况予以记录，就必须借助会计账户这一工具。

会计账户简称账户，是对会计要素具体内容进行分类核算所采用的工具，它是根据会计科目设置的具有一定结构或格式的记账载体。由于账户是具有特定结构或格式的可以记录交易或者事项的载体，设置和运用账户，就可以对企业日常经营活动中发生的各项交易或者事项分类地、连续地、完整地进行记录，便于提供会计要素具体内容增减变化及其结果的分类数据。同时，根据总分类科目、明细分类科目相应地设置总分类账户、明细分类账户从而分别组织总分类核算和明细分类核算，既可以提供总括核算资料，又可以提供具体、详细的核算资料，便于满足企业外部和内部财务会计报告使用者对不同会计信息的需要。

应当强调的是，账户和会计科目是会计学中两个不同的概念，二者的区别表现在：会计科目是对会计要素进一步分类的项目，是进行分类核算的依据，不存在结构问题，而账户具有一定结构，借以记录会计要素具体内容增减变化情况及其结果，是进行分类核算的载体。另一方面，账户和会计科目又存在着紧密的联系，表现在：会计科目是设置账户的依据，在习惯上被理解为账户的名称，而账户是根据会计科目设置的，二者核算相同的经济内容。正是由于账户和会计科目存在着密切的联系，所以人们在会计实务中常将二者作为同义词相互通用，不加区别。[①]

二、账户的基本结构

账户是借助于一定的结构或格式来记录交易或者事项及其引起的会计要素具体内容增减变化情况和结果的。但是，采用不同的记账方法，账户结构或格式是不同的，即使采用同一种记账方法，由于账户核算的经济内容或账户性质不同，管理上要求提供的信息不同，账户也呈现多种多样的具体结构或格式。

然而，不论采用何种记账方法，也不论是何种性质的账户，其结构或格式总是大致相同的，一般应当包括以下几个部分：（1）账户名称：用以记录会计科目；（2）日期和摘要：分别用以记录交易或者事项的日期和概括说明交易或者事项的内容；（3）凭证字号：用以记录记账的依据；（4）金额：用以记录会计要素具体内容的增减变化及其结果。账户的结构或格式见表6-5。

表6-5 账户基本结构

账户名称：

日期	凭证字号	摘要	金额

表6-5中，账户的结构或格式是手工记账时经常采用的具体结构或格式。由于交易或者事项引起的会计要素具体内容的数量变化不外乎增加和减少两种情况，加之会计必须提供这种增减变化结果的信息，因而金额部分往往应细分为增加金额、减少金额、余额（或结存金额）三栏，见表6-6。

表6-6 账户基本结构

账户名称：

日期	凭证字号	摘要	增加金额	减少金额	余额

此外，账户中所记录的余额，通常还应按其所处日期的不同分为期初余额和期末余额。因此，账户所能提供的金额指标就有期初余额、本期增加额、本期减少额和期末余额四项，其数量关系可用公式表示为：

期末余额=期初余额+本期增加额-本期减少额

在会计教学和研究中，为了简便起见，人们往往将账户具体结构中的日期、凭证字号、摘要部分和金额部分中的余额栏略去，将账户简化为“T”字形，使账户分为左右两方两个部分，从而构成账户的基本结构，用以记录会计要素增减结存情况，如图6-1所示。

账户具体结构与基本结构的比较

① 在本教材后续章节及其他多种会计教材中，对会计科目和账户概念的使用未作严格区分。

左方	账户名称	右方

图6-1　“T”字账示意图

在“T”字账中，如果用一方登记增加数，则应当用相反的另一方登记减少数；同时，由于账户的余额是增加金额与减少金额相抵后的差额，因而余额一般在登记增加金额的那一方。

应当指出的是，在“T”字账中，账户左右两方的具体名称取决于采用的记账方法。例如，采用增减记账法时，账户的左方称为“增方”，右方称为“减方”；采用收付记账法时，账户的左方称为“收方”，右方称为“付方”；采用借贷记账法时，账户的左方称为“借方”，右方称为“贷方”。①

三、账户的分类

企业根据会计科目而开设的各个账户之间不是彼此孤立，而是相互联系的，共同构成一个完整的账户体系。研究账户体系，对账户进行科学适当的分类，从而在了解各个账户特性的基础上概括它们的共性，探讨账户之间的内在联系和各类账户在提供核算指标方面的规律性，有利于更好地掌握和运用账户。

认识账户的角度是多方面的，对账户进行分类就可以采用多种标准。由于账户是根据会计科目设置的，会计科目可按经济内容和提供指标的详细程度分类，相应地账户也可按经济内容和提供指标的详细程度分类。同时，账户具有特定的用途和结构，因而账户还可按用途结构分类。本书将在第八章中通过对企业设置和运用的若干账户建立感性认识后再介绍账户如何按用途结构分类，这里先说明账户按经济内容分类和按提供指标详细程度分类。

（一）账户按经济内容分类

账户的经济内容是指账户反映的会计要素的具体内容，它体现账户的不同性质。账户之间的本质差别在于其性质不同，因而账户的经济内容是账户分类的基础，账户按经济内容分类是对账户最基本的分类。如前所述，账户是根据会计科目设置的，会计科目反映的经济内容决定着账户反映的经济内容。会计科目按经济内容分为资产、负债、所有者权益、成本和损益等五类，与此相适应，账户按经济内容也可以分为资产、负债、所有者权益、成本和损益等五类。

1.资产类账户。资产类账户是用来反映企业各项资产的增减变动及其结存情况的账户。它可按所反映资产的流动性分为三类：第一类是反映流动资产的账户，如“库存现金”“银行存款”“交易性金融资产”“应收票据”“应收账款”“预付账款”“其他应收款”“材料采购”“原材料”“库存商品”“合同资产”等账户；第二类是反映非流动资产的账户，如“债权投资”“其他债权投资”“长期股权投资”“固定资产”“累计折旧”“无形资产”“长期待摊费用”等账户；第三类是既反映流动资产也反映非流动资产的账户，可称

① 记账方法的种类以及在采用借贷记账法时用账户借贷两方哪一方记录增加数，哪一方记录减少数，将在第七章中予以介绍。

其为资产混合账户，主要有“待处理财产损溢”账户等。

2. 负债类账户。负债类账户是用来反映企业各类负债的增减变动及其结存情况的账户。它可按所反映负债的偿还期的长短分为两类：第一类是反映流动负债的账户，如“短期借款”“应付票据”“应付账款”“预收账款”“合同负债”“应付职工薪酬”“应交税费”“应付利息”“应付股利”“其他应付款”等账户；第二类是反映长期负债的账户，如“长期借款”“应付债券”“长期应付款”等账户。

3. 所有者权益类账户。所有者权益类账户是用来反映企业各项所有者权益的增减变动及其结余情况的账户。它可按所有者权益的来源构成分为三类：第一类是反映投入资本的账户，主要有“实收资本”“资本公积”账户等；第二类是反映直接计入所有者权益的利得和损失的账户，主要是“其他综合收益”账户等；第三类是反映留存收益的账户，它又分为反映盈余公积的账户和反映未分配利润的账户两类，前者是“盈余公积”账户，后者是“本年利润”“利润分配”账户等。

4. 成本类账户。成本类账户是用来归集企业一定时期内发生的生产费用，计算产品生产成本的账户，如“生产成本”“制造费用”等账户。由于成本类账户归集的生产费用就其性质而言属于企业的资产，其期末余额应列入企业资产中的存货，因此，也可将成本类账户视为资产类账户。只从事商品流通业务的企业因不发生工业性生产费用，因而一般不设置成本类账户。

5. 损益类账户。损益类账户是用来反映企业一定时期内各项收入、利得的形成和费用、损失的发生，据以计算当期损益的账户。它可按损益计算时的数量关系不同分为两类：第一类是反映企业各项收入的账户，它可进一步分为反映收入的账户和反映利得的账户两类，前者如“主营业务收入”“其他业务收入”“投资收益”等账户，后者如“营业外收入”等账户；第二类是反映企业各项费用的账户，它可进一步分为反映费用的账户和反映损失的账户两类，前者如“主营业务成本”“其他业务成本”“税金及附加”“销售费用”“管理费用”“财务费用”等账户，后者如“营业外支出”“所得税费用”等账户。

以上账户按经济内容的分类见表6-7。通过这种分类，可以明确各类账户反映的会计要素的具体内容，从而便于在设置和运用账户的过程中区分其性质，更好地掌握和运用账户。

表6-7 **账户按经济内容分类表**

类别		账户
资产类账户	流动资产账户	库存现金、银行存款、交易性金融资产、应收票据、应收账款、预付账款、其他应收款、材料采购、原材料、库存商品、合同资产
	非流动资产账户	债权投资、其他债权投资、长期股权投资、固定资产、累计折旧、无形资产、长期待摊费用
	资产混合账户	待处理财产损溢

续表

类别		账户
负债类账户	流动负债类账户	短期借款、应付票据、应付账款、预收账款、合同负债、应付职工薪酬、应交税费、应付利息、应付股利、其他应付款
	非流动负债账户	长期借款、应付债券、长期应付款
所有者权益类账户	投入资本账户	实收资本、资本公积
	利得和损失账户	其他综合收益
	留存收益账户	盈余公积、本年利润、利润分配
成本类账户		生产成本、制造费用
损益类账户	收入类账户	主营业务收入、其他业务收入、投资收益、营业外收入
	费用类账户	主营业务成本、其他业务成本、税金及附加、销售费用、管理费用、财务费用、营业外支出、所得税费用

（二）账户按提供指标详细程度分类

如前所述，会计科目按其提供指标的详细程度分为总分类科目和明细分类科目两个级次。与此相适应，根据会计科目设置的账户也按提供指标的详细程度分为总分类账户和明细分类账户两个级次。

总分类账户又叫总账账户、一级账户，它是为了提供会计要素具体内容增减变动及其结存情况的总括核算指标而根据总分类科目设置的账户。由于要提供总括核算指标，因而总账账户的记录通常只采用货币计量尺度。表6-7所列账户都是总账账户。

明细分类账户又叫明细账户，它是为了提供会计要素具体内容增减变动及其结存情况的详细、具体核算指标而在某个总分类账户下根据明细分类科目设置的账户，所提供的核算指标主要用于满足企业内部经营管理的需要。明细账户的记录除了使用货币计量尺度外，必要时还需采用实物计量尺度或劳动计量尺度，以提供实物量指标或劳动量指标。

在会计核算中，并非所有的总账账户都要设置明细账户，明细账户的设置与否主要取决于内部管理的需要。在某个总账账户需要设置明细账户的情况下，二者必然存在密切的关系，表现在：首先，二者反映的经济内容相同，性质相同，都反映同一会计要素，只是反映的详细程度不同；其次，二者存在从属关系，即总账账户是所属明细账户的统驭账户，对明细账户起着统驭、控制的作用，而明细账户是其总账账户的从属账户，对总账账户起补充、辅助的作用；此外，总账账户记录的金额应等于其所属明细账户记录的金额之和。

将账户按其提供指标的详细程度分类，可以明确账户的级次，从而便于在设置和运用账户的过程中提供详细程度不同的核算指标，满足各有关方面对不同会计信息的需要。

本章习题自测

第七章

复式记账法：原理

本章习题自测

【本章教学目标】

知识目标：本章主要阐述记账方法的含义，单式记账法的含义和缺点，复式记账的含义、内容和优点，借贷记账法的主要内容及其在日常会计核算工作中的应用，总账账户与明细账户平行登记的原理和方法。通过本章学习，要求熟悉复式记账的含义、内容和优点，全面系统地掌握借贷记账法的主要内容，熟练掌握总账账户与明细账户平行登记的原理和方法。

能力目标：能够在日常会计核算工作中熟练应用借贷记账法和平行登记方法。

思政目标：通过对会计记账方法的历史认识，感受20世纪60年代我国改革传统中式簿记对会计发展做出的积极贡献和20世纪90年代我国统一会计记账方法的积极意义。

第一节　会计记账方法概述

一、会计记账方法的含义

会计科目是对会计要素具体内容进一步分类的项目名称，是进行分类核算的依据；根据会计科目设置的账户是具有一定结构或格式的记账载体，是对会计要素具体内容进行分类核算的工具。显然，设置会计科目和设置账户都还没有解决以什么方式、方法进行分类核算的问题。要对企业生产经营过程中发生的各项交易或者事项以及由此引起的会计要素具体内容的增减变动及其结存情况加以记录，还必须采用一定的会计记账方法。

记账方法是指交易或者事项发生后，为了将其在账户中加以记录所采用的方式，一般由记账符号、账户结构、记账规则、试算平衡等内容构成。

在世界会计发展历史上，曾经出现过多种不同的会计记账方法。总体而言，记账方法按照记录一项交易或者事项时涉及的账户是否单一，可以分为单式记账法和复式记账法两类。

二、单式记账法

单式记账法主要是在古代会计发展时期所采用的记账方法。所谓单式记账法，是指对发生的每一项交易或者事项一般只在一个账户中进行登记，或者有时虽然也记入两个或两个以上账户，但账户之间的记录没有必然联系、没有相互平衡的概念的记账方法。

采用单式记账法时，通常只登记库存现金、银行存款收付的交易或者事项和应收、应付款结算的交易或者事项等。与此同时，除了对于有关应收、应付款结算涉及现金、银行存款收付的交易或者事项需要在两个或两个以上账户中进行登记外，对于其他交易或者事项一般只在一个账户中进行登记甚至不予登记。

显然，采用单式记账法时，由于不需要全面反映交易或者事项的发生情况，因而不需要完整地设置账户，所设置的账户不能构成一个完整的体系；对于发生的交易或者事项，账户之间的记录不存在直接联系，也没有相互平衡的关系，因而账户记录不能全面地、系统地反映交易或者事项的来踪去迹，也不便于检查交易或者事项的真实性、合法性和账户记录的正确性。由于单式记账法是一种不太严密、不够科学的记账方法，目前的企业单位除登记备查账簿外，一般已不再采用。

三、复式记账法概述

（一）复式记账法的由来

复式记账法也称为借贷复式记账法，它是为了适应12世纪至13世纪初意大利北方商业和金融业的振兴特别是资本主义经济关系萌芽和发展的需要，在单式记账法的基础上逐步演变形成的。据日本会计学家黑泽清在其所著《改订簿记原理》中的考证，在人们已发现的账簿中，最早采用这种方法记账的是1211年意大利佛罗伦萨的银行的账簿。在13世纪初至15世纪中后期约280年的时间里，复式记账法仍然处于初期发展阶段。那时，在意大利的佛罗伦萨、热那亚和威尼斯，先后产生了三种各具特点的复式记账法。1494年，近代会计之父、意大利数学家卢卡·帕乔利在其所著《算术、几何及比例概要》一书中最早对复式记账法的基本理论和方法作了系统阐述，由此也开创了近代会计史的先河。此后，这一记账方法迅速在法、德、荷、英、美等欧美国家得到继承和发展，并逐步在世界范围内得以传播。到今天，它已成为举世公认的科学的记账方法。

在我国，1858年（咸丰八年）后由英国人控制的海关较早采用了借贷复式记账法。我国最早介绍借贷复式记账法的书籍是1905年由蔡锡勇所著的《连环账谱》，这一方法在我国会计实务中的应用则始于1908年（光绪三十四年）创办大清银行之时。此后，我国著名会计学家潘序伦、赵锡禹、徐永祚先生等在引进借贷复式记账法及会计方法改良中作出了重要贡献。1949年中华人民共和国成立后，由于全面学习苏联的会计理论、方法和制度，借贷复式记账法在我国得到了广泛应用。

（二）复式记账法的基本原理

企业的资产与负债及所有者权益是同一笔资金的两个不同侧面，它们存在着相互依存的内在经济联系，在数量上存在着恒等关系。企业发生的任何一项交易或者事项，都会引起至少两个会计要素项目发生数量上的增减变化，但不论是同时引起会计等式左方项目和右方项目增加相等金额或者减少相等金额，还是同时引起会计等式左方项目增加和减少相等金额或者右方项目增加和减少相等金额，都不会破坏会计等式。会计等式的这一平衡原理，显然要求所采用的记账方法必须能够使会计记录系统地、完整地反映发生的各项交易或者事项的全貌，不能破坏会计等式。复式记账法就是以会计等式作为理论依据建立的一种记账方法。

所谓复式记账法，是指对发生的每一项交易或者事项都必须以相等的金额在两个或两个以上账户中相互联系地进行登记的一种记账方法。

从复式记账法的概念来看，掌握这一方法时应当注意其三个方面的内容要求：一是对发生的每一项交易或者事项都要按照规定的会计科目，在两个或两个以上账户中进行记录；二是记录每一项交易或者事项的两个或两个以上账户之间是相互关联的；三是记录每一项交易或者事项的两个或两个以上账户的金额是相等的。这三项内容也是复式记账法与单式记账法相比所具有的显著特点。

采用复式记账法，必须事先建立完善的会计科目体系和账户体系。在此基础上，由于复式记账法对发生的每一项交易或者事项都要记录在相互关联的两个或两个以上账户中，因此，采用复式记账法，不仅可以通过账户记录反映每一项交易或者事项引起的会计要素增减变动的来踪去迹，清晰地反映交易或者事项的内容，全面、系统地反映经济活动的过程和结果，而且能够通过所形成的账户对应关系检查交易或者事项的真实性和合法性；同时，由于对发生的每项交易或者事项都是以相等的金额记入两个或两个以上账户的，因而对记录的结果可以进行试算平衡，以检查账户记录的正确性。由此可见，复式记账法是一种科学的记账方法。

20世纪60年代以后，我国在改革传统中式簿记的过程中，先后革新和创立了钱物收付记账法、资金收付记账法、现金收付记账法和增减记账法等记账方法，从而形成了借贷记账法、收付记账法（包括钱物收付记账法、资金收付记账法、现金收付记账法）、增减记账法等三种复式记账法并存的局面。为了使我国会计与国际会计尽快接轨，并为把会计真正变成国际通用的商业语言创造条件，我国1992年11月30日颁布的《企业会计准则》和1997年5月28日颁布的《事业单位会计准则》均作出规定，会计记账采用借贷记账法。到今天，借贷记账法已成为我国法定的会计记账方法。

应当指出，复式记账法不仅是一种会计核算方法，而且体现在填制和审核会计凭证、登记会计账簿的过程中，凭证的填制和账簿的登记都要采用复式记账法，它在会计核算方法体系中占有十分重要的地位。

第二节 借贷记账法的基本原理

一、借贷记账法的基本内容

借贷记账法是以“借”“贷”作为记账符号，以“有借必有贷、借贷必相等”作为记账规则的一种复式记账方法。它是世界各国通用的一种复式记账法，也是我国法定的会计记账方法。下面从记账符号、账户结构、记账规则、试算平衡四个方面介绍借贷记账法的基本内容。

（一）记账符号

借贷记账法以“借”“贷”作为记账符号，用以标明记账的方向。

在借贷记账法产生的早期，借贷资本家对于收进的存款记在贷主的名下，表示债务；

对于付出的放款记在借主的名下，表示债权。这时，“借”“贷”两字是用来表示借贷资本家债权和债务增减变动的。随着商品货币经济的发展，经济活动的范围日益扩大、内容日益复杂，记账对象已不再局限于货币资金的借贷业务，而逐渐扩展到财产物资、经营损益等。为了求得账簿记录的统一，“借”“贷”二字被保留了下来，但却逐渐失去了原来的字面含义。到今天，“借”“贷”二字已转化为纯粹的记账符号。

（二）账户结构

在借贷记账法下，账户的金额部分分为左右两方，所有账户的左方均为借方，右方均为贷方。账户的借方和贷方哪一方登记增加金额，哪一方登记减少金额，是由账户反映的经济内容决定的。

1.资产、成本类账户的结构

用来记录资产、成本的账户，其结构一般是：借方登记资产、成本的增加额，贷方登记资产、成本的减少额或转销额，期末余额一般在借方，表示期末资产、成本的结存数额。如果用“T”字账表示，则资产、成本类账户的结构如图7-1所示。

借方	账户名称		贷方
期初余额	××××	本期减少额或转销额	××××
本期增加额	××××		⋮
	⋮		
本期发生额	××××	本期发生额	××××
期末余额	××××		

图7-1　资产、成本类账户的结构

对于资产、成本类账户，其借方期末余额等于借方期初余额加上借方本期发生额再减去贷方本期发生额，用公式表示如下：

借方期末余额=借方期初余额+借方本期发生额-贷方本期发生额

2.负债、所有者权益类账户的结构

用来记录负债、所有者权益的账户，由于所记录的经济内容（即权益）与资产、成本类账户所记录的经济内容（即资产）是同一事物的两个不同方面，二者体现为对立统一的关系，因而其结构与资产、成本类账户的结构是截然相反的。具体说来，负债、所有者权益类账户的结构为：贷方登记负债、所有者权益的增加额，借方登记负债、所有者权益的减少额，期末余额一般在贷方，表示期末负债、所有者权益的结存数额。如果用“T”字账表示，则负债、所有者权益类账户的结构如图7-2所示。

借方	账户名称		贷方
本期减少额	××××	期初余额	××××
		本期增加额	××××
	⋮		⋮
本期发生额	××××	本期发生额	××××
		期末余额	××××

图7-2　负债、所有者权益类账户的结构

对于负债、所有者权益类账户，其贷方期末余额等于贷方期初余额加上贷方本期发生额再减去借方本期发生额，用公式表示如下：

贷方期末余额=贷方期初余额+贷方本期发生额-借方本期发生额

3.费用类账户的结构

由于费用的增加表现为资产的减少或负债的增加或二者兼而有之，并最终会导致所有者权益的减少，因此，费用类账户的结构就与资产类账户的结构相近而与负债、所有者权益类账户的结构相反。具体说来，费用类账户的结构为：借方登记费用的增加额，贷方登记费用的减少额和转销额，由于期末应将费用类账户借方与贷方的差额（即借差）从贷方全部转出，故一般无期末余额。如果用“T”字账表示，则费用类账户的结构如图7-3所示。

借方	账户名称		贷方
本期增加额	××××	本期减少额	××××
	⋮		⋮
		本期转销额	××××
本期发生额	××××	本期发生额	××××

图7-3　费用类账户的结构

4.收入类账户的结构

由于收入的增加表现为资产的增加或负债的减少或二者兼而有之，并最终会导致所有者权益的增加，因此，收入类账户的结构就与负债、所有者权益类账户的结构相近而与资产类账户的结构相反。具体说来，收入类账户的结构为：贷方登记收入的增加额，借方登记收入的减少额和转销额，由于期末应将收入类账户贷方与借方的差额（即贷差）从借方全部转出，故一般无期末余额。如果用“T”字账表示，则收入类账户的结构如图7-4所示。

借方	账户名称		贷方
本期减少额	××××	本期增加额	××××
	⋮		⋮
本期转销额	××××		
本期发生额	××××	本期发生额	××××

图7-4　收入类账户的结构

综上所述，账户的借方和贷方哪一方用于记录增加额，哪一方用于记录减少额，是由账户的性质或账户反映的经济内容决定的，具体见表7-1。也正因为“借”“贷”二字表示的经济含义是由账户的性质所决定的，具有不确定性，因而只能认为“借”“贷”二字是借贷记账法下用以标明记账方向的纯粹的记账符号。美国杰出的会计学家A.C.利特尔顿教授曾经指出："围绕复式簿记……唯留下一个令人困惑的特性：某些账户的左方代表增方，而在其他账户增加额却记入右方，这种安排实在太复杂了，以至于试图将它合理化成了徒劳无益的事。迄今为止，这种借贷规则（左方和右方）仍然属于复式记账的一个基本部分，我们别无他法，只好接受它并且记住它的加减法则。"

表7-1　　各类账户结构示意表

账户类别		借方记录	贷方记录	余额方向
资产类账户		增加额	减少额	借方
负债类账户		减少额	增加额	贷方
所有者权益类账户		减少额	增加额	贷方
成本类账户		增加额	减少额和转销额	借方
损益类账户	收入类账户	减少额和转销额	增加额	期末无余额
	费用类账户	增加额	减少额和转销额	期末无余额

此外，从以上各类账户的结构可以看出，一个账户的记录往往可以提供期初余额、借方本期发生额、贷方本期发生额和期末余额四项金额指标。本期发生额是指账户的借方或者贷方在一定时期内登记的金额合计，它属于动态指标，所反映的是由交易或者事项发生引起的会计要素增减变化情况。余额则是指一定日期账户借方金额总计与贷方金额总计相抵后的差额，它属于静态指标，所反映的是由交易或者事项发生引起的会计要素增减变化结果。在期末计算出的账户余额称为期末余额；本期（上期）期末余额转入下期（本期）即为下期（本期）的期初余额。一个账户的期末余额往往与其记录的本期增加额在相同方向。

还应当指出的是，由于会计要素之间特别是属于资产的债权与属于负债的债务之间有时会相互转化，加之为了简化核算工作，有时还设置双重性质的账户，因此，对以上账户结构的理解和运用不宜绝对化。

（三）记账规则

借贷记账法以"有借必有贷、借贷必相等"作为记账规则。这一记账规则是根据复式记账的原理和借贷记账法账户结构的原理确定的。

按照借贷记账法的记账规则，如果一项交易或者事项只涉及两个账户，则其中一个账户应记入借方，另一个账户应记入贷方（即一借一贷），并且借方账户与贷方账户的金额必须相等；如果一项交易或者事项涉及两个以上账户，则其中一个账户应记入借方，其余多个账户均应记入贷方（即一借多贷），或者其中多个账户应记入借方，另一个账户应记入贷方（即多借一贷），或者其中多个账户应记入借方，另有多个账户应记入贷方（即多借多贷），并且借方账户与贷方账户的金额必须相等。

【例7-1】林城市钢铁公司某年5月份发生以下交易或者事项，据以分析说明借贷记账法记账规则的应用。

[业务事项1] 接受其他企业捐赠新设备一台，价值31 000元（假设不考虑相关税费）。

这项交易或者事项涉及“固定资产”和“营业外收入”两个账户，二者同时增加31 000元。“固定资产”账户属于资产类账户，其增加应记入借方，“营业外收入”账户属于收入类账户，其增加应记入贷方，二者的金额均为31 000元。

[业务事项2] 以银行存款45 000元偿还原欠供应单位货款。

这项交易或者事项涉及“应付账款”和“银行存款”两个账户，二者同时减少45 000元。“应付账款”账户属于负债类账户，其减少应记入借方，“银行存款”账户属于资产类账户，其减少应记入贷方，二者的金额均为45 000元。

[业务事项3] 从银行提取现金3 000元。

这项交易或者事项涉及“库存现金”和“银行存款”两个账户。二者均属于资产类账户，“库存现金”账户的增加应记入借方，“银行存款”账户的减少应记入贷方，二者的金额均为3 000元。

[业务事项4] 向银行借入短期借款100 000元，直接偿还应付账款。

这项交易或者事项涉及“应付账款”和“短期借款”两个账户。二者均属于负债类账户，“应付账款”账户的减少应记入借方，“短期借款”账户的增加应记入贷方，二者的金额均为100 000元。

[业务事项5] 购入原材料价值79 000元，以银行存款支付60 000元，其余货款19 000元尚未支付。

这项交易或者事项涉及三个账户，“原材料”账户增加79 000元，同时“银行存款”账户减少60 000元，“应付账款”账户增加19 000元。“原材料”账户属于资产类账户，其增加应记入借方，“银行存款”账户属于资产类账户，其减少应记入贷方，“应付账款”账户属于负债类账户，其增加应记入贷方，借方与贷方账户的金额均为79 000元。

[业务事项6] 接受其他企业投资一台新机器和一项专利权，机器的价值为38 000元，专利权的价值为57 000元（假设不考虑相关税费）。

这项交易或者事项涉及三个账户，“固定资产”账户增加38 000元，“无形资产”账户增加57 000元，同时“实收资本”账户增加95 000元。“固定资产”账户属于资产类账户，其增加应记入借方，“无形资产”账户属于资产类账户，其增加也应记入借方，“实收资本”账户属于所有者权益类账户，其增加应记入贷方，借方与贷方账户的金额均为95 000元。

（四）试算平衡

所谓试算平衡，是指根据会计等式的平衡原理和记账规则的要求，通过汇总计算和比较，初步检查一定时期内发生的交易或者事项在账户中的登记是否正确的一种方法。借贷记账法的试算平衡，包括发生额试算平衡和余额试算平衡的方法，总的说来是借贷双方自动平衡。

发生额试算平衡是由借贷记账法的记账规则决定的。按照借贷记账法的记账规则，任何一项交易或者事项，不论是涉及两个还是两个以上账户，其借贷双方的发生额必然是相等的。因此，将一定时期内所有交易或者事项都记入有关账户后，全部账户借方和贷方各自的本期发生额合计数也必然相等。用公式表示为：

全部账户借方的本期发生额合计=全部账户贷方的本期发生额合计

余额试算平衡是由会计等式的平衡原理决定的。如前所述，在任何时点，企业的资产总额与负债和所有者权益总额必然相等；同时，根据借贷记账法账户结构的原理，期末余额在借方的账户可视为资产类账户或者成本类账户（就其本质而言，成本类账户反映的内容仍属于资产），期末余额在贷方的账户可视为负债或所有者权益类账户。因此，全部账户借方和贷方各自的期末余额合计数必然相等。用公式表示为：

全部账户借方期末余额合计=全部账户贷方期末余额合计

发生额试算平衡和余额试算平衡通常应分别采取编制“总分类账户本期发生额试算平衡表”和“总分类账户期末余额试算平衡表”的方式来进行，其格式分别见表7-2和表7-3。在日常核算工作中，为简便起见，一般将二者合并为“总分类账户本期发生额及余额试算平衡表”（简称“总分类账户试算平衡表”），其格式见表7-4。

表7-2

总分类账户本期发生额试算平衡表

年　　月

单位：元

会计科目	借方发生额	贷方发生额
合计		

表7-3

总分类账户期末余额试算平衡表

年　　月

单位：元

会计科目	借方余额	贷方余额
合计		

表7-4

总分类账户试算平衡表

年　　月

单位：元

会计科目	期初余额		本期发生额		期末余额	
	借方	贷方	借方	贷方	借方	贷方
合计						

在编制“总分类账户试算平衡表”时应注意以下几点：第一，必须保证将全部账户的本期发生额和余额记入该表；第二，如果该表中期初余额、本期发生额、期末余额三大栏各自的借方合计数与贷方合计数不相等，说明总分类账户记录肯定有错，应认真查找差错

原因并加以更正；第三，即使三大栏借方和贷方各自的合计数相等，也不能说明账户记录肯定正确，因为在记账时，如果发生借方和贷方账户都多记或都少记相同金额，或者将应借或应贷的账户记错，或者将应借、应贷账户的记账方向弄反等错误，都不会影响该表中借贷双方的平衡关系。换句话说，编制该表是不能发现前述错误的。也正是因为如此，试算平衡只能被视为检查账户记录是否正确初步采用的一种方法。

二、账户对应关系和会计分录

所谓账户（科目）对应关系，是指运用借贷记账法的记账规则记录交易或者事项时，该项交易或者事项所涉及的两个或两个以上账户（科目）之间形成的应借、应贷的相互依存关系。发生对应关系的账户（科目）互为对应账户（科目）。例如，以银行存款归还短期借款10 000元。按照借贷记账法的记账规则，对该项交易或者事项应记入“短期借款”账户借方10 000元和“银行存款”账户贷方10 000元，这样，“短期借款”和“银行存款”两个账户之间就形成了应借、应贷的相互依存关系。由于二者存在对应关系，因而“短期借款”账户借方对应的贷方账户是“银行存款”账户，相应地，“银行存款”账户贷方对应的借方账户是“短期借款”账户。

认识账户对应关系，具有十分重要的意义。通过账户对应关系，可以了解交易或者事项的内容，弄清会计要素具体项目增减变化的来踪去迹，进而也可以检查交易或者事项的合理性、合法性、合规性，还可以检查账户记录的正确性。

为了保证账户记录的正确性和账户对应关系的清晰明了，在会计核算工作中，登账前通常应根据发生的交易或者事项编制会计分录。所谓会计分录，是指在记账凭证中标明某项交易或者事项应借、应贷的账户及其金额的记录。[①]它由记账符号、账户名称（会计科目）、记账金额三部分构成，其基本格式为：

记账符号“借”：借方账户名称	借方金额	
记账符号“贷”：贷方账户名称		贷方金额

编制会计分录一般应按三个步骤进行：首先，分析所发生的交易或者事项的内容，弄清涉及的会计要素，进一步明确它涉及哪两个或两个以上账户，各自是增加还是减少，金额是多少；其次，根据第一步的分析结果，明确各个账户的性质；最后，根据借贷记账法账户结构的原理，确定各个账户是记入借方还是记入贷方。

以本节前述【例7-1】中林城市钢铁公司某年5月份发生的六项交易或者事项为例，编制其会计分录如下：

（1）借：固定资产	31 000	
贷：营业外收入		31 000
（2）借：应付账款	45 000	
贷：银行存款		45 000
（3）借：库存现金	3 000	
贷：银行存款		3 000

① 记账凭证的核心内容是会计分录，这里所说的根据发生的交易或者事项编制会计分录，在实务中主要就是根据原始凭证填制记账凭证。有关原始凭证、记账凭证的内容，将在第十章作专门介绍。

（4）借：应付账款　　　　　　　　　　100 000

　　　贷：短期借款　　　　　　　　　　100 000

（5）借：原材料　　　　　　　　　　79 000

　　　贷：银行存款　　　　　　　　　　60 000

　　　　　应付账款　　　　　　　　　　19 000

（6）借：固定资产　　　　　　　　　　38 000

　　　　无形资产　　　　　　　　　　57 000

　　　贷：实收资本　　　　　　　　　　95 000

按照一项交易或者事项涉及账户的多少，会计分录可以分为简单分录和复合分录两种。简单分录只涉及两个账户，是由一方的一个账户与另一方的一个账户相对应所构成的分录，其表现形式为一借一贷。在上例中，前四项交易或者事项的分录均为简单分录。复合分录涉及两个以上账户，是由一方的一个账户与另一方的多个账户相对应所构成的分录，其表现形式为一借多贷或多借一贷或多借多贷。在上例中，后两项交易或者事项的分录均为复合分录。复合分录是由若干相同类型交易或者事项的简单分录组合形成的。编制复合分录有利于简化记账手续。

应当指出，在实际工作中，如果一项交易或者事项涉及多借多贷的账户时，为了全面地反映该项交易或者事项的内容，可以编制多借多贷的复合分录。但是，不允许将不同类型的交易或者事项合并在一起编制多借多贷的复合分录，以尽可能地保持账户对应关系清晰明了。

三、借贷记账法记账的基本步骤及实例

记账工作是极为重要的日常会计核算工作，其基本步骤和内容是：开设账户，记入期初余额；编制会计分录；过账；结账；对账；编制财务会计报告。

借贷记账法作为一种记账方法，其基本原理贯穿于记账工作的全过程。为了较为完整地掌握借贷记账法，下面将结合记账工作的基本步骤，以第六章第一节中【例6-1】所举林城市鼓风机厂20××年9月份发生的交易或者事项的处理为例，进一步说明借贷记账法的基本原理。

（一）开设账户，记入期初余额

为了借助账户这一记账载体记录一定会计期间所发生的各项交易或者事项，应于期初将账户开设好，并记入各账户的期初余额。按照借贷记账法记账符号及账户结构的原理，资产、成本类账户的期初余额一般在借方，负债、所有者权益类账户的期初余额一般在贷方，损益类账户一般无期初余额。

根据林城市鼓风机厂20××年9月初账户余额（见表6-1）所开设的“T”字账如图7-5所示。

（二）编制会计分录

为了保证账户记录的正确性和账户对应关系清晰明了，对一定时期内发生的各项交易或者事项，应按照借贷记账法的记账规则编制会计分录。

根据林城市鼓风机厂20××年9月发生的各项交易或者事项编制的会计分录如下：

（1）借：原材料　6 000
　　贷：应付账款　6 000
（2）借：固定资产　21 000
　　贷：实收资本　21 000
（3）借：应交税费　3 500
　　贷：银行存款　3 500
（4）借：实收资本　30 000
　　贷：银行存款　30 000
（5）借：银行存款　8 000
　　贷：库存现金　8 000
（6）借：应付账款　20 000
　　贷：短期借款　20 000
（7）借：资本公积　25 000
　　贷：实收资本　25 000
（8）借：应付账款　20 000
　　贷：实收资本　20 000
（9）借：实收资本　10 000
　　贷：应付账款　10 000

（三）过账

过账也叫登账、记账，就是把一定时期内发生的各项交易或者事项所编制的会计分录，按照其涉及的账户、金额和记账方向，过记到相应的账户中去的会计工作。在过账时，如果当期交易或者事项的分录所涉及的某些账户因无期初余额而未开设，则应重新开设这些账户。

根据林城市鼓风机厂20××年9月的会计分录过记的账户如图7-5所示。

（四）结账

结账就是把一定时期内交易或者事项的会计分录全部过记入账后，于期末将每个账户的本期发生额和余额都结算出来并登记入账的会计工作。

根据林城市鼓风机厂20××年9月各账户的记录所结算的本期发生额及余额如图7-5所示。

库存现金

期初余额	13 400	（5）	8 000
本期发生额	0	本期发生额	8 000
期末余额	5 400		

银行存款

期初余额	98 100	（3）	3 500
（5）	8 000	（4）	30 000
本期发生额	8 000	本期发生额	33 500
期末余额	72 600		

原材料

期初余额	130 000		
(1)	6 000		
本期发生额	6 000	本期发生额	0
期末余额	136 000		

库存商品

期初余额	30 000		
本期发生额	0	本期发生额	0
期末余额	30 000		

固定资产

期初余额	269 000		
(2)	21 000		
本期发生额	21 000	本期发生额	0
期末余额	290 000		

无形资产

期初余额	10 000		
本期发生额	0	本期发生额	0
期末余额	10 000		

短期借款

		期初余额	70 000
		(6)	20 000
本期发生额	0	本期发生额	20 000
		期末余额	90 000

应付账款

(6)	20 000	期初余额	42 200
(8)	20 000	(1)	6 000
		(9)	10 000
本期发生额	40 000	本期发生额	16 000
		期末余额	18 200

应交税费

(3)	3 500	期初余额	3 500
本期发生额	3 500	本期发生额	0
		期末余额	0

长期借款

		期初余额	110 000
本期发生额	0	本期发生额	0
		期末余额	110 000

实收资本

(4)	30 000	期初余额	284 800
(9)	10 000	(2)	21 000
		(7)	25 000
		(8)	20 000
本期发生额	40 000	本期发生额	66 000
		期末余额	310 800

资本公积

(7)	25 000	期初余额	40 000
本期发生额	25 000	本期发生额	0
		期末余额	15 000

图7-5 林城市鼓风机厂20××年9月账户记录

（五）对账

对账就是为了保证账户记录的正确性、完整性和真实性而对账户记录进行的核对工作，它主要包括账证核对、账账核对和账实核对三个方面的内容，其基本方法将在第十一章作系统介绍。编制“总分类账户试算平衡表”，对总分类账户的记录进行试算平衡，实际上就是将全部总分类账户相互进行核对，属于账账核对的范畴。

根据林城市鼓风机厂20××年9月各账户记录（如图7-5所示）所编制的“总分类账户试算平衡表”见表7-5。该表期初余额、本期发生额、期末余额三大栏各自的借方合计数与贷方合计数是相等的，从而可以初步判定账户记录正确。

表7-5

总分类账户试算平衡表

20××年9月

单位：元

会计科目	期初余额		本期发生额		期末余额	
	借方	贷方	借方	贷方	借方	贷方
库存现金	13 400			8 000	5 400	
银行存款	98 100		8 000	33 500	72 600	
原材料	130 000		6 000		136 000	
库存商品	30 000				30 000	
固定资产	269 000		21 000		290 000	
无形资产	10 000				10 000	
短期借款		70 000		20 000		90 000
应付账款		42 200	40 000	16 000		18 200
应交税费		3 500	3 500			
长期借款		110 000				110 000
实收资本		284 800	40 000	66 000		310 800
资本公积		40 000	25 000			15 000
合计	550 500	550 500	143 500	143 500	544 000	544 000

（六）编制财务会计报告

企业对外报送的财务报告包括资产负债表、利润表、现金流量表、所有者权益（股东权益）变动表、附注等。编制财务会计报告的基本方法将在第十二章作专门介绍。

根据林城市鼓风机厂20××年9月各账户期末余额所编制的资产负债表见表6-2。

第三节　总账账户与明细账户的平行登记

一、平行登记的基本原理

在第六章第三节曾经指出，账户可按提供指标的详细程度分为总分类账户和明细分类账户。这就使得在过账时必然面临一个对二者应当如何进行登记的问题。

正如第六章第三节指出的那样，总账账户与其所属明细账户都是反映同一会计要素，二者之间存在着从属关系，且总账账户记录的金额应等于其所属明细账户记录的金额之和。由于总账账户与其所属明细账户之间存在着这样的密切联系，因而在过账时，对二者应采用平行登记的方法进行过记，以便于二者之间的相互核对，保证核算资料的正确性和完整性。

所谓平行登记，是指对交易或者事项涉及的某一总账账户及其所属明细账户，应当采用相同的记账依据、记账方向和记账金额，既在总账账户中进行总括登记，又在所属明细账户中进行明细登记的一种过账方法。其基本内容如下：

1. 登记依据相同。即：对发生的每一项交易或者事项，必须根据相同的会计凭证（会计分录），在同一会计期间记入有关总账账户及其所属各明细账户。

2. 登记方向一致。即：根据某一项交易或者事项的会计凭证所登记的总账账户与其所属明细账户的记账方向必须相同。

3. 登记金额相等。即：过记到某个总账账户的金额与其所属各明细账户的金额之和必须相等。

采用以上平行登记的方法，必然使某个总账账户与其所属明细账户之间形成相互核对的数量关系。用公式表示为：

某总账账户本期发生额=该总账账户所属明细账户本期发生额合计

某总账账户期末余额=该总账账户所属明细账户期末余额合计

总账账户与其所属明细账户之间的核对属于账账核对的范畴。在实际工作中，这种核对往往通过编制“明细分类账户本期发生额和余额明细表”的方式进行。

二、平行登记的应用

平行登记只是在过账时针对总账账户与其所属明细账户采用的一种登记方法。采用这种方法，首先要求开设总账账户与其所属明细账户；其次，在根据发生的交易或者事项编制会计分录时，应当同时列出明细科目，作为过账的依据；再次，按照平行登记方法的内容要求过记总账账户与其所属明细账户；最后，对过记的总账账户与其所属明细账户进行核对。

下面以林城市肥业公司原材料和应付账款的核算为例，说明总账账户与明细账户平行登记方法的应用。

【例7-2】林城市肥业公司20××年8月“原材料”和“应付账款”两个总分类账户及其所属明细分类账户的月初余额如下：

“原材料”总分类账户借方余额65 000元，其按原材料名称设置的各明细分类账户的余额为：A材料4 000千克，单价8元，计32 000元；B材料5 500升，单价6元，计33 000元。

“应付账款”总分类账户贷方余额53 000元，其按供应单位名称设置的各明细分类账户的贷方余额为：林城市金阳工厂26 000元；万山市林溪工厂27 000元。

林城市肥业公司20××年8月发生的有关交易或者事项如下：

［业务事项1］3日，从林城市金阳工厂购进A材料2 500千克，单价8元，计20 000元，B材料1 200升，单价6元，计7 200元，共计27 200元。两种材料均已验收入库，A材料货款以银行存款支付，B材料货款尚未付。

［业务事项2］8日，仓库发出以下材料用于生产产品：A材料3 000千克，单价8元，计24 000元，B材料5 000升，单价6元，计30 000元，共计54 000元。

［业务事项3］12日，以银行存款33 200元偿还林城市金阳工厂货款。

［业务事项4］20日，从万山市林溪工厂购进B材料2 500升，单价6元，计15 000元，B材料已验收入库，货款未付。

［业务事项5］22日，以银行存款42 000元偿还万山市林溪工厂货款。

［业务事项6］26日，从林城市金阳工厂购进A材料1 000千克，单价8元，计8 000元，B材料2 000升，单价6元，计12 000元。两种材料共计20 000元，均已验收入库，货款未付。

根据上述资料，采用平行登记的方法过记“原材料”和“应付账款”两个总分类账户及其明细分类账户，其具体步骤和做法如下（本例中暂不考虑相关税费影响）：

1.开设“原材料”和“应付账款”两个总分类账户及其明细分类账户，记入期初余额，见表7-6、表7-7和表7-8。表7-6和表7-8为三栏式账页，表7-7为数量金额式账页（如无特殊说明，金额单位均为“元”）。

2.根据上述有关交易或事项编制会计分录如下：

（1）借：原材料 27 200
——A材料 20 000
——B材料 7 200
贷：银行存款 20 000
应付账款——林城市金阳工厂 7 200

（2）借：生产成本 54 000
贷：原材料 54 000
——A材料 24 000
——B材料 30 000

（3）借：应付账款——林城市金阳工厂 33 200
贷：银行存款 3 200

（4）借：原材料——B材料 15 000
贷：应付账款——万山市林溪工厂 15 000

（5）借：应付账款——万山市林溪工厂 42 000
贷：银行存款 42 000

（6）借：原材料 20 000
——A材料 8 000
——B材料 12 000
贷：应付账款——林城市金阳工厂 20 000

3.根据以上会计分录，采用平行登记的方法过记“原材料”和“应付账款”两个总分类账户及其所属明细分类账户。明细分类账户也可以直接根据每一项交易或者事项的原始凭证过记。登记结果见表7-6、表7-7和表7-8。

4.结账。期末结算出各账户的本期发生额和余额并登记入账，见表7-6、表7-7和表7-8。

表7-6

总分类账户

会计科目：原材料

20××年		凭证		摘 要	借方	贷方	借或贷	余额
月	日	字	号					
8	1			期初余额			借	65 000
	3		（1）	购进	27 200		借	92 200
	8		（2）	生产领用		54 000	借	38 200
	20		（4）	购进	15 000		借	53 200
	26		（6）	购进	20 000		借	73 200
8	31			本期发生额及余额	62 200	54 000	借	73 200

会计科目：应付账款

20××年		凭证		摘 要	借方	贷方	借或贷	余额
月	日	字	号					
8	1			期初余额			贷	53 000
	3		（1）	购进材料		7 200	贷	60 200
	12		（3）	偿还货款	33 200		贷	27 000
	20		（4）	购进材料		15 000	贷	42 000
	22		（5）	偿还货款	42 000		平	0
	26		（6）	购进材料		20 000	贷	20 000
8	31			本期发生额及余额	75 200	42 200	贷	20 000

表7-7

原材料明细分类账户

二级或明细科目：A材料　　计量单位：千克

20××年		凭证		摘 要	收入（借方）			发出（贷方）			结存（余额）		
月	日	字	号		数量	单价	金额	数量	单价	金额	数量	单价	金额
8	1			期初余额							4 000	8	32 000
	3		（1）	购进	2 500	8	20 000				6 500	8	52 000
	8		（2）	生产领用				3 000	8	24 000	3 500	8	28 000
	26		（6）	购进	1 000	8	8 000				4 500	8	36 000
8	31			本期发生额及余额	3 500	8	28 000	3 000	8	24 000	4 500	8	36 000

二级或明细科目：B材料　　计量单位：升

20××年		凭证		摘 要	收入（借方）			发出（贷方）			结存（余额）		
月	日	字	号		数量	单价	金额	数量	单价	金额	数量	单价	金额
8	1			期初余额							5 500	6	33 000
	3		(1)	购进	1 200	6	7 200				6 700	6	40 200
	8		(2)	生产领用				5 000	6	30 000	1 700	6	10 200
	20		(4)	购进	2 500	6	15 000				4 200	6	25 200
	26		(6)	购进	2 000	6	12 000				6 200	6	37 200
8	31			本期发生额及余额	5 700	6	34 200	5 000	6	30 000	6 200	6	37 200

表7-8 **应付账款明细分类账户**

二级或明细科目：林城市金阳工厂

20××年		凭证		摘 要	借方	贷方	借或贷	余额
月	日	字	号					
8	1			期初余额			贷	26 000
	3		(1)	购进材料		7 200	贷	33 200
	12		(3)	偿还货款	33 200		平	0
	26		(6)	购进材料		20 000	贷	20 000
8	31			本期发生额及余额	33 200	27 200	贷	20 000

二级或明细科目：万山市林溪工厂

20××年		凭证		摘 要	借方	贷方	借或贷	余额
月	日	字	号					
8	1			期初余额			贷	27 000
	20		(4)	购进材料		15 000	贷	42 000
	22		(5)	偿还货款	42 000		平	0
8	31			本期发生额及余额	42 000	15 000	贷	0

5.核对总分类账户和明细分类账户的记录。结账后，应根据记入总分类账户的金额必然等于所属各明细分类账户金额之和的原理，通过编制“明细分类账户本期发生额和余额明细表”的方式，对总分类账户和明细分类账户的记录进行核对，以检查其正确性和完整性。该表中，各栏的合计数应与其总分类账户记录中的相应数额核对一致。如果核对相符，表明总分类账户与其明细分类账户的记录基本上是正确的。如果核对不符，应查明原因，予以更正。

上例中，根据原材料明细分类账户的记录编制的“原材料明细分类账户本期发生额和余额明细表”见表7-9；根据应付账款明细分类账户的记录编制的“应付账款明细分类账户本期发生额和余额明细表”见表7-10。在这两张表中，期初余额栏、本期发生额的借方栏和贷方栏、期末余额栏的合计数，均分别与其总分类账户中的相应数额完全相等，从而可判定以上总分类账户和明细分类账户的记录基本正确。

表7-9 **原材料明细分类账户本期发生额和余额明细表**

20××年8月

单位：元

二级或明细科目	期初余额		本期发生额		期末余额	
	借方	贷方	借方	贷方	借方	贷方
A材料	32 000		28 000	24 000	36 000	
B材料	33 000		34 200	30 000	37 200	
合计	65 000		62 200	54 000	73 200	
"原材料"账户	65 000		62 200	54 000	73 200	

表7-10 **应付账款明细分类账户本期发生额和余额明细表**

20××年8月

单位：元

二级或明细科目	期初余额		本期发生额		期末余额	
	借方	贷方	借方	贷方	借方	贷方
林城市金阳工厂		26 000	33 200	27 200		20 000
万山市林溪工厂		27 000	42 000	15 000		
合计		53 000	75 200	42 200		20 000
"应付账款"账户		53 000	75 200	42 200		20 000

第八章

复式记账法：应用

【本章教学目标】

知识目标：本章针对企业生产经营过程各环节的交易或事项，主要阐述设置账户和运用借贷记账法进行账务处理的方法，并介绍账户按照用途结构分类的方法。通过本章学习，要求了解企业生产经营过程各阶段交易或事项的内容，正确理解其核算所需设置的账户，熟练掌握运用账户、借贷记账法对企业生产经营过程各阶段的交易或事项进行账务处理的方法，掌握账户按照用途结构分类的方法及各类账户用途、结构所具有的规律性。

能力目标：能够熟练运用账户、借贷记账法对企业生产经营过程各阶段的交易或事项进行账务处理，把握各类账户用途、结构所具有的规律性。

思政目标：通过对企业生产经营过程各阶段交易或事项的账务处理，初步了解我国的企业会计准则、税收制度，增强规则意识、制度意识。

在第七章中，已对复式记账及广泛采用的借贷记账法的基本原理、基本方法进行了较为系统的阐述。本章将以制造企业生产经营过程中发生的主要交易或者事项的账务处理为例，结合第六章所阐述的设置会计科目、账户的基本原理和方法，对账户和借贷记账法的应用作进一步介绍。

制造企业的生产经营过程是供应、生产、销售环节的有机统一。在企业生产经营过程的不同环节，其业务内容也不同。按照组成生产经营过程的不同环节并结合其内容特点，企业的主要交易或者事项大致可以分为筹集资金、生产准备、商品生产、商品销售、财产清查和经营成果等类别。企业主要交易或者事项的类别不同，其账务处理方法也不同。

第一节　筹集资金交易或事项的账务处理

一、筹集资金的主要交易或事项内容

资金是各种资产的货币表现，包括货币本身。企业从事生产经营活动，首先应当拥有一定数量的资金。

企业筹集资金主要有两个基本渠道：一是向投资者筹集资金。在生产经营活动中，企业可视具体情况，采取直接方式向投资者筹集资金，即接受投资者以货币资金、实物资

产、无形资产等的出资；也可以采取发行股票等间接方式向投资者筹集资金。二是向债权人筹集资金。

在会计核算中，企业向投资者筹集资金，就会形成实收资本、资本公积，从而要求对引起投入资本发生的交易或事项进行账务处理；企业向债权人筹集资金，就会形成企业的各种负债，从而要求对引起各种负债形成的交易或事项进行账务处理。简言之，企业在筹集资金的过程中涉及的交易或事项主要是两个方面：一是引起投入资本发生的交易或事项；二是引起各种负债形成的交易或事项。

二、筹集资金主要交易或事项核算应设置的账户

企业在筹集资金的过程中，由于投入资本的情况较为复杂，负债的内容也较多，有一些内容在本章后续内容中才会介绍，另有一些内容需在专业会计教材中介绍，因此，这里只简要介绍涉及实收资本、资本公积、短期借款和应付利息的账务处理需要设置的账户。

（一）“实收资本”账户

“实收资本”账户是一个所有者权益类账户。该账户的用途是：核算企业实际收到投资者投入的资本。其结构为：贷方登记实际收到投资者投入的资本和按规定将资本公积、盈余公积转增的资本，借方登记按法定程序经批准减少的资本，期末贷方余额表示企业实有的资本数额，如图8-1所示。一般说来，“实收资本”账户应当按照投资者设置三栏式明细分类账户。

实收资本

实收资本的减少额	实收资本的增加额
	期末余额：实收资本的实有额

图8-1 “实收资本”账户结构示意图

（二）“资本公积”账户

“资本公积”账户是一个所有者权益类账户。该账户的用途是：核算企业资本公积的增减变动及结余情况。其结构为：贷方登记因收到投资者出资额超出其在注册资本中所占份额的部分等而增加的资本公积，借方登记因资本公积转增资本等而减少的资本公积，期末贷方余额表示企业结余的资本公积，如图8-2所示。一般说来，“资本公积”账户应当设置“资本溢价”“其他资本公积”等三栏式明细分类账户。

资本公积

资本公积的减少额	资本公积的增加额
	期末余额：资本公积的结余额

图8-2 “资本公积”账户结构示意图

（三）“短期借款”账户

“短期借款”账户是一个负债类账户。该账户的用途是：核算企业向银行或其他金融机构等借入的期限在一年以下（含一年）的各种借款的本金。其结构为：贷方登记借入的短期借款本金，借方登记归还的短期借款本金，期末贷方余额表示尚未偿还的短期借款本

金，如图8-3所示。

短期借款	
归还的短期借款本金	借入的短期借款本金
	期末余额：尚未偿还的短期借款本金

图8-3　“短期借款”账户结构示意图

（四）“应付利息”账户

“应付利息”账户是一个负债类账户。该账户的用途是：核算企业按照合同约定应当支付的利息。其结构为：贷方登记发生的应付利息，借方登记实际支付的利息，期末贷方余额表示企业应付未付的利息，如图8-4所示。

应付利息	
实际支付的利息	发生的应付利息
	期末余额：应付未付的利息

图8-4　“应付利息”账户结构示意图

三、筹集资金主要交易或事项的账务处理

下面举例说明企业在筹集资金的过程中发生的主要交易或事项的账务处理方法。

【例8-1】林城市奇效中药制品公司20××年12月份各总分类账户的期初余额见表8-1。

表8-1　林城市奇效中药制品公司总分类账户期初余额一览表

20××年12月1日　　单位：元

会计科目	借方余额	贷方余额	会计科目	借方余额	贷方余额
库存现金	9 388.60		预收账款		112 320.00
银行存款	353 087.99		应付职工薪酬		51 392.35
应收票据	226 000.33		应交税费		107 902.06
应收账款	376 033.00		应付利息		13 050.22
预付账款	170 200.00		应付股利		23 900.00
其他应收款	2 900.61		其他应付款		7 300.00
原材料	606 421.87		长期借款		3 178 000.00
固定资产	7 925 246.61		实收资本		4 563 000.00
累计折旧		215 260.18	资本公积		129 560.00
无形资产	255 000.00		盈余公积		68 312.60
短期借款		60 000.00	本年利润		873 388.25
应付票据		286 200.00	利润分配		38 921.35
应付账款		195 772.00	合　计	9 924 279.01	9 924 279.01

林城市奇效中药制品公司20××年12月份筹集资金所发生的有关交易或事项及其账务处理方法如下：

[业务事项1] 1日，从银行取得借款100 000元存入银行。该项借款的期限为6个月，年利率为4.5%。

这项交易或事项的发生，一方面增加了银行存款100 000元，另一方面增加了短期借款100 000元。在核算中要使用“银行存款”和“短期借款”两个账户。其会计分录如下：

（1）借：银行存款	100 000	
贷：短期借款		100 000

[业务事项2] 1日，收到林城市华光科技公司投资的一项专利权，投资合同约定的价值为120 000元。

这项交易或事项的发生，一方面增加了无形资产120 000元，另一方面增加了投资者投入的资本120 000元。在核算中要使用“无形资产”和“实收资本”两个账户。其会计分录如下：

（2）借：无形资产	120 000	
贷：实收资本		120 000

[业务事项3] 3日，收到林城市甲公司投资的载货汽车一辆，原价为80 000元，累计已提折旧2 800元，投资合同约定的价值为77 000元。

这项交易或事项的发生，一方面增加了固定资产77 000元，另一方面增加了投资者投入的资本77 000元。在核算中要使用“固定资产”和“实收资本”两个账户。其会计分录如下：

（3）借：固定资产	77 000	
贷：实收资本		77 000

[业务事项4] 5日，收到林城市大康药业公司投入的资金110 000元，并存入银行，根据双方投资合同约定，该项投资使林城市大康药业公司在本企业法定资本5000000元中占2%的股份。

这项交易或事项的发生，一方面增加了银行存款110 000元，另一方面增加了投资者投入的资本110 000元，其中实收资本100 000元（即：5 000 000×2%）、资本溢价10 000元（即：110 000−100 000）。在核算中要使用“银行存款”、“实收资本”和“资本公积”三个账户。其会计分录如下：

（4）借：银行存款	110 000	
贷：实收资本		100 000
资本公积——资本溢价		10 000

[业务事项5] 18日，按规定将资本公积90 000元、盈余公积50 000元转增资本。

这项交易或事项的发生，一方面减少了资本公积90 000元和盈余公积50 000元，另一方面增加了实收资本140 000元。在核算中要使用“资本公积”、“盈余公积”和“实收资本”三个账户。其会计分录如下：

（5）借：资本公积	90 000	
盈余公积	50 000	

贷：实收资本　　140 000

[业务事项6] 31日，预提本月负担的短期借款利息600元。[①]

这项交易或事项的发生，一方面增加了期间费用中的财务费用600元，另一方面增加了应付利息600元。在核算中要使用“财务费用”和“应付利息”两个账户。其会计分录如下：

（6）借：财务费用——利息费用　　600

　　贷：应付利息　　600

[业务事项7] 31日，以银行存款支付本季度短期借款利息1 050元。[②]

这项交易或事项的发生，一方面减少了应付利息1 050元；另一方面减少了银行存款1 050元。在核算中要使用“应付利息”和“银行存款”两个账户。其会计分录如下：

（7）借：应付利息　　1 050

　　贷：银行存款　　1 050

[业务事项8] 31日，以银行存款归还到期的短期借款30 000元。

这项交易或事项的发生，一方面减少了向银行取得的借款30 000元；另一方面减少了银行存款30 000元。在核算中要使用“短期借款”和“银行存款”两个账户。其会计分录如下：

（8）借：短期借款　　30 000

　　贷：银行存款　　30 000

第二节　生产准备交易或事项的账务处理

一、生产准备的主要交易或事项内容

企业在生产经营过程中，为了生产产品、商品，必须做好各方面的生产准备工作。企业的生产准备，最为重要的是储备劳动资料（主要是固定资产）和劳动对象（主要是原材料）。因此，企业在生产准备的过程中涉及的交易或事项主要包括以下两个方面：

一是以购置、接受投资者投入等方式增添固定资产的交易或事项。企业购入的固定资产，按实际支付的购买价款、包装费、运杂费、保险费等确定其原价（或成本，下同），登记入账；接受投资者投入的固定资产，按投资合同或协议约定的价值确定其原价记账。

二是以外部采购等方式储备原材料的交易或事项。企业采购、储备各种材料，一方面要发生各种支出，计算确定原材料的实际采购成本；另一方面，企业应当根据经济合同和结算制度等规定，与供应单位和其他有关单位结算因购买材料所应支付的款项。

企业购买材料支付的款项包括买价、采购费用、进项税额等。

（1）材料的买价，又叫货款，是指企业购买材料时，供应单位所开具的增值税专用发

① 本例假设林城市奇效中药制品公司的短期借款均采用按月预提、按季结算利息的办法。12月初，该公司的短期借款为60 000元（见表8-1），12月1日从银行取得短期借款100 000元（见业务事项1），年利率均为4.5%，故本月负担的短期借款利息为：160 000×4.5%÷12×1=600（元）。

② 支付的第四季度短期借款利息为：60 000×4.5%÷12×2+160 000×4.5%÷12×1=1 050（元）。

票中所列的材料的不含税金额。

（2）采购费用，是指企业因购买材料发生的运杂费（含运输费、装卸搬运费、保险费、包装费、仓储费等）、运输途中的合理损耗、入库前的挑选整理费等费用。

（3）进项税额，是指企业购进货物（材料、固定资产等）、加工修理修配劳务、服务、无形资产等，按税法规定支付或负担的增值税税额。税法规定，增值税实行抵扣办法，即企业应纳增值税税额是当期销项税额抵扣当期进项税额后的余额，也即：应纳增值税税额=当期销项税额-当期进项税额。销项税额是指企业发生商品销售等应税行为时，按照销售额和增值税税率计算并收取的增值税税额。

由于企业购买材料支付的进项税额要用于抵扣企业应缴纳的增值税，因此，只有材料的买价和采购费用才共同构成企业购买材料的实际采购成本。

应当注意的是，如果企业购买一种材料，则购买该材料发生的采购费用应当直接计入该材料的实际采购成本；如果企业发生应由两种或两种以上材料共同负担的运杂费等采购费用时，则应当合理确定一种分配标准（如重量、体积、容积、买价等），将共同性采购费用分配计入各种材料的采购成本。分配共同性采购费用时，首先应当按照一定的分配标准计算采购费用分配率，然后据以计算各种材料应分配的采购费用。例如，采用重量为分配标准时，材料采购费用的分配方法为：

采购费用分配率=采购费用总额÷购入各种材料的总重量

某种材料应当分配的采购费用=该种材料的重量×采购费用分配率

二、生产准备主要交易或事项核算应设置的账户

企业生产准备的交易或事项较为复杂，下面简要介绍其应当设置的主要账户：

（一）“固定资产”账户

“固定资产”账户是一个资产类账户。该账户的用途是：核算企业固定资产的原价。其结构为：借方登记增加的固定资产的原价，贷方登记减少的固定资产的原价，期末借方余额表示现有固定资产的原价，如图8-5所示。

固定资产

增加的固定资产的原价	减少的固定资产的原价
期末余额：现有固定资产的原价	

图8-5 “固定资产”账户结构示意图

（二）“累计折旧”账户

众所周知，企业拥有的固定资产由于使用磨损等原因，其价值必然发生减少，即发生折旧。在会计实务中，为了确定固定资产的新旧程度以满足企业管理上的特殊需要，要求用“固定资产”账户单独反映企业固定资产的原始价值，这样，固定资产因使用磨损等原因而减少的价值即固定资产的折旧额就不能记入“固定资产”账户。为此，企业应当设置“累计折旧”账户并作为“固定资产”账户的备抵账户①，专门用于核算企业固定资产的折旧额。

① 这里所说的备抵账户将在本章第七节作专门介绍。

“累计折旧”账户是一个资产类账户。该账户的用途是：核算企业现有固定资产因使用磨损等原因而发生的历年累计折旧额。其结构为：贷方登记每月按规定从有关成本、费用中计算提取的折旧额，借方登记因为减少旧的固定资产而应予注销的该项固定资产原来已计提的折旧额，期末贷方余额表示现有固定资产截至本月末止的累计折旧额，如图8-6所示。在会计实务中，“累计折旧”账户只进行总分类核算，不进行明细分类核算，无须设置明细分类账户。

累计折旧

减少旧的固定资产而应予注销的折旧额	本月从成本、费用中计提的折旧额
	期末余额：现有固定资产截至本月末止的累计折旧额

图8-6　“累计折旧”账户结构示意图

月末，将“固定资产”账户借方余额（原价）减去“累计折旧”账户贷方余额（折旧额），其差额就是企业现有固定资产的账面净值（折余价值）。而通过“固定资产”与“累计折旧”两个账户余额的对比分析，即可了解企业现有固定资产的新旧程度。

（三）“材料采购”账户[①]

“材料采购”账户是一个资产类账户。该账户的用途是：归集购买材料发生的买价、采购费用，据以计算材料实际采购成本。其结构为：借方登记采购材料发生的买价和采购费用，贷方登记转入“原材料”账户借方的已验收入库材料的实际采购成本，期末借方余额表示已支付款项或已开出商业汇票但尚未办理验收入库手续的在途材料的实际成本，如图8-7所示。“材料采购”账户一般应按购入材料的名称设置多栏式明细分类账户。

材料采购

①材料的买价 ②材料的采购费用	转入“原材料”账户借方的已验收入库材料的实际成本
期末余额：在途材料的实际成本	

图8-7　“材料采购”账户结构示意图

（四）“原材料”账户

“原材料”账户是一个资产类账户。该账户的用途是：核算库存各种材料的增减变动及其结存情况。其结构为：借方登记从“材料采购”账户贷方转入的已验收入库的各种材料的实际成本，贷方登记发出的各种材料的实际成本，期末借方余额表示库存各种材料的实际成本，如图8-8所示。“原材料”账户一般应按库存材料的名称设置数量金额式明细分类账户。

① 在会计实务中，当库存原材料按计划成本计价核算时，为了核算购买材料发生的买价、采购费用并据以计算材料的实际采购成本，需要设置“材料采购”账户，其基本用法可参见本章第七节的介绍。由于本章的出发点在于说明设置账户和借贷记账法应用的基本原理，为简便采购原材料的交易或事项的账务处理方法，本节中的“材料采购”账户和“原材料”账户均未采用会计实务中的用法。

原材料

从“材料采购”账户贷方转入的已验收入库的各种材料的实际成本	发出的各种材料的实际成本
期末余额：库存各种材料的实际成本	

图8-8 “原材料”账户结构示意图

（五）“应付票据”账户

“应付票据”账户是一个负债类账户。该账户的用途是：核算因购买材料和接受劳务供应等而开出、承兑的商业汇票。其结构为：贷方登记开出、承兑的商业汇票，借方登记到期的商业汇票，期末贷方余额表示尚未到期的已开出、承兑的商业汇票，如图8-9所示。

应付票据

到期的商业汇票	开出、承兑的商业汇票
	期末余额：尚未到期的商业汇票

图8-9 “应付票据”账户结构示意图

（六）“应付账款”账户

“应付账款”账户是一个负债类账户。该账户的用途是：核算因购买材料和接受劳务供应等而与供应单位发生的结算债务增减变动情况。其结构为：贷方登记应付给供应单位的款项，借方登记偿还供应单位的款项，期末余额一般在贷方，表示尚未偿还供应单位的款项，如图8-10所示。“应付账款”账户一般按供应单位设置三栏式明细分类账户。

应付账款

偿还供应单位的款项	应付给供应单位的款项
	期末余额：尚未偿还供应单位的款项

图8-10 “应付账款”账户结构示意图

（七）“预付账款”账户

“预付账款”账户是一个资产类账户。该账户的用途是：核算按照合同规定预付款项给供应单位而与其发生的债权的增减变动情况。其结构为：借方登记预付给供应单位的款项，贷方登记收到材料等物资时应予冲销的预付账款，期末余额一般在借方，表示尚未结清的预付款项，如图8-11所示。“预付账款”账户一般按供应单位设置三栏式明细分类账户。

预付账款

预付给供应单位的款项	应予冲销的预付账款
期末余额：尚未结清的预付款项	

图8-11 “预付账款”账户结构示意图

应当指出，当企业预付款项的交易或者事项不多时，可以不设置“预付账款”账户，而将预付的款项经由“应付账款”账户核算。此时，“应付账款”账户即为双重性质的账户，其结构为：贷方既登记应付账款的增加数，也登记预付账款的减少数；借方既登记应付账款的减少数，也登记预付账款的增加数；期末余额若在贷方，即为应付账款大于预付账款的差额，表示债务净额，若在借方，即为预付账款大于应付账款的差额，表示债权净额。在这种情况下，企业债权（预付账款）、债务（应付账款）的实际数，应根据“应付账款”账户下设的各明细分类账户余额所在的方向具体加以确定。

（八）“应交税费”账户

“应交税费”账户是一个负债类账户。该账户的用途是：核算企业应缴纳的各种税费，包括增值税、消费税、所得税、城市维护建设税、教育费附加等。其结构为：贷方登记应缴纳的各种税费，借方登记实际缴纳的各种税费，期末余额一般在贷方，表示尚未缴纳的各种税费（期末若为借方余额则表示多交的各种税费），如图8-12所示。“应交税费”账户应按应交税费的种类设置明细分类账户。

应交税费

实际缴纳的各种税费	应缴纳的各种税费
期末余额：多交的各种税费	期末余额：应交未交的各种税费

图8-12 “应交税费”账户结构示意图

“应交税费”账户下设的“应交增值税”明细分类账户，其用途是：核算企业应缴纳的增值税。该明细分类账户的结构为：贷方登记因销售商品向购买单位收取的销项税额等；借方登记因购进货物（材料、固定资产等）、加工修理修配劳务、服务、无形资产等，按税法规定支付或负担的进项税额以及实际缴纳给税务机关的增值税税额等；期末余额一般在贷方，表示尚未缴纳的增值税（期末若为借方余额则表示多交的增值税），如图8-13所示。“应交增值税”明细分类账户应采用多栏式账页，并按所核算的内容，分别设置“进项税额”“已交税金”“销项税额”等专栏。

应交税费——应交增值税

①进项税额 ②已交税金 ⋮	销项税额 ⋮
期末余额：多交的增值税	期末余额：尚未缴纳的增值税

图8-13 “应交税费——应交增值税”明细账户结构示意图

企业核算外购材料的交易或事项设置的以上主要账户，其相互对应关系如图8-14所示。

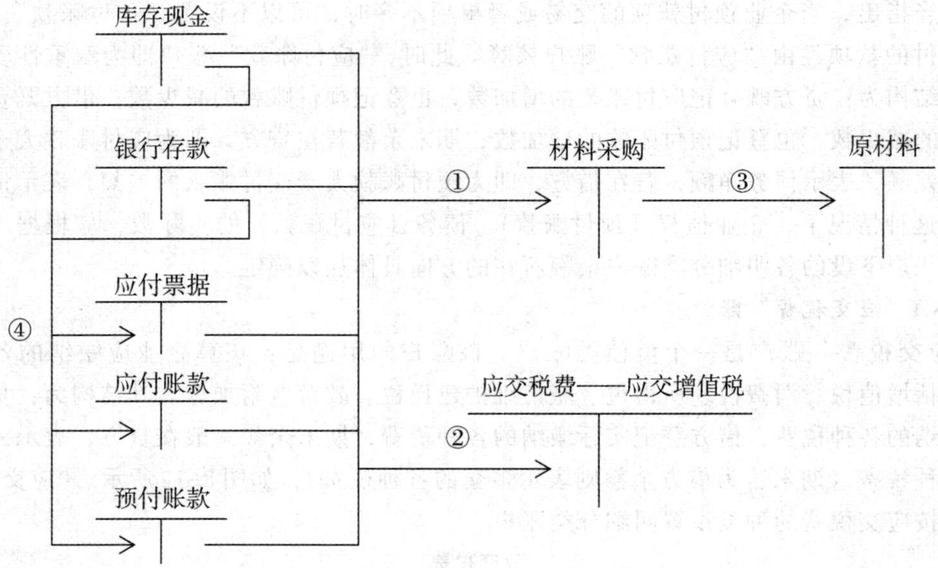

说明：

① 购入原材料，发生买价、采购费用；

② 购入原材料，发生进项税额；

③ 结转已验收入库的原材料的实际采购成本；

④ 以库存现金或银行存款向供应单位支付到期商业汇票、原欠货款、预付购料款。

图8-14 外购材料交易或事项设置的主要账户对应关系示意图

三、生产准备主要交易或事项的账务处理

下面以林城市奇效中药制品公司20××年12月份的交易或事项为例，说明企业在生产准备过程中发生的主要交易或事项的账务处理方法。

[业务事项9] 1日，向林城市药材公司购入甲材料6 000千克，单价11元，计66 000元，增值税税率13%，进项税额8 580元；发生运杂费600元，增值税税率9%，进项税额54元。全部款项以银行存款支付，甲材料当即验收入库。

该交易或事项的发生，一方面增加了采购甲材料的支出75 234元，其中货款66 000元和运杂费600元应计入甲材料的采购成本，进项税额8 634元则应用以抵扣应交增值税；另一方面减少了银行存款75 234元。在核算中要使用“材料采购”、“应交税费”和“银行存款”三个账户。其会计分录如下：

(9) 借：材料采购——甲材料	66 600	
应交税费——应交增值税（进项税额）	8 634	
贷：银行存款		75 234

[业务事项10] 3日，向腑铭药材厂购入甲材料7 000千克，单价11元，计77 000元，乙材料3 000千克，单价15元，计45 000元，共计122 000元，增值税税率13%，进项税额15 860元。款项采用商业汇票结算，当即开出并承兑半年期商业汇票137 860元，材料尚未运到。

该交易或事项的发生，一方面增加了采购甲、乙两种材料的支出137 860元，其中货款122 000元应计入甲材料的采购成本77 000元、乙材料的采购成本45 000元，进项税额15 860元则应用以抵扣应交增值税；另一方面增加了应付票据137 860元。在核算中要使用“材料采购”、“应交税费”和“应付票据”三个账户。其会计分录如下：

（10）借：材料采购　　122 000

——甲材料　77 000

——乙材料　45 000

应交税费——应交增值税（进项税额）　　15 860

贷：应付票据——腩铭药材厂　　137 860

［业务事项11］4日，收到韵岩药材厂发运来的乙材料4 000千克，单价15元，计60 000元，增值税税率13%，进项税额7 800元。全部款项已于上月5日预付。

该交易或事项的发生，一方面增加了采购乙材料的支出67 800元，其中货款60 000元应计入乙材料的采购成本，进项税额7 800元则应用以抵扣应交增值税；另一方面减少了预付账款67 800元。在核算中要使用“材料采购”、“应交税费”和“预付账款”三个账户。其会计分录如下：

（11）借：材料采购——乙材料　　60 000

应交税费——应交增值税（进项税额）　　7 800

贷：预付账款——韵岩药材厂　　67 800

［业务事项12］5日，收到从韵岩药材厂购买乙材料发生的运杂费单据400元，增值税税率9%，进项税额36元，全部款项以现金付讫。

该交易或事项的发生，一方面增加了采购乙材料的支出436元，其中运杂费400元应计入乙材料的采购成本，进项税额36元则应用以抵扣应交增值税；另一方面减少了库存现金436元。在核算中要使用“材料采购”、“应交税费”和“库存现金”三个账户。其会计分录如下：

（12）借：材料采购——乙材料　　400

应交税费——应交增值税（进项税额）　　36

贷：库存现金　　436

［业务事项13］6日，收到本月3日从腩铭药材厂购买的甲、乙材料，以银行存款支付发生的运杂费1 000元和按增值税税率9%计算的进项税额90元。运杂费按甲、乙材料的重量比例分配。

本例中的运杂费按重量比例分配，其分配结果如下：

运杂费分配率=1 000÷（7 000+3 000）=0.10（元/千克）

甲材料应分配的运杂费=7 000×0.10=700（元）

乙材料应分配的运杂费=3 000×0.10 =300（元）

这项交易或事项的发生，一方面增加了采购甲、乙材料的支出1 090元，其中运杂费1 000元按重量比例分配后，700元应计入甲材料的采购成本，300元应计入乙材料的采购成本，进项税额90元则应用以抵扣应交增值税；另一方面减少了银行存款1 090元。在核算中要使用“材料采购”、“应交税费”和“银行存款”三个账户。其会计分录如下：

（13）借：材料采购　　　　　　　　　　　　　　　　　　　　　　1 000

——甲材料　700

——乙材料　300

应交税费——应交增值税（进项税额）　　　　　　　　　　90

贷：银行存款　　　　　　　　　　　　　　　　　　　　1 090

［业务事项14］6日，购入不需安装的新设备一台，买价30 000元，增值税税率13%，进项税额3 900元；发生运杂费700元，增值税税率9%，进项税额63元。全部款项以银行存款支付。

这项交易或事项的发生，一方面增加了设备的采购支出，其中，买价30 000元、运杂费700元应计入固定资产成本，从而使固定资产原价增加30 700元，进项税额3 963元则应用以抵扣应交增值税；另一方面减少了银行存款34 663元。在核算中要使用“固定资产”、“应交税费”和“银行存款”三个账户。其会计分录如下：

（14）借：固定资产　　　　　　　　　　　　　　　　　　　　30 700

应交税费——应交增值税（进项税额）　　　　　　　　3 963

贷：银行存款　　　　　　　　　　　　　　　　　　　34 663

［业务事项15］ 25日，向林城市药材公司购入甲材料4 000千克，单价11元，货款计44 000元，增值税税率13%，进项税额5 720元；发生运杂费400元，增值税税率9%，进项税额36元。材料当即验收入库，款项未付。

该交易或事项的发生，一方面增加了采购甲材料的支出50 156元，其中货款44 000元和运杂费400元应计入甲材料的采购成本，进项税额5 756元则应用以抵扣应交增值税；另一方面增加了应付账款50 156元。在核算中要使用“材料采购”、“应交税费”和“应付账款”三个账户。其会计分录如下：

（15）借：材料采购——甲材料　　　　　　　　　　　　　　　44 400

应交税费——应交增值税（进项税额）　　　　　　　　5 756

贷：应付账款——林城市药材公司　　　　　　　　　　50 156

［业务事项16］ 28日，按合同规定以银行存款50 000元预付韵岩药材厂乙材料的购料款。

这项交易或事项的发生，一方面增加预付购料款50 000元；另一方面减少银行存款50 000元。在核算中要使用“预付账款”和“银行存款”两个账户。其会计分录如下：

（16）借：预付账款——韵岩药材厂　　　　　　　　　　　　50 000

贷：银行存款　　　　　　　　　　　　　　　　　　　50 000

［业务事项17］ 31日，结转本月已验收入库材料的实际采购成本。

根据材料采购明细分类账户的记录和所编制的材料采购成本计算表，这项交易或事项的发生，一方面增加了库存甲、乙材料的实际成本294 400元，另一方面减少了采购甲、乙材料的实际成本294 400元，其中甲材料188 700元，乙材料105 700元。在核算中要使用“原材料”和“材料采购”两个账户。其会计分录如下：

（17）借：原材料　　　　　　　　　　　　　　　　　　　294 400

——甲材料　188 700

——乙材料　105 700

贷：材料采购　　　　　　　　　　　　　　　　　　　294 400

——甲材料　188 700

——乙材料　105 700

根据上列交易或事项及其编制的会计分录，所登记的材料采购明细分类账户（多栏式）见表8-2，编制的材料采购成本计算表见表8-3。

表8-2　**材料采购明细分类账户**

二级或明细科目：甲材料

20××年		凭证		摘　要	借方			贷方	借或贷	余额
月	日	字	号		买价	运杂费	合计			
12	1		(9)	6 000千克货款、运杂费	66 000	600	66 600		借	66 600
	3		(10)	7 000千克货款	77 000		77 000		借	143 600
	6		(13)	7 000千克运杂费		700	700		借	144 300
	25		(15)	4 000千克货款、运杂费	44 000	400	44 400		借	188 700
	31		(17)	结转17 000千克采购成本				188 700	平	0
12	31			本期发生额及余额	187 000	1 700	188 700	188 700	平	0

二级或明细科目：乙材料

20××年		凭证		摘　要	借方			贷方	借或贷	余额
月	日	字	号		买价	运杂费	合计			
12	3		(10)	3 000千克货款	45 000		45 000		借	45 000
	4		(11)	4 000千克货款	60 000		60 000		借	105 000
	5		(12)	4 000千克运杂费		400	400		借	105 400
	6		(13)	3 000千克运杂费		300	300		借	105 700
	31		(17)	结转7 000千克采购成本				105 700	平	0
12	31			本期发生额及余额	105 000	700	105 700	105 700	平	0

表8-3　林城市奇效中药制品公司材料采购成本计算表

20××年12月　单位：元

材料采购成本项目	甲材料（17 000千克）		乙材料（7 000千克）		总成本合计
	总成本	单位成本	总成本	单位成本	
买　价	187 000.00	11.00	105 000.00	15.00	292 000.00
运杂费	1 700.00	0.10	700.00	0.10	2 400.00
合　计	188 700.00	11.10	105 700.00	15.10	294 400.00

第三节　商品生产交易或事项的账务处理

一、商品生产的主要交易或事项内容

制造企业的商品（或称产品，下同）生产过程是劳动者借助于固定资产等劳动手段对原材料等劳动对象进行加工、制造，生产出各种产品的过程，它是制造企业再生产过程的中心环节，制造企业的全部交易或事项都是围绕着商品生产过程展开的。由于商品生产过程是劳动耗费和产品生产的矛盾统一体，因此，企业在这一过程中发生的交易或事项主要表现在两个方面：

一方面，在商品生产过程中，企业为了生产、制造出各种产品，必然要发生各种劳动耗费，如各种材料、固定资产、劳动力和水电的耗费等。企业在一定时期内为生产产品所发生的劳动耗费总和，即为该时期的生产费用。由于生产费用是企业在一定时期内为生产产品所发生的劳动耗费，因而应当将其计入产品的生产成本。在会计核算中，生产费用计入产品生产成本的方式是不同的，因此，可以进一步把生产费用分为直接费用和间接费用。直接费用是发生时易于分清应由什么产品负担，因而于发生时直接计入各该产品生产成本的生产费用，主要有直接材料费、直接人工费等。所谓直接材料费，就是直接生产产品耗费的各种原材料；所谓直接人工费，就是直接生产产品的生产工人的工资、职工福利费等职工薪酬。间接费用也就是制造费用，它是企业的生产部门（车间）为组织、管理产品生产而发生的各种生产费用，包括车间管理人员的工资、职工福利费等职工薪酬和车间的固定资产折旧费、办公费、水电费、机物料消耗等。间接费用发生时先作为制造费用归集，月末再按一定标准分配计入各该产品的生产成本。生产费用的种类及其计入生产成本的方式如图8-15所示。

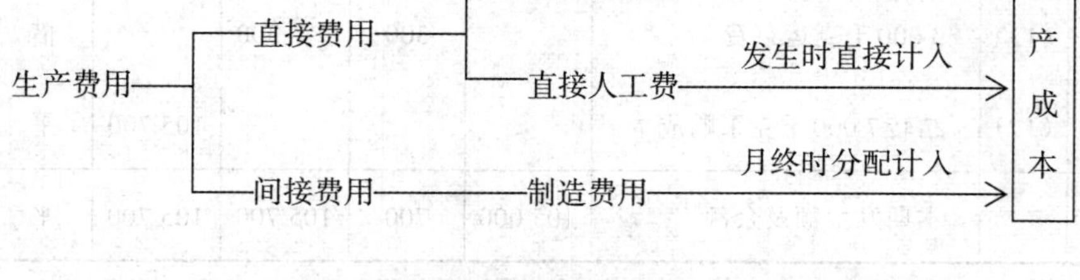

图8-15　生产费用的种类及其计入生产成本方式示意图

另一方面，在商品生产过程中，企业因为发生各种劳动耗费，从而又会生产、制造出各种产品。为了反映企业生产、制造各种产品发生的生产费用，必须计算产品的生产成本（也叫制造成本）。所谓生产成本，是指企业为生产一定种类和数量的产品所发生的生产费用总和。将生产费用按照一定种类和数量的产品进行归集，就构成这些产品的生产成本。

综上所述，企业材料费、人工费、折旧费、办公费、水电费等各种生产费用的发生、归集、分配和产品生产成本的形成等交易或事项，就是商品生产过程核算的主要交易或事项。

应当指出的是，企业在整个生产经营过程的各个环节都会发生劳动耗费，但并非所有的劳动耗费都作为生产费用计入产品的生产成本。发生时不计入产品生产成本而直接计入当期损益的费用称为期间费用，主要包括税金及附加、销售费用、管理费用、财务费用等。尽管如此，由于期间费用中的管理费用涉及企业整个生产经营过程的各个环节，管理费用的发生与商品生产过程具有业务上的相关性，因此，也可将各种管理费用发生的交易或事项视为商品生产过程核算的主要交易或事项。

二、商品生产主要交易或事项核算应设置的账户

为了核算商品生产过程的各项主要交易或事项，企业应当设置以下主要账户：

（一）“生产成本”账户

“生产成本”账户是一个成本类账户。[①]该账户的用途是：归集生产产品发生的各项生产费用，据以计算产品的生产成本。其结构为：借方登记发生的直接材料费、直接人工费（即生产工人的职工薪酬）等直接费用以及月末从“制造费用”账户贷方分配转入的间接费用，贷方登记转入“库存商品”账户借方的已生产完工验收入库产品的实际生产成本，期末借方余额表示尚未生产完工的各项在产品的实际生产成本，如图8-16所示。“生产成本”账户一般应按所生产产品的名称设置多栏式明细分类账户。

生产成本

本月发生的各项生产费用： ①直接费用（发生时直接计入） ②间接费用（月末从“制造费用”账户贷方分配转入）	转入“库存商品”账户借方的已生产完工验收入库产品的实际生产成本
期末余额：月末在产品的实际生产成本	

图8-16　“生产成本”账户结构示意图

（二）“制造费用”账户

“制造费用”账户是一个成本类账户。该账户的用途是：归集和分配生产车间为生产

① “生产成本”账户和“制造费用”账户一样，都是企业为专门核算生产费用的发生、生产成本的计算而设置的。就其核算的内容而言，企业在一定时期内为生产产品所发生的生产费用，要么由于产品尚未完工而归属于在产品的生产成本，要么随着产品完工验收入库而归属于库存商品（产成品）的生产成本。无论以在产品形态还是以库存商品形态存在的生产费用，显然尚未完成为企业形成经济利益流入的使命，因而不能将其作为由收入予以补偿的费用，只能将其列为资产。也正因为如此，在编制资产负债表时，才将“生产成本”账户期末借方余额（包括季节性生产企业“制造费用”账户可能出现的期末借方余额）列入“资产”项下的“存货”项目内予以呈报。由此可见，就其反映的经济内容来说，“生产成本”账户和下述“制造费用”账户都是资产性质的账户。然而，正如第六章第二节指出的那样，为了体现企业进行工业性生产的特点，清晰地反映制造类企业生产费用的发生和成本计算情况，在会计实务中，通常将本属于资产性质的“生产成本”“制造费用”账户单独归类为成本类账户。

产品发生的各项间接费用，包括车间管理人员的职工薪酬、车间固定资产折旧费、车间的办公费、水电费、机物料消耗等。其结构为：借方登记本月发生的各项制造费用，贷方登记冲销的当月管理费用的数额和月末分配转入“生产成本”账户借方的当月的制造费用总额，期末分配结转后应无余额，如图8-17所示。“制造费用”账户一般应设置多栏式明细分类账户。

制造费用	
本月发生的各项制造费用	月末转入“生产成本”账户借方的当月的制造费用总额

图8-17 “制造费用”账户结构示意图

（三）“库存商品”账户

“库存商品”账户是一个资产类账户。该账户的用途是：核算库存各种商品实际成本增减变动及其结存情况。其结构为：借方登记增加的库存商品的实际成本（如从“生产成本”账户贷方转入的生产完工验收入库产品的实际生产成本等），贷方登记发出的库存商品的实际成本（如转入“主营业务成本”账户借方的已销售产品的实际生产成本等），期末借方余额表示库存各种商品的实际成本，如图8-18所示。“库存商品”账户一般应按库存商品的名称设置数量金额式明细分类账户。

库存商品	
从“生产成本”账户贷方转入的生产完工验收入库产品的实际生产成本	转入“主营业务成本”账户借方的已销售产品的实际生产成本
期末余额：库存商品的实际成本	

图8-18 “库存商品”账户结构示意图

（四）“管理费用”账户

“管理费用”账户是一个损益（费用）类账户。该账户的用途是：核算企业行政管理部门（简称厂部，下同）为组织和管理企业生产经营活动所发生的各项管理费用，包括职工薪酬、办公费、差旅费、折旧费、修理费、物料消耗、业务招待费、聘请中介机构费、咨询费、诉讼费等。其结构为：借方登记本月发生的各项管理费用，贷方登记冲销的当月管理费用的数额和月末转入“本年利润”账户借方的当月的管理费用总额，期末结转后应无余额，如图8-19所示。“管理费用”账户一般应按费用项目设置多栏式明细分类账户。

管理费用	
本月发生的各项管理费用	①冲减当月管理费用的数额（如存货盘盈等） ②月末转入“本年利润”账户借方的当月的管理费用总额

图8-19 “管理费用”账户结构示意图

（五）“应付职工薪酬”账户

“应付职工薪酬”账户是一个负债类账户。该账户的用途是：核算企业应付职工薪酬的计提、结算、使用等情况。其结构为：贷方登记增加的应付职工薪酬，即分配计入有关成本、费用的本月应付的职工薪酬；借方登记减少的应付职工薪酬，即本月实际发放的职工薪酬；期末余额一般在贷方，表示应付未付的职工薪酬（期末若为借方余额则表示多发放和使用的职工薪酬），如图8-20所示。“应付职工薪酬”账户一般应按应付职工薪酬的项目设置三栏式明细分类账户。

应付职工薪酬

本月实际发放的职工薪酬	本月应付的职工薪酬
期末余额：多发放和使用的职工薪酬	期末余额：应付未付的职工薪酬

图8-20　“应付职工薪酬”账户结构示意图

企业核算商品生产的交易或事项设置的以上主要账户，其相互对应关系如图8-21所示。

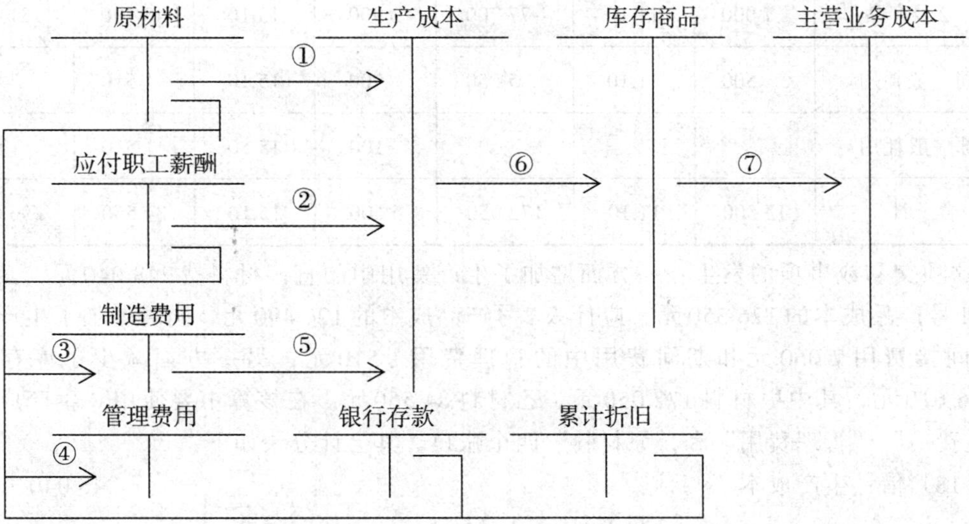

说明：

① 生产产品发生直接材料费；

② 生产产品发生直接人工费（生产工人的工资、职工福利费等职工薪酬）；

③ 生产车间发生各种制造费用；

④ 行政管理部门（厂部）发生各种管理费用；

⑤ 月终按照一定标准和方法分配结转制造费用；

⑥ 结转完工入库产品的实际生产成本；

⑦ 结转已经销售产品的实际生产成本。

图8-21　商品生产交易或事项设置的主要账户对应关系示意图

三、商品生产主要交易或事项的账务处理

林城市奇效中药制品公司20××年12月份新投产1号产品1 000盒、2号产品1 000瓶，发生以下各项交易或事项。现以这些交易或事项为例，说明企业在商品生产过程中发生的主要交易或事项的账务处理方法。

[业务事项18] 10日，仓库根据本月上旬领料凭证，按材料名称、用量及用途编制当月上旬发料凭证汇总表，见表8-4。

表8-4 林城市奇效中药制品公司

发料凭证汇总表

20××年12月1至10日

金额单位：元

计量单位：千克

用途	甲材料			乙材料			金额合计
	数量	单价	金额	数量	单价	金额	
1.生产产品耗用	15 000	11.10	166 500	5 400	15.10	81 540	248 040
其中：1号产品	8 000	11.10	88 800	2 500	15.10	37 750	126 550
2号产品	7 000	11.10	77 700	2 900	15.10	43 790	121 490
2.车间一般耗用	500	11.10	5 550	100	15.10	1 510	7 060
3.厂部一般耗用				100	15.10	1 510	1 510
合计	15 500	11.10	172 050	5 600	15.10	84 560	256 610

这项交易或事项的发生，一方面增加了生产费用中的直接材料费248 040元，其中应计入1号产品成本的126 550元，应计入2号产品成本的121 490元，同时增加了生产费用中的间接费用7 060元和期间费用中的管理费用1 510元；另一方面减少了库存原材料256 610元，其中甲材料172 050元、乙材料84 560元。在核算中要使用“生产成本”、“制造费用”、“管理费用”和“原材料”四个账户。其会计分录如下：

（18）借：生产成本　　248 040

——1号产品　126 550

——2号产品　121 490

制造费用　　7 060

管理费用　　1 510

贷：原材料　　256 610

——甲材料　172 050

——乙材料　84 560

[业务事项19] 1日，预订报刊，发生报刊订阅费1 640元，其中属于车间的540元、厂部的1 100元；增值税税率9%，进项税额147.60元。全部款项以银行存款支付。

这项交易或事项的发生，一方面增加了生产费用中的间接费用540元、期间费用中的管理费用1 100元，发生应予抵扣应交增值税的进项税额147.60元；另一方面减少了银行存款1 787.60元。在核算中要使用“制造费用”、“管理费用”、“应交税费”和“银行存款”四个账户。其会计分录如下：

(19) 借：	制造费用	540.00	
	管理费用	1 100.00	
	应交税费——应交增值税（进项税额）	147.60	
贷：	银行存款		1 787.60

[业务事项20] 10日，签发现金支票，从银行提取现金115 000元，以备发放工资。

这项交易或事项的发生，一方面增加了库存现金115 000元；另一方面减少了银行存款115 000元。在核算中要使用"库存现金"和"银行存款"两个账户。其会计分录如下：

(20) 借：	库存现金	115 000	
贷：	银行存款		115 000

[业务事项21] 10日，以现金115 000元发放本月职工工资。

这项交易或事项的发生，一方面减少了应付给职工的工资债务115 000元；另一方面减少了库存现金115 000元。在核算中要使用"应付职工薪酬"和"库存现金"两个账户。其会计分录如下：

(21) 借：	应付职工薪酬	115 000	
贷：	库存现金		115 000

[业务事项22] 11日，购买一批职工福利用品16 100元，签发转账支票付讫。

这项交易或事项的发生，一方面减少了企业的职工福利费16 100元；另一方面减少了银行存款16 100元。在核算中要使用"应付职工薪酬"和"银行存款"两个账户。其会计分录如下：

(22) 借：	应付职工薪酬	16 100	
贷：	银行存款		16 100

[业务事项23] 18日，购买办公用品一批，计1 800元，其中属于车间的600元、厂部的1 200元，增值税税率13%，进项税额234元，价税合计2 034元以银行存款支付，办公用品当即领用。

这项交易或事项的发生，一方面增加了生产费用中的间接费用600元、增加了期间费用中的管理费用1 200元，同时发生应予抵扣应交增值税的进项税额234元；另一方面减少了银行存款2 034元。在核算中要使用"制造费用"、"管理费用"、"应交税费"和"银行存款"四个账户。其会计分录如下：

(23) 借：	制造费用	600	
	管理费用	1 200	
	应交税费——应交增值税（进项税额）	234	
贷：	银行存款		2 034

[业务事项24] 21日，委托外单位对车间、厂部的机器设备进行日常修理维护，发生修理费830元，增值税税率13%，进项税额107.90元，价税合计937.90元以银行存款支付。

这项交易或事项的发生，一方面增加了期间费用中的管理费用830元，同时发生应予抵扣应交增值税的进项税额107.90元；另一方面减少了银行存款937.90元。在核算中要使用"管理费用"、"应交税费"和"银行存款"三个账户。其会计分录如下：

（24）借：管理费用　　830.00

　　应交税费——应交增值税（进项税额）　　107.90

　贷：银行存款　　937.90

［业务事项25］ 28日，本月车间一般耗用水费1 000元、厂部耗用水费600元，增值税税率9%，进项税额144元；本月车间一般耗用电费2 800元、厂部耗用电费1 100元，增值税税率13%，进项税额507元。全部款项用银行存款支付。

这项交易或事项的发生，一方面增加了生产费用中的间接费用3 800元、增加了期间费用中的管理费用1 700元，同时发生应予抵扣应交增值税的进项税额651元；另一方面减少了银行存款6 151元。在核算中要使用“制造费用”、“管理费用”、“应交税费”和“银行存款”四个账户。其会计分录如下：

（25）借：制造费用　　3 800

　　管理费用　　1 700

　　应交税费——应交增值税（进项税额）　　651

　贷：银行存款　　6 151

［业务事项26］ 31日，经计算，将本月实发工资115 000元视为本月应付工资作如下分配：1号产品生产工人工资42 000元，2号产品生产工人工资34 000元，车间管理人员工资11 000元，厂部管理人员工资28 000元。

这项交易或事项的发生，一方面增加了生产费用中的直接人工费76 000元，其中应计入1号产品成本的42 000元，应计入2号产品成本的34 000元，同时增加了生产费用中的间接费用11 000元和期间费用中的管理费用28 000元；另一方面增加了应付给职工的工资债务115 000元。在核算中要使用“生产成本”、“制造费用”、“管理费用”和“应付职工薪酬”四个账户。其会计分录如下：

（26）借：生产成本　　76 000

　　　——1号产品　42 000

　　　——2号产品　34 000

　　制造费用　　11 000

　　管理费用　　28 000

　贷：应付职工薪酬　　115 000

［业务事项27］ 31日，向企业职工发放福利用品16 100元，其中：1号产品生产工人的5 880元，2号产品生产工人的4 760元，车间管理人员的1 540元，厂部管理人员的3 920元。

该交易或事项的发生，一方面增加了生产费用中的直接人工费（职工福利费）10 640元，其中应计入1号产品成本的5 880元，应计入2号产品成本的4 760元，同时增加了生产费用中的间接费用1 540元和期间费用中的管理费用3 920元；另一方面需要增加企业的职工福利费16 100元。在核算中要使用“生产成本”、“制造费用”、“管理费用”和“应付职工薪酬”四个账户。其会计分录如下：

（27）借：生产成本　　10 640

　　　——1号产品　5 880

借：　　　——2号产品　4 760

　　制造费用　　1 540

　　管理费用　　3 920

　贷：应付职工薪酬　　16 100

[业务事项28]　31日，计提本月固定资产折旧9 600元，其中车间固定资产应计提折旧5 100元，厂部固定资产应计提折旧4 500元。

这项交易或事项的发生，一方面增加了生产费用中的间接费用5 100元，同时增加了期间费用中的管理费用4 500元；另一方面由于减少了固定资产的价值而增加了固定资产的折旧额9 600元。在核算中要使用“制造费用”、“管理费用”和“累计折旧”三个账户。其会计分录如下：

（28）借：制造费用　　5 100

　　　　管理费用　　4 500

　　　贷：累计折旧　　9 600

[业务事项29]　31日，结转本月制造费用：将本月发生的制造费用总额按生产工人工资比例分配计入1号产品、2号产品的生产成本中。

在会计实务中，对于企业各月所发生的制造费用，应当合理确定一种分配标准，如产品生产耗用的工时、生产工人的工资等，于月末编制“制造费用分配表”，将其分配计入所生产的各种产品的成本中。

根据“制造费用”总分类账户的记录（如图8-41所示），林城市奇效中药制品公司12月份发生的制造费用总额为29 640元，本例按生产工人工资比例分配，所编制的“制造费用分配表”见表8-5。

表8-5

林城市奇效中药制品公司

制造费用分配表

20××年12月31日　　金额单位：元

分配对象（产品名称）	分配标准（生产工人工资）	分配率	分配金额
1号产品	42 000	0.39	16 380
2号产品	34 000	0.39	13 260
合　计	76 000		29 640

表8-5中所分配的制造费用，其计算方法如下：

制造费用分配率=29 640÷（42 000+34 000）=0.39

1号产品应分配制造费用=42 000×0.39 =16 380（元）

2号产品应分配制造费用=34 000×0.39 =13 260（元）

根据月末制造费用分配结果，这项交易或事项的发生，一方面增加了产品的生产成本29 640元，其中1号产品的成本增加了16 380元，2号产品的成本增加了13 260元；另一方面减少了制造费用29 640元。在核算中要使用“生产成本”和“制造费用”两个账户。

其会计分录如下：

（29）借：生产成本　　　　　　　　　　　　　　　　29 640

——1号产品　16 380

——2号产品　13 260

贷：制造费用　　　　　　　　　　　　　　　　29 640

［业务事项30］ 31日，本月已生产完工验收入库1号产品1 000盒、2号产品1 000瓶，结转其实际生产成本。

在会计实务中，企业应当根据生产成本明细分类账户所归集的生产费用并结合“完工产品入库单”等，通过编制“完工产品生产成本计算表（单）”的方式，计算并结转本月生产完工验收入库产品的实际生产成本。

根据生产成本明细分类账户和“完工产品生产成本计算表”（分别见表8-6、表8-7），这项交易或事项的发生，一方面增加了库存1号产品、2号产品的实际成本364 320元；另一方面减少了生产1号产品、2号产品的实际成本364 320元，其中1号产品190 810元、2号产品173 510元。在核算中要使用“库存商品”和“生产成本”两个账户。其会计分录如下：

（30）借：库存商品　　　　　　　　　　　　　　　　364 320

——1号产品　190 810

——2号产品　173 510

贷：生产成本　　　　　　　　　　　　　　　　364 320

——1号产品　190 810

——2号产品　173 510

表8-6

生产成本明细分类账户

二级或明细科目：1号产品

20××年		凭证		摘　要	借方（成本项目）				贷方	借或贷	余额
月	日	字	号		直接材料	直接人工	制造费用	合计			
12	10		（18）	生产耗料	126 550			126 550		借	126 550
	31		（26）	工人工资		42 000		42 000		借	168 550
	31		（27）	工人福利费		5 880		5 880		借	174 430
	31		（29）	分配制造费用			16 380	16 380		借	190 810
	31		（30）	结转完工成本					190 810	平	0
12	31			本期发生额及余额	126 550	47 880	16 380	190 810	190 810	平	0

二级或明细科目：2号产品

20××年		凭证		摘要	借方（成本项目）				贷方	借或贷	余额
月	日	字	号		直接材料	直接人工	制造费用	合计			
12	10		（18）	生产耗料	121 490			121 490		借	121 490
	31		（26）	工人工资		34 000		34 000		借	155 490
	31		（27）	工人福利费		4 760		4 760		借	160 250
	31		（29）	分配制造费用			13 260	13 260		借	173 510
	31		（30）	结转完工成本					173 510	平	0
12	31			本期发生额及余额	121 490	38 760	13 260	173 510	173 510	平	0

表8-7

林城市奇效中药制品公司

完工产品生产成本计算表

20××年12月31日

单位：元

成本项目	1号产品（1 000盒）		2号产品（1 000瓶）		总成本合计
	总成本	单位成本	总成本	单位成本	
直接材料	126 550.00	126.55	121 490.00	121.49	248 040.00
直接人工	47 880.00	47.88	38 760.00	38.76	86 640.00
制造费用	16 380.00	16.38	13 260.00	13.26	29 640.00
合计	190 810.00	190.81	173 510.00	173.51	364 320.00

第四节 商品销售交易或事项的账务处理

一、商品销售的主要交易或事项内容

商品销售，顾名思义就是企业把生产出来的商品卖掉以实现商品的价值。商品销售过程是制造企业生产经营过程的最后阶段。在这一过程中，企业发生的交易或事项主要包括四个方面：

1.实现主营业务收入的交易或事项。企业销售商品，就会形成经济利益的流入，表现为获得主营业务收入。企业的主营业务收入是销售商品实现的不含税收入，是销售数量与不含税销售单价的乘积，可用公式表示为：

主营业务收入=销售数量×销售单价

2.发生主营业务成本的交易或事项。在销售商品过程中，企业为取得主营业务收入，必然会付出相应代价，会导致经济利益的流出，表现为发生主营业务成本。企业的主营业务成本是已销售商品的生产成本，可用公式表示为：

主营业务成本=销售数量×单位生产成本

3.发生税金及附加的交易或事项，即：企业在商品销售过程中，必须按国家税法规定计算缴纳应当负担的消费税、城市维护建设税等税金和教育费附加等费用。

4.发生销售费用的交易或事项，即：企业在商品销售过程中发生广告费、展览费、包装费、运输费等各种销售费用。

二、商品销售主要交易或事项核算应设置的账户

为了核算商品销售过程的各项主要交易或事项，企业应当设置以下主要账户：

（一）“主营业务收入”账户

“主营业务收入”账户是一个损益（收入）类账户。该账户的用途是：核算企业从事商品销售等主营业务所取得的收入。其结构为：贷方登记本月销售商品实现的收入，借方登记月末转入“本年利润”账户贷方的当月的主营业务收入总额，期末结转后应无余额，如图8-22所示。

主营业务收入

月末转入“本年利润”账户贷方的当月的主营业务收入总额	本月销售商品实现的主营业务收入

图8-22 “主营业务收入”账户结构示意图

（二）“主营业务成本”账户

“主营业务成本”账户是一个损益（费用）类账户。该账户的用途是：核算企业销售商品发生的主营业务成本。其结构为：借方登记从“库存商品”账户贷方转入的本月已销售商品的实际生产成本，贷方登记月末转入“本年利润”账户借方的本月主营业务成本总额，期末结转后应无余额，如图8-23所示。

主营业务成本

从“库存商品”账户贷方转入的本月已销售商品的实际生产成本	月末转入“本年利润”账户借方的当月的主营业务成本总额

图8-23 “主营业务成本”账户结构示意图

（三）“税金及附加”账户

“税金及附加”账户是一个损益（费用）类账户。该账户的用途是：核算企业在商品销售等经营活动中应当负担的各种税金及费用，包括城市维护建设税、消费税、房产税、教育费附加等。其结构为：借方登记本月按规定计算的应当负担的各种税金及费用，贷方登记月末转入“本年利润”账户借方的当月的税金及附加总额，期末结转后应无余额，如图8-24所示。

税金及附加	
本月按规定计算的应当负担的城市维护建设税、消费税、教育费附加等	月末转入“本年利润”账户借方的当月的税金及附加总额

图8-24 “税金及附加”账户结构示意图

（四）“销售费用”账户

“销售费用”账户是一个损益（费用）类账户。该账户的用途是：核算企业本月销售商品所发生的广告费、展览费、包装费、运输费等各种销售费用。其结构为：借方登记本月发生的各种销售费用，贷方登记月末转入“本年利润”账户借方的当月的销售费用总额，期末结转后应无余额，如图8-25所示。

销售费用	
本月发生的各种销售费用	月末转入“本年利润”账户借方的当月的销售费用总额

图8-25 “销售费用”账户结构示意图

（五）“应收票据”账户

“应收票据”账户是一个资产类账户。该账户的用途是：核算因销售商品、提供劳务等而收到的商业汇票。其结构为：借方登记收到的商业汇票，贷方登记到期的商业汇票，期末借方余额表示持有的尚未到期的商业汇票，如图8-26所示。

应收票据	
收到的商业汇票	到期的商业汇票
期末余额：持有的尚未到期的商业汇票	

图8-26 “应收票据”账户结构示意图

（六）“应收账款”账户

“应收账款”账户是一个资产类账户。该账户的用途是：核算因销售商品、提供劳务等而应向债务人收取的款项。其结构为：借方登记发生的应收账款，贷方登记收回的应收账款，期末余额一般在借方，表示尚未收回的应收账款，如图8-27所示。“应收账款”账户一般应按购货单位或接受劳务单位的名称设置三栏式明细分类账户。

应收账款	
发生的应收账款	收回的应收账款
期末余额：尚未收回的应收账款	

图8-27 “应收账款”账户结构示意图

（七）“预收账款”账户

“预收账款”账户是一个负债类账户。该账户的用途是：核算企业按照合同规定向购货单位预收的款项。其结构为：贷方登记向购货单位预收的款项，借方登记销售商品时应予冲销的预收账款，期末余额一般在贷方，表示向购货单位预收的款项，如图8-28所示。“预收账款”账户一般应按购货单位名称设置三栏式明细分类账户。

预收账款	
销售商品时应予冲销的预收账款	向购货单位预收的款项
	期末余额：向购货单位预收的款项

图8-28 “预收账款”账户结构示意图

应当指出，当企业预收款项的交易或者事项不多时，可以不设置“预收账款”账户，而将预收的款项经由“应收账款”账户核算，此时，“应收账款”账户即为双重性质的账户。其借方既登记应收账款的增加数，也登记预收账款的减少数；贷方既登记应收账款的减少数，也登记预收账款的增加数；期末余额若在借方，即为应收账款大于预收账款的差额，表示债权净额，若在贷方，即为预收账款大于应收账款的差额，表示债务净额。在这种情况下，企业债权（应收账款）、债务（预收账款）的实际数，应根据“应收账款”账户下设各明细分类账户余额所在方向具体加以确定。

企业核算商品销售的交易或事项设置的以上主要账户，其相互对应关系如图 8-29 所示。

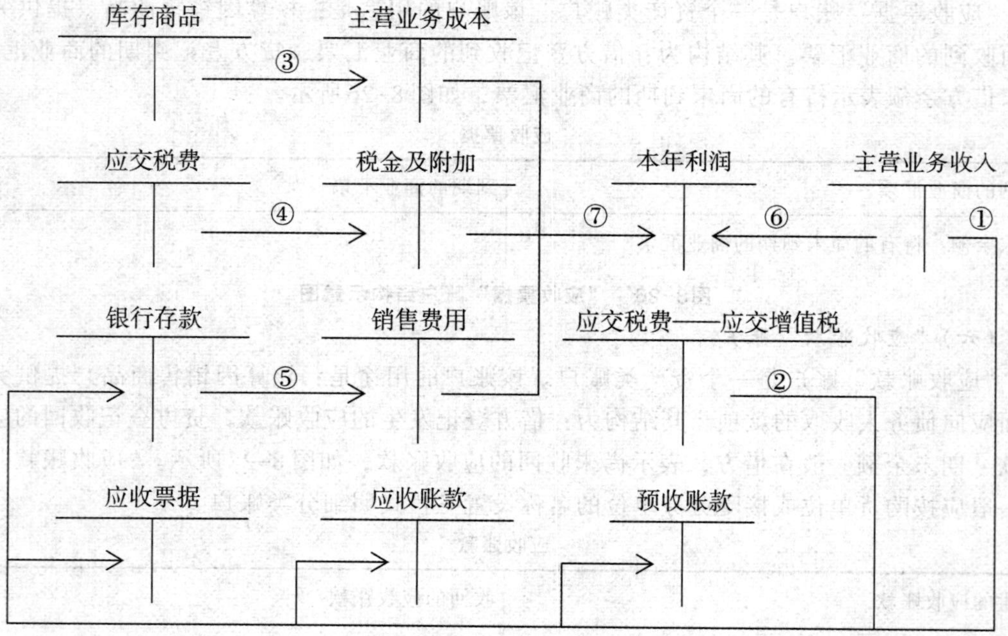

说明：

① 以现款、延期收款、赊销、预收货款等方式销售产品，实现主营业务收入；
② 销售产品发生的增值税销项税额；
③ 结转已销售产品的实际生产成本；
④ 按国家税法规定计算应当负担的城市维护建设税、教育费附加等税金及附加；
⑤ 发生各种销售费用；
⑥ 月终结转本月的主营业务收入；
⑦ 月终结转本月的主营业务成本、税金及附加、销售费用。

图8-29 商品销售交易或事项设置的主要账户对应关系示意图

三、商品销售主要交易或事项的账务处理

下面以林城市奇效中药制品公司20××年12月份的交易或事项为例，说明企业在商品销售过程中发生的主要交易或事项的账务处理方法。

[业务事项31] 2日，发生广告费15 500元，增值税税率6%，进项税额930元，价税合计16 430元以银行存款支付。

这项交易或事项的发生，一方面增加了期间费用中的销售费用15 500元，同时发生应予抵扣应交增值税的进项税额930元；另一方面减少了银行存款16 430元。在核算中要使用“销售费用”、“应交税费”和“银行存款”三个账户。其会计分录如下：

(31) 借：销售费用 15 500
　　　　应交税费——应交增值税（进项税额） 930
　　贷：银行存款 16 430

[业务事项32] 5日，按合同规定向林城市济民药店预收2号产品货款18 000元并存入银行。

这项交易或事项的发生，一方面增加了银行存款18 000元，另一方面增加了预收货款18 000元。在核算中要使用“银行存款”和“预收账款”两个账户。其会计分录如下：

(32) 借：银行存款 18 000
　　贷：预收账款——林城市济民药店 18 000

[业务事项33] 18日，销售给和济药业公司1号产品400盒，单价410元，计164 000元，增值税税率13%，销项税额21 320元，全部款项尚未收到。

这项交易或事项的发生，一方面增加了应收账款185 320元，另一方面增加了主营业务收入164 000元和应缴纳的增值税21 320元。在核算中要使用“应收账款”、“主营业务收入”和“应交税费”三个账户。其会计分录如下：

(33) 借：应收账款——和济药业公司 185 320
　　贷：主营业务收入 164 000
　　　　应交税费——应交增值税（销项税额） 21 320

[业务事项34] 20日，向金阳药业公司销售2号产品200瓶，单价320元，计64 000元，增值税税率13%，销项税额8 320元，收到金阳药业公司开出并承兑的商业汇票，承兑期为3个月，面值为72 320元。

这项交易或事项的发生，一方面增加了应收票据72 320元，另一方面增加了主营业务收入64 000元和应缴纳的增值税8 320元。在核算中要使用“应收票据”、“主营业务收入”和“应交税费”三个账户。其会计分录如下：

(34) 借：应收票据——金阳药业公司 72 320
　　贷：主营业务收入 64 000
　　　　应交税费——应交增值税（销项税额） 8 320

[业务事项35] 22日，向维民药业公司销售2号产品300瓶，单价320元，计96 000元，增值税税率13%，销项税额12 480元。全部款项已于11月22日向维民药业公司预收。

这项交易或事项的发生，一方面减少了预收账款108 480元，另一方面增加了主营业

务收入96 000元和应缴纳的增值税12 480元。在核算中要使用“预收账款”、“主营业务收入”和“应交税费”三个账户。其会计分录如下：

（35）借：预收账款——维民药业公司　　108 480
　　贷：主营业务收入　　96 000
　　　　应交税费——应交增值税（销项税额）　　12 480

［业务事项36］ 23日，销售给林城市同福堂药业公司下列产品，全部款项当即存入银行：1号产品550盒，单价410元，计225 500元；2号产品500瓶，单价320元，计160 000元。货款合计385 500元，增值税税率13%，销项税额50 115元。

这项交易或事项的发生，一方面增加了银行存款435 615元，另一方面增加了主营业务收入385 500元和应缴纳的增值税50 115元。在核算中要使用“银行存款”、“主营业务收入”和“应交税费”三个账户。其会计分录如下：

（36）借：银行存款　　435 615
　　贷：主营业务收入　　385 500
　　　　应交税费——应交增值税（销项税额）　　50 115

［业务事项37］ 26日，收到和济药业公司偿还欠款185 320元、福康药业公司偿还欠款290 000元，存入银行。

这项交易或事项的发生，一方面增加了银行存款475 320元，另一方面减少了应收账款475320元。在核算中要使用“银行存款”和“应收账款”两个账户。其会计分录如下：

（37）借：银行存款　　475 320
　　贷：应收账款　　475 320
　　　　——和济药业公司　185 320
　　　　——福康药业公司　290 000

［业务事项38］ 31日，按本月应交增值税税额和税率7%，计算应交城市维护建设税。

按照税法规定，企业应当缴纳的城市维护建设税为应交增值税等与城市维护建设税税率的乘积，而应交增值税为销项税额扣除进项税额的差额。根据业务事项9、10、11、12、13、14、15、19、23、24、25、31、33、34、35和36所登记的“应交税费——应交增值税”账户的记录，林城市奇效中药制品公司20××年12月份的销项税额为92 235.00元、进项税额为44 209.50元，应纳增值税=92 235.00−44 209.50=48 025.50（元），应纳城市维护建设税=48 025.50×7%=3 361.79（元）。

这项交易或事项的发生，一方面增加了税金及附加3 361.79元；另一方面增加了应缴纳的城市维护建设税3 361.79元。在核算中要使用“税金及附加”和“应交税费”两个账户。其会计分录如下：

（38）借：税金及附加　　3 361.79
　　贷：应交税费——应交城市维护建设税　　3 361.79

［业务事项39］ 31日，按本月应交增值税税额和附加率3%，计算应交教育费附加。

企业应当缴纳的教育费附加为应交增值税税额等与附加率的乘积。林城市奇效中药制品公司20××年12月份应缴纳的教育费附加=48 025.50×3%=1 440.76（元）。

这项交易或事项的发生，一方面增加了税金及附加1 440.76元，另一方面增加了应缴纳的教育费附加1 440.76元。在核算中要使用“税金及附加”和“应交税费”两个账户。其会计分录如下：

（39）借：税金及附加　　1 440.76

　　　贷：应交税费——应交教育费附加　　1 440.76

［业务事项40］31日，结转本月已售1号产品、2号产品的实际生产成本。

企业已销售产品的实际生产成本即为主营业务成本，它是销售数量与单位成本的乘积。根据前述业务事项33、34、35和36，林城市奇效中药制品公司12月份已销售的1号产品、2号产品数量分别为950盒和1 000瓶；同时根据“库存商品”账户及其明细分类账户的记录，林城市奇效中药制品公司12月初无库存商品，故本月已销售产品的单位成本就是本月生产完工验收入库产品的单位成本：1号产品为每盒190.81元，2号产品为每瓶173.51元（见表8-7）。由此，本月已销售的1号产品、2号产品，其实际生产成本分别为：

已售1号产品的实际生产成本=950×190.81=181 269.50（元）

已售2号产品的实际生产成本=1 000×173.51=173 510.00（元）

根据计算结果，这项交易或事项的发生，一方面增加了主营业务成本354 779.50元；另一方面减少了库存商品354 779.50元，其中1号产品181 269.50元，2号产品173 510.00元。在核算中要使用“主营业务成本”和“库存商品”两个账户。其会计分录如下：

（40）借：主营业务成本　　354 779.50

　　　贷：库存商品　　354 779.50

　　　　　——1号产品　181 269.50

　　　　　——2号产品　173 510.00

第五节　财产清查交易或事项的账务处理

一、财产清查的主要交易或事项内容

所谓财产清查，就是借助特定方法来确定各项货币资金、实物资产、债权债务在一定日期的实存数，以便于账实对比的一种经济管理工作。

企业在财产清查工作中，如果发现各种财产的账存数与实存数一致，账实是相符的，自然不必进行账务处理；如果账存数与实存数之间存在差异，账实不符，则必须进行账务处理。

显然，财产清查过程中的交易或事项，主要是各种财产账实不符的事项。各项财产账实不符的事项具体有两种情况：当实存数大于账存数时，即为盘盈（或溢余），二者的差额就是盘盈数；当实存数小于账存数时，即为盘亏（或毁损、短缺），二者的差额就是盘亏数。财产清查过程中的账务处理，就是处理各项财产的盘盈、盘亏事项。

二、财产清查主要交易或事项核算应设置的账户

为了核算财产清查过程中库存现金、实物资产等财产的盘盈、盘亏事项，企业应当设

置“待处理财产损溢”账户。

“待处理财产损溢”账户是一个资产类账户。该账户的用途是：核算企业在财产清查中查明的库存现金、各项实物资产等财产的盘盈和盘亏及其处理情况。其结构为：借方登记发生的盘亏（或毁损、短缺）数额和经批准处理所转销的盘盈（或溢余）数额；贷方登记发生的盘盈（或溢余）数额和经批准处理所转销的盘亏（或毁损、短缺）数额；期末应无余额，如图8-30所示。“待处理财产损溢”账户一般下设“待处理流动资产损溢”和“待处理固定资产损溢”两个明细分类账户。

待处理财产损溢	
①发生的盘亏（或毁损、短缺）数额 ②转销的盘盈（或溢余）数额	①转销的盘亏（或毁损、短缺）数额 ②发生的盘盈（或溢余）数额

图8-30 “待处理财产损溢”账户结构示意图

企业在财产清查工作中发现的长期不清的债权债务，应当及时查明原因予以清理。但是，在对经确认已无法支付的应付账款和已无法收回的应收账款进行账务处理时，不必通过“待处理财产损溢”账户，而是在报经批准处理时，直接对其予以转销。具体地说，对于因供应单位撤销等原因所造成的确实无法支付的应付账款，在审核批准后转销时，借记“应付账款”账户，贷记“营业外收入”账户；对于确实无法收回的应收账款（即坏账损失），在审核批准后转销时，借记“坏账准备”账户，贷记“应收账款”账户。①

三、财产清查主要交易或事项的账务处理

下面以林城市奇效中药制品公司20××年12月份的交易或事项为例，说明企业在财产清查过程中发生的主要交易或事项的账务处理方法。

[业务事项41] 16日，在财产清查中发现短缺机器一台，账面原价为10 500元，已提折旧7 500元。②

这项交易或事项的发生，一方面增加了待处理固定资产盘亏的价值3 000元，减少了固定资产折旧额7 500元；另一方面减少了固定资产原价10 500元。在核算中要使用“待处理财产损溢”、“累计折旧”和“固定资产”三个账户。其会计分录如下：

（41）借：待处理财产损溢——待处理固定资产损溢	3 000	
累计折旧	7 500	
贷：固定资产		10 500

[业务事项42] 16日，在财产清查中发现库存乙材料盘盈100千克，单价15.10元，计1 510元。③

这项交易或事项的发生，一方面增加了库存乙材料1 510元，另一方面增加了盘盈的流动资产1 510元。在核算中要使用“原材料”和“待处理财产损溢”两个账户。其会计

① 有关计提坏账准备、发生坏账损失等的具体账务处理方法，留待专业会计教材再介绍。

② 鉴于本教材内容的特性，这里仅举例说明财产清查中固定资产盘亏事项的账务处理方法，固定资产盘盈事项的账务处理方法留待专业会计教材予以介绍。

③ 本教材仅举例说明财产清查中原材料盘盈事项的账务处理方法，原材料盘亏事项的账务处理方法留待专业会计教材予以介绍。

分录如下：

（42）借：原材料——乙材料　1 510

　　贷：待处理财产损溢——待处理流动资产损溢　1 510

［业务事项43］16日，在财产清查中发现库存的1号产品短缺30盒，单位成本为每盒190.81元，计5 724.30元。

这项交易或事项的发生，一方面增加了盘亏的流动资产5 724.30元；另一方面减少了库存1号产品5 724.30元。在核算中要使用“待处理财产损溢”和“库存商品”两个账户。其会计分录如下：

（43）借：待处理财产损溢——待处理流动资产损溢　5 724.30

　　贷：库存商品——1号产品　5 724.30

［业务事项44］16日，在财产清查中发现库存现金短款118元。

这项交易或事项的发生，一方面增加了盘亏的流动资产118元，另一方面减少了库存现金118元。在核算中要使用“待处理财产损溢”和“库存现金”两个账户。其会计分录如下：

（44）借：待处理财产损溢——待处理流动资产损溢　118

　　贷：库存现金　118

企业在财产清查中若发现现金长款，则应作相反的会计分录，即：借记“库存现金”账户，贷记“待处理财产损溢”账户。

［业务事项45］16日，在财产清查中发现林城市三宝中药材基地已倒闭撤销，转销应付该单位货款800元。

这项交易或事项的发生，一方面减少了应付账款800元，另一方面增加了营业外收入800元。在核算中要使用“应付账款”和“营业外收入”两个账户。其会计分录如下：

（45）借：应付账款——林城市三宝中药材基地　800

　　贷：营业外收入　800

［业务事项46］20日，经确认，本月16日财产清查中盘亏机器的净值为3 000元，应由林城市财产保险公司赔偿2 000元，另1 000元经审核批准予以转销。

这项交易或事项的发生，一方面增加了应收的赔款2 000元，同时增加了营业外支出1 000元；另一方面减少了盘亏的固定资产净值3 000元。在核算中要使用“其他应收款”、“营业外支出”和“待处理财产损溢”三个账户。其会计分录如下：

（46）借：其他应收款——林城市财产保险公司　2 000

　　　　营业外支出　1 000

　　贷：待处理财产损溢——待处理固定资产损溢　3 000

［业务事项47］20日，经查明，本月16日在财产清查中发现的乙材料盘盈属于收发过程中计量误差累计所致，经审核批准，冲减本月管理费用。

这项交易或事项的发生，一方面减少了盘盈的流动资产1 510元，另一方面减少了管理费用1 510元。在核算中要使用“待处理财产损溢”和“管理费用”两个账户。其会计分录如下：

（47）借：待处理财产损溢——待处理流动资产损溢　1 510

　　贷：管理费用　1 510

[业务事项48] 20日，查明本月16日1号产品短缺的原因，经审核批准作如下处理：非常事故毁损27盒，计5 151.87元（27×190.81），其中，林城市财产保险公司应当赔偿4 000元，其余1 151.87元作为非常损失列入营业外支出；自然损耗3盒，计572.43元（3×190.81），作为一般经营损失列入管理费用。

这项交易或事项的发生，一方面增加了其他应收款4 000元、营业外支出1 151.87元、管理费用572.43元；另一方面减少了盘亏的流动资产5 724.30元。在核算中要使用“其他应收款”、“管理费用”、“营业外支出”和“待处理财产损溢”四个账户。其会计分录如下：

（48）借：其他应收款——林城市财产保险公司	4 000.00	
营业外支出	1 151.87	
管理费用	572.43	
贷：待处理财产损溢——待处理流动资产损溢		5 724.30

[业务事项49] 20日，查明本月16日的现金短款中，有100元为出纳人员文彩霞失职所致，另有18元难以查明原因。经审核批准，全部短款责成出纳人员赔偿。[①]

这项交易或事项的发生，一方面增加了应收的赔偿118元，另一方面减少了盘亏的流动资产118元。在核算中要使用“其他应收款”和“待处理财产损溢”两个账户。其会计分录如下：

（49）借：其他应收款——文彩霞	118	
贷：待处理财产损溢——待处理流动资产损溢		118

[业务事项50] 27日，收到林城市财产保险公司赔款6 000元，存入银行。

这项交易或事项的发生，一方面增加了银行存款6 000元，另一方面减少了其他应收款6 000元。在核算中要使用“银行存款”和“其他应收款”两个账户。其会计分录如下：

（50）借：银行存款	6 000	
贷：其他应收款——林城市财产保险公司		6 000

第六节　经营成果交易或事项的账务处理

一、经营成果的主要交易或事项内容

经营成果也称财务成果，是指企业在一定时期内从事生产经营活动所取得的最终成果，也就是通常所说的利润或亏损。企业经营成果的交易或事项主要包括两个方面：

一是利润形成方面的交易或事项。由于利润是企业一定会计期间的收入减去费用后的净额与直接计入当期利润的利得和损失的总和，因此，利润形成方面的交易或事项具体包括形成收入、发生费用、获得直接计入当期利润的利得、发生直接计入当期利润的损失等交易或事项。其中，收入包括营业收入（主营业务收入、其他业务收入）、投资收益等；

① 企业在财产清查中发现的难以查明原因的现金长款，一般应列作企业的营业外收入，在审核批准处理时借记“待处理财产损溢”账户，贷记“营业外收入”账户。

费用包括营业成本（主营业务成本、其他业务成本）、税金及附加、销售费用、管理费用、财务费用等；直接计入当期利润的利得主要有营业外收入；直接计入当期利润的损失主要有营业外支出、所得税费用等。

二是利润分配方面的交易或事项。企业一定会计期间实现的净利润，应当按照国家有关规定、公司章程规定和投资者的决议进行分配。在不存在用当年利润弥补以前年度亏损的情况下，企业实现的净利润一般应按下列顺序进行分配：(1) 提取法定盈余公积。根据规定，企业应当按照净利润和规定比例计提法定盈余公积。提取的法定盈余公积累计额超过注册资本50%的，可以不再提取。(2) 提取任意盈余公积。企业可以根据相关规定和程序，按照净利润和规定比例计提任意盈余公积。(3) 向投资者分配利润。根据相关规定和程序，企业可以采用现金股利、股票股利、财产股利等形式，向投资者分配利润。因此，利润分配方面的交易或事项主要包括计提法定盈余公积、计提任意盈余公积、向投资者分配利润等。

二、经营成果主要交易或事项核算应设置的账户

由于企业的收入、费用、利得和损失是在一定时期内的生产经营过程中陆续发生的，企业到期末才能根据收入、费用、利得和损失确定当期的利润或亏损，企业实现的利润还应按照规定进行分配，因此，为了核算经营成果的主要交易或事项，企业应当设置损益类账户和核算利润形成、利润分配的账户。

（一）“财务费用”账户

“财务费用”账户是一个损益（费用）类账户。该账户的用途是：核算企业为筹集生产经营所需资金等而发生的筹资费用，包括短期借款利息支出（减银行存款利息收入）、支付给金融机构的相关手续费等。其结构为：借方登记本月发生的各项财务费用，贷方登记应冲减当月财务费用的利息收入和月末转入“本年利润”账户借方的当月的财务费用总额，期末结转后应无余额，如图8-31所示。“财务费用”账户一般应按财务费用项目设置多栏式明细分类账户。

财务费用

本月发生的各项财务费用（如短期借款利息支出、支付给金融机构的相关手续费等）	①冲减当月财务费用的数额（如银行存款利息收入等） ②月末转入“本年利润”账户借方的当月的财务费用总额

图8-31　“财务费用”账户结构示意图

（二）“营业外收入”账户

“营业外收入”账户是一个损益（收入）类账户。该账户的用途是：核算企业发生的与其日常活动无直接关系因而应当直接计入当期利润的各项利得，包括捐赠利得、非流动资产处置利得、罚没利得等。其结构为：贷方登记本月发生的各项营业外收入，借方登记月末转入“本年利润”账户贷方的当月的营业外收入总额，期末结转后应无余额，如图8-32所示。

营业外收入

月末转入“本年利润”账户贷方的当月的营业外收入总额	本月发生的各项营业外收入

图8-32 “营业外收入”账户结构示意图

（三）“营业外支出”账户

“营业外支出”账户是一个损益（费用）类账户。该账户的用途是：核算企业发生的与其日常活动无直接关系因而应当直接计入当期利润的各项损失，包括非常损失、公益性捐赠支出、非流动资产处置损失、盘亏损失、罚没损失等。其结构为：借方登记本月发生的各项营业外支出，贷方登记月末转入“本年利润”账户借方的当月的营业外支出总额，期末结转后应无余额，如图8-33所示。

营业外支出

本月发生的各项营业外支出	月末转入“本年利润”账户借方的当月的营业外支出总额

图8-33 “营业外支出”账户结构示意图

（四）“所得税费用”账户

“所得税费用”账户是一个损益（费用）类账户。该账户的用途是：核算企业按税法规定应由企业负担需从本期利润总额中扣除的所得税。其结构为：借方登记本月按税法规定计算的应由企业负担的所得税费用，贷方登记月末转入“本年利润”账户借方的当月的所得税费用，期末结转后应无余额，如图8-34所示。

所得税费用

本月按税法规定计算的应由企业负担的所得税费用	月末转入“本年利润”账户借方的当月的所得税费用

图8-34 “所得税费用”账户结构示意图

（五）“本年利润”账户

“本年利润”账户是一个所有者权益类账户。该账户的用途是：核算企业在本年度实现的净利润或发生的亏损。其结构为：贷方登记月末从各损益（收入）类账户借方转入的当月的各项收入、利得，借方登记月末从各损益（费用）类账户贷方转入的当月的各项费用、损失，月末余额若在贷方，表示截至本月末止累计实现的净利润，若在借方，则表示截至本月末止累计发生的亏损，如图8-35所示。

本年利润

月末从各损益（费用）类账户贷方转入的当月的各项费用、损失	月末从各损益（收入）类账户借方转入的当月的各项收入、利得
期末余额：至本月末止本年度累计发生的亏损	期末余额：至本月末止本年度累计实现的净利润

图8-35 “本年利润”账户结构示意图

年度终了，应将企业全年实现的净利润或全年发生的亏损总额，从“本年利润”账户借方或贷方转入“利润分配——未分配利润”账户贷方或借方，年末结转后“本年利润”账户应无余额。

企业核算利润形成的交易或事项设置的相关账户，其相互对应关系如图8-36所示。

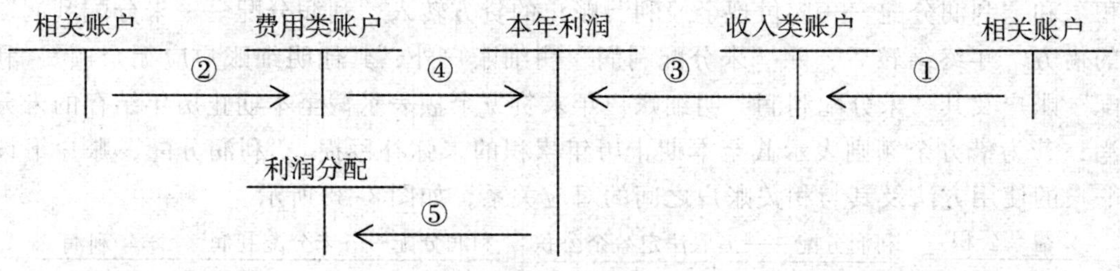

说明：

① 当月实现主营业务收入、营业外收入等各种收入；

② 当月发生主营业务成本、税金及附加、销售费用、管理费用、财务费用、营业外支出、所得税费用等各种费用；

③ 月终结转当月的各种收入；

④ 月终结转当月的各种费用；

⑤ 年终，将全年实现的净利润从“本年利润”账户的借方结转到“利润分配”账户的贷方（全年发生的亏损总额则从“本年利润”账户的贷方结转到“利润分配”账户的借方）。

图8-36　核算利润形成的交易或事项设置的相关账户对应关系示意图

（六）“利润分配”账户

“利润分配”账户是一个所有者权益类账户。该账户的用途是：核算企业净利润的分配（或亏损的弥补）和历年分配（或弥补）后的结存余额。其结构为：贷方登记用盈余公积弥补以前年度亏损的数额（除此以外，平时一般不作登记），借方登记当年净利润的分配数额，包括从净利润中计提的盈余公积、应当支付给投资者的利润等。由于各年度终了应将企业当年实现的净利润或当年发生的亏损总额从“本年利润”账户转入“利润分配”账户，故该账户贷方还登记年末转入的当年实现的净利润，借方则登记年末转入的当年发生的亏损总额。因此，该账户若余额在贷方，表示截至本期止历年结存的未分配利润；若余额在借方，则表示截至本期止历年累积的未弥补亏损。该账户的结构如图8-37所示。

利润分配

①当年净利润的分配数额（包括从净利润中计提的法定盈余公积、计提的任意盈余公积、应当支付给投资者的利润等）； ②年末转入的当年发生的亏损总额。	①用盈余公积弥补以前年度亏损的数额（此外，平时一般不作登记）； ②年末转入的当年实现的净利润。
期末余额：截至本期止历年累积的未弥补亏损	期末余额：截至本期止历年结存的未分配利润

图8-37　“利润分配”账户结构示意图

“利润分配”账户一般应下设“提取法定盈余公积”“提取任意盈余公积”“应付现金股利”“未分配利润”等明细分类账户。企业分配利润时，应将计提的盈余公积、分配给投资者的利润分别记入“提取法定盈余公积”“提取任意盈余公积”“应付现金股利”等明细分类账户的借方。年度终了，企业应将全年实现的净利润或全年发生的亏损总额，从“本年利润”账户的借方或贷方转入“利润分配——未分配利润”账户的贷方或借方；同时，将已分配的利润从“利润分配——提取法定盈余公积”、“利润分配——提取任意盈余公积”和“利润分配——应付现金股利”账户的贷方转入“利润分配——未分配利润”账户的借方。年终结转后，除“未分配利润”明细账户外，其他明细账户应无余额。“利润分配”账户及其“未分配利润”明细账户年末贷方余额表示截至本期止历年结存的未分配利润，若为借方余额则表示截至本期止历年累积的未弥补亏损。“利润分配”账户下设明细账户的使用方法及其与相关账户之间的对应关系，如图8-38所示。

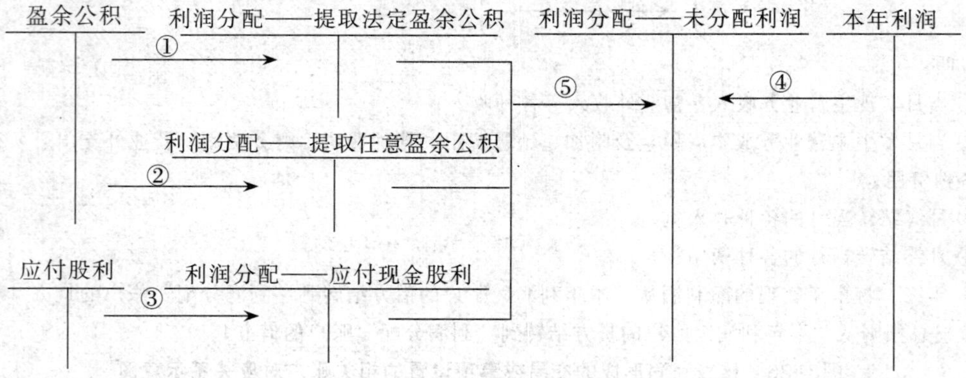

说明：

① 按净利润和规定比例计提法定盈余公积；

② 按净利润和规定比例计提任意盈余公积；

③ 按规定向投资者分配利润；

④ 年终结转全年实现的净利润；

⑤ 年终结转当年已经分配的净利润。

图8-38 核算利润分配的交易或事项设置的相关账户对应关系示意图

（七）“盈余公积”账户

“盈余公积”账户是一个所有者权益类账户。该账户的用途是：核算企业盈余公积增减变动及结余情况。其结构为：贷方登记从净利润中按规定比例计提的盈余公积，借方登记因按规定转增资本或弥补亏损等而减少的盈余公积，期末贷方余额表示盈余公积结余，如图8-39所示。

盈余公积

按规定转增资本或弥补亏损等减少的盈余公积	按净利润的一定比例计提的盈余公积
	期末余额：结余的盈余公积

图8-39 “盈余公积”账户结构示意图

（八）“应付股利”账户

“应付股利”账户是一个负债类账户。该账户的用途是：核算企业经股东大会或类似机构审议批准的应支付给投资者的利润或现金股利。其结构为：贷方登记按规定确定分配给投资者的利润，借方登记实际支付给投资者的利润，期末贷方余额表示尚未支付给投资者的利润，如图8-40所示。

应付股利	
实际支付给投资者的利润	确定分配给投资者的利润
	期末余额：尚未支付给投资者的利润

图8-40 “应付股利”账户结构示意图

此外，为了核算经营成果的主要交易或事项，企业尚需设置“其他业务收入”“其他业务成本”“投资收益”等账户。这些账户留待专业会计教材介绍。

三、经营成果主要交易或事项的账务处理

下面以林城市奇效中药制品公司20××年12月份的交易或事项为例，说明企业在经营成果核算过程中发生的主要交易或事项的账务处理方法。

[业务事项51] 3日，业务科采购员印岸鸿报销差旅费2 164.40元，交回现金335.60元，结清原借支的差旅费2 500元。

这项交易或事项的发生，一方面增加了期间费用中的管理费用2 164.40元，同时增加了库存现金335.60元；另一方面减少了其他应收款2 500.00元。在核算中要使用“管理费用”、“库存现金”和“其他应收款”三个账户。其会计分录如下：

(51) 借：管理费用　　2 164.40

　　　　库存现金　　335.60

　　　贷：其他应收款——印岸鸿　　2 500.00

[业务事项52] 12日，以银行存款缴纳上月应交的增值税98 000元、城市维护建设税6 860元、教育费附加2 940元。

这项交易或事项的发生，一方面减少了应缴纳的各种税费107 800元，另一方面减少了银行存款107 800元。在核算中要使用“应交税费”和“银行存款”两个账户。其会计分录如下：

(52) 借：应交税费　　107 800

　　　　——应交增值税（已交税金）98 000

　　　　——应交城市维护建设税　6 860

　　　　——应交教育费附加　2 940

　　　贷：银行存款　　107 800

[业务事项53] 13日，以银行存款1 100元支付上月税款的滞纳金。

这项交易或事项的发生，一方面增加了营业外支出1 100元，另一方面减少了银行存款1 100元。在核算中要使用“营业外支出”和“银行存款”两个账户。其会计分录如下：

(53) 借：营业外支出　　1 100

　　　贷：银行存款　　1 100

[业务事项54] 14日，接受林城专用设备制造厂捐赠设备一台，价值19 000元。

这项交易或事项的发生，一方面增加了固定资产19 000元，另一方面增加了营业外收入19 000元。在核算中要使用“固定资产”和“营业外收入”两个账户。其会计分录如下：

(54) 借：固定资产　　19 000

贷：营业外收入　19 000

［业务事项55］ 15日，没收华阳药业公司逾期未退包装物押金800元。

这项交易或事项的发生，一方面减少了预收华阳药业公司的包装物押金800元，另一方面增加了营业外收入800元。在核算中要使用“其他应付款”和“营业外收入”两个账户。其会计分录如下：

（55）借：其他应付款——华阳药业公司　800

　　　贷：营业外收入　800

［业务事项56］ 17日，以银行存款400.49元支付金融机构手续费。

这项交易或事项的发生，一方面增加了期间费用中的财务费用400.49元，另一方面减少了银行存款400.49元。在核算中要使用“财务费用”和“银行存款”两个账户。其会计分录如下：

（56）借：财务费用——其他费用　400.49

　　　贷：银行存款　400.49

［业务事项57］ 18日，向灾区捐款35 000元，以转账支票付讫。

这项交易或事项的发生，一方面增加了营业外支出35 000元，另一方面减少了银行存款35 000元。在核算中要使用“营业外支出”和“银行存款”两个账户。其会计分录如下：

（57）借：营业外支出　35 000

　　　贷：银行存款　35 000

［业务事项58］ 31日，接银行通知，本月银行存款利息200元存入该公司银行账户。

这项交易或事项的发生，一方面增加了银行存款200元，另一方面冲减了期间费用中的财务费用200元。在核算中要使用“银行存款”和“财务费用”两个账户。其会计分录如下：

（58）借：银行存款　200

　　　贷：财务费用——利息收入　200

［业务事项59］ 31日，结转本月各项收入、费用。[①]

根据本月各收入、费用类账户的记录，其结账前的余额为：主营业务收入709 500元、营业外收入20 600元、主营业务成本354 779.50元、税金及附加4 802.55元、销售费用15 500元、管理费用43 986.83元、财务费用800.49元、营业外支出38 251.87元。

这项交易或事项的发生，一方面转销了各项收入、利得共计730 100元，同时增加了利润730 100元；另一方面减少了利润458 121.24元，同时转销了各项费用、损失458 121.24元。在核算中要使用“主营业务收入”、“营业外收入”、“主营业务成本”、“税金及附加”、“销售费用”、“管理费用”、“财务费用”、“营业外支出”和“本年利润”九个

① 在本章【例8-1】中，涉及“结转”二字的交易或事项有业务事项17、29、30、40、59和后续业务事项60，共6笔。就其字面意思而言，“结”就是结算、计算之意，借以确定要“转”的数额；“转”就是在有关账户之间的转记，也就是将计算确定的数额从特定账户的借方或贷方转出，记入与之对应的贷方或借方账户。需要注意的是，在会计实务中，“结转”二字是人们在表述交易或事项时常常采用的习惯用语，大多数交易或事项的表述都可以运用。例如，本章中的业务事项18可简要表述为“结转发出材料的实际成本”，业务事项47可表述为“结转财产清查中盘亏机器的净值”等。由此看来，在账务处理过程中，当理解一项交易或事项时，深究“结转”二字本身的含义并无太大实际意义，关键是要看该项交易或事项的实际经济内容，以此为根据，确定应借、应贷的账户及金额。为此，通过对一些较为典型的交易或事项（如业务事项17、30、41等）账务处理方法进行比较，必然有助于会计初学者较好地把握会计实务中“结转”二字的含义和用法。

账户。其会计分录如下：

(59) -①借：主营业务收入　　709 500.00
　　营业外收入　　20 600.00
　贷：本年利润　　　730 100.00

(59) -②借：本年利润　　458 121.24
　贷：主营业务成本　　354 779.50
　　税金及附加　　4 802.55
　　销售费用　　15 500.00
　　管理费用　　43 986.83
　　财务费用　　800.49
　　营业外支出　　38 251.87

[业务事项60] 31日，按照全年利润总额和税率25%，计算并结转当年应纳所得税额。[①]

根据12月份"本年利润"账户的记录（见图8-41），林城市奇效中药制品公司"本年利润"账户12月初贷方余额873 388.25元，为当年1～11月累计实现的利润总额；贷方发生额730 100.00元为转入的12月份的各项收入、利得，借方发生额458 121.24元为转入的12月份的各项费用、损失（参见业务事项59）。根据账户记录所计算的全年利润总额如下：

全年利润总额=873 388.25+730 100.00－458 121.24=1 145 367.01（元）

按照上述全年利润总额和税率25%，计算全年应纳所得税额如下：

全年应纳所得税额=1 145 367.01×25%≈286 341.75（元）

根据上述计算结果，这项交易或事项的发生，一方面使企业所负担的当期损失中的所得税费用增加了286 341.75元，同时增加了应缴纳的所得税286 341.75元；另一方面使当年利润减少了286 341.75元，同时转销了当期损失中的所得税费用286 341.75元。在核算中，计算、结转当年应纳所得税额应分别做两笔会计分录，共使用"所得税费用""应交税费""本年利润"三个账户。其会计分录如下：

(60)—①借：所得税费用　　286 341.75
　贷：应交税费——应交企业所得税　　286 341.75

(60)—②借：本年利润　　286 341.75
　贷：所得税费用　　286 341.75

[业务事项61] 31日，按照全年净利润的10%计提法定盈余公积。

根据前述计算结果，林城市奇效中药制品公司20××年全年利润总额为1 145 367.01元，全年应纳所得税额为286 341.75元，则：

全年净利润=1 145 367.01－286 341.75=859 025.26（元）

计提法定盈余公积=859 025.26×10%≈85 902.53（元）

根据上述计算结果，这项交易或事项的发生，一方面减少了企业全年净利润而相应增加了已分配的净利润85 902.53元；另一方面使所有者权益中属于留存收益的法定盈余公积增加了85 902.53元。在核算中要使用"利润分配"和"盈余公积"两个账户。其会计

① 实际工作中，按照有关税法的规定，企业一般采用按月份（季度）预缴所得税，在年度终了后的规定时限内再对所得税进行汇算清缴的办法。本例为简便起见，企业所得税采用年终一次计算缴纳全年应纳所得税额的办法。

分录如下：

（61）借：利润分配——提取法定盈余公积　　85 902.53

　　贷：盈余公积——法定盈余公积　　85 902.53

［业务事项62］31日，按照全年净利润和公司规定的比例18%，计提任意盈余公积。

根据前述计算结果，林城市奇效中药制品公司20××年全年净利润为859 025.26元，则：

计提任意盈余公积=859 025.26×18%≈154 624.55（元）

根据上述计算结果，这项交易或事项的发生，一方面减少了企业全年净利润而相应增加了已分配的净利润154 624.55元；另一方面使所有者权益中属于留存收益的任意盈余公积增加了154 624.55元。在核算中要使用“利润分配”和“盈余公积”两个账户。其会计分录如下：

（62）借：利润分配——提取任意盈余公积　　154 624.55

　　贷：盈余公积——任意盈余公积　　154 624.55

［业务事项63］31日，经研究决定，按全年净利润的60%向投资者分配现金股利。

根据前述计算结果，林城市奇效中药制品公司20××年全年净利润为859 025.26元，则：

分配现金股利=859 025.26×60%≈515 415.16（元）

这项交易或事项的发生，一方面减少了企业全年净利润而相应增加了已分配的净利润515 415.16元；另一方面使负债中的应付股利增加了515 415.16元。在核算中要使用“利润分配”和“应付股利”两个账户。其会计分录如下：

（63）借：利润分配——应付现金股利　　515 415.16

　　贷：应付股利　　515 415.16

［业务事项64］31日，将“利润分配”账户所属其他各明细分类账户的余额结转到“未分配利润”明细分类账户。

这项交易或事项的发生，主要是为了年终结算未分配利润的需要。结转时，应将“利润分配——提取法定盈余公积”明细分类账户借方余额85 902.53元、“利润分配——提取任意盈余公积”明细分类账户借方余额154 624.55元和“利润分配——应付现金股利”明细分类账户借方余额515 415.16元，全部作为全年已分配净利润，从其贷方转入“利润分配——未分配利润”明细分类账户借方，结平“利润分配——提取法定盈余公积”、“利润分配——提取任意盈余公积”和“利润分配——应付现金股利”明细分类账户。其会计分录如下：

（64）借：利润分配——未分配利润　　755 942.24

　　贷：利润分配　　755 942.24

　　　　——提取法定盈余公积　85 902.53

　　　　——提取任意盈余公积　154 624.55

　　　　——应付现金股利　515 415.16

［业务事项65］31日，结转全年实现的净利润。

这项交易或事项的发生，主要是为了年终结算未分配利润的需要。结转时，应将全年实现的净利润859 025.26元从“本年利润”借方转入“利润分配——未分配利润”明细分类账户贷方，结平“本年利润”账户。在核算中要使用“本年利润”和“利润分配”两个账户。其会计分录如下：

（65）借：本年利润　859 025.26

贷：利润分配——未分配利润　859 025.26

经过上述业务事项64、65结转后，“利润分配——未分配利润”明细分类账户贷方发生额859 025.26元为全年实现的净利润，借方发生额755 942.24元为全年已分配净利润，其贷差103 083.02元即为林城市奇效中药制品公司20××年的未分配利润；“利润分配”账户及其“未分配利润”明细分类账户年终贷方余额142 004.37元则为林城市奇效中药制品公司历年结存的未分配利润。

[业务事项66] 31日，以银行存款向投资者支付现金股利535 000元。

这项交易或事项的发生，一方面减少了应付投资者利润535 000元，另一方面减少了银行存款535 000元。在核算中要使用“应付股利”和“银行存款”两个账户。其会计分录如下：

（66）借：应付股利　535 000

贷：银行存款　535 000

根据林城市奇效中药制品公司20××年12月份各总分类账户的期初余额和12月份发生的有关交易或事项所开设的总分类账户（“T”字账），以及根据12月份发生的各项交易或事项的会计分录，按照业务事项顺序（本例未按交易或事项的时间顺序）逐笔登账并于期末结账的结果，如图8-41所示。

库存现金

期初余额	9 388.60	（12）	436.00
（20）	115 000.00	（21）	115 000.00
（51）	335.60	（44）	118.00
本期发生额	115 335.60	本期发生额	115 554.00
期末余额	9 170.20		

银行存款

期初余额	353 087.99	（7）	1 050.00
（1）	100 000.00	（8）	30 000.00
（4）	110 000.00	（9）	75 234.00
（32）	18 000.00	（13）	1 090.00
（36）	435 615.00	（14）	34 663.00
（37）	475 320.00	（16）	50 000.00
（50）	6 000.00	（19）	1 787.60
（58）	200.00	（20）	115 000.00
		（22）	16 100.00
		（23）	2 034.00
		（24）	937.90
		（25）	6 151.00
		（31）	16 430.00
		（52）	107 800.00
		（53）	1 100.00
		（56）	400.49
		（57）	35 000.00
		（66）	535 000.00
本期发生额	1 145 135.00	本期发生额	1 029 777.99
期末余额	468 445.00		

应收票据

期初余额	226 000.33		
(34)	72 320.00		
本期发生额	72 320.00		
期末余额	298320.33		

应收账款

期初余额	376 033.00	(37)	475 320.00
(33)	185 320.00		
本期发生额	185 320.00	本期发生额	475 320.00
期末余额	86 033.00		

预付账款

期初余额	170 200.00	(11)	67 800.00
(16)	50 000.00		
本期发生额	50 000.00	本期发生额	67 800.00
期末余额	152 400.00		

其他应收款

期初余额	2 900.61	(50)	6 000.00
(46)	2 000.00	(51)	2 500.00
(48)	4 000.00		
(49)	118.00		
本期发生额	6 118.00	本期发生额	8 500.00
期末余额	518.61		

材料采购

(9)	66 600.00	(17)	294 400.00
(10)	122 000.00		
(11)	60 000.00		
(12)	400.00		
(13)	1 000.00		
(15)	44 400.00		
本期发生额	294 400.00	本期发生额	294 400.00
期末余额	0		

原材料

期初余额	606 421.87	(18)	256 610.00
(17)	294 400.00		
(42)	1 510.00		
本期发生额	295 910.00	本期发生额	256 610.00
期末余额	645721.87		

库存商品

(30)	364 320.00	(40)	354 779.50
		(43)	5 724.30
本期发生额	364 320.00	本期发生额	360 503.80
期末余额	3 816.20		

固定资产

期初余额	7 925 246.61	(41)	10 500.00
(3)	77 000.00		
(14)	30 700.00		
(54)	19 000.00		
本期发生额	126 700.00	本期发生额	10 500.00
期末余额	8 041 446.61		

累计折旧

(41)	7 500.00	期初余额	215 260.18
		(28)	9 600.00
本期发生额	7 500.00	本期发生额	9 600.00
		期末余额	217 360.18

无形资产

期初余额	255 000.00		
(2)	120 000.00		
本期发生额	120 000.00	本期发生额	0
期末余额	375 000.00		

待处理财产损溢

(41)	3 000.00	(42)	1 510.00
(43)	5 724.30	(46)	3 000.00
(44)	118.00	(48)	5 724.30
(47)	1 510.00	(49)	118.00
本期发生额	10 352.30	本期发生额	10 352.30
期末余额	0		

短期借款

(8)	30 000.00	期初余额	60 000.00
		(1)	100 000.00
本期发生额	30 000.00	本期发生额	100 000.00
		期末余额	130 000.00

应付票据

		期初余额	286 200.00
		(10)	137 860.00
本期发生额	0	本期发生额	137 860.00
		期末余额	424 060.00

应付账款

(45)	800.00	期初余额	195772.00
		(15)	50 156.00
本期发生额	800.00	本期发生额	50 156.00
		期末余额	245 128.00

预收账款

(35)	108 480.00	期初余额	112 320.00
		(32)	18 000.00
本期发生额	108 480.00	本期发生额	18 000.00
		期末余额	21 840.00

应付职工薪酬

(21)	115 000.00	期初余额	51 392.35
(22)	16 100.00	(26)	115 000.00
		(27)	16 100.00
本期发生额	131 100.00	本期发生额	131 100.00
		期末余额	51 392.35

应交税费

(9)	8 634.00	期初余额	107 902.06
(10)	15 860.00	(33)	21 320.00
(11)	7 800.00	(34)	8 320.00
(12)	36.00	(35)	12 480.00
(13)	90.00	(36)	50 115.00
(14)	3 963.00	(38)	3 361.79
(15)	5 756.00	(39)	1 440.76
(19)	147.60	(60)-①	286 341.75
(23)	234.00		
(24)	107.90		
(25)	651.00		
(31)	930.00		
(52)	107 800.00		
本期发生额	152 009.50	本期发生额	383 379.30
		期末余额	339 271.86

应付利息

(7)	1 050.00	期初余额	13 050.22
		(6)	600.00
本期发生额	1 050.00	本期发生额	600.00
		期末余额	12 600.22

应付股利

(66)	535 000.00	期初余额	23 900.00
		(63)	515 415.16
本期发生额	535 000.00	本期发生额	515 415.16
		期末余额	4 315.16

其他应付款

(55)	800.00	期初余额	7 300.00
本期发生额	800.00	本期发生额	0
		期末余额	6 500.00

长期借款

		期初余额	3 178 000.00
本期发生额	0	本期发生额	0
		期末余额	3 178 000.00

实收资本

		期初余额	4 563 000.00
		(2)	120 000.00
		(3)	77 000.00
		(4)	100 000.00
		(5)	140 000.00
本期发生额	0	本期发生额	437 000.00
		期末余额	5 000 000.00

资本公积

(5)	90 000.00	期初余额	129 560.00
		(4)	10 000.00
本期发生额	90 000.00	本期发生额	10 000.00
		期末余额	49 560.00

盈余公积

(5)	50 000.00	期初余额	68 312.60
		(61)	85 902.53
		(62)	154 624.55
本期发生额	50 000.00	本期发生额	240 527.08
		期末余额	258 839.68

本年利润

(59)—②	458 121.24	期初余额	873 388.25
(60)—②	286 341.75	(59)—①	730 100.00
(65)	859 025.26		
本期发生额	1 603 488.25	本期发生额	730 100.00
		期末余额	0

利润分配

(61)	85 902.53	期初余额	38 921.35
(62)	154 624.55	(64)	755 942.24
(63)	515 415.16	(65)	859 025.26
(64)	755 942.24		
本期发生额	1 511 884.48	本期发生额	1 614 967.50
		期末余额	142 004.37

生产成本

(18)	248 040.00	(30)	364 320.00
(26)	76 000.00		
(27)	10 640.00		
(29)	29 640.00		
本期发生额	364 320.00	本期发生额	364 320.00
期末余额	0		

制造费用

(18)	7 060.00	(29)	29 640.00
(19)	540.00		
(23)	600.00		
(25)	3 800.00		
(26)	11 000.00		
(27)	1 540.00		
(28)	5 100.00		
本期发生额	29 640.00	本期发生额	29 640.00
期末余额	0		

主营业务收入

(59)-①	709 500.00	(33)	164 000.00
		(34)	64 000.00
		(35)	96 000.00
		(36)	385 500.00
本期发生额	709 500.00	本期发生额	709 500.00
		期末余额	0

营业外收入

(59)-①	20 600.00	(45)	800.00
		(54)	19 000.00
		(55)	800.00
本期发生额	20 600.00	本期发生额	20 600.00
		期末余额	0

主营业务成本

(40)	354 779.50	(59) - ②	354 779.50
本期发生额	354 779.50	本期发生额	354 779.50
期末余额	0		

税金及附加

(38)	3 361.79	(59) - ②	4 802.55
(39)	1 440.76		
本期发生额	4 802.55	本期发生额	4 802.55
期末余额	0		

销售费用

(31)	15 500.00	(59) - ②	15 500.00
本期发生额	15 500.00	本期发生额	15 500.00
期末余额	0		

管理费用

(18)	1 510.00	(47)	1 510.00
(19)	1 100.00	(59) - ②	43 986.83
(23)	1 200.00		
(24)	830.00		
(25)	1 700.00		
(26)	28 000.00		
(27)	3 920.00		
(28)	4 500.00		
(48)	572.43		
(51)	2 164.40		
本期发生额	45 496.83	本期发生额	45 496.83
期末余额	0		

财务费用

(6)	600.00	(58)	200.00
(56)	400.49	(59) -②	800.49
本期发生额	1 000.49	本期发生额	1 000.49
期末余额	0		

营业外支出

(46)	1 000.00	(59) -②	38 251.87
(48)	1 151.87		
(53)	1 100.00		
(57)	35 000.00		
本期发生额	38 251.87	本期发生额	38 251.87
期末余额	0		

所得税费用

(60) - ①	286 341.75	(60) - ②	286 341.75
本期发生额	286 341.75	本期发生额	286 341.75
期末余额	0		

图8-41 林城市奇效中药制品公司20××年12月份总分类账户记录

根据图8-41账户记录，编制林城市奇效中药制品公司12月份总分类账户试算平衡表，见表8-8。

表8-8　　林城市奇效中药制品公司

总分类账户试算平衡表

20××年12月　　单位：元

会计科目	期初余额		本期发生额		期末余额	
	借方	贷方	借方	贷方	借方	贷方
库存现金	9 388.60		115 335.60	115 554.00	9 170.20	
银行存款	353 087.99		1 145 135.00	1 029 777.99	468 445.00	
应收票据	226 000.33		72 320.00		298 320.33	
应收账款	376 033.00		185 320.00	475 320.00	86 033.00	
预付账款	170 200.00		50 000.00	67 800.00	152 400.00	
其他应收款	2 900.61		6 118.00	8 500.00	518.61	
材料采购			294 400.00	294 400.00		
原材料	606 421.87		295 910.00	256 610.00	645 721.87	
库存商品			364 320.00	360 503.80	3 816.20	
固定资产	7 925 246.61		126 700.00	10 500.00	8 041 446.61	
累计折旧		215 260.18	7 500.00	9 600.00		217 360.18
无形资产	255 000.00		120 000.00		375 000.00	
待处理财产损溢			10 352.30	10 352.30		
短期借款		60 000.00	30 000.00	100 000.00		130 000.00
应付票据		286 200.00		137 860.00		424 060.00
应付账款		195 772.00	800.00	50 156.00		245 128.00
预收账款		112 320.00	108 480.00	18 000.00		21 840.00
应付职工薪酬		51 392.35	131 100.00	131 100.00		51 392.35
应交税费		107 902.06	152 009.50	383 379.30		339 271.86
应付利息		13 050.22	1 050.00	600.00		12 600.22
应付股利		23 900.00	535 000.00	515 415.16		4 315.16
其他应付款		7 300.00	800.00			6 500.00
长期借款		3 178 000.00				3 178 000.00

续表

会计科目	期初余额		本期发生额		期末余额	
	借方	贷方	借方	贷方	借方	贷方
实收资本		4 563 000.00		437 000.00		5 000 000.00
资本公积		129 560.00	90 000.00	10 000.00		49 560.00
盈余公积		68 312.60	50 000.00	240 527.08		258 839.68
本年利润		873 388.25	1 603 488.25	730 100.00		
利润分配		38 921.35	1 511 884.48	1 614 967.50		142 004.37
生产成本			364 320.00	364 320.00		
制造费用			29 640.00	29 640.00		
主营业务收入			709 500.00	709 500.00		
营业外收入			20 600.00	20 600.00		
主营业务成本			354 779.50	354 779.50		
税金及附加			4 802.55	4 802.55		
销售费用			15 500.00	15 500.00		
管理费用			45 496.83	45 496.83		
财务费用			1 000.49	1 000.49		
营业外支出			38 251.87	38 251.87		
所得税费用			286 341.75	286 341.75		
合　计	9 924 279.01	9 924 279.01	8 878 256.12	8 878 256.12	10 080 871.82	10 080 871.82

第七节　账户按用途和结构的分类

在第六章第三节中，曾经介绍了账户按经济内容分类的方法。账户按经济内容分类，可以明确账户反映的会计要素的具体内容，便于在设置和运用账户的过程中区分其性质。然而，从本章前述第一至六节内容看，每一个账户都是根据经营管理和对外报告会计信息的需要设置的，因而都必定有其特定的用途和结构。显然，仅仅通过账户按经济内容的分类，还难以详细地了解各个账户的具体用途，难以详细地了解各个账户是如何提供所需要的各种核算指标的，因此，对账户按其用途和结构分类十分必要。

所谓账户的用途，是指通过账户记录能够提供什么核算指标，即设置和运用账户的目的是什么；账户的结构，是指如何在账户中记录交易或者事项以取得各种必要的核算指标，具体讲就是账户的借方核算什么内容，贷方核算什么内容，期末余额在哪一方，表示什么内容。虽然账户的用途和结构直接或间接地依存于账户的经济内容，但由于经济内容相同的账户可能具有不同的用途和结构，而经济内容不同的账户也可能具有相同或相似的用途和结构，因此，账户按经济内容的分类并不能代替按用途和结构的分类。账户按经济内容的分类是基本的分类，账户按用途和结构的分类是在此基础上的进一步分类，是对账户按经济内容分类的必要补充。将账户按用途和结构分类，有利于深入地理解和掌握账户在提供核算指标方面的规律性，从而便于更好地设置和运用账户。

账户按用途和结构可以分为盘存账户、结算账户、资本积累账户、跨期摊配账户、集合分配账户、成本计算账户、计价对比账户、盈亏计算账户、调整账户和暂记账户等十类。下面分别说明各类账户在用途和结构上的特点。

一、盘存账户

盘存账户是用来反映和监督各项货币资金、实物资产的增减变动及其实存数额的账户。盘存账户结构上的特点是：借方登记各项货币资金、实物资产的增加数，贷方登记各项货币资金、实物资产的减少数，期末余额总是在借方，表示各项货币资金、实物资产在期末的实存数额。盘存账户的结构如图 8-42 所示。

盘存账户

本期发生额：货币资金、实物资产的增加数	本期发生额：货币资金、实物资产的减少数
期末余额：货币资金、实物资产期末实存数额	

图8-42　盘存账户结构示意图

常用的盘存账户有“库存现金”、“银行存款”、“原材料”、“库存商品”和“固定资产”等账户。此外，“材料采购”和“生产成本”账户的期末借方余额分别表示在途材料和在产品的实际成本，因而也具有盘存账户的性质。

盘存账户均属资产类账户，其反映的货币资金和实物资产一般可以通过实地盘点或核对账目等财产清查手段确定其实存数，以保证账实相符，并检查各项货币资金和实物资产在管理上存在的问题。在盘存账户中，除“库存现金”“银行存款”等账户以外，其他盘存账户的明细分类账户可以提供货币金额和实物数量两种指标。

二、结算账户

结算账户是用来反映和监督企业与其他单位、个人之间债权、债务结算情况的账户。由于结算业务的性质不同，结算账户具有不同的用途和结构。因此，结算账户按其具体用途和结构，又可以分为债权结算账户、债务结算账户和债权债务结算账户三类。

（一）债权结算账户

债权结算账户也称资产结算账户，是用来反映和监督企业与债务人之间债权结算情况的账户。其结构上的特点是：借方登记债权的增加数，贷方登记债权的减少数，期末余额一般在借方，表示期末尚未收回的债权数，如图 8-43 所示。

债权结算账户的应用

债权结算账户

本期发生额：债权的增加数	本期发生额：债权的减少数
期末余额：期末尚未收回的债权数	

图8-43　债权结算账户结构示意图

债务结算账户的应用

常用的债权结算账户有“应收票据”、“应收账款”、“预付账款”和“其他应收款”等账户。

（二）债务结算账户

债务结算账户也称负债结算账户，是用来反映和监督企业与债权人之间债务结算情况的账户。其结构上的特点是：贷方登记债务的增加数，借方登记债务的减少数，期末余额一般在贷方，表示期末尚未偿还的债务数，如图8-44所示。

债务结算账户

本期发生额：债务的减少数	本期发生额：债务的增加数
	期末余额：期末尚未偿还的债务数

图8-44　债务结算账户结构示意图

常用的债务结算账户有“短期借款”、“应付票据”、“应付账款”、“预收账款”、“应付职工薪酬”、“应交税费”、“应付利息”、“应付股利”、“其他应付款”和“长期借款”等账户。

（三）债权债务结算账户

债权债务结算账户也称往来结算账户或资产负债结算账户，是用来反映和监督企业与其他单位、个人之间债权结算情况和债务结算情况的账户。其结构上的特点是：借方既登记债权的增加数，也登记债务的减少数；贷方既登记债权的减少数，也登记债务的增加数；期末余额应为所属各明细分类账户的借方余额合计与贷方余额合计的差额，该余额既可能在借方，也可能在贷方，如为借方余额，表示尚未收回的债权净额，即尚未收回的债权大于尚未偿付的债务的差额，如为贷方余额，表示尚未偿付的债务净额，即尚未偿付的债务大于尚未收回的债权的差额。债权债务结算账户的结构如图8-45所示。

债权债务结算账户

本期发生额： ① 债权的增加数 ② 债务的减少数	本期发生额： ① 债权的减少数 ② 债务的增加数
期末余额：期末尚未收回的债权净额	期末余额：期末尚未偿付的债务净额

图8-45　债权债务结算账户结构示意图

债权债务结算账户的应用

在会计实务中，其交易或者事项较少涉及预收款项的企业，如果不设置“预收账款”账户而以“应收账款”账户核算应收款项和预收款项的交易或者事项，则“应收账款”账户就是一个债权债务结算账户；其交易或者事项较少涉及预付款项的企业，如果不设置“预付账款”账户而以“应付账款”账户核算应付款项和预付款项的交易或者事项，则“应付账款”账户就是一个债权债务结算账户；企业不设置“其他应收款”和“其他应付款”账户，而以“其他往来”账户核算其他应收款和其他应付款的交易或者事项，则“其他往来”账户也是一个债权债务结算账户。

由于债权债务结算账户期末借方或贷方余额反映的不是企业债权或债务的实际余额，而是债权净额或债务净额，因此，在编制资产负债表时，应根据其所属各明细分类账户余额所在的方向来分析判断其性质，从而真实地反映企业债权或债务的实际结余数额。

三、资本积累账户①

资本积累账户，是用来反映和监督企业所有者投入资本和积累资金的增减变动及其结存情况的账户。其结构上的特点是：贷方登记所有者投入资本和积累资金的增加数，借方登记所有者投入资本和积累资金的减少数，期末余额总是在贷方，表示所有者投入资本和积累资金在期末的实有数额，如图8-46所示。

资本积累账户

本期发生额：投入资本和积累资金的减少数	本期发生额：投入资本和积累资金的增加数
	期末余额：期末投入资本和积累资金实有数额

图8-46 资本积累账户结构示意图

常用的资本积累账户主要是“实收资本”、“资本公积”和“盈余公积”等账户。

四、跨期摊配账户

在会计实务中，企业在采用权责发生制这一会计记账基础时，必然会出现事先一次性支付需待以后再根据受益情况分期计入若干会计年度损益的预付费用。

跨期摊配账户也称为跨期摊提账户，是用来反映和监督跨越支付期摊销分配计入若干会计年度损益的预付费用的增减变动及其结存情况的账户。其结构上的特点是：借方登记预付费用的实际支出数额，贷方登记预付费用当期摊销分配的数额，期末余额在借方，表示已付未摊的预付费用，如图8-47所示。

跨期摊配账户

本期发生额：预付费用的实际支出数	本期发生额：当期预付费用的摊配数
期末余额：期末已付未摊的预付费用	

图8-47 跨期摊配账户结构示意图

常用的跨期摊配账户主要有“长期待摊费用”等账户。②“长期待摊费用”账户的用途、结构将在专业会计教材中再作介绍。

---

① 资本积累账户常被称为“资本账户”“资本和资本增值账户”“投资权益账户”等。我们认为，“资本积累账户”这一名称更能恰当、准确、简洁地反映“实收资本”“资本公积”“盈余公积”这类账户在用途和结构方面，特别是在用途上的共同特点。

② 长期以来，我国企业会计核算过程中设置的“待摊费用”“预提费用”账户也是典型的跨期摊配账户，但是自2007年以来，企业会计核算已不再设置这两个账户。目前，一些非营利组织（如公立医院）在会计核算中设置的“待摊费用”“预提费用”账户，其用途、结构与企业原设置的“待摊费用”“预提费用”账户一样。

五、集合分配账户

集合分配账户是用来归集和分配企业生产经营过程中某个阶段在一定时期内所发生的需要按一定标准分配计入有关成本计算对象的某种费用的账户。其结构上的特点是：借方登记一定时期内费用的发生数，贷方登记期末按一定标准分配计入各个成本计算对象的费用的分配数，由于归集在借方的费用在当期一般都要从贷方全部分配转出，所以通常没有期末余额，如图8-48所示。

集合分配账户

本期发生额：一定时期内费用的发生数	本期发生额：期末分配计入各个成本计算对象的费用数

图8-48　集合分配账户结构示意图

集合分配账户具有明显的过渡性质。常用的集合分配账户主要有“制造费用”账户。

六、成本计算账户

成本计算账户是用来反映和监督企业生产经营过程中某一阶段发生的全部费用，计算该阶段各个成本计算对象实际成本的账户。其结构上的特点是：借方登记应计入成本计算对象成本的全部费用，包括直接费用和间接费用；贷方登记转出的已完成某个阶段的成本计算对象的实际成本；期末余额一定在借方，表示尚未完成某个阶段的成本计算对象的实际成本，如图8-49所示。

成本计算账户

本期发生额：生产经营过程中某一阶段发生的应计入成本计算对象成本的全部费用	本期发生额：转出的已完成某个阶段的成本计算对象的实际成本
期末余额：期末尚未完成某个阶段的成本计算对象的实际成本	

图8-49　成本计算账户结构示意图

常用的成本计算账户有“生产成本”“材料采购”等账户。

七、计价对比账户

计价对比账户的应用

计价对比账户是用来对生产经营过程中某一阶段的特定交易或者事项通过其借方和贷方按照两种不同的计价标准进行核算对比，借以确定该阶段交易或者事项之成果的账户。其结构上的特点是：借方登记按某一种计价标准确定的特定交易或者事项的金额，贷方登记按另一种计价标准确定的该项交易或者事项的金额，账户的借差或贷差（即该项交易或者事项的成果）应从贷方或借方转入有关对应账户的借方或贷方，结转后应无余额。①计价对比账户的结构如

① 就其结构来看，计价对比账户应无期末余额。但在会计实务中，当企业按计划成本对存货的日常收发进行核算时，所设置的“材料采购”“生产成本”等计价对比账户通常都存在期末余额。“材料采购”账户期末借方余额为在途材料的实际采购成本；“生产成本”账户期末借方余额为在产品的实际生产成本。

图8-50所示。

在按计划成本对库存材料、库存商品的日常收发进行核算的情况下，企业所设置的“材料采购”“生产成本”账户就属于计价对比账户。

计价对比账户

本期发生额： ① 按第一种计价标准确定的交易或事项金额 ② 转出的按第二种计价标准确定的交易或事项金额大于按第一种计价标准确定的交易或事项金额的差额（即该项交易或事项的成果）	本期发生额： ① 按第二种计价标准确定的交易或事项金额 ② 转出的按第一种计价标准确定的交易或事项金额大于按第二种计价标准确定的交易或事项金额的差额（即该项交易或事项的成果）

图8-50 计价对比账户结构示意图

八、盈亏计算账户

盈亏计算账户是用来反映和监督企业在一定时期内的生产经营过程中所发生的各项收入（含利得，下同）和费用（含损失，下同），并据以计算企业经营成果的账户。按其具体用途和结构，盈亏计算账户又可以分为收入账户、费用账户和经营成果账户三类。

（一）收入账户

收入账户是用来反映和监督企业在一定时期内取得的各项收入的账户。其结构上的特点是：贷方登记本期收入的增加额，借方登记本期收入的冲销额和期末转入经营成果账户贷方的本期收入总额，期末结转后应无余额，如图8-51所示。

收入账户

本期发生额： ① 本期收入的冲销额 ② 期末转入经营成果账户贷方的本期收入总额	本期发生额：本期收入的增加额

图8-51 收入账户结构示意图

常用的收入账户有“主营业务收入”“营业外收入”等账户。

（二）费用账户

费用账户是用来反映和监督企业在一定时期内发生的各项费用的账户。其结构上的特点是：借方登记本期费用的增加额，贷方登记本期费用的冲销额和期末转入经营成果账户借方的本期费用总额，期末结转后应无余额，如图8-52所示。

费用账户

本期发生额：本期费用的增加额	本期发生额： ① 本期费用的冲销额 ② 期末转入经营成果账户借方的本期费用总额

图8-52 费用账户结构示意图

常用的费用账户有“主营业务成本”、“税金及附加”、“销售费用”、“管理费用”、“财务费用”、“营业外支出”和“所得税费用”等账户。

（三）经营成果账户

经营成果账户是用来反映和监督企业在一定时期内的生产经营过程中实现的最终成果的账户。属于经营成果账户的主要有“本年利润”账户。其结构上的特点是：贷方登记期末从各收入账户借方转入的本期发生的各项收入数额，借方登记期末从各费用账户贷方转入的本期发生的各项费用数额；期末余额若在贷方，表示截至本期末止累计实现的净利润，若在借方，则表示截至本期末止累计发生的亏损。年终，全年实现的净利润或发生的亏损要从其借方或贷方结转入“利润分配——未分配利润”账户的贷方或借方，结转后应无余额。经营成果账户的结构如图8-35所示。

九、调整账户

在会计核算中，为了提供经营管理或其他方面所需要的某些特定指标，往往需要对某一会计要素具体项目设置两个账户，用两种数字从两个不同的方面进行反映。在这两个账户中，一个用来反映原始数字，另一个用来反映对原始数字的调整数字，将原始数字和调整数字进行调整（相加或相减），即可求得调整后的实际数字。

调整账户就是为了用来反映调整数字，以调整用来反映原始数字的被调整账户的余额，从而求得被调整账户的实际余额所设置的账户。调整账户按其调整方式的不同，可以分为备抵账户、附加账户和备抵附加账户三类。

（一）备抵账户

备抵账户亦称抵减账户，是用来抵减被调整账户的余额，以求得被调整账户实际余额的账户。其结构上的主要特点是：备抵账户与其被调整账户的余额必定在相反方向。因此，在计算被调整账户的实际余额时，被调整账户与备抵账户的余额应采用相减的调整方式，用公式表示为：

被调整账户余额-备抵账户余额=被调整账户的实际余额

按照被调整账户的性质，备抵账户又可分为资产备抵账户和权益备抵账户两类。资产备抵账户是用来抵减某一资产性质的被调整账户的余额，以求得该资产账户实际余额的账户。权益备抵账户则是用来抵减某一权益性质的被调整账户的余额，以求得该权益账户实际余额的账户。

常用的资产备抵账户有“累计折旧”“坏账准备”等账户。“累计折旧”账户是“固定资产”账户的备抵账户，将“固定资产”这一被调整账户的借方余额即固定资产的原始价值，减去“累计折旧”这一资产备抵账户的贷方余额即固定资产的累计折旧额，即可求得固定资产的账面净值；通过两个账户余额的对比分析，可以了解固定资产的新旧程度。“坏账准备”账户是“应收账款”账户的备抵账户，将“应收账款”这一被调整账户的借方余额即应收账款的原始数字，减去“坏账准备”这一资产备抵账户的贷方余额即计提的坏账准备，即可求得应收账款净额。

常用的权益备抵账户主要是“利润分配”账户，它是“本年利润”账户的备抵账户。将“本年利润”账户的贷方余额即截至本月末止累计实现的净利润，减去“利润分配”这一权益备抵账户的借方余额即截至本月末止累计已分配利润，即可求得实际结存的净利润，即未分配利润的数额。

（二）附加账户

附加账户是用来增加被调整账户的余额，以求得被调整账户实际余额的账户。其结构上的主要特点是：附加账户与其被调整账户的余额必定在相同方向。因此，在计算被调整账户的实际余额时，被调整账户与附加账户的余额应采用相加的调整方式，用公式表示为：

被调整账户余额+附加账户余额=被调整账户的实际余额

在实际工作中，纯粹的附加账户较少采用。

（三）备抵附加账户

备抵附加账户是既用来抵减，又用来增加被调整账户的余额，以求得被调整账户实际余额的账户。这类账户兼有备抵账户和附加账户的功能，但不是同时发挥作用。在某一时刻，备抵附加账户发挥何种功能，取决于它的余额与被调整账户的余额方向是否一致：当其余额与被调整账户的余额方向相反时，发挥备抵账户的功能；当其余额与被调整账户的余额方向相同时，发挥附加账户的功能。

常用的备抵附加账户主要有“材料成本差异”“商品成本差异”等账户。在按计划成本对库存材料进行日常核算的企业，由于“原材料”账户反映的是库存材料的计划成本而非实际成本，这就需要设置“材料成本差异”账户作为“原材料”账户的备抵附加账户，用以反映库存材料实际成本与计划成本的差异。“材料成本差异”账户结构上的特点是：借方登记从“材料采购”账户贷方转入的库存材料实际成本大于计划成本的差异（即超支额），贷方登记从“材料采购”账户借方转入的库存材料实际成本小于计划成本的差异（即节约额）；期末若为借方余额，就是库存材料的超支额，若为贷方余额，就是库存材料的节约额。期末，将“原材料”这一被调整账户的借方余额即库存材料的计划成本，减去“材料成本差异”账户的贷方余额即库存材料的节约额，或者加上“材料成本差异”账户的借方余额即库存材料的超支额，即可求得库存材料的实际成本。同样，“商品成本差异”账户是按计划成本对库存商品进行日常核算的企业所设置的“库存商品”账户的备抵附加账户，其结构上的特点与“材料成本差异”账户类似，这里不再详述。

由上述可见，调整账户与其被调整账户反映的经济内容相同，但用途和结构不同；被调整账户反映某一会计要素具体项目的原始数字，调整账户反映该会计要素具体项目的调整数字，调整账户不能脱离其被调整账户而独立存在；被调整账户与调整账户之间的调整方式，取决于二者余额所在的方向是否一致。

十、暂记账户

暂记账户亦可称为待处理账户，是用来暂时性记录尚未确定所应登记账户的某些交易或者事项的账户。在会计核算中，常用的暂记账户主要有“待处理财产损溢”账户，其结构如图8-30所示，这里不再赘述。

上述账户按用途和结构的分类，其结果见表8-9。

表8-9　　**常用账户按用途和结构的分类**

类　别	账　户
盘存账户	库存现金、银行存款、材料采购*、原材料、库存商品、固定资产、生产成本*
结算账户	应收票据、应收账款、预付账款、其他应收款、短期借款、应付票据、应付账款、预收账款、应付职工薪酬、应交税费、应付利息、应付股利、其他应付款
资本积累账户	实收资本、资本公积、盈余公积
跨期摊提账户	长期待摊费用
集合分配账户	制造费用
成本计算账户	生产成本*、材料采购*
计价对比账户	材料采购*、生产成本*
盈亏计算账户	主营业务收入、营业外收入、主营业务成本、税金及附加、销售费用、管理费用、财务费用、营业外支出、所得税费用、本年利润
调整账户	累计折旧、坏账准备、利润分配、材料成本差异、商品成本差异
暂记账户	待处理财产损溢

注：表中打*符号的账户为跨两个以上类别的账户。

此外，为了了解账户按经济内容分类与按用途和结构分类这两种方法之间的联系，以便更好地掌握和运用账户，应将两种分类的结果进行比较，见表8-10。

表8-10　　**常用账户按经济内容与用途和结构的分类**

按经济内容分类 按用途和结构分类		资产类账户	负债类账户	所有者权益类账户	成本类账户	损益类账户
盘存账户		库存现金 银行存款 材料采购 原材料 库存商品 固定资产			生产成本	
结算账户	债权结算账户	应收票据 应收账款 预付账款 其他应收款				
	债务结算账户		短期借款 应付票据 应付账款 预收账款 应付职工薪酬 应交税费 应付利息 应付股利 其他应付款			

续表

按经济内容分类 按用途和结构分类		资产类账户	负债类账户	所有者 权益类账户	成本类账户	损益类账户
结算账户	债权债务 结算账户	应收账款 应付账款 其他往来	应收账款 应付账款 其他往来[①]			
资本积累账户				实收资本 资本公积 盈余公积		
跨期摊配账户		长期待摊费用				
集合分配账户					制造费用	
成本计算账户		材料采购			生产成本	
计价对比账户		材料采购			生产成本	
盈亏计算账户	收入账户					主营业务收入 营业外收入
	费用账户					主营业务成本 税金及附加 销售费用 管理费用 财务费用 营业外支出 所得税费用
	经营成果 账户			本年利润		
调整账户	备抵账户	累计折旧 坏账准备		利润分配		
	附加账户					
	备抵附加 账户	材料成本差异 商品成本差异				
暂记账户		待处理财产损溢				

本章习题自测

① 关于债权债务结算账户的用途、结构已在前述内容中作了详细阐述，这里不再说明。应当指出的是，由于债权债务结算账户既核算债权（资产），也核算债务（负债），因而这里列出的三个债权债务结算账户均是双重性质的账户，按经济内容分类，它们既是资产类账户，又是负债类账户。

第九章

成本计算

【本章教学目标】

知识目标：本章主要阐述成本与成本计算的含义，成本计算的基本要求，成本计算的基本程序。通过本章学习，要求了解成本计算的基本要求，初步熟悉成本计算的基本程序。

能力目标：能够从总体上把握成本计算的基本要求和基本程序，建立对成本计算的整体认识。

思政目标：通过对成本含义和成本计算基本原理的理解，增强节约成本意识，树立保护生态环境、节约资源耗费的理念。

第一节 成本计算的概念及意义

一、成本及成本计算的概念

企业在生产经营过程中，为了获取一定的收入，必然会发生各种物化劳动、活劳动的耗费。从广义上说，企业在一定会计期间内发生的能够用货币表现的劳动耗费，就称为费用，而将费用按一定范围或标准归集到某一特定的成本计算对象上，则称为该对象的成本。成本与费用都是企业在生产经营过程中的特定阶段所发生的各种耗费，是企业为获得收益而付出的代价。费用是计算成本的前提和基础，成本是一种对象化的费用。但是，两者又有区别，主要表现在两者计算口径不同、归集标准不同。具体来说，费用是按会计期间归集的，而成本是按某一特定对象归集的，一个期间的费用可能由若干对象分担，某一对象的成本也可能由若干期间的费用构成。

所谓成本计算，是指以货币作为统一计量尺度，将企业在生产经营过程中各个阶段所发生的各项费用，按照一定的成本计算对象进行归集和分配，借以确定各该对象的实际总成本和单位成本的一种会计核算的专门方法。

由于企业生产经营的各个阶段都会发生耗费，因此，都存在成本计算的问题。例如，在生产准备过程中，要将发生的材料买价、采购费用等按各种材料进行归集，以计算各种材料的实际采购成本。又如，在商品生产过程中，应将消耗的材料费、人工费和制造费用按照所生产的商品进行归集，以计算各种商品的实际生产成本。再如，在商品销售过程中，应计算各种商品的销售成本。由于商品生产过程的复杂性和商品生产耗费的多样性，商品生产成本的计算比材料实际采购成本、商品销售成本的计算复杂，因此，典型的成本计算就是指商品生产成本的计算。同时，由于材料实际采购成本最终要转化为商品生产成本，而商品销售成本又是在商品生产成本的基础上进行计算的，所以，可以说材料实际采购成本的计算是商品生产成本计算的准备，商品销售成本的计算是商品生产成本计算的必要补充。

二、成本计算的意义

企业通过成本计算，可以核算和监督生产经营过程中发生的各种费用是否合理、合法，并据以计算企业的盈亏。因此，正确地组织成本计算，有利于企业加强管理，降低成本，节约开支，增加企业利润。成本计算在企业经营管理中具有十分重要的意义，主要表现在以下几个方面：

第一，成本计算是确定耗费补偿尺度的主要依据。为了保证企业生产经营活动的不断进行，必须对生产经营过程中的耗费进行补偿。而补偿的标准是什么及补偿多少，就需要通过成本计算来完成。通过成本计算正确地计量耗费，不仅确定了补偿的标准，而且确定了企业的损益。在收入一定的情况下，成本越低，企业的纯收入就越多。因此，成本作为补偿生产耗费的尺度，对企业整个生产经营活动有着重要的影响。

第二，成本是综合反映企业生产经营质量的重要指标。成本是一项综合性的经济指标，企业经营管理的好坏、生产技术水平的高低、产品设计的合理与否、劳动生产率的高低等，都可以通过成本直接或间接地反映出来。因此，通过成本计划、控制、监督、考核和分析等，可以促使企业以及企业内部各单位加强经济核算，努力提高管理水平，降低成本费用，提高经济效益。

第三，成本是制定商品价格的重要因素。商品价格是商品价值的货币表现。人们不能直接计算商品的价值，只能计算商品成本，通过成本间接地衡量商品的价值。虽然商品价格的制定应当考虑诸如国家的价格政策、商品的比价等许多因素，但成本却是制定商品价格时必须加以考虑的主要因素之一。

第四，成本是企业进行经营决策的重要依据。在社会主义市场经济条件下，企业要不断提高经济效益，增强在市场上的竞争能力，就必须作出正确的经营决策。由于成本的高低直接影响企业的盈利水平，较低的成本可以使企业在市场竞争中处于有利地位，这就使得成本成为企业在进行经营决策时必须认真考虑的主要因素之一。

第二节　成本计算的基本要求

成本计算是会计核算中十分重要的工作。成本计算的正确与否，直接影响企业损益的计算。为了充分发挥成本计算的作用，正确计算成本，必须遵循以下基本要求：

一、建立和健全原始记录

原始记录是对企业生产经营活动进行客观反映所作的最初的记录，是进行成本计算的原始依据。为了保证成本计算的正确性和及时性，对商品生产过程中材料的领用、动力与工时的耗费、费用的开支、废品的发生、在产品及半成品的内部转移、商品质量检验及成品入库等，都要有真实的原始记录。成本核算人员应会同企业的计划、统计、生产技术、劳动工资、产品物资供销等有关部门，认真制定既符合成本核算需要又符合各方面管理需要，既简便易行又讲求实效的原始记录制度，还要组织有关职工认真做好各种原始记录的登记、传递、审核和保管工作，以便及时、准确地为成本核算和其他有关方面提供所需的原始资料。

二、正确划分收益性支出和资本性支出的界限

所谓收益性支出，是指为取得本期收益而发生的支出，即支出的效益仅及于本会计年度或一个营业周期的支出，如生产经营过程中发生的原材料的消耗、直接工资、制造费用及期间费用等。所谓资本性支出，是指为形成生产经营能力，在以后各期取得收益而发生的各种资产支出，即支出的效益及于几个会计年度或几个营业周期的支出，如购置固定资产的支出、购入无形资产的支出等。

正确划分收益性支出和资本性支出，目的在于正确确定企业当期损益。在会计实务中，如果将一笔收益性支出按资本性支出处理了，就会出现少计费用而多计资产价值的现象，造成当期净收益和资产价值虚增；相反，如果将一笔资本性支出按收益性支出处理了，则会出现多计费用而少计资产价值的现象，造成当期净收益降低，甚至出现亏损和资产价值偏低。因此，企业必须正确划分收益性支出和资本性支出，遵守国家有关成本费用开支范围的规定，防止乱挤和少计收益性支出的错误做法。当然，在会计实务中，对于那种支出数额较少或单价极低、未来收益不多或很难衡量的资本性支出，可以作为收益性支出处理，以便简化核算。

三、正确划分应计入商品生产成本和不应计入商品生产成本的费用界限

企业生产过程中的耗费是多种多样的，其用途也是多方面的。要正确核算成本费用，计算商品生产成本，必须按费用的用途确定哪些应计入商品生产成本，哪些不应计入商品生产成本。因此，必须正确划分应计入商品生产成本和不应计入商品生产成本的费用界限。凡用于商品生产发生的原材料费用、生产工人工资和福利费、制造费用等，均应计入商品生产成本；而销售费用、管理费用和财务费用等期间费用则应直接计入当期损益，不应计入商品生产成本。应防止混淆商品生产成本和期间费用的界限而将商品生产费用计入期间费用，或者将期间费用当作生产费用计入商品生产成本，借以调节各月商品生产成本和各月损益的错误做法。

四、正确划分各个月份的费用界限

为了便于分析、考核生产费用计划和商品生产成本计划的执行情况和结果，正确计算各月损益，企业还应将应计入商品生产成本的费用和应作为期间费用的费用在各个月份之间正确进行划分，防止人为调节各月商品生产成本和期间费用以及各月损益的错误做法。

五、正确划分各种商品的费用界限

为了分析和考核各种商品生产成本计划的执行情况，并保证按每个成本计算对象正确地归集应负担的费用，必须将发生的应由本期商品负担的费用在各种商品之间进行分配。属于某种商品生产单独发生、能够直接计入该种商品生产成本的生产费用，应该直接计入该种商品的生产成本；属于多种商品生产共同发生、不能直接计入某种商品生产成本的生产费用，则应采用适当的分配方法，分配计入各种商品的生产成本。应防止企业在盈利商品与亏损商品之间、可比产品与不可比产品之间转移生产费用，借以掩盖成本超支或以盈补亏的错误做法。

六、正确划分完工产品与在产品的费用界限

月末计算商品生产成本时，如果某种商品已全部生产完工，该种商品的各项生产费用之和，就是这种商品的完工产品成本；如果某种商品全部尚未生产完工，该种商品的各项生产费用之和，就是这种商品的月末在产品成本；如果某种商品一部分生产完工，另一部分未生产完工，就应当采用适当的分配方法，将该种商品生产发生的各项生产费用之和在这种商品的完工产品与在产品之间分配，以计算完工产品生产成本和月末在产品生产成本。在分配完工产品生产成本和在产品生产成本时，应防止任意提高或降低月末在产品生产成本、人为调节完工产品生产成本的错误做法。

七、正确采用适当的成本计算方法

企业的商品生产成本是在商品生产过程中形成的。生产组织和工艺过程不同的商品，应该采用不同的成本计算方法。计算商品生产成本是为了加强成本管理，因此，还应根据不同的管理要求采用不同的商品生产成本计算方法。

第三节 成本计算的基本程序

成本计算是一项复杂的工作，涉及企业生产经营过程的各个阶段。为了正确地计算成本，根据成本计算的基本要求和有利于加强成本管理的原则，企业成本计算的程序主要包括以下具体步骤：

一、设置必要的账户

为了进行商品生产成本的计算，企业应当设置“生产成本”“制造费用”等账户。

“生产成本”账户属于成本类账户，是用来归集企业在一定会计期间的商品生产过程中发生的生产费用并据以计算商品生产成本的账户。企业在一定会计期间发生的各项生产费用记入该账户的借方；生产完工验收入库商品的生产成本记入该账户的贷方；该账户的期末借方余额反映在产品的实际生产成本。“生产成本”账户通常应当按照所生产商品品种等成本计算对象设置明细分类账户，进行明细核算。在明细分类账户中，应当按照成本

项目分设专栏或专行，以便了解各种商品生产成本的费用结构，正确地计算成本，其格式见表9-1。

表9-1 生产成本明细分类账户

车间： 产品： 产量：

年		凭证		摘要	借方（成本项目）				贷方	余额
月	日	字	号		直接材料	直接人工	制造费用	合计		

"制造费用"账户也是一个成本类账户，是用来核算企业在一定会计期间为生产商品而发生的各项间接性生产费用的账户。企业当月发生的各项间接费用记入该账户的借方；月末按一定标准分配转出的当月制造费用记入该账户的贷方；除季节性生产企业外，该账户月末应无余额。该账户应按不同车间、部门设置明细分类账户进行明细分类核算。

除以上两个账户外，企业还应当设置"管理费用""财务费用""销售费用"等账户，用以核算商品生产过程中发生的不计入商品生产成本的期间费用。这些账户的性质、用途、结构已在第八章中详细阐述，在此不再逐一叙述。

二、确定成本计算对象

成本计算对象是指为计算商品生产成本而确定的生产费用归集和分配的范围，是生产费用的归属对象和生产耗费的承担者，是设置商品生产成本明细分类账户、分配生产费用的前提。成本是对象化的费用，离开了一定的成本计算对象，就谈不上成本计算。由于各个企业的生产特点、管理要求、规模大小、管理水平等不同，各个企业成本计算对象的确定也各不相同。通常情况下，单件小批量生产的企业，商品往往能够同时投产、同时完工，其成本计算对象就是商品的批别或订单；大量大批简单生产的企业，由于不断重复地生产一件商品，其成本计算对象就是商品的品种；大量大批复杂生产的企业，由于工艺过程复杂，应当按照商品生产的步骤作为成本计算对象来计算商品生产成本，但如果管理上不要求按生产步骤来计算商品生产成本，也可以只以商品品种作为成本计算对象。

三、确定成本计算期

成本计算期是指商品生产成本计算的间隔期，即多长时间计算一次商品生产成本。在一般情况下，企业商品生产成本计算期为1个月，即每月计算一次商品生产成本，但也并不完全是这样，因为成本计算期的确定主要取决于企业生产的特点。企业在单件小批量生产的情况下，以商品的批别或订单作为成本计算对象，成本计算期通常与商品的生产周期保持一致，也就是在商品生产完工时计算商品生产成本，但商品完工时间不一定是在月末，故成本计算期不一定与会计期间一致；在大量大批生产的情况下，以商品品种为成本计算对象，每月都有部分商品生产完工以待销售，这就要求按月计算完工商品的总成本和单位成本，因此，商品生产成本计算期与会计期间保持一致，而与商品生产周期不一致。

四、确定成本项目

成本项目是将生产费用按照经济用途进一步分类的项目，它构成商品生产成本的内容。计入商品生产成本的生产费用在生产过程中的用途是各不相同的，有的直接用于商品生产，有的间接用于商品生产，有的是生产中发生的损失。因此，为了具体地反映计入商品生产成本的生产费用的各种用途，需要把生产费用按经济用途进一步划分为若干项目，以反映商品生产成本的构成。

根据生产特点和管理要求，制造业企业一般应当设置直接材料、直接人工和制造费用等成本项目。直接材料是指直接用于商品生产、构成商品实体的原料、主要材料以及有助于商品形成的辅助材料的耗费；直接人工是指直接参加商品生产的生产工人的工资、福利费等；制造费用是指企业内部的生产车间为组织和管理商品生产而发生的间接费用，包括车间管理人员的工资及福利费、固定资产折旧费、办公费、水电费、机物料消耗和劳动保护费等。为了使成本项目更好地适应企业的生产特点和经营管理要求，企业可以适当调整成本项目。

成本项目清楚地反映了各种商品生产成本的构成内容，不仅便于按成本项目归集生产费用，而且有利于对各项生产费用进行监督和控制，考核和分析成本水平及变动原因，最终有助于寻求降低成本的途径。

五、按成本计算对象正确地归集和分配费用

企业在一定会计期间的商品生产过程中发生材料、工资等生产费用时，应当按照成本计算对象正确地予以归集和分配。

对于直接用于商品生产、专门设置成本项目的生产费用，应按成本计算对象计入各商品相应的成本项目。如果是几种商品共同负担的生产费用，还应采用适当的方法分配计入各商品相应的成本项目，同时在“生产成本”总分类账户中进行登记。

对于发生的各项制造费用，则应先在“制造费用”账户的借方进行归集，期末再采用一定的分配标准将制造费用总额分配给各种商品，记入各商品的生产成本明细分类账户。制造费用的分配有多种标准，常用的有商品生产耗用工时、商品生产工人工资等。制造费用的分配方法可用公式表示如下：

制造费用分配率=制造费用总额÷各种商品生产工时（或生产工人工资）之和

某种商品应负担的制造费用=该种商品生产工时（或生产工人工资）×制造费用分配率

制造费用的分配一般是通过编制“制造费用分配表”完成的。“制造费用分配表”的格式见表9-2。

表9-2　**制造费用分配表**

年　月　日　　　金额单位：元

产品名称	分配标准	分配率	分配金额
合　计			

六、将生产费用在完工产品与在产品之间进行分配

企业在一定会计期间的商品生产过程中所发生的应计入商品生产成本的生产费用，在按照成本计算对象进行归集和分配后，都集中登记在“生产成本”总分类账户及所属明细分类账户中，在明细分类账户中按成本项目登记的费用，就是该商品应负担的生产费用。如果该商品全部完工，则所归集的生产费用就是该商品的完工产品成本；如果该商品全部尚未完工，则所归集的生产费用就是该商品的在产品成本；如果该商品部分完工，那么所归集的生产费用就应在完工产品与在产品之间分配。由于存在以下公式：

月初在产品成本+本月生产费用=本月完工产品成本+月末在产品成本

因此，在分配完工产品与在产品成本时，可以先确定月末在产品成本，再计算本月完工产品成本，也可以按照一定比例在完工产品与在产品之间同时进行分配。具体分配方法应当根据行业特点、生产特点等不同情况而定。例如，某些企业的在产品数量较少，并且在产品数量在月份之间变化小，可以不计算在产品成本或在产品成本按固定成本计算；某些企业的产品成本中直接材料费占成本比重较大，可以采用月末在产品成本只计算材料成本，其他费用由产成品负担的方法等。

七、编制完工产品生产成本计算表

编制完工产品生产成本计算表是成本计算的最后一个步骤。在计算出完工产品成本之后，应按成本计算对象编制完工产品生产成本计算表，以确定各种完工产品的总成本和单位成本。完工产品生产成本计算表的格式见表9-3。

表9-3 **完工产品生产成本计算表**

年　月　日　　　　单位：元

成本项目	××产品		××产品	
	总成本	单位成本	总成本	单位成本
直接材料				
直接人工				
制造费用				
合计				

有关制造业企业商品生产成本计算的实例，可参见第八章第三节中列举的林城市奇效中药制品公司20××年12月份生产1号产品1 000盒、2号产品1 000瓶的例子，这里不再另行举例。

本章习题自测

第十章

会计凭证

【本章教学目标】

知识目标：本章主要阐述会计凭证的意义和种类，会计凭证的填制要求和方法，会计凭证审核的基本内容，会计凭证传递与保管的基本要求。通过本章学习，要求全面、系统认识会计凭证，熟悉会计凭证的分类和填制要求，掌握填制和审核会计凭证的方法，了解会计凭证传递与保管的基本要求。

能力目标：能够熟悉会计凭证填制和审核的要求，在会计实务中能够熟练填制记账凭证。

思政目标：通过对会计凭证填制要求、审核要求的认识和理解，树立法治观念，增强规则意识，坚持底线思维，强化遵纪守法的理念，培养敢于斗争的工作作风。

第一节　会计凭证的意义和种类

一、会计凭证的含义

会计凭证简称凭证，是记录经济交易或事项、明确经济责任并据以登记会计账簿的书面证明。

任何企事业单位每天都要发生大量的交易或事项，既有货币资金的收付，又有财产物资的增减变化等。为了保证会计信息的真实可靠，对每一项交易或事项，都必须由办理该项交易或事项的有关人员填制适当的会计凭证，并在凭证上签章，以证明交易或事项的存在，对交易或事项的真实性负责；然后，由会计人员对会计凭证的合法性、合理性等进行审核，经审核合格的会计凭证，才能作为记账的依据。

填制和审核会计凭证，是会计核算的一种基本方法，是会计核算工作的起点，也是对企业单位经济活动实施会计监督的重要环节。没有真凭实据就不能任意收付款项和动用财产物资，也不能进行账务处理，这是会计核算必须遵循的一项重要要求和原则。

二、会计凭证的意义

会计凭证的重要意义主要体现在以下四个方面：

第一，通过填制会计凭证，可以正确、及时地反映各项交易或事项的发生和完成情况。对发生的每项交易或事项，由于都要填制会计凭证并对其进行归类、整理，因而可以为日后的会计核算乃至会计分析、会计检查提供可靠的原始资料。

第二，通过会计凭证的审核，可以发挥会计的监督作用。由于会计凭证是交易或事项的记录，通过审核会计凭证，可以了解每一项交易或事项是否合法、合理，有无违反国家财经政策、法令、制度和纪律的情况，是否符合管理要求，是否讲求经济效益，从而可以管好用好资金，起到会计监督和保护财产安全的作用。

第三，通过会计凭证的填制和审核，可以加强经营管理上的责任制。任何一项交易或事项，都要由经办人员填制会计凭证并签字盖章，这样就便于分清职责，增强责任感，促使有关人员严格按规章制度办理；同时，通过审核会计凭证，便于发现问题，有利于加强与改善经营管理，推行经济责任制。

第四，会计凭证是登记会计账簿的依据。每个企事业单位在经济活动过程中都会发生大量的、各种各样的交易或事项，通过会计凭证的填制、审核、汇总、归类、整理，既能为登记会计账簿提供客观、真实的依据，又能简化和方便记账工作。

三、会计凭证的种类

会计凭证种类繁多，为了具体认识和更好地掌握、运用会计凭证，需要对其进行分类。会计凭证按填制程序和用途的不同，分为原始凭证和记账凭证两大类。

（一）原始凭证

原始凭证，也称单据，是在交易或事项发生或完成时取得、填制的，用以记录、证明交易或事项的发生、完成情况，并作为记账原始依据的会计凭证，是会计核算重要的原始资料。原始凭证是在交易或事项发生过程中直接产生的，是交易或事项的最初证明，在法律上具有较强的证明效力。

原始凭证按其取得来源不同，可以分为自制原始凭证和外来原始凭证两类，如图10-1所示。

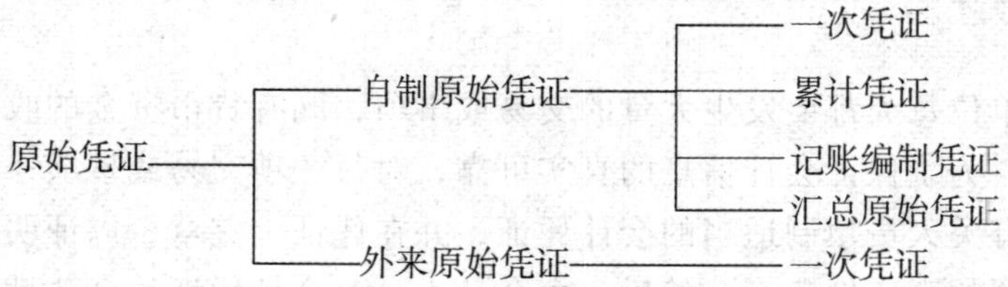

图10-1　原始凭证分类示意图

1. 自制原始凭证

自制原始凭证，是指由本单位内部经办经济交易或事项的部门或个人，在完成某项交易或事项时自行填制的凭证。自制原始凭证按其填制手续不同，又可分为一次凭证、累计凭证、记账编制凭证和汇总原始凭证四种。

（1）一次凭证。它是指只反映一项交易或事项，或者同时反映若干项同类性质的交易或事项，其填制手续是一次完成的会计凭证。如企业购进材料验收入库，由仓库保管员填制的“收料单”，格式见表10-1；车间或班组向仓库领用材料时填制的“领料单”，格式见表10-2。

表10-1

收　料　单

供货单位：　　　　　　　　　　　　　　　　　　　　编　　号：

发票编号：　　　　　　　　年　月　日　　　　　　　收料仓库：

材料类别	材料编号	材料名称及规格	计量单位	数量		金额			
				发票	实收	单价	买价	运杂费	合计
备注：						合　计			

核算：　　　主管：　　　保管：　　　检验：　　　交库：

表10-2

领　料　单

编　　号：

领料单位：　　　　　　　　年　月　日　　　　　　　发料仓库：

材料类别	材料编号	材料名称及规格	计量单位	数量		单价	总额	用途
				请领	实领			
合　计								

记账：　　　发料人：　　　领料部门主管：　　　领料人：

（2）累计凭证。它是指在一定时期内连续记载若干项同类交易或事项的会计凭证。这类凭证的填制手续是随着交易或事项的发生而分次进行的。如“限额领料单”就是累计凭证，格式见表10-3。

（3）记账编制凭证。在企业自制的各种原始凭证中，一般都是以实际发生或完成的交易或事项为依据，由经办人员填制并签章的。但有些自制原始凭证则是由会计人员根据账簿记录填制的，称为记账编制凭证，如月末分配结转制造费用时所编制的“制造费用分配表”，格式见表8-5。

（4）汇总原始凭证。实际工作中，为了集中反映某项交易或事项的总括情况，并简化记账凭证的填制工作，往往将一定时期内若干记录同类交易或事项的原始凭证汇总编制成一张原始凭证，这种凭证称为汇总原始凭证或原始凭证汇总表，如“现金收入汇总表”

表10-3 **限额领料单**

领料单位：　　　　　　　　　　　　　　　　　　　　　　编　　号：

用　　途：　　　　　　　　年　月　日　　　　　　　　发料仓库：

材料编号	材料名称及规格	计量单位	计划投产量	单位消耗定额	领用限额	实领		
						数量	单价	金额

日期	领用			退料			限额结余数量
	数量	领料人	发料人	数量	退料人	收料人	

生产计划部门负责人：　　　　　　供应部门负责人：　　　　　　仓库负责人：

“工资发放汇总表”“发料凭证汇总表”等。“发料凭证汇总表”的格式见表8-3、表10-4。汇总原始凭证所汇总的内容只能是同类交易或事项，也就是将反映同类交易或事项的各原始凭证汇总编制一张汇总原始凭证，不能汇总两类或两类以上的交易或事项。汇总原始凭证也属于原始凭证的范畴。

表10-4 **发料凭证汇总表**

年　月　日　　　　　　　　单位：元

借方科目	贷方科目：原材料								发料合计
	明细科目：主要材料				明细科目：辅助材料				
	1—10日	11—20日	21—30日	小计	1—10日	11—20日	21—30日	小计	
生产成本									
制造费用									
管理费用									
合　计									

2.外来原始凭证

外来原始凭证，是指在同外单位发生经济往来关系时从外单位取得的凭证，如购买材料、商品时从供货单位取得的发票等。外来原始凭证一般都是一次凭证，其格式见表10-5。

表10-5

52001622189　　**贵州增值税专用发票**　　№ 00956677

发票联　　开票日期：

<table>
<tr><td>购买方</td><td colspan="4">名　　称：
纳税人识别号：
地 址 、电 话：
开户行及账号：</td><td>密码区</td><td colspan="3"></td></tr>
<tr><td colspan="2">货物或应税劳务、服务名称</td><td>规格型号</td><td>单位</td><td>数量</td><td>单价</td><td>金额</td><td>税率</td><td>税额</td></tr>
<tr><td colspan="2">合计</td><td></td><td></td><td></td><td></td><td></td><td></td><td></td></tr>
<tr><td colspan="2">价税合计（大写）</td><td colspan="7">（小写）</td></tr>
<tr><td>销售方</td><td colspan="4">名　　称：
纳税人识别号：
地 址 、电 话：
开户行及账号：</td><td>备注</td><td colspan="3"></td></tr>
</table>

第三联　发票联　购买方记账凭证

收款人：　　复核：　　开票人：　　销售方（章）：

（二）记账凭证

记账凭证是由会计人员根据审核无误的原始凭证或汇总原始凭证填制，用来确定交易或者事项应借、应贷的会计科目和金额（即会计分录），作为记账直接依据的会计凭证。

在实际工作中，不论是外来原始凭证还是自制原始凭证，它们都来自各个方面，格式和大小不一，而且没有标明应借、应贷的会计科目，如果直接据以登记账簿，容易发生差错。为了便于记账，防止差错，在登记账簿以前，一般先要根据原始凭证或汇总原始凭证填制记账凭证，填明交易或者事项的应借、应贷科目和金额，再据以登记账簿，并将原始凭证或汇总原始凭证作为记账凭证的附件。

1.按其适用的交易或者事项分类

记账凭证按其适用的交易或者事项，可以分为专用记账凭证和通用记账凭证两类。

（1）专用记账凭证。专用记账凭证是用来专门记录某一类交易或者事项的记账凭证。专用记账凭证按其所记录的交易或者事项是否与现金和银行存款的收付有关，又分为收款凭证、付款凭证和转账凭证三种。

① 收款凭证是专门用来记录引起库存现金、银行存款等货币资金增加的交易或事项（即收款业务）的专用记账凭证。它是根据引起库存现金、银行存款增加的交易或事项的原始凭证填制的，其格式见表10-6。

② 付款凭证是专门用来记录引起库存现金、银行存款等货币资金减少的交易或事项

（即付款业务）的专用记账凭证。它是根据引起库存现金、银行存款减少的交易或事项的原始凭证填制的，其格式见表10-7。

③ 转账凭证是专门用来记录与库存现金、银行存款等货币资金收付款无关的交易或事项（即转账业务）的专用记账凭证。它是根据与库存现金、银行存款等货币资金收付款无关的交易或事项的原始凭证填制的，其格式见表10-8。

（2）通用记账凭证。通用记账凭证是适用于所有交易或事项的记账凭证。采用这种记账凭证的企业单位，不论收款业务、付款业务还是转账业务，统一采用一种格式的记账凭证，其格式见表10-9。

2.按其所包括的会计科目是否单一分类

记账凭证按其所包括的会计科目是否单一，可以分为复式记账凭证和单式记账凭证两类。

（1）复式记账凭证。复式记账凭证是将一项交易或事项涉及的应借、应贷的各个会计科目都填列在一张记账凭证中，因而也称多科目记账凭证或多项记账凭证。前述各种专用记账凭证和通用记账凭证，都属于复式记账凭证。

（2）单式记账凭证。单式记账凭证又叫单科目记账凭证，它要求将某项交易或事项所涉及的每个会计科目分别填制记账凭证，每张记账凭证只填列一个会计科目，其对方科目只供参考，不凭以记账。也就是把某一项交易或事项的会计分录，按其所涉及的会计科目，分别填制两张或两张以上的记账凭证，其格式分别见表10-10、表10-11。

3.按其是否经过汇总分类

记账凭证按其是否经过汇总，可以分为非汇总记账凭证和汇总记账凭证两类。

（1）非汇总记账凭证。非汇总记账凭证，顾名思义就是没有经过汇总的记账凭证，前述内容中所介绍的专用记账凭证和通用记账凭证都是非汇总记账凭证。

（2）汇总记账凭证。汇总记账凭证是根据非汇总记账凭证按一定的方法汇总填制的记账凭证。汇总记账凭证按汇总方法不同，可分为分类汇总记账凭证和全部汇总记账凭证两种。分类汇总记账凭证是根据一定期间的记账凭证按其种类分别汇总填制的，如汇总收款凭证、汇总付款凭证以及汇总转账凭证，其格式分别见表13-9、表13-10、表13-11。全部汇总记账凭证是根据一定期间的全部记账凭证汇总填制的，如科目汇总表，其格式见表13-5、表13-6。

上述记账凭证的分类如图10-2所示。

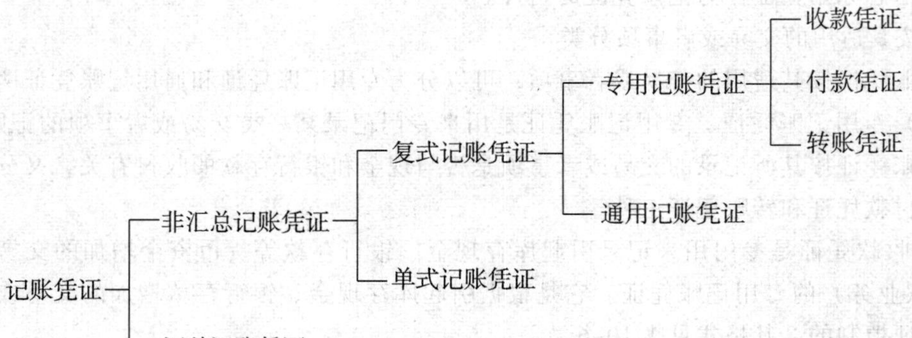

图10-2 记账凭证分类示意图

第二节　原始凭证的填制和审核

一、原始凭证的基本内容

由于企业的经济活动非常复杂，它所涉及的财产、物资和资金的变化多种多样，所以原始凭证所反映的具体内容千差万别，格式也多种多样。但是，无论哪种原始凭证，一般都具有下列基本内容（即原始凭证要素）：

（1）原始凭证的名称，如发票、收据、领料单等。原始凭证的名称主要用于明确交易或事项的性质。

（2）接受凭证的单位名称，在实际工作中也称为“抬头”，主要用于证明交易或事项发生、完成的事实。

（3）原始凭证的填列日期和编号，主要用于记录交易或事项发生、完成的时间，明确交易或事项所属的期间。

（4）交易或事项的主要内容，包括对交易或事项的简要说明，如摘要、用途、实物名称、计量单位、数量、单价等。

（5）交易或事项所涉及的大小写金额。

（6）填制凭证的单位名称或者填制人姓名以及经办人员的签名或者签章，主要是据以明确经济责任。

有的原始凭证，不但要满足财务会计工作的需要，还要满足生产、计划、统计及其他业务部门的需要，所以在某些自制凭证上还应注明有关生产、计划和统计等方面的资料，如注明计划定额、合同编号等。

二、原始凭证的填制

编制原始凭证，就是将交易或事项完成的实际情况，在一定的凭证格式里，按照要求的内容填制。

（一）原始凭证填制的基本要求

（1）真实可靠，即如实填列交易或事项内容，不弄虚作假，不涂改、挖补，凭证上的日期、交易或事项的内容、所有数据必须真实可靠，经办人员和有关部门的负责人都要在凭证上签名、盖章，对凭证的真实性、正确性负责。

（2）内容完整，即应该填写的项目要逐项填写，不可缺漏，应注意年、月、日要按填制原始凭证的实际日期填写；名称要齐全，不能简化；品名或用途要填写明确，不能含糊不清；有关人员签章要齐全。

（3）书写清楚，即字迹端正，文字工整，易于辨认，不使用未经国务院颁布的简化字，不草、不乱、不串格串行。

（4）填制及时，即当一项交易或事项发生或完成时，要立即填制原始凭证，做到不积压、不误时、不事后补制。

此外，各种凭证都必须连续编号，以备查考，一些事先印好编号的重要凭证作废时，在作废的凭证上应加盖作废戳记，连同存根一起保存，不得随意撕毁。

（二）原始凭证填制的附加要求

（1）从外单位取得的原始凭证，必须盖有填制单位的公章；从个人处取得的原始凭证，必须有填制人员的签名或者盖章；自制原始凭证必须有经办部门负责人或其指定的人员的签名或者盖章；对外开出原始凭证，必须加盖本单位的公章。

（2）购买实物的原始凭证，必须有验收证明，这有利于明确经济责任，保证账实相符，防止盲目采购，避免物资短缺和流失。

（3）发生销货退回及退还货款时，必须填制退货发票，附有退货验收证明和对方单位的收款收据。在实际工作中，有的单位发生销货退回时，对收到的退货没有验收证明，造成退货流失；办理退款时，仅以所开出的红字发票的副本作为本单位退款的原始凭证，既不经过对方单位盖章收讫，也不附对方单位的收款收据。这种做法漏洞很大，容易发生舞弊行为，应予以纠正。

（4）一式几联的原始凭证，必须注明各联的用途，并且只能以一联用作报销凭证；一式几联的发票和收据，必须用双面复写纸套写，或本身具备复写功能，并连续编号，作废时应加盖“作废”戳记，连同存根一起保存。

（5）经上级有关部门批准的交易或事项，应当将批准文件作为原始凭证附件。如果批准文件需要单独归档的，应当在凭证上注明批准机关名称、日期和文件字号。

（6）职工出差借款的凭据，必须附在记账凭证之后。在收回借款时，应当另开收据或者退还借款收据副本，不得退还原借款收据。

（7）原始凭证记载的各项内容均不得涂改；原始凭证有错误的，应当由出具单位重开或者更正，更正处应当加盖出具单位印章。原始凭证金额有错误的，应当由出具单位重开，不得在原始凭证上更正。

（8）阿拉伯数字要逐个填写，不得连笔写。金额阿拉伯数字前面应当书写货币币种符号或者货币名称简写和币种符号。币种符号与金额阿拉伯数字之间不得留有空白。凡阿拉伯数字前写有币种符号的，数字后面不再写货币单位。

（9）所有以元为单位（其他货币种类为货币基本单位，下同）的阿拉伯数字，除表示单价等情况外，一律填写到角分；无角分的，角位和分位可写“00”，或者符号“—”；有角无分的，分位应当写“0”，不得用符号“—”代替。

（10）汉字大写数字金额如零、壹、贰、叁、肆、伍、陆、柒、捌、玖、拾、佰、仟、万、亿等，一律用正楷或者行书体书写，不得用○、一、二、三、四、五、六、七、八、九、十等简化字代替，不得任意自造简化字。大写数字金额到元或者角为止的，在“元”或者“角”字之后应当写“整”字或者“正”字；大写数字金额有分的，分字后面不写“整”或者“正”字。

（11）大写金额数字前未印有货币名称的，应当加填货币名称，货币名称与金额数字之间不得留有空白。

（12）阿拉伯金额数字中间有“0”时，汉字大写金额要写“零”字；阿拉伯数字金额中间连续有几个“0”时，汉字大写金额中可以只写一个“零”字；阿拉伯金额数字元位是“0”，或者数字中间连续有几个“0”、元位也是“0”时，汉字大写金额可以只写一个“零”字，也可以不写“零”字。

三、原始凭证的审核

为了保证原始凭证的合法性、合理性、真实性，更有效地发挥会计工作的监督作用，维护财经纪律，对原始凭证必须严格审查。审查内容有以下三个方面：

（1）审核原始凭证的合法性，即审查原始凭证所反映的交易或事项是否符合国家有关方针政策、法令、制度和计划，有无违反财经纪律，不按制度、手续、计划办理的事项，有无扩大成本、费用开支范围的情况，以及是否严格执行经济合同的有关规定，有无不讲经济效果、铺张浪费，甚至虚报冒领、贪污舞弊等不法行为。

（2）审核原始凭证的完整性，即审查原始凭证的手续是否完备，应填写的项目是否填写齐全，有关经办人员是否都已签章，是否经过主管人员审批同意等。

（3）审核原始凭证的正确性。例如，审查文字和数字是否填写清楚，数字计算是否正确，大写与小写金额是否相符等。

原始凭证的审核是一项政策性很强的工作，也是十分细致和严肃的工作。会计机构和会计人员必须认真执行《会计法》所赋予的职责、权限，坚守制度、坚持原则，按照国家统一的会计制度的规定对原始凭证进行审核。

会计机构和会计人员审核原始凭证时，对于违反国家财经政策和制度规定的开支，应拒绝付款和报销；对于不真实、不合法的原始凭证不予受理，同时应当予以扣留，并向单位负责人报告，请求查明原因，追究当事人的责任；对记载不准确、不完整以及手续不完备、数字有差错的原始凭证，应当予以退回，并要求按照国家统一的会计制度的规定更正、补充。

原始凭证只有经过审核无误后，才能作为编制记账凭证和登记账簿的依据。

第三节　记账凭证的填制和审核

一、记账凭证的基本内容

由于记账凭证所反映的交易或事项的内容不同，因而在具体格式上也有一些差异。但所有的记账凭证，都必须满足记账的要求，必须具备下列一些共同的基本内容（即记账凭证要素）：

（1）填制单位名称；

（2）记账凭证名称；

（3）填制凭证的日期和凭证编号；

（4）经济业务的内容摘要；

（5）会计科目（包括一级、二级或明细科目）的名称、记账方向和金额（即会计分录）；

（6）所附原始凭证的张数；

（7）制证、审核、记账、会计主管等有关人员的签章，收款凭证和付款凭证还应由出纳人员签名或盖章。

以自制的原始凭证或者汇总原始凭证代替记账凭证的，也必须具备记账凭证应有的项目。

二、记账凭证的填制方法

（一）专用记账凭证的填制方法

1.收款凭证的填制方法

收款凭证是用以反映引起货币资金增加的交易或事项的记账凭证，其格式见表10-6。收款凭证必须根据审核后的引起库存现金或银行存款增加的交易或事项的原始凭证编制。收款凭证可分为库存现金收款凭证和银行存款收款凭证两类。由于引起库存现金或银行存款增加的交易或事项是记入“库存现金”或“银行存款”科目借方的，因此，收款凭证的左上方可注明借方科目名称，中间栏目设置摘要、贷方科目以及金额栏目，同时必须明确审核及经办人的责任。此外，应在收款凭证的右侧填写所附原始凭证的张数。

表10-6

收款凭证

借方科目：　　　　　　　年　月　日　　　　　　　____字第____号

摘　要	贷方科目		金额											记账符号
	总账科目	二级或明细科目	亿	千	百	十	万	千	百	十	元	角	分	
金额合计														

附原始凭证　张

会计主管：　　　　记账：　　　　稽核：　　　　出纳：　　　　制单：

2.付款凭证的填制方法

付款凭证是用以反映引起货币资金减少的交易或事项的记账凭证，其格式见表10-7。付款凭证必须根据审核后的引起库存现金或银行存款减少的交易或事项的原始凭证编制。付款凭证可分为库存现金付款凭证和银行存款付款凭证两类。由于付款凭证的设证科目是贷方科目，在付款凭证左上方所填列的贷方科目应是“库存现金”或“银行存款”，在凭证内所反映的借方科目应填列与“库存现金”或“银行存款”相对应的科目，金额栏填列交易或事项实际发生的数额，在凭证的右侧填写所附原始凭证的张数，并在出纳及制单处签名或盖章。

表10-7

付款凭证

贷方科目：　　　　　　　　年　月　日　　　　　　　　____字第____号

摘　要	借方科目		金额											记账符号
	总账科目	二级或明细科目	亿	千	百	十	万	千	百	十	元	角	分	
金额合计														

附原始凭证　张

会计主管：　　　记账：　　　稽核：　　　出纳：　　　制单：

3.转账凭证的填制方法

转账凭证是用以记录与货币资金收、付无关的交易或事项的凭证，其格式见表10-8。转账凭证是由会计人员根据审核无误的不涉及货币资金的交易或事项（即转账业务）的原始凭证填制的。在借贷记账法下，填制转账凭证时应将交易或事项所涉及的会计科目全部填列在凭证内，且借方科目在先，贷方科目在后，将各会计科目所记应借应贷的金额填列在“借方金额”或“贷方金额”栏内，其借、贷方金额合计数应该相等。同时，制单人应在填制凭证后签名盖章，并在凭证的右侧填写所附原始凭证的张数。

表10-8

转账凭证

年　月　日　　　　　　　　____字第____号

摘　要	会计科目		借方金额											贷方金额											记账符号
	总账科目	二级或明细科目	亿	千	百	十	万	千	百	十	元	角	分	亿	千	百	十	万	千	百	十	元	角	分	
金额合计																									

附原始凭证　张

会计主管：　　　记账：　　　稽核：　　　制单：

（二）通用记账凭证的填制方法

通用记账凭证是用以记录各种交易或事项的凭证，其格式见表10-9。采用通用记账凭证的企业单位，不再根据交易或事项的内容分别填制收款凭证、付款凭证和转账凭证等专用记账凭证。一般说来，涉及货币资金收、付的交易或事项的记账凭证，由出纳员根据审核无误的原始凭证在收、付款后填制；不涉及货币资金的交易或事项的记账凭证，由有关会计人员根据审核无误的原始凭证填制。在借贷记账法下，填制通用记账凭证时，将交易或事项所涉及的会计科目全部填列在凭证内，借方在先，贷方在后，将各会计科目所记应借应贷的金额填列在“借方金额”或“贷方金额”栏内。借、贷方金额合计数应相等。制单人应在填制凭证完毕后签名盖章，并在凭证右侧填写所附原始凭证的张数。

表10-9

记账凭证

年　月　日　　　　　　　　　　　　____字第____号

摘要	会计科目		借方金额											贷方金额											记账符号
	总账科目	二级或明细科目	亿	千	百	十	万	千	百	十	元	角	分	亿	千	百	十	万	千	百	十	元	角	分	
金额合计																									

附原始凭证　张

会计主管：　　　　记账：　　　　稽核：　　　　制单：

在企业单位会计工作中，记账凭证的选择应根据企业规模、货币资金收付业务量的大小等进行。一般来说，规模较大、货币资金收付的交易或事项频繁的企业单位，为了加强货币资金的管理，需要单独反映货币资金收付情况，便于及时提供货币收付指标，则应采用专用记账凭证；若企业单位规模较小、货币资金收付的交易或事项不多，则可采用通用记账凭证。

（三）单式记账凭证的填制方法

单式记账凭证按一项交易或事项所涉及的每个会计科目单独填制一张记账凭证，每一张记账凭证中只登记一个科目。单式记账凭证按照其单独反映每项交易或事项所涉及的会计科目及对应关系，又分为“借项记账凭证”和“贷项记账凭证”，其格式分别见表10-10、表10-11。

表10-10

借项记账凭证

年　月　日　　　　　　　　　　　　凭证编号第____号

摘要	总账科目	二级或明细科目	金额											记账符号
			亿	千	百	十	万	千	百	十	元	角	分	
对应科目：	金额合计													

会计主管：　　　　记账：　　　　稽核：　　　　出纳：　　　　制单：

表10-11

贷项记账凭证

年　月　日　　　　　　　　　　　　凭证编号第　号

摘要	总账科目	二级或明细科目	金额											记账符号
			亿	千	百	十	万	千	百	十	元	角	分	
对应科目：	金额合计													

会计主管：　　　　记账：　　　　稽核：　　　　出纳：　　　　制单：

三、记账凭证的填制要求

记账凭证应当根据经过审核无误的原始凭证及有关资料填制。各种记账凭证的填制，除了严格达到填制原始凭证的要求外，还必须注意以下几点：

（1）记账凭证可以根据每一张原始凭证填制，或者根据若干张同类原始凭证汇总填制，也可以根据原始凭证汇总表填制，但不得把不同内容或类别的原始凭证汇总填制在一张记账凭证上，以保持科目对应关系清晰。

（2）除结账和更正错账的记账凭证可以不附原始凭证外，其他记账凭证必须附有原始凭证。如果一张原始凭证涉及几张记账凭证，可以把原始凭证附在一张主要的记账凭证后面，并在其他记账凭证上注明附有该原始凭证的记账凭证的编号或者附原始凭证复印件。

（3）一张原始凭证所列支出需要几个单位共同负担的，应当将其他单位负担的部分，给对方开具原始凭证分割单，进行结算。原始凭证分割单必须具备原始凭证的基本内容：凭证名称、填制凭证日期、填制凭证单位名称或者填制人姓名、经办人的签名或者盖章、接受凭证单位名称、交易或事项内容、数量、单价、金额和费用分摊情况等。

（4）记账凭证必须注明所附原始凭证的张数，以便复核所编制的会计分录是否正确，也便于日后查阅原始凭证。

（5）必须按国家有关部门统一规定的会计科目名称和核算内容，按实际交易或事项的内容，正确编制会计分录，以保证核算口径的一致，并便于综合汇总和信息交流。

（6）“摘要”栏应简明扼要填写交易或事项内容，以便登记账簿，查阅凭证。

（7）正确填写记账凭证的日期。收、付款凭证应按货币资金收付的日期填写；转账凭证原则上应按收到原始凭证的日期填写。当一份转账凭证依据不同日期的某类原始凭证填制时，可按填制凭证日期填写。在月终时，若有些转账业务事项要等到下月初方可填制转账凭证，也可按月末的日期填写。

（8）记账凭证在1个月内应当连续编号，以便查核。在使用通用记账凭证时，可按交易或事项发生的顺序编号。采用收款凭证、付款凭证和转账凭证的，可采用“字号编号法”，即按凭证类别顺序编号，例如，收字第×号、付字第×号、转字第×号等。也可采用“双重编号法”，即按总字顺序编号与按类别顺序编号相结合，例如，某收款凭证为“总字第×号，收字第×号”。一笔交易或事项需要编制多张记账凭证时，可采用“分数编号法”，前面的整数表示交易或事项顺序，分母表示总张数，分子表示第几张。例如，第18项交易或事项需要编制2张记账凭证时，其编号分别为“18 $\frac{1}{2}$”，“18 $\frac{2}{2}$”，其中“18”是凭证总顺序号，该笔交易或事项共有两张凭证，“18 $\frac{1}{2}$”是其中的第1张凭证，“18 $\frac{2}{2}$”是其中的第2张凭证。在使用单式记账凭证时，也可采用“分数编号法”。

（9）在采用收款凭证、付款凭证和转账凭证等专用记账凭证的情况下，凡涉及库存现金和银行存款增加的交易或事项（即收款业务），填制收款凭证；凡涉及库存现金和银行存款减少的交易或事项（即付款业务），填制付款凭证；不涉及库存现金和银行存款增加或者减少的交易或事项（即转账业务），填制转账凭证。但是，涉及库存现金和银行存款之间相互划转的交易或事项，按规定只填制付款凭证，以免重复记账。此外，若一笔交易或事项既涉及库存现金（或银行存款）增加或者减少，又有转账业务时，应相应地填制库存现金（或银行存款）收款凭证或者付款凭证和转账凭证。

（10）记账凭证填制完交易或事项后，如有空行，应当自金额栏最后一笔金额数字下的空行处至合计栏上的空行处划线注销。

（11）实行会计电算化的单位，对于机制记账凭证，要认真审核，做到会计科目使用正确，数字准确无误。打印出的机制记账凭证要加盖制单人员、审核人员、记账人员及会计机构负责人、会计主管人员印章或者签字。

四、记账凭证的审核

为了保证记账凭证的正确性，必须建立记账凭证填制审核的责任制度，配备业务熟练、工作负责的会计人员做好记账凭证审核工作。没有经过审核的记账凭证，不能登记入账。记账凭证的审核内容主要包括以下几个方面：

（1）记账凭证是否附有合法的原始凭证、汇总原始凭证，其张数、金额、内容与记账凭证是否相符；

（2）记账凭证所确定的应借应贷会计科目和金额（即会计分录）是否正确，一级科目金额与所属明细科目金额之和是否相等；

（3）记账凭证应填的各项内容是否填写齐全，有关人员是否签名盖章。

如果在填制、审核记账凭证时发现错误，应当重新填制。已经登记入账的记账凭证，在当年内发现填写错误时，可以用红字填写一张与原内容相同的记账凭证，在"摘要"栏注明"注销×年×月×号凭证"字样，同时再用蓝字重新填制一张正确的记账凭证，注明"订正×年×月×号凭证"字样。如果会计科目没有错误，只是金额错误，也可以将正确数字与错误数字之间的差额，另编一张调整的记账凭证，调增金额用蓝字，调减金额用红字。发现以前年度记账凭证有错误的，应当用蓝字填制一张更正的记账凭证予以更正。

第四节　会计凭证的传递与保管

一、会计凭证的传递

会计凭证是会计核算工作的基础，为了充分发挥会计凭证的作用，就要合理组织会计凭证的传递。会计凭证传递是指从会计凭证的填制或取得开始，到归档保管为止，在本单位内部各有关部门和人员之间按照规定的时间和路线进行传递的程序。

会计凭证的传递是由交易或事项的连续性决定的。一家企业的某些交易或事项，往往要由各个业务部门分工完成，因此，会计凭证也要随着交易或事项的进程在各有关部门或人员间传递。会计凭证的传递程序和在有关部门的停留时间，是由办理交易或事项手续所需的时间决定的。不同交易或事项，其凭证的传递程序和传递时间也不相同。凭证传递既要保证有关部门能对交易或事项进行审核和处理，又要尽可能减少传递中的不必要环节和手续。总之，应根据实际情况，科学地组织会计凭证的传递，使会计凭证沿最短的途径、以最快的速度流转，以提高工作效率，节约人力、物力、财力消耗，提高会计核算质量。

会计部门应与有关部门和人员协商，建立凭证传递制度，报经本单位领导批准以后遵照执行。

二、会计凭证的保管

会计凭证的保管，是指会计凭证登账后的整理、装订和归档存查。会计凭证是记账的依据，是重要的经济档案和历史资料，所以对会计凭证必须妥善整理和保管，不得丢失或任意销毁。

日常对会计凭证的保管，主要是指会计部门在记账以后，应对各种会计凭证加以整理，将各种记账凭证按编号顺序连同所附原始凭证加具封面封底，定期装订成册，防止散失。装订线上应加贴封签，由装订人加盖骑缝章。封面应注明单位名称，所属年度、月份，记账凭证种类，起讫号码，以便事后查阅。若记账凭证所附同一种原始凭证数量过多，也可把这些原始凭证装订成册，另行保管。对各种重要的原始凭证，如各种合同、提货单、押金收据，以及随时要查阅的单据，可编目录，单独装订保管，但都应在有关记账凭证上注明，以便查阅。

装订成册的会计凭证，应指定专人负责保管，年度终了，应交财会档案室登记归档。需要调阅会计凭证，必须经会计主管人员同意，并办理调阅手续。

会计凭证的保管期限，应严格按会计档案管理的有关规定办理。对一般会计凭证，定期保管；涉及外事和对私改造的有关会计凭证，长期保管。会计凭证在保管期限内，不得丢失和销毁。对保管期满需要销毁的凭证，必须按规定的手续报经批准后，才能销毁。

本章习题自测

第十一章

会计账簿

【本章教学目标】

知识目标：本章主要阐述设置和登记会计账簿的重要意义，会计账簿的种类，各种会计账簿的格式、内容和登记方法，更正错账、对账、结账的方法，会计账簿更换的基本要求。通过本章学习，要求了解会计账簿的含义、作用和种类，系统地熟悉会计账簿的登记规则，着重掌握专用日记账、总分类账、明细分类账的设置和登记方法，正确掌握更正错账的方法，全面熟悉对账的内容及方法，了解财产清查的基础知识，熟悉财产清查的基本方法，掌握银行存款余额调节表的编制方法，了解结账的内容和程序，掌握结账的基本方法，了解账簿更换的基本要求。

能力目标：能够在会计实务中熟练设置与登记各种会计账簿，正确运用更正错账、对账、结账的方法，熟悉银行存款的清查和“银行存款余额调节表”的编制方法。

思政目标：通过对会计账簿登记规则、错账更正方法、对账的内容、财产清查重要性及其方法的认识、理解，树立法治观念，增强规则意识，强化遵纪守法的理念，培养严谨务实的工作态度和精益求精的工匠精神。

第一节　会计账簿的意义和种类

一、会计账簿的意义

会计账簿简称账簿，是按照会计科目开设账户、账页，用来序时、分类地登记一定时期全部交易或事项的簿籍。前面各章所述根据会计分录标明的应借、应贷会计科目和金额登记账户，在会计实务上，就是根据记账凭证登记账簿，即记账、过账。账簿是账户或会计科目的“载体”。设置和登记账簿，是会计核算又一种重要的方法。

在会计核算工作中，对每一项交易或事项，都必须取得和填制会计凭证。由于会计凭证数量很多，又很分散，而且只能零散地反映个别交易或事项的内容，不能连续、系统、全面、完整地反映和监督一个企业单位在一定时期内某类或全部交易、事项的变化情况。为了给经济管理提供系统的核算资料，就需要运用登记账簿的方法，把分散在会计凭证上的大量的核算资料加以集中和归类整理，登记到账簿中去。

设置和登记账簿，是对会计信息进行加工整理的一种专门方法，是会计核算工作的一个重要环节，对加强经济管理具有十分重要的意义，可以概括如下：

第一，账簿是系统地归纳和积累会计核算资料的工具。通过登记账簿，把分散的核算资料系统化，全面、完整地反映资金增减变动情况，为经济管理提供总括和明细的核算指标，监督各项财产的妥善保管，促进资金的合理使用。

第二，账簿提供的核算资料是进行成本计算和财务会计报告编制的依据。成本计算、财务会计报告编制是否正确及时，都与账簿设置和登记质量有密切关系。

第三，利用账簿所提供的核算资料，可以开展会计分析和会计检查，以便考核计划完成情况，评价企业经营成果的好坏，改善经营管理。

二、会计账簿的种类

（一）按其用途分类

账簿按其用途分为序时账簿、分类账簿和备查账簿三类。

1.序时账簿

序时账簿，亦称日记账，是按照交易或事项发生的时间先后顺序逐日逐笔登记交易或事项的账簿。按其记录内容的不同又分为专用日记账和通用日记账两种。

专用日记账，也称特种日记账，是专门用来登记某一类交易或事项的日记账，例如，库存现金日记账、银行存款日记账、材料采购日记账和商品销售日记账等。各单位采用的专用日记账主要有库存现金日记账和银行存款日记账。

通用日记账，也称普通日记账，是用来登记企业单位全部交易或事项会计分录的日记账。在这种日记账中，根据全部交易或事项发生的顺序，逐日逐项编制会计分录，因而这种日记账也称分录日记账或分录簿。

通常，设置专用日记账的企业单位一般不再设置通用日记账，设置通用日记账的企业单位一般不再设置专用日记账，以免重复设账、记账。

2.分类账簿

分类账簿通常称为分类账，是对全部交易或事项按总分类账户和明细分类账户进行分类登记的账簿。按分类账提供指标的详细程度不同，可分为总分类账簿和明细分类账簿两种。

总分类账簿，简称总账，是根据总分类科目开设的，用以记录一定时期内全部的交易或事项，提供总括核算资料的分类账簿。总分类账具有汇总记录的特点，为了确保账簿记录及会计信息的正确性，提供会计要素的总括指标，必须按每一总分类科目开设相应总分类账簿。

明细分类账簿，简称明细账，是根据总账科目所属明细科目开设的，用以记录某一类交易或事项明细项目，提供其明细核算资料的分类账。

3.备查账簿

备查账簿又称辅助账簿，是对某些不能在日记账和分类账中记录的经济事项或记录不全的交易或事项进行补充登记的账簿。它主要是为某些交易或事项的经营决策提供必要的参考资料，如以经营租赁方式租入固定资产的登记簿、受托加工材料登记簿等。备查账簿不一定在每个单位都设置，而应根据各单位的实际需要确定。备查账簿没有固定的格式，可由各单位根据管理的需要自行设计，也可使用分类账的账页格式。

（二）按其外表形式分类

账簿按其外表形式可分为订本式账簿、活页式账簿和卡片式账簿。

1.订本式账簿

订本式账簿简称订本账，是在账簿尚未使用前就将账页顺序编号并固定装订在一起的账簿。订本式账簿具有避免账页失散和避免抽换账页的优点，但也存在账页不能增减、需要预留账页、不便分工记账等不足。在会计实务中，库存现金日记账、银行存款日记账均必须采用订本式账簿，总分类账一般也大都采用订本式账簿。

2.活页式账簿

活页式账簿简称活页账，是账页不固定、采用活页形式组成的账簿。活页账簿具有可随时加入空白账页、便于分工记账等优点，但存在账页容易散失及被抽换等不足。所以，在使用时应注意顺序编号并装订成册，同时妥善保管。在会计实务中，活页式账簿主要适用于各种明细分类账。

3.卡片式账簿

卡片式账簿简称卡片账，是由具有一定格式的卡片组成的账簿。卡片式账簿与活页式账簿的特点基本相同。在卡片式账簿使用时，为防止散失和抽换，应顺序编号，并由有关人员在卡片上签章，同时装在卡片箱内由专人保管。在会计实务中，卡片式账簿主要适用于实物资产明细账，如固定资产卡片账等。

上述账簿的种类如图11-1所示。

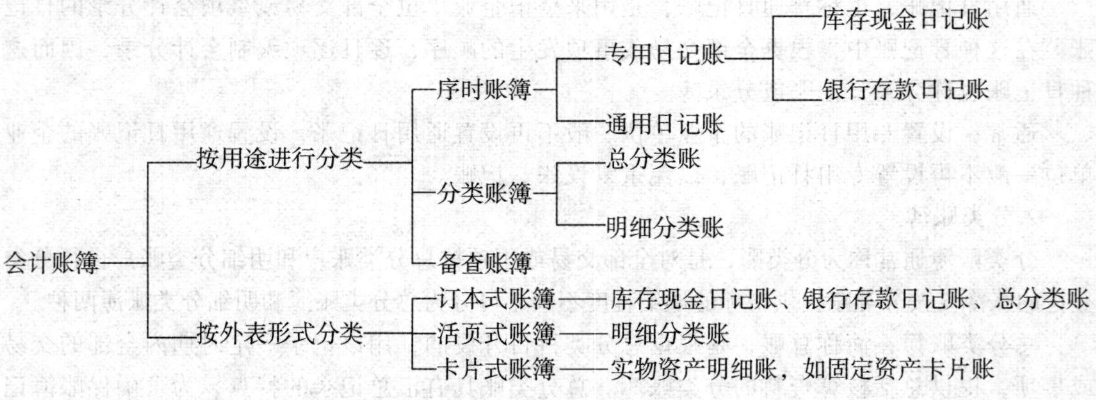

图11-1　会计账簿种类示意图

第二节　会计账簿的设置、登记和结账

一、会计账簿的设置原则

任何单位都应当根据本单位交易或事项的特点和经营管理的需要，设置一定种类和数量的账簿。一般说来，设置账簿应当遵循下列基本原则或要求：

第一，按照有关会计规范的规定设置账簿，账簿记录的内容要与事先规定的会计科目反映的内容一致。

第二，确保全面、系统地核算各项交易或事项，为经营管理提供系统、分类的会计核算资料。

第三，有利于提高工作效率，降低核算成本。这就要求在满足实际需要的前提下，账簿设置应力求简化，避免重复设账和记账；账簿格式也应简明实用，避免繁琐。

二、会计账簿的基本构成内容

各种账簿记录的交易或事项内容不同，提供核算资料的详细程度不一样，格式也可以多种多样。但就各种主要账簿而言，其基本内容是一致的。账簿的基本内容由封面、扉页和账页三大部分构成。

1.封面

账簿的封面上应当写明账簿名称和记账单位名称。

2.扉页

账簿的扉页一般应当填列账簿的启用日期、截止日期、页数、册次，账簿启用和经营人员一览表及签章，账户目录。

3.账页

账簿的账页，其具体格式因记录和反映的交易或事项内容的不同而有很大区别，但均应具备下列基本内容：（1）账户名称，包括一级、二级或明细科目；（2）日期栏；（3）凭证种类和号数栏；（4）摘要栏；（5）金额栏，包括借、贷方发生额及相应的余额栏；（6）总页次和分户页次。

三、会计账簿的登记规则

（一）账簿启用的规则

为了保证账簿记录的合法性及账簿资料的完整性，启用会计账簿时，应在账簿封面上写明单位名称和账簿名称。在账簿扉页上应当附账簿启用及交接记录表，内容包括：启用日期、账簿页数、记账人员和会计机构负责人、会计主管人员姓名，并加盖名章和单位公章。记账人员或会计机构负责人、会计主管人员调动工作时，应当注明交接日期、接办人员或者监交人员姓名，并由交接双方人员签名或盖章。账簿启用及交接记录表的格式见表11-1。

表11-1　账簿启用及交接记录表

<table>
<tr><td colspan="2">单位名称</td><td colspan="3"></td><td>单位盖章</td></tr>
<tr><td colspan="2">账簿名称</td><td colspan="3"></td><td rowspan="6"></td></tr>
<tr><td colspan="2">账簿编号</td><td colspan="3">总　册第　册</td></tr>
<tr><td colspan="2">启用日期</td><td colspan="3">年 月　日至　年　月　日</td></tr>
<tr><td rowspan="3">经管人员</td><td colspan="2">主　管</td><td colspan="2">记　账</td></tr>
<tr><td>姓　名</td><td>盖　章</td><td>姓　名</td><td>盖　章</td></tr>
<tr><td></td><td></td><td></td><td></td></tr>
</table>

续表

<table>
<tr><td colspan="4">单位名称</td><td colspan="6"></td><td colspan="3">单位盖章</td></tr>
<tr><td rowspan="6">交接记录</td><td colspan="3">交接日期</td><td colspan="3">监　交</td><td colspan="3">移　交</td><td colspan="3">接　管</td></tr>
<tr><td>年</td><td>月</td><td>日</td><td>职务</td><td>姓名</td><td>盖章</td><td>职务</td><td>姓名</td><td>盖章</td><td>职务</td><td>姓名</td><td>盖章</td></tr>
<tr><td></td><td></td><td></td><td></td><td></td><td></td><td></td><td></td><td></td><td></td><td></td><td></td></tr>
<tr><td></td><td></td><td></td><td></td><td></td><td></td><td></td><td></td><td></td><td></td><td></td><td></td></tr>
<tr><td></td><td></td><td></td><td></td><td></td><td></td><td></td><td></td><td></td><td></td><td></td><td></td></tr>
<tr><td></td><td></td><td></td><td></td><td></td><td></td><td></td><td></td><td></td><td></td><td></td><td></td></tr>
<tr><td colspan="4">备　注</td><td colspan="9"></td></tr>
</table>

启用订本式账簿，应从第一页到最后一页顺序编写页数，不跳页、缺号。使用活页式账页，应按账户顺序编号，并须定期装订成册。装订后再按实际使用的账页顺序编写页码，另外加目录，记明每个账户的名称和页次。

此外，启用账簿时应在账簿右上角粘贴印花税票，并划线注销。如果是使用缴款书缴纳印花税的，则应在账簿右上角注明“印花税已缴”字样及缴纳的金额。

（二）账簿登记的规则

账簿是重要的会计记录和会计档案，必须保持其规范化。为此，在登记账簿时，应当遵守以下基本规则的要求。

1.必须以审核无误的会计凭证为依据，及时、准确、清楚地登记各种账簿。账簿中记录的各项内容，如日期、凭证字号、交易或事项内容摘要、金额等必须与凭证一致。登记完毕，应在记账凭证上签名或者盖章，并画“√”或注明所记账簿页次，表示已记账，避免重记或漏记。

2.必须使用蓝、黑墨水书写，不能使用圆珠笔（银行的复写账簿除外）或铅笔记账。

3.下列情况，可以用红色墨水记账：

（1）采用红字冲账的记账凭证，冲销错误记录；

（2）在不设借贷等栏的多栏式账页中，登记减少数；

（3）在三栏式账户的余额栏前，如未印明余额方向的，在余额栏内登记负数余额；

（4）根据国家统一会计制度的规定可以用红字登记的其他会计记录。

4.年度开始时，应将日记账、总分类账和明细分类账各种账户上年年终余额转记到新账簿各有关账户的第一行余额栏，并于“摘要”栏内注明“上年结转”或“年初余额”字样。

5.总分类账和明细分类账中，应在首页注明账户名称和页次，必须按编写的页次逐页逐行连续登记，不得隔页、跳行，更不得撕毁或抽换账页。如发生跳行、隔页，应将空行、空页画对角斜红线注销，或者注明“此行空白”“此页空白”字样，并由记账人员签名或者盖章。

6.一张账页记满，需要在次页接记时，应结出本页的发生额及余额，将其写在本页最后一行和次页第一行的有关金额栏内，并在“摘要”栏内分别写明“转下页”“承前页”

字样。

7.对于有余额的账户，结出余额时，应在“借或贷”栏内写明“借”或“贷”字样，表示借方余额或贷方余额；没有余额的账户，应在“借或贷”栏内写“平”字，在“余额”栏内用“θ”表示。

8.记账时书写文字和数码字要符合规范。不写怪体字、错别字，不能潦草，字迹要端正、清晰，数字不要连写，不能写满格，一般应占格的1/3至1/2。严禁刮擦、挖补、涂改或用药水消除字迹。

9.实行会计电算化的单位，总账和明细账应当定期打印。发生收款和付款业务的，在输入收款凭证和付款凭证的当天必须打印出库存现金日记账和银行存款日记账，并与库存现金核对无误。

四、会计账簿的设置和登记方法

（一）日记账的设置和登记方法

1.专用日记账的设置和登记

在实际工作中，常用的日记账是专用日记账。专用日记账是按照交易或事项发生和完成时间的先后顺序逐日逐笔进行登记的订本式账簿。专用日记账主要包括库存现金日记账和银行存款日记账。

库存现金日记账和银行存款日记账，其一般格式主要有“三栏式”和“多栏式”两种。在实际工作中，库存现金日记账和银行存款日记账一般都采用“三栏式”。

“三栏式”日记账是一种最简单、最基本的账簿格式，见表11-2。在“三栏式”日记账中，它的每一张账页上均分别设置有“借方”（或“收入”）、“贷方”（或“支出”）和“余额”（或“结余”）三栏，因此得名，也可在“摘要”栏后增设“对方科目”栏，登记对应账户的名称。

表11-2 **库存现金（银行存款）日记账**

第____页

年		凭证		摘要	对方科目	借方金额										贷方金额										余额										
月	日	字	号			千	百	十	万	千	百	十	元	角	分	千	百	十	万	千	百	十	元	角	分	亿	千	百	十	万	千	百	十	元	角	分

“多栏式”日记账的一般格式见表11-3。采用这种账页格式，主要是因为企业库存现金和银行存款收、付的交易或事项较多，相应的收、付款凭证也较多，为了简化总账的登记工作，在库存现金日记账和银行存款日记账的发生额栏内分别按对应科目设置各栏，月末分栏汇总，据以一次过入总账。为了避免账页冗长、庞杂的情况，也可将其一分为二，分别设置成收入日记账和支出日记账，其格式分别见表11-4、表11-5。

表11-3　　**库存现金（银行存款）日记账**

第__页

年		凭证		摘要	结算凭证		借方（收入）						贷方（支出）						余额
月	日	种类	号数		种类	号数	应贷科目					合计	应借科目					合计	
											……						……		

表11-4　　**库存现金（银行存款）收入日记账**

第__页

年		收款凭证号数	摘要	对应的贷方科目					收入合计	支出合计	结余
月	日							……			

表11-5　　**库存现金（银行存款）支出日记账**

第　页

年		付款凭证号数	摘要	结算凭证		对应的借方科目							支出合计
月	日			种类	号数							……	

库存现金日记账、银行存款日记账都由出纳人员根据审核后的收款凭证、付款凭证，按日逐笔顺序登记。具体地讲，在“三栏式”日记账中，其“借方”（或“收入”）栏根据库存现金（银行存款）收款凭证登记；“贷方”（或“支出”）栏根据库存现金（银行存款）付款凭证登记；每日终了，应计算、记录账面余额，其计算公式为：

当日余额=昨日余额+当日收入合计-当日支出合计

库存现金日记账的每日余额应与实际库存现金核对相符，做到“日清月结”；银行存款日记账也应定期与开户银行核对。如发现不符，应立即查明原因，并调整账簿记录。这里应当注意的是：在采用专用记账凭证的情况下，对于库存现金与银行存款之间相互划转的交易或事项，如将多余库存现金存入银行或从银行提取现金，由于只需填制付款凭证，因而库存现金（银行存款）日记账的“借方”（或“收入”）栏还需根据相应的银行存款（库存现金）的付款凭证登记。

“多栏式”日记账的登记方法与“三栏式”日记账登记方法基本相同。不同之处在于：如果分别设置库存现金（银行存款）收入日记账和库存现金（银行存款）支出日记账，每日终了，在分别结出当日收入合计、当日支出合计时，应将当日支出合计从库存现金（银行存款）支出日记账中转记入库存现金（银行存款）收入日记账的“支出合计”栏内，同时结出当日账面余额。

设置和登记库存现金（银行存款）日记账还应当注意的是：第一，为了加强内部牵制，坚持钱、账分管，实际工作中，出纳员除了负责登记日记账外，不得负责其他任何账簿的登记；第二，出纳员记账后，应将各种收、付款凭证交由会计人员登记有关总账和明细账；第三，库存现金和银行存款的总账与日记账应定期核对，达到控制和加强管理的目的。

2.通用日记账的设置和登记

企业单位如果不设置专用日记账，可以设置通用日记账，其格式见表11-6。

表11-6

通用日记账

第____页

年		摘要	会计科目	借方金额										贷方金额										过账
月	日			亿	千	百	十	万	千	百	十	元	角	分	亿	千	百	十	万	千	百	十	元	角	分	

通用日记账是根据全部交易或事项发生的顺序，逐日逐项编制会计分录，用来登记企业单位全部交易或事项会计分录的日记账。借助通用日记账，可以了解企业单位全部交易或事项发生和完成的全过程。正如本章第一节指出的那样，为了避免重复设账、记账，设置通用日记账的企业单位，一般不再设置专用日记账，这样一来，一般就只有一本通用日记账。

通用日记账可以根据记账凭证登记，也可以根据原始凭证或汇总原始凭证登记。

在根据记账凭证登记通用日记账的情况下，设置和登记通用日记账可以避免由于记账凭证的散失而遗漏有关交易或事项的记录，保证账簿记录的完整性。但是，记账凭证中的会计分录与通用日记账中的会计分录完全相同，核算工作重复。

为了避免核算工作重复，通用日记账往往根据原始凭证或汇总原始凭证直接登记。在这种情况下，不再填制记账凭证，通用日记账就成为循序连续装订成册的记账凭证。这时，通用日记账也就成为会计分录的“载体”，应该根据账中所记会计分录逐项登记总账各有关科目，并将所记总账的页数记入通用日记账“过账”栏，以便查考，并表示这一分录已经过入总账，以免重复过账。

货币资金收付的交易或事项较多的企业单位，也可以对涉及货币资金的交易或事项分别设置库存现金日记账和银行存款日记账两本专用日记账，根据收款凭证和付款凭证登记，而对其余不涉及货币资金的交易或事项（即全部转账业务）合设一本通用日记账，根据原始凭证或汇总原始凭证登记。这本通用日记账，可以称为转账日记账。

（二）总分类账的设置和登记方法

总分类账是按照总分类账户设置并登记的账簿，多为订本式。由于总分类账能够提供全面、综合、系统的核算资料，并为编制财务会计报告提供主要依据，因而各企业单位都要设置这种账簿。

总分类账一般采用“借方”“贷方”“余额”三栏式的账页格式，见表11-7；也可根据需要，在“借方”“贷方”两栏内再分设“对方科目”栏，反映每笔交易或事项的账户对应关系，其格式见表11-8。

表11-7 **总分类账**

会计科目： 第____页

年		凭证		摘要	借方金额										贷方金额										借或贷	余额										
月	日	字	号		千	百	十	万	千	百	十	元	角	分	千	百	十	万	千	百	十	元	角	分		亿	千	百	十	万	千	百	十	元	角	分

表11-8　　**<u>总分类账</u>**

会计科目：　　　　　　　　　　　　　　　　　　　　　　　　　　　　　　第____页

年		凭证		摘要	借方											贷方											借或贷	余额									
月	日	字	号		金额										对方科目	金额										对方科目		千	百	十	万	千	百	十	元	角	分
					千	百	十	万	千	百	十	元	角	分		千	百	十	万	千	百	十	元	角	分												

总分类账的格式，除了上述三栏式外，还有多栏式的，即把序时记录和总分类记录结合在一起的联合账簿，这种账簿又叫日记总账。由于多栏式总账具有序时账和总分类账的作用，所以，采用这种账簿就能够避免重复记账，提高工作效率，并能一目了然地了解和分析经济活动情况。当然，多栏式总账往往账页冗长、庞杂。因此，它适用于交易或事项比较简单和会计科目不多的单位。多栏式总账（日记总账）的格式，见表11-9。

表11-9　　**<u>多栏式总分类账（日记总账）</u>**

第____页

年		凭证		摘　要	发生额	科目		科目		科目		科目		科目	
月	日	字	号			借方	贷方	借方	贷方	借方	贷方	借方	贷方	借方	贷方

总分类账登记的依据和方法，主要取决于所采用的账务处理程序，它可以直接根据记账凭证逐笔登记，也可以通过一定的汇总方式，先把各种记账凭证汇总编制成科目汇总表或汇总记账凭证，再据以登记。月终，在全部交易或事项登记入账后，应结出各账户的本期发生额和期末余额。关于总分类账的登记方法，将在第十三章中详细介绍。

（三）明细分类账的设置和登记方法

明细分类账簿是根据有关明细分类账户设置并登记的账簿。它能提供交易或事项比较详细、具体的核算资料，以补充总账所提供核算资料的不足。因此，各企业单位在设置总账的同时，还应设置必要的明细账。

明细账是根据管理需要设置的，管理的需要不同，要求明细账记录和反映的内容也不一样。因此，实际工作中，明细账的格式多种多样，常用的主要有下面三种：

1.三栏式明细账

三栏式明细账账页格式与表11-7的三栏式总账账页格式相同。由于它只有金额指标，没有实物指标，因而适用于“应收账款”“应付账款”“其他应收款”等只要求核算金额的明细账户。

2.数量金额式明细账

数量金额式明细账是指同时提供货币金额指标、实物数量指标的账页格式，见表11-10。它一般适用于“原材料”“库存商品”等财产物资的明细账户，从金额和数量两个方面对财产物资进行双重核算，有利于加强财产物资的管理。

表11-10 （明细分类账簿名称）

类别： 存放地点：

品名或规格： 计量单位：

年		凭证		摘要	收入			发出			结存		
月	日	字	号		数量	单价	金额	数量	单价	金额	数量	单价	金额

3.多栏式明细账

多栏式明细账是指将一个明细账户在一张账页上分设若干专栏予以登记和反映的账页格式。它适用于只记金额、不记数量，而且管理上要求反映其构成内容的成本、费用、收入、经营成果等明细分类账户。按明细分类账登记的交易或事项不同，多栏式明细分类账账页又分为借方多栏、贷方多栏和借贷方均多栏三种格式。

借方多栏式明细分类账的账页格式适用于借方需要设多个明细科目或明细项目的账户，如“材料采购”“生产成本”“制造费用”“管理费用”“财务费用”“营业外支出”

等科目的明细分类核算，见表11-11。

表11-11 （明细分类账簿名称）

二级或明细科目：

年		凭证		摘要	借方（项目）							贷方	余额
月	日	字	号								合计		

贷方多栏式明细分类账的账页格式适用于贷方需要设多个明细科目或明细项目的账户，如“主营业务收入”“营业外收入”等科目的明细分类核算，见表11-12。

表11-12

<u>（明细分类账簿名称）</u>

二级或明细科目：

年		凭证		摘　要	借方	贷方（项目）							余额
月	日	字	号									合计	

借方贷方多栏式明细分类账的账页格式适用于借方贷方均需要设多个明细科目或明细项目的账户，如“本年利润”科目的明细分类核算，见表11-13。

表11-13

<u>（明细分类账簿名称）</u>

二级或明细科目：

年		凭证		摘　要	借方（项目）			贷方（项目）			余额
月	日	字	号				合计			合计	

各种明细分类账一般应根据记账凭证或原始凭证、汇总原始凭证逐日逐笔登记。对于多栏式明细账，如果只设借方专栏或直接按明细项目设专栏，则交易或事项的增加发生额用蓝色笔登记，交易或事项的减少发生额即贷方发生额用红色笔登记在相应专栏内，表示冲减增加发生额。

五、更正错账的方法

实际工作中，记账错误时有发生。有的错误，记账后可能马上被发现，但大部分错账常常在期末对账时才被发现。造成账簿记录错误的原因很多，主要原因有两类：一是记账或过账时发生笔误，以及账户的发生额或余额计算错误；二是记账凭证编制错误，登记账簿时未予发觉。不管何种原因造成的错账，一经发现，不准涂改、挖补、刮擦或用药水消除字迹，不准重新抄写，而必须采用专门方法予以更正。

造成账簿记录错误的原因不同，更正错账采用的方法也不同。归纳起来，更正错账的方法主要有三种，即划线更正法、红字更正法、补充登记法。

（一）划线更正法

在结账日前，若发现账簿记录中的文字或数字存在错误，但记账凭证并无错误，则属记账或过账时发生的笔误。这种错账即可采用划线更正法予以更正。

划线更正法也称红线更正法，其更正方法是：将错误的文字或数字画一条红色横线注销，但必须使原有字迹仍可辨认，以备查考；然后在划线上方用蓝字将正确的文字或数字填写在同一行的上方空白位置，并由更正人员在更正处加盖名章，以示责任。

应用划线更正法时，应当注意的是：对文字差错可只划去错误部分，而对于数字差错必须将错误数额全部划去，不允许只更正错误数额中的个别数字。

（二）红字更正法

红字更正法又称红字冲销法。红字更正法适用于登记账簿所依据的记账凭证错误且在记账之后方才发现的错账的更正。红字更正法分为两种方法，即红字全额冲销法和红字差额冲销法。

1.红字全额冲销法

如果发现账簿记录的错误是由于记账凭证所列应借、应贷会计科目有错误而引起的，应该采用红字全额冲销法更正。其更正的程序是：先用红字填制一张与原错误记账凭证相同内容的记账凭证，但在“摘要”栏中应写明“冲销错账”以及错误凭证的号数和日期；然后据以登记入账，用来冲销账簿记录中原记的错误记录；最后用蓝字填制一张正确的记账凭证，在“摘要”栏中写明“更正错误”以及冲账凭证的号数和日期，并据以登记入账。

【例 11-1】某企业开出现金支票 3 000 元购置车间办公用品。这项交易或事项应当借记“制造费用”科目 3 000 元，贷记“银行存款”科目 3 000 元。如果填制记账凭证时误为借记“管理费用”科目 3 000 元，贷记“银行存款”科目 3 000 元，并已登记入账。

更正上述错误时，首先应当采用红字金额（□表示红字金额，下同）填制一张与原来错误记账凭证内容相同的记账凭证。记账凭证中的会计分录如下：

（1）借：管理费用　　$\boxed{3\ 000}$

　　　贷：银行存款　　$\boxed{3\ 000}$

根据这一记账凭证用红字金额记账，冲销原来的错账。

然后，再用蓝字金额填制一张正确的记账凭证。记账凭证中的会计分录如下：

（2）借：制造费用　　3 000

　　　贷：银行存款　　3 000

根据这一记账凭证登记入账，即可更正错误记录。

上述更正结果如图11-2所示。

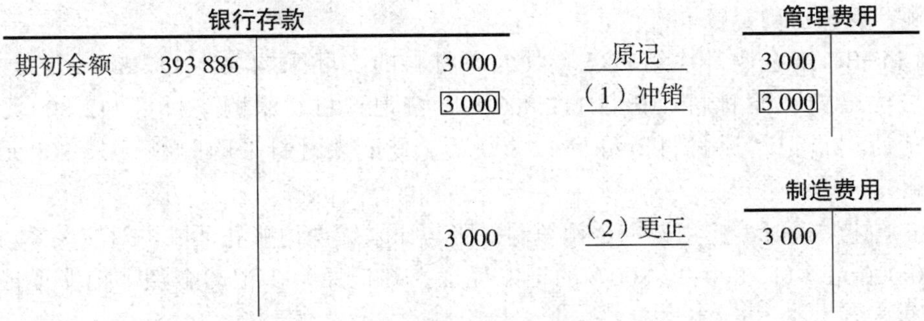

图11-2　红字全额冲销法更正错账示意图

2.红字差额冲销法

如果发现账簿记录的错误是由于记账凭证所列金额大于应记金额而引起的，而应借、应贷的会计科目没有错误，则应当采用红字差额冲销法予以更正。其更正的程序是：用蓝字填制一张应借、应贷会计科目与原错误记账凭证相同的记账凭证，但其金额则用红字填列多记的金额，并在“摘要”栏中写明“冲销多记金额”以及原错误记账凭证的号数和日期。然后将这一记账凭证登记入账，即可将原来多记的金额冲销，更正为正确的金额。

【例11-2】某企业月终结转已生产完工验收入库产品的实际生产成本38 660元。这项交易或事项应当借记“库存商品”科目38 660元，贷记“生产成本”科目38 660元。填制记账凭证时误借记“库存商品”科目83 660元，贷记“生产成本”科目83 660元，并已登记入账。

更正上述错误时，应用红字金额填制一张与原来错误记账凭证账户对应关系相同而金额为45 000元（83 660-38 660）的记账凭证，冲销原来多记的金额。记账凭证中的会计分录如下：

借：库存商品　　45 000

　贷：生产成本　　45 000

根据这一记账凭证用红字金额登记入账，冲销原来多记的金额，即可更正错误记录。

上述更正结果如图11-3所示。

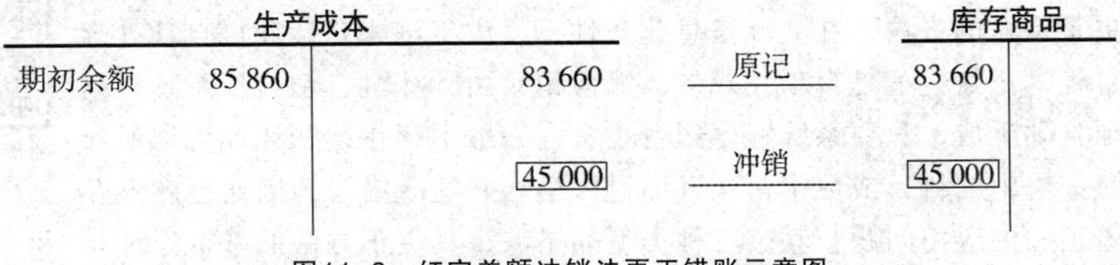

图11-3　红字差额冲销法更正错账示意图

（三）补充登记法

记账以后，若发现记账凭证和账簿所记金额小于应记金额，而应借、应贷的会计科目和记账方向均无错误，则应当采用补充登记法予以更正。更正的方法是：将少记的金额用蓝字填制一张与原错误记账凭证所记载的借贷方向、应借应贷会计科目相同的记账凭证，在“摘要”栏内写明：“补记某月某日第×号记账凭证少记金额”，并据以入账，以补记少记的金额，反映正确金额。

【例11-3】某企业月终结转已验收入库材料的实际采购成本112 800元。这项交易或事项应当借记“原材料”科目112 800元，贷记“材料采购”科目112 800元。填制记账凭证时误借记“原材料”科目12 800元，贷记“材料采购”科目12 800元，并已登记入账。

更正上述错误时，应用蓝字金额填制一张与原来错误记账凭证账户对应关系相同而金额为100 000元（112 800−12 800）的记账凭证，补记原来少记的金额。记账凭证中的会计分录如下：

借：原材料　　100 000

　贷：材料采购　　100 000

根据这一记账凭证登记入账，补记原来少记的金额，即可更正错误记录。

上述更正结果如图11-4所示。

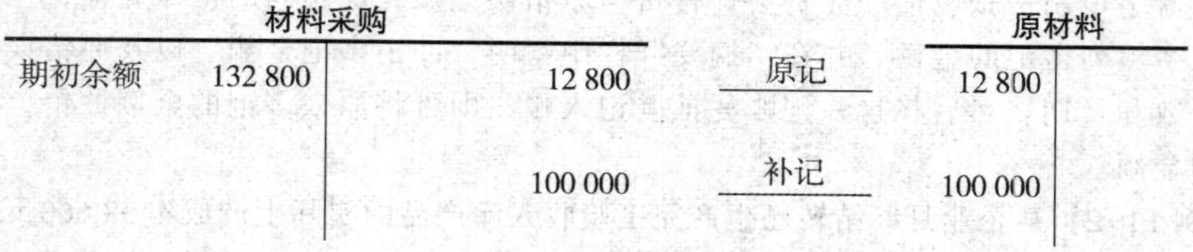

图11-4　补充登记法更正错账示意图

需要指出的是：第一，采用红字更正法进行更正时，应当采用红字金额填制一张更正的记账凭证，以抵销原入账金额。用于更正的这张凭证，不得以蓝字金额及按借贷相反的方向编制，因为这样做，不能反映错账更正的内容。第二，因以前年度记账凭证填制错误而造成以前年度账簿记录错误的，由于以前年度已进行了会计决算，更换了账簿，不可能再将已经决算的数字进行红字冲销或蓝字补记，只能用蓝字填制更正凭证，并在发现错账当年内的有关账户中进行更正；用于更正的凭证“摘要”栏内，应当特别写明“更正××年度错账”的字样。如果发现以前年度账簿中的文字书写有误，仍应采用划线更正法进行更正。

这里应当说明的是，前述内容为手工会计处理环境下错账的四种基本类型及其更正错账的方法。在会计信息化条件下，由于记账是计算机自动处理数据的过程，记账过程是自动完成的，账簿记录由计算机自动处理系统根据记账凭证自动生成，只要系统程序运行正常，一般不存在记账凭证无误所导致的账簿记录中的科目或数字错误（即过账笔误）这一错账，因而也就不存在划线更正法的应用问题；其余三种类型的错账，其更正方法的基本原理与手工会计处理环境下错账的更正方法是一致的，只是在使用不同财务软件的条件下错账更正方法在具体操作上会略有差异。

错账类型及其更正方法

六、结账

为了总结某一会计期间（月份、季度、半年度、年度）的经济活动情况，考核经营成果，必须使各种账簿的记录保持完整和正确，以便于编制财务会计报告。为此，必须对所登记的各种账簿定期进行结账工作。

结账是在期末（月末、季末、年末）将当期应记的交易或事项全部登记入账的基础上，结算、登记各种账簿本期发生额和期末余额的记账工作。

结账工作的内容和程序主要包括以下几个方面：

1. 结账前，首先要查明这个时期所发生的交易或事项是否已全部记入有关账簿，不能提前结账，也不得将本期发生的交易或事项延至下期登账。

2. 本期内所有的转账业务（即不涉及库存现金和银行存款增加、减少的交易或事项），应当编制记账凭证记入有关账户，结清转账业务，调整账户记录。其包括：已验收入库材料的实际采购成本，应转入“原材料”账户；长期待摊费用应按规定的比例摊配于本期产品成本或期间费用；制造费用应按一定标准分配、结转，记入“生产成本”账户；生产完工验收入库商品的实际生产成本，应转入“库存商品”账户；财产清查发现的盘盈盘亏应按规定转销入账；期末所有的收入账户和所有的费用账户，均应转入“本年利润”账户等。

3. 在本期全部交易或事项登记入账的基础上，应当结算和登记库存现金日记账、银行存款日记账，以及总分类账和明细分类账各账户的本期发生额和期末余额。年度终了，应将余额结转下年。

结账工作分为月结、季结、半年结和年结四种。结账的具体方法如下。

月结：应当在各账户本月份最后一笔记录下面画一通栏单条红线，在红线下结出本月发生额及余额。余额为0的，在“借或贷”栏内写上“平”字，在“余额”栏内写上“θ”，在“摘要”栏内注明“×月份发生额及余额”或“本月合计”，然后在该行下面再画一通栏单条红线。

季结、半年结的方法与月结基本相同，可比照月结进行。

年结：年终决算，因涉及新年更换账簿，比较复杂。办理年结时，应在各账户12月份月结（或第4季度季结）行下面画一通栏单条红线，在红线下填列全年12个月月结发生额（或4个季度的季结发生额）合计及年末余额，在“摘要”栏内注明“本年发生额及余额”或“本年合计”；在此基础上，将账户的年初余额按借、贷相同方向抄列于下一行内，即将年初借方余额抄列在“借方”栏内，将年初贷方余额抄列在“贷方”栏内，并在“摘要”栏内注明“年初余额”或“上年结转”；紧接下一行，将账户年末余额按借、贷相反方向抄列在“借方”或“贷方”栏内，即将年末借方余额抄列在“贷方”栏，将年末贷方余额抄列在“借方”栏，同时在该行“摘要”栏内注明“结转下年”；最后，将上述三行年结“借方”“贷方”栏的金额分别相加（如无差错，该借、贷合计金额应相等）填列在下一行，在该行“摘要”栏内注明“本年总计”或“合计”，在“本年总计”行下划通栏双条红线，表示封账。

更换新的账簿时，将各账户的年末余额以相同方向过入新账中即可，在新账页第一行的“摘要”栏内注明“上年结转”或“年初余额”。

月结、季结、半年结和年结的具体方法见表11-14。

表11-14

总分类账

会计科目：库存商品　　　　　　　　　　　　　　　　　　　　　　　　　　　　　第____页

20××年 月	日	凭证 字	号	摘要	借方金额（千百十万千百十元角分）	贷方金额（千百十万千百十元角分）	借或贷	余额（亿千百十万千百十元角分）
1	1			上年结转			借	38660000
				（略）				
12	1			月初结存			借	32958000
	10	科汇	1	1—10日发生额	9950000	8700000	借	33083000
	20	科汇	2	11—20日发生额	16970000	20670000	借	32713000
	31	科汇	3	21—31日发生额	23680000	75950000	借	27486000
	31			本月合计	50600000	105320000	借	27486000
	31			本季合计	96670000	125890000	借	27486000
	31			下半年合计	188520000	213370000	借	27486000
	31			本年合计	373920000	485660000	借	27486000
	31			上年结转	38660000			
	31			结转下年		27486000		
	31			本年总计	760520000	760520000	平	0

注：在该表中，结账时所画的横线，其粗单线在实际工作中应为单条红线，“本年总计”下的双横线应为两条红线。

第三节　对账和财产清查

一、对账

所谓对账就是指核对账目，是对账簿记录的正确与否进行核对的工作。在会计核算中，记账时难免发生各种差错，造成账证不符、账账不符、账实不符。为了保证账簿记录的正确性，必须进行对账工作，通过对账来保证各种账簿记录真实、正确、完整，以确保账证相符、账账相符、账实相符。对账工作主要包括以下三方面内容：[①]

（一）账证核对

账证核对，是指将各种账簿的记录与有关记账凭证及其所附的原始凭证进行核对，做到账证相符。这种核对，一般是在日常编制会计凭证和记账过程中进行的，以检查所记账目是否正确。月终，如果发现账账不符，也可以再将账簿记录与有关会计凭证进行核对，以保证账证相符。

（二）账账核对

账账核对是将各种账簿之间有关的金额进行核对，做到账账相符。其具体核对内容主要包括：

（1）总账“库存现金”“银行存款”账户的期末余额，分别与库存现金日记账、银行存款日记账的期末余额核对。

（2）总账账户的期末余额与其所属明细账户的期末余额之和核对。对于明细账户比较多的总账账户，可以根据各明细账户记录编制“明细分类账户本期发生额和余额明细表”（见表7-9），然后加计本期发生额、余额的合计数，与总账账户本期发生额、余额进行核对。

（3）会计部门设置的各种财产物资明细账（例如，原材料明细账）的期末余额，与财产物资的保管部门（例如，仓库、总务部门）和使用部门（例如，各车间、行政管理部门）相应的财产物资明细账的期末余额核对。

（4）总账各账户期末的借方余额合计数与贷方余额合计数核对。为了进行这方面的核对，应当编制总账账户余额表，表中按照总账账户分行填列借方余额和贷方余额，然后加计借方余额合计数和贷方余额合计数，进行核对。在日常核算工作中，为简便起见，一般将“总分类账户本期发生额试算平衡表”和“总分类账户期末余额试算平衡表”（其格式分别见表7-2和表7-3）合并为“总分类账户本期发生额及余额试算平衡表”（简称“总分类账户试算平衡表”，见表7-4）。

（三）账实核对

账实核对是将各种财产账面余额与实存数额或实际余额进行核对，做到账实相符。账

---

① 一些教科书认为，对账工作的内容除账证核对、账账核对、账实核对外，还包括账表核对，而账表核对就是将各种账簿记录与有关会计报表进行核对，做到账表相符。我们认为，将账表核对视为对账的内容是不妥的。的确，会计报表主要是根据有关账簿记录编制的，因而会计报表编制完毕当然要进行账表核对，做到账表相符。然而，对账是在编制会计报表前进行的，是编制会计报表前的一项准备工作，在开展对账工作时，显然不涉及账表核对。

实核对的主要内容包括：

（1）库存现金日记账账面余额与库存现金实际库存数相互核对；

（2）银行存款日记账账面余额与开户银行账目相互核对；

（3）各种实物资产明细分类账账面余额与实物资产实存数相互核对；

（4）各种应收、应付款明细分类账账面余额与有关债务人、债权人的账目相互核对。

二、财产清查

（一）财产清查的含义

企业单位各项财产的增减变动及结存情况，都要通过账簿记录来反映，因而从理论上来说，会计账簿记载的各项财产的增减结存情况与实际的各项财产的收发结存情况应当完全一致。但是，在实际工作中，各项财产的账存数额与实存数额常有不完全一致的情况。造成账实不符的原因是多方面的，一般说来主要有：在收发各项财产时，由于错收、错付、计量检验不准等而发生品种、数量、质量上的差错；某些实物资产在保管过程中发生了自然损耗或升溢；因管理不善或工作人员失职而发生财产残损霉变和短缺；因非常灾害造成财产损失；由于不法分子的营私舞弊、贪污盗窃等而发生财产损失；会计记账工作中出现漏记、错记或计算错误等。

所谓财产清查，就是在对账过程中借助特定的方法，确定相关财产在一定日期的实存数并进行账实对比的一种对账手段，它属于会计核算方法中登记会计账簿这一专门方法的范畴。在实际工作中，根据对账工作的需要，财产清查所要清查的财产主要是货币资金、实物资产和债权债务。

（二）财产清查的作用

财产清查不仅是对账的一种手段，而且是企业单位经营管理不可缺少的一种经济管理制度和经济管理工作。企业单位在会计核算中，除了应加强会计凭证的日常审核，定期核对账簿记录，做到账证相符、账账相符以外，还必须定期或不定期地进行财产清查，做到账实相符，以保证账簿记录的正确性，为编制财务会计报告提供真实、客观、可靠的数据资料，并以此促进财产管理工作的改善，提高企业经营管理水平。

财产清查的重要作用可以概括如下：

第一，可以保证会计核算资料的真实可靠，有利于保证会计信息的质量。通过财产清查，可以确定各项财产的实存数，查明账实是否相符及账实差异的数额、原因和责任，并对账实不符财产的账面记录及时予以调整，做到账实一致，从而保证会计核算资料的正确性，为编制财务会计报告提供真实可靠的数据资料，保证会计信息的质量。

第二，有利于保证各项财产的安全完整和维护财经纪律的严肃性。通过财产清查，可以查明有无挪用、贪污、盗窃各项财产的情况，以便及时查处；可以查明有无因管理不善造成各项财产物资残损霉变、损失浪费等情况，以便及时改进管理工作，保护财产物资的安全完整；可以查明各种往来款项的结算情况，发现长期不清的不合理的债权债务，从而促进企业单位及时清理，避免坏账损失，并自觉遵守财经纪律和结算制度。

第三，可以促进经营管理水平的提高。通过财产清查，可以摸清家底，查明各项财产的实存数，以便及时解决呆滞积压或储备不足等问题，从而改善库存结构，挖掘财产潜力，加速资金周转；可以查明财产物资收发、保管、报废及现金出纳、账款结算等手续制度的贯彻执行情况，发现薄弱环节和存在的问题，从而促使企业建立健全有关规章制度，提高经营管理水平。

此外，财产清查是进行资产评估的一项基础性工作，它对于正确地进行资产评估有着重要的作用。

（三）财产清查的种类

财产清查可以按不同的标准进行分类，主要有以下两种：

1.按清查的对象和范围分类

财产清查按清查的对象和范围，可以分为全面清查和局部清查。

（1）全面清查

全面清查就是对全部财产进行盘点和查对，其清查的对象包括企业的各项货币资金、实物资产、债权债务以及受托加工、保管、销售的材料、商品等物资。

全面清查具有范围广、内容多，需要投入的人力多，花费的时间较长等特点。一般来说，需要进行全面清查的情况主要有：①年终决算之前要进行全面清查，以确保年终决算会计资料的正确性，确保年度会计信息的真实可靠；②单位撤销、合并、联营、迁移、改制、改变隶属关系以及单位主要负责人调离工作时，需要进行全面清查，以明确有关经济责任；③开展清产核资时要进行全面清查，以摸清家底，准确核定资财。

（2）局部清查

局部清查就是根据需要只对某一部分财产进行盘点和查对。

局部清查具有范围小、内容少，涉及人员不多，专业性较强等特点。通常，局部清查的具体对象、范围及时间，应当根据各企业单位经营管理的需要具体加以确定。一般来说，需要进行局部清查的情况主要是：①对于库存现金，每日业务终了时应由出纳人员清点，做到日清月结；②对于银行存款和各种银行借款，出纳人员每月应与银行核对；③对于各种贵重物资，每月至少应当清查盘点一次；④对于流动性较大或容易损耗的各种存货，应有计划地每月轮流进行盘点或重点抽查；⑤对于各种债权、债务，每年至少应与往来单位核对一至两次等。

2.按清查的时间分类

财产清查按清查的时间，可以分为定期清查和不定期清查。

（1）定期清查

定期清查是指根据管理制度或计划预先规定的时间对各项财产所进行的盘点和查对。它通常在年末、半年末、季末、月末结账时进行，目的在于确保会计核算资料的真实、正确。

定期清查的对象和范围，根据实际情况和需要确定，可以是全面清查，也可以是局部清查。一般情况下，在年末进行的是全面清查，在半年末、季末、月末进行的是局部清查。

（2）不定期清查

不定期清查是指根据实际需要对各项财产进行的临时性盘点和查对，故也称为临时清查。

一般来说，需要进行不定期清查的情况主要有：①更换库存现金、实物资产的保管人员，在办理移交时进行的清查；②发生非常灾害或意外损失，在弄清毁损情况时进行的清查；③上级主管部门、审计、财政、银行等部门对本单位进行会计检查，在验证会计资料可靠性时进行的清查；④按照有关规定，在开展临时性清产核资时进行的清查；⑤单位撤销、合并、联营、迁移、改制、改变隶属关系以及单位主要负责人调离工作时进行的清查。

不定期清查的对象和范围应当根据实际情况和需要确定，可以是全面清查，也可以是局部清查。

（四）财产清查的一般程序

为了发挥财产清查的作用，达到财产清查的目的，财产清查应遵循一定的程序有组织、有领导、有步骤地进行。不同的财产清查，其具体程序有所不同，但就其一般程序来说，都应包括准备阶段、实施阶段和总结阶段三个主要环节。

1.财产清查的准备

在财产清查的准备阶段，主要应当做好组织准备和业务准备两方面的工作，以保证财产清查有组织、有领导、有计划地进行。

财产清查，尤其是进行全面清查，应在企业单位的负责人领导下，成立一个由会计部门牵头，由业务、技术、仓库、行政等有关部门参加的财产清查组织班子。概括地说，其任务包括：根据管理制度或有关部门的要求，拟订财产清查的详细计划，包括确定财产清查的对象、范围、重点、具体要求、清查方法和工作进度等；在实施清查的过程中，做好组织、检查和督促工作，及时研究和解决清查中的问题；在清查结束后及时进行总结，将清查结果和处理意见上报领导和有关部门审批。

在准备阶段，清查组织与各有关部门应相互配合，积极做好各项业务准备工作：会计部门应在清查前将有关账目登记齐全，结出余额，核对清楚，做到账证相符和账账相符；财产物资保管和使用部门应登记好所经管的各种财产物资明细账，结出余额，并将所保管、使用的各种财产物资整理排列，挂上标签，标明品种、规格和结存数量；准备好清查必需的计量器具和各种登记表册等。

2.财产清查的实施

在财产清查的实施阶段，主要是根据财产清查计划安排，采用实地盘点、查对账目等具体方法，确定各项货币资金、实物资产和债权债务的实际结存数，并与账面结存数进行核对，查明账实是否相符。

3.财产清查的总结

在财产清查的总结阶段，主要是对清查的结果进行处理。财产清查结果的处理是财产清查工作的重要环节，其主要工作内容是：对清查中所确定的账实差异进行深入调查，认真分析，查明其性质和产生的具体原因，明确责任，实事求是地提出处理意见，按规定程序报请有关领导审批处理；对清查中发现的呆滞积压、储备不足及债权债务长期不清等各种情况，应提请有关领导和部门注意，积极进行处理；对清查所发现的在各项财产管理及会计核算等方面存在的各种问题，认真加以分析和总结，提出建立健全有关制度、改善各项管理工作的具体建议和措施；会计部门要按照规定和程序，认真做好财产清查结果的各项账务处理工作。

（五）财产清查的方法

1.实物资产的清查方法

实物资产的清查是指对各种存货和固定资产等具有实物形态的财产物资进行盘点和查对，确定实存数，并查明其账实是否相符。在清查过程中，为了便于进行账实对比，既要确定实物资产的账面结存数，又要确定实物资产的实际结存数。

（1）财产物资盘存制度

财产物资盘存制度也就是确定实物资产账面结存数的方法。由于财产物资盘存制度所针对的主要是实物资产中的存货，因而也被称为存货盘存制度。在会计账簿中，由于实物资产增减变动及结存情况的记录方式不同，财产物资盘存制度也就区分为“永续盘存制”和“实地盘存制”两种。

①永续盘存制

永续盘存制亦称账面盘存制，就是平时对实物资产的增加和减少都要根据相应的会计凭证在账簿中连续进行登记，并随时结出账面余额的一种管理制度。采用这种制度，期末账面结存数的确定方法为：

期末结存数=期初结存数+本期增加数-本期减少数

采用永续盘存制，手续严密，有利于加强对实物资产的管理，并可通过账簿记录及时反映和随时了解实物资产的增减变化及结存情况。但是，其日常的核算工作量较大，并有可能发生账实不符的情况。在实际工作中，除少数特殊情况外，一般都应采用永续盘存制。

②实地盘存制

实地盘存制就是平时只在账簿中登记实物资产的增加数，不登记减少数，也不结计账面余额，期末通过实地盘点确定实物资产的实存数，并将这一实存数作为账面结存数，然后据以倒挤本期减少数，再据以登记账簿的一种管理制度。采用这种制度，实物资产的账面结存数是实地盘点得来的实存数。本期减少数的倒挤方法为：

本期减少数=期初结存数+本期增加数-期末结存数

采用实地盘存制，日常核算工作较为简单，但由于手续不严密，账簿记录不完整，故难以发现实物资产管理中存在的问题，据以确定的本期减少数不一定符合客观实际。因此，非特殊原因，一般不宜采用实地盘存制。

（2）实物资产实存数量的清查方法

不同品种的实物资产，由于其实物形态、体积、重量、堆放方式等不尽相同，因而应采用不同的方法确定其实存数量。企业对实物资产实存数量的清查，较为常用的方法有实地盘点法、技术推算法等。

①实地盘点法

实地盘点法就是通过清点数量或用计量器具来逐一确定实物资产的实存数量。它是一种常用的方法，大多数实物资产的清查都可以采用这种方法进行。

②技术推算法

技术推算法不是逐一清点计数，而是运用一定技术方法推算确定实物资产的实存数量。在实际工作中，企业对一些价值低、数量大而又不便于逐一盘点的实物资产，如露天堆放的原煤、砂石等，可以在抽样盘点的基础上进行技术推算，确定其实存数量。

此外，对于委托外单位加工、保管、销售的材料、商品等实物资产，一般应采用询证核对的方法，通过函询、面询等方式，确定其实存数量。

为了明确经济责任，在进行实物资产的盘点时，其保管人员必须在场。在盘点过程中，应注意不要把受托加工、保管、销售的实物资产混为本企业的实物资产。对实物资产的盘点结果，应逐一在“盘存单”上如实登记，并由实物盘点人员和保管人员当场签章。“盘存单”是记录各项实物资产的实存数量，反映财产清查工作结果的原始凭证，其一般格式见表11-15。

表11-15 **盘存单**

单位名称：　　　　　　　　　　　　盘点时间：

财产类别：　　　　　　　　　　　　存放地点：　　　　　　　　　　编号：

序号	名称	规格型号	计量单位	数量	单价	金额	备注

盘点人签章：　　　　　　　　　　　　保管人签章：

实物资产盘点完毕，应将“盘存单”记录的实存数与账存数逐项核对，查明其账实是否相符。当发现某些实物资产账实不符时，应据以编制“实存账存对比表”。“实存账存对比表”也称为“盘点盈亏报告表”，是用以确定实物资产盘盈或盘亏的数据和原因，调整账簿记录的重要原始凭证，其一般格式见表11-16。

表11-16 **实存账存对比表**

单位名称：　　　　　　　　　　　　年　月　日

序号	类别及名称	规格型号	计量单位	单价	实存		账存		账实对比				备注
									盘盈		盘亏		
					数量	金额	数量	金额	数量	金额	数量	金额	
	金额合计												

盘点人签章：　　　　　　　　　　　　会计签章：

2.货币资金的清查方法

货币资金的清查主要包括库存现金和银行存款的清查。

（1）库存现金的清查

对库存现金的清查，一般是采用实地盘点法确定其实存数，然后再将其与库存现金日记账的账面余额核对，从而查明账实是否相符及盈亏情况。

为了明确经济责任，在对库存现金进行盘点时，出纳人员必须在场。在清查过程中，应注意有无“白条”顶库、“公款私存”等违反现金管理制度的现象。库存现金盘点完毕，应根据盘点结果和库存现金日记账余额编制“库存现金盘点报告表”，并由盘点人员和出纳人员当场签章。“库存现金盘点报告表”兼有“盘存单”和“实存账存对比表”的作用，是反映库存现金实有数和调整账簿记录的重要原始凭证，其一般格式见表11-17。

表11-17　**库存现金盘点报告表**

单位名称：　　　　　　　年　月　日

实存金额	账存金额	账实差异		备注
		盘盈	盘亏	

盘点人签章：　　　　　　　　　出纳员签章：

（2）银行存款的清查

银行存款的清查是采用与开户银行核对账目的方法进行的，即将企业单位的银行存款日记账与银行转来的对账单逐笔进行核对，以查明银行存款日记账的记录是否真实可靠。在与银行核对账目之前，应当先详细检查银行存款日记账的正确性和完整性，然后再将其与银行对账单逐笔进行核对。

由于存在未达账项，即使企业和银行双方记账均无错漏，也常常会出现银行存款日记账余额与银行对账单余额不一致的情况。

所谓未达账项是指企业和银行双方之间由于对同一项业务的记账时间不一致而发生的一方已经入账，而另一方尚未入账的款项。未达账项有四种基本情况：①企业已收款而银行未收款；②企业已付款而银行未付款；③银行已收款而企业未收款；④银行已付款而企业未付款。

任何一种未达账项的存在，都会使银行存款日记账余额与银行对账单余额不符。因此，在与银行核对账目时，应首先查明未达账项，并据以编制“银行存款余额调节表”调整双方账面余额，以确定企业和银行双方记账是否正确。

在上述四种未达账项中，由于第①、④种会使对账单余额小于日记账余额，第②、③种会使日记账余额小于对账单余额，因此，“银行存款余额调节表”的编制方法应当是：根据查明的未达账项，在企业与银行双方账面余额的基础上，各自补记对方已入账而本身未入账的未达账项金额，求出双方调整后的余额。

现举例说明“银行存款余额调节表”的编制方法。

【例11-4】林城市鹿冲关办公家具制造厂某年12月31日银行存款日记账余额为235 600元，银行对账单余额为217 228元。经逐笔核对，发现有以下未达账项：

①企业存入转账支票40 150元，企业银行存款日记账中已作银行存款增加记录，银行对账单中未作记录；

②企业开出现金支票2 900元，企业银行存款日记账中已作银行存款减少记录，银行对账单中未作记录；

③企业委托银行向永泰工厂收取销货款22 500元，银行对账单中已作银行存款增加记录，企业银行存款日记账中未作记录；

④银行代企业支付水费1 022元，银行对账单中已作银行存款减少记录，企业银行存款日记账中未作记录；

⑤银行代企业支付电费2 600元，银行对账单中已作银行存款减少记录，企业银行存款日记账中未作记录。

根据以上未达账项所编制的"银行存款余额调节表"见表11-18。

表11-18

银行存款余额调节表

××××年12月31日

单位：元

项 目	金 额	项 目	金 额
银行存款日记账余额	235 600	银行对账单余额	217 228
加：银行已收企业未收款项		加：企业已收银行未收款项	
1.银行代收销货款	22 500	1.存入转账支票	40 150
2.		2.	
减：银行已付企业未付款项		减：企业已付银行未付款项	
1.银行代付水费	1 022	1.开出现金支票	2 900
2.银行代付电费	2 600	2.	
调节后存款余额	254 478	调节后存款余额	254 478

编制"银行存款余额调节表"，如果调节后的双方余额相等（见表11-18），则一般说明双方记账没有差错；若不相等，则表明记账有差错，应进一步核对，以查明原因，予以更正。

应当指出的是，银行对账单和"银行存款余额调节表"都只起对账依据的作用，不能作为更改银行存款日记账记录的凭证。对于银行已经入账而企业单位尚未入账的未达账项，应在有关结算凭证到达后再据以记账。此外，对于长期悬置的未达账项应及时查明原因予以解决。

上述银行存款的清查方法，也适用于各种银行借款的清查。

3.往来款项的清查方法

往来款项的清查也就是对各种应收及暂付、应付及暂收款项等债权、债务所进行的查对。

各种往来款项的清查方法与银行存款清查方法一样，也是采取同对方单位核对账目的方法。清查时，首先应检查本单位各项往来款项账目的正确性和完整性，在此基础上，根据有关明细账的记录，按往来单位分户抄制对账单，送交对方单位进行核对。对账单一般一式两联，其中一联作为回单。如果对方单位核对相符，应在回单上盖章退回；如果数字不符，应将不符的情况在回单上注明，或者另抄对账单退回本单位，作为进一步核对的依据。在核对过程中，如果发现未达账项，双方均应编制“应收账款或应付账款余额调节表”进行调整，其编制方法与“银行存款余额调节表”的编制方法相同。

往来款项清查完毕，应根据清查结果编制“往来款项清查报告表”，并填列各项债权、债务的余额。对于有争议的款项以及无法收回或支付的款项，应当将其情况在报告表上详细注明，以便及时采取措施进行处理。“往来款项清查报告表”的一般格式见表11-19。

表11-19　**往来款项清查报告表**

年　月　日　　单位：元

总账账户		明细账户		清查结果		核对不符原因分析			备注
名称	余额	名称	余额	核对相符金额	核对不符金额	未达账项金额	争议款项金额	其他	

清查人员签章：　　经管人员签章：

第四节　会计账簿的更换与保管

一、会计账簿的更换

账簿的使用，一般以一个会计年度为限。新的会计年度开始时，日记账、总账及大部分明细账都要更换，变动较小的小部分明细账，如固定资产明细账（即固定资产卡片），可以继续使用而不按年更换。

账簿的更换一般结合年终决算进行，即年终结账后，将各账户的年末余额以借、贷相同的方向直接抄入新年度启用的新账中即可，同时在新账的第一行“摘要”栏内写明“上年结转”或“年初余额”。上述新旧账之间的转记金额，无需编制记账凭证。如遇会计制度改变而需变更账户名称及核算内容的，应按新制度规定的账户名称及核算内容，编制调整分录，将旧账余额进行分解、合并，再记入新账中。

二、会计账簿的保管

会计账簿与会计凭证、会计报表一样，均属重要的会计档案，需按会计档案管理制度规定的保存年限妥善保管。

账簿在归档以前，应将各种活页账和卡片账连同账簿启用和经管人员名单装订成册，加具封面；还应将各种账簿统一编号，编制归档账簿目录，然后移交档案部门保管。在归档账簿目录中，应由交接双方人员签名或盖章。

企业单位均要建立档案调阅手续制度，设置“会计档案调阅登记簿”，登记调阅日期、调阅单位及人员、调阅理由、调阅凭证或账册的名称及编号、归还日期、批准调阅人员等内容。未经会计主管人员同意，本单位人员不得调阅；未经本单位领导人批准，外单位人员不得调阅；未经批准，不准将会计档案携带外出或摘录有关数据或影印复制。

会计账簿的保管期限根据会计档案管理的统一规定确定，重要账簿应长期保存，保管期满应按规定进行销毁。销毁时要填写“会计档案销毁清册”，写明会计档案类别、名称、册数及所属年月等，经会计主管人员或单位领导审查签章，报上级主管部门批准后方能销毁。销毁时会计主管人员负责监销，在“会计档案销毁清册”上应由监销人及经管人签章，“会计档案销毁清册”也是会计档案资料之一，应长期保存。

本章习题自测

第十二章

财务会计报告

【本章教学目标】

知识目标：本章主要阐述财务会计报告的构成内容、重要作用和编报要求，资产负债表、利润表的结构原理和基本的编制方法，简要介绍其他财务报表。通过本章学习，要能了解财务会计报告的组成内容，熟悉编制会计报表前的准备工作，理解编制会计报表的基本要求，初步熟悉和掌握资产负债表、利润表的格式、编制依据和编制方法。

能力目标：能够在会计实务中熟练掌握资产负债表、利润表的基本内容、基本格式、编制依据和编制方法。

思政目标：通过对财务会计报告的重要作用、编报要求、财务报表编制方法、有关财务报表之间数字钩稽关系的认识、理解，增强会计服务意识、诚信意识、规则意识，培养严谨务实的工作态度和耐心细致、精益求精的工作作风。

第一节　财务会计报告概述

一、财务会计报告的组成

财务会计报告可简称为财务报告、会计报告，是指企业对外提供的反映企业某一特定日期的财务状况和某一会计期间的经营成果、现金流量等会计信息的文件。它是企业会计工作的重要结果。

按照我国企业会计准则的要求，企业财务会计报告应当包括财务报表和其他应当在财务会计报告中披露的相关信息和资料。企业财务会计报告的组成如图 12-1 所示。

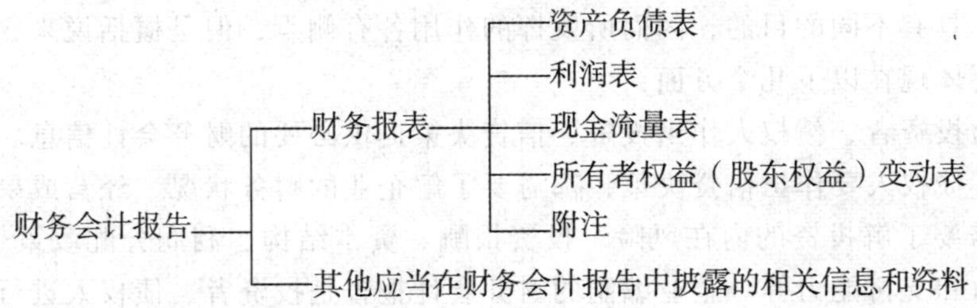

图12-1　企业财务会计报告组成示意图

财务报表是对企业财务状况、经营成果和现金流量的结构性表述。一般来说，财务报表是企业财务会计报告的主体。一套完整的财务报表至少应当包括资产负债表、利润表、现金流量表、所有者权益（股东权益）变动表和附注，即所谓“四表一注”。

财务报表中的“四表”一般称为会计报表，它是财务报表的核心。其中，资产负债表是反映企业某一特定日期财务状况的会计报表；利润表是反映企业一定会计期间经营成果的会计报表；现金流量表是反映企业一定会计期间现金和现金等价物流入和流出情况的会计报表；所有者权益（股东权益）变动表是反映构成所有者权益（股东权益）各组成部分当期增减变动情况的会计报表。

附注是对资产负债表、利润表、现金流量表、所有者权益（股东权益）变动表等报表中列示项目所作的文字描述或明细资料，以及对未能在这些报表中列示项目的说明等。附注是财务报表不可或缺的重要组成部分。财务会计报告使用者要了解企业的财务状况、经营成果和现金流量，应当全面阅读附注。

此外，从所反映的会计期间长短的不同看，企业财务会计报告包括年度财务会计报告和中期财务会计报告两类。中期财务会计报告通常包括半年度、季度和月度财务会计报告。月度、季度、半年度、年度财务会计报告分别是企业在月度、季度、半年度、年度终了时所编制的财务会计报告。

二、财务会计报告的作用

会计的目标是通过对企业特定会计期间的交易或事项进行确认、计量、记录和报告，反映和监督企业的经济活动，向财务会计报告使用者提供与企业财务状况、经营成果和现金流量等有关的会计信息，反映企业管理层对受托责任的履行情况，帮助财务会计报告使用者作出经济决策。而在日常会计核算中，企业发生的各项交易或事项虽然都已按规定处理程序和方法填制了会计凭证，并经审核无误后登记入账，在会计账簿中得到了连续、系统、全面的反映，但是，会计凭证、会计账簿所提供的毕竟是日常会计核算资料，这些日常会计核算资料数量太多，而且相对分散，不能总括、集中地反映企业财务状况、经营成果和现金流量，不便于财务会计报告使用者理解和利用。因此，有必要对日常会计核算资料加以整理、归类、汇总，定期编制财务会计报告。

编制财务会计报告既是会计核算的一种专门方法，也是会计核算工作的重要内容，是对企业日常会计核算工作及其成果的总结，是企业对外提供财务会计信息的一种较为恰当的重要方式和手段。在财务会计报告体系中，虽然不同的会计报表或其他相关信息表达着不同的内容，具有不同的目的，因而所发挥的作用各有侧重，但是概括说来，财务会计报告的作用主要体现在以下几个方面：

第一，为投资者、债权人作出投资、信贷决策提供必要的财务会计信息。投资者要作出投资决策，债权人要作出信贷决策，都需要了解企业的财务状况、经营成果和现金流量情况，进而需要了解投资的内在风险、投资报酬、资本结构、利润分配政策、获利能力、短期偿债能力和支付能力等。企业编制的财务会计报告是投资者、债权人进行经济决策所需要的重要信息来源和重要参考依据。

第二，为政府及相关机构进行宏观经济管理提供必要的财务会计信息。在社会主义市场经济条件下，国家担负着进行宏观经济管理与调控的重任，财政、税务、审计、工商、银行等行政管理机关履行着管理企业的职能。政府及相关机构最为关注国家资源的分配和运用情况，需要了解与经济政策制定、国民经济发展、国民收入统计等有关的信息。企业编制的财务会计报告是政府及相关机构加强宏观经济管理与调控所需要的重要信息来源。

第三，为企业加强内部经营管理提供必要的财务会计信息。企业的经营管理者在生产经营过程中，需要经常作出各种预测、决策、控制，需要经常不断地分析企业的财务、成本状况，需要考核经营成果，评价经济效益，总结经营管理工作的经验、成绩和存在的问题，从而不断改善经营管理工作，提高企业管理水平。企业编制的财务会计报告是经营管理者加强企业内部经营管理所需要的重要信息来源。

三、编制会计报表前的准备工作

如前所述，财务报表是企业财务会计报告的主体，会计报表是财务报表的核心，是企业财务会计信息的重要载体。因此，为了保证会计信息的质量，确保会计目标的实现，必须充分做好编制会计报表前的准备工作。

由于会计报表主要是根据有关账簿记录中的数据资料编制的，因而会计报表编制前的准备工作主要应当围绕如何保证有关账簿记录中数据资料的真实性、可靠性、正确性、完整性进行。通常，编制会计报表前的准备工作主要包括三个方面的内容：

一是期末账项调整。所谓期末账项调整，就是在期末结账前，按照权责发生制记账基础的要求对会计期间的收入、费用等予以调整，以便合理确定会计期间的收入、费用，正确计算当期损益。

二是对账。对账简言之即核对账目，就是通过账证核对、账账核对、账实核对，保证账证相符、账账相符、账实相符，确保所编会计报表数据来源的真实可靠性。

三是结账。结账简言之即结算账目，就是在把一定会计期间所发生的交易或事项全部登记入账的基础上，于期末将每个账户的本期发生额及余额都结算出来并登记入账。

四、会计报表的编制要求

为了保证会计信息的质量，充分发挥会计报表的作用，应当根据登记完整、核对无误的账簿记录和其他有关资料编制会计报表，做到数字真实、计算准确、内容完整、编报及时。

（一）数字真实

按照会计信息质量的可靠性要求，会计报表各项指标或项目所填列的数字必须真实可靠，能客观、公允地反映企业的财务状况、经营成果和现金流量情况，不得以估计数代替实际数，更不能弄虚作假、篡改和伪造报表数字。为了保证会计报表数字的真实可靠性，在根据账簿记录编制会计报表前，必须认真核对账目，做到账证相符、账账相符，并按照规定对有关财产进行清查，及时根据有关凭证将账实不符的财产登记入账，做到账实相符；必须将当期发生的所有交易或事项及时登记入账，按期结算账目，不得为赶编报表提前结账，也不得先编报表后结账；会计报表编制完毕，应将账簿记录与会计报表的有关数字认真加以复核检查，做到账表相符。

（二）计算准确

会计报表各项目所填列的数字，都应当按各项目反映的内容，根据相应的账簿记录及其他有关资料，按照统一规定的指标口径，认真计算后填列，避免出现指标口径上的不一致和计算上的差错。为了保证会计报表数字计算的正确性，报表编制完毕后，应将账簿记录与报表中的数字核对相符，将各种会计报表之间及同一会计报表各项目之间有勾稽关系的数字核对相符，将不同时期同一报表之间的数字进行核对，使其衔接一致，以确保会计报表数字的准确性。

（三）内容完整

各种不同的会计报表及一种会计报表的不同项目、指标，都是从不同的侧面向财务会计报告使用者提供企业财务会计信息的，我国企业会计准则对企业编制的会计报表的种类、格式、项目内容、填列方法等，都作了统一规定。为了保证会计报表内容的完整性和系统性，会计报表必须按照统一规定的报表种类、格式和内容进行编制，做到编报齐全，不得漏编漏报；对于每一种会计报表应当填列的项目指标，都必须按规定填列齐全，不得遗漏。

（四）编报及时

会计信息具有时效性。按照会计信息质量的及时性要求，会计报表必须按照规定的期限和程序及时编制，及时报送。为了及时编报会计报表，企业会计部门应当科学地选择账务处理程序，合理地组织好日常会计核算工作，认真做好记账、算账、对账和按期结账等工作，积极采用先进的会计核算手段和工具。

五、财务会计报告的报送

企业对外提供的财务会计报告编制完毕，必须认真进行复核，经复核无误后，应依次编定页数，加具封面，装订成册，加盖公章。封面上应注明企业名称、地址、开业年份、报告所属年份、月份、送出日期等，并由企业法定代表人、总会计师或代行总会计师职权的人员、会计机构负责人或会计主管人员签名或盖章。

企业财务会计报告报送的单位，主要根据国家综合平衡工作、财税监督工作、信贷监督工作的需要并结合企业管理体制等加以确定。通常，国有企业要向上级主管单位、财政机关、税务机关及审计机关等单位报送财务会计报告，并应向投资者、债权人以及其他与企业有关的财务会计报告使用者提供财务会计报告，国有企业的年度财务会计报告应同时报送同级国有资产管理部门。国务院派出监事会的国有重点大型企业、国有重点金融机构和省、自治区、直辖市人民政府派出监事会的国有企业，应当依法定期向监事会提供财务会计报告。国有企业、国有控股的或者占主导地位的企业，应至少每年向企业职工代表大会公布一次财务会计报告。公开发行股票的股份有限公司还应当向证券交易机构和证监会等提供有关财务会计报告。财务会计报告需要经注册会计师审计的，企业应当将注册会计师及其会计师事务所出具的审计报告随同财务会计报告一并对外提供。

为了充分发挥财务会计报告的作用，企业应当依照法律、行政法规和会计准则等有关财务会计报告提供期限的规定，及时对外提供财务会计报告。月度财务会计报告应当于月度终了后6天内（节假日顺延，下同）对外提供；季度财务会计报告应当于季度终了后15

天内对外提供；半年度财务会计报告应当于年度中期结束后60天内对外提供；年度财务会计报告应当于年度终了后4个月内对外提供。

各有关部门或注册会计师对企业报送的财务会计报告应当进行审核，主要审核财务会计报告的编制、报送是否符合规定，财务会计报告的内容是否符合财经法规、制度的要求。前者属于技术性审核，后者属于内容性审核。在审核过程中，如果发现财务会计报告编制有错误，或不符合制度的要求，应及时通知报送单位进行更正。如果发现有违反财经法规的情况，应查明原因，及时纠正，严肃处理。

第二节 资产负债表

一、资产负债表的作用

资产负债表是总括反映企业某一特定日期全部资产、负债和所有者权益情况的会计报表。由于资产负债表是期末编制的，所反映的资产、负债和所有者权益是企业特定日期的财务状况，因而也称为“财务状况表”。

资产负债表是根据“资产=负债+所有者权益”这一会计等式的平衡原理，在此基础上依照一定的分类标准和一定的次序，把企业一定日期的资产、负债和所有者权益项目予以适当的排列而编制的。

企业编制资产负债表，主要是借以向财务会计报告使用者提供反映其一定日期财务状况的会计信息。具体说来，资产负债表的作用主要体现在：

第一，反映企业拥有或控制的经济资源总量、分布情况以及流动性。资产负债表将企业拥有或控制的经济资源按一定方法分成若干类别，每一类别再细分为若干项目，并按其流动性程度的高低顺序排列，从而使财务会计报告使用者一目了然地了解到企业在某一特定日期所拥有或控制的资产总量、结构，并便于财务会计报告使用者研究企业资产的构成项目及其比例，揭示企业资产的流动性或变现能力。

第二，反映企业权益结构。资产负债表把企业的权益分为负债和所有者权益两大类，其中的负债再分为流动负债和非流动负债，每类又都细分为若干项目，从而使财务会计报告使用者一目了然地了解到企业在某一特定日期的资金来源及权益结构或资本结构。

第三，反映企业的财务实力。企业运用其财务资源以适应环境变化的能力即财产实力，取决于企业的资产结构和资本结构。保持合理的资产结构和资本结构，既可以使企业以较低的成本获得资金，也可以增强企业的财务弹性。资产负债表所展示的资产、负债和所有者权益以及资产结构、资本结构，有助于财务会计报告使用者评估企业的财务实力。

第四，反映企业财务状况的变化情况和变化趋势。财务会计报告使用者通过对比分析企业前后期的资产负债表及资产负债表上设立的“年初数”和“期末数”栏，可以了解企业财务状况的变化情况，把握企业财务状况的变化趋势。

二、资产负债表的格式及各项目的排列

资产负债表有账户式和报告式两种格式，分别见表12-1和表12-2。我国企业的资产负债表采用账户式。不论采用什么格式，按照会计等式的基本原理，资产负债表中的资产总额与负债及所有者权益总额必须相等。

表12-1 账户式资产负债表基本结构

资 产	金 额	负债及所有者权益	金 额
资产项目		负债项目 所有者权益项目	
资产总计		负债及所有者权益总计	

表12-2 报告式资产负债表基本结构

项 目	金 额
资产项目	
资产总计	
负债项目	
所有者权益项目	
负债及所有者权益总计	

资产负债表中的项目分为资产、负债和所有者权益三大类，也称为资产负债表的三个要素，每个要素又分为若干项目。为了便于财务会计报告使用者阅读、理解和利用，资产负债表中的各项目一般应按以下方法排列：资产项目按资产流动性或变现性程度的高低顺序自上而下排列；负债项目按负债偿还期的长短排列；所有者权益项目按所有者权益永久性递减的顺序排列。显而易见，这种排列，资产、负债和所有者权益各自的层次明晰，能比较清楚地反映出它们各自的结构，从而为财务会计报告使用者分析评价企业的财务状况和偿债能力进而进行决策提供便利条件。

以上所述为资产负债表的主体部分。此外，完整的资产负债表还应包括表首部分。表首部分主要列示资产负债表的名称、编制单位、编制日期、报表编号、货币计量单位等内容。

三、资产负债表的编制方法及实例

资产负债表分别设有“上年年末余额”和“期末余额”两个金额栏，从而使资产负债表相当于两期的比较资产负债表。

资产负债表“上年年末余额”栏各项目的金额，应根据上年末该表中“期末余额”栏各项目的金额填列。如果本年该表中规定的项目名称和内容有与上年不一致的，应将上年

末有关项目的名称和金额按照本年的规定调整后填入“上年年末余额”栏。

资产负债表“期末余额”栏各项目的金额，总的说来，应根据资产类（含成本类）、负债类、所有者权益类总账账户及其有关明细账户的期末余额填列。以下结合【例8-1】（以下简称本例）中林城市奇效中药制品公司的账户记录（如图8-41），具体说明该公司20××年12月份资产负债表“期末余额”栏各项目的内容及填列方法如下。①

“货币资金”项目：反映企业库存现金、银行存款等的合计数，应根据“库存现金”“银行存款”等账户的期末借方余额合计数填列。在本例中，“货币资金”项目期末余额=库存现金9 170.20+银行存款468 445.00=477 615.20（元）。

“交易性金融资产”项目：反映企业分类为以公允价值计量且其变动计入当期损益的金融资产，以及企业持有的指定为以公允价值计量且其变动计入当期损益的金融资产的期末账面价值。该项目应根据“交易性金融资产”账户的相关明细账户的期末余额分析填列。

“应收票据”项目：反映企业因销售商品、提供劳务等而收到的商业汇票，包括银行承兑汇票和商业承兑汇票，应根据“应收票据”账户的期末借方余额填列。在本例中，“应收票据”项目期末余额=应收票据298 320.33（元）。

“应收账款”项目：反映企业因销售商品、产品和提供劳务等应向购买单位收取的款项，应根据“应收账款”和“预收账款”两个总账账户所属明细账户的期末借方余额之和减去“坏账准备”账户期末贷方余额后的差额填列。在本例中，“应收账款”项目期末余额=应收账款86 033.00（元）。

“预付款项”项目：反映企业按照购货合同规定预付给供应单位的款项，应根据“应付账款”和“预付账款”两个总账账户所属明细账户的期末借方余额之和填列。在本例中，“预付款项”项目期末余额=预付账款152 400.00（元）。

“其他应收款”项目：反映企业除应收票据、应收账款、预付账款等以外的其他各种应收、暂付的款项，包括应收利息、应收股利和其他应收款。该项目应根据“应收利息”“应收股利”“其他应收款”账户的期末余额合计数，减去“坏账准备”账户中相关坏账准备期末余额后的差额填列。在本例中，“其他应付款”项目期末余额=其他应收款518.61（元）。

“存货”项目：反映企业期末在库、在途和在加工中的各项存货，应根据“材料采购”“原材料”“生产成本”“库存商品”等账户的期末借方余额之和填列。在本例中，“存货”项目期末余额=原材料645 721.87+库存商品3 816.20=649 538.07（元）。

“合同资产”项目：反映企业已向客户转让商品而有权收取对价的权利，且该权利取决于时间流逝之外的其他因素。该项目应分别根据“合同资产”账户的相关明细账户的期末余额分析填列。

“一年内到期的非流动资产”项目：反映企业将于一年内到期的非流动资产项目金额。该项目应根据“债权投资”“其他债权投资”“长期待摊费用”等有关账户期末借方余

① 鉴于本教材内容的特性，这里所介绍的资产负债表（包括第三节将要介绍的利润表）项目并不齐全，且对各项目内容及填列方法的介绍更多考虑的是与本教材前述内容的一致性，其部分项目与企业会计实务的处理存在差异。这一缺陷将在专业会计教材中得以解决。

额中将于一年内到期的部分填列。

“债权投资”项目：反映企业以摊余成本计量的长期债权投资的期末账面价值。该项目应根据“债权投资”账户的相关明细科目的期末余额计算、分析填列。

“其他债权投资”项目：反映企业分类为以公允价值计量且其变动计入其他综合收益的长期债权投资的期末账面价值。该项目应根据“其他债权投资”账户的相关明细账户的期末余额计算、分析填列。

“长期股权投资”项目：反映企业持有的长期股权投资，应根据“长期股权投资”账户的期末借方余额分析、计算填列。

“固定资产”项目：反映企业各种固定资产原价减去累计折旧后的净额，应根据“固定资产”账户的期末借方余额减去“累计折旧”账户期末贷方余额后的差额填列。在本例中，“固定资产”项目期末余额=固定资产 8 041 446.61－累计折旧 217 360.18=7 824 086.43（元）。

“无形资产”项目：反映企业持有的无形资产，包括专利权、非专利技术、商标权、著作权、土地使用权等，应根据“无形资产”等账户的期末借方余额计算填列。在本例中，“无形资产”项目期末余额=无形资产 375 000.00（元）。

“长期待摊费用”项目：反映企业已经发生但应由本期和以后各期负担的分摊期限在一年以上的各项预付费用，应根据“长期待摊费用”账户的期末借方余额减去将于一年内摊销的数额后的差额填列。

“短期借款”项目：反映企业向银行或其他金融机构等借入的期限在一年以下（含一年）的借款，应根据“短期借款”账户的期末贷方余额填列。在本例中，“短期借款”项目期末余额=短期借款 130 000.00（元）。

“应付票据”项目：反映企业购买材料、商品和接受劳务供应等而开出、承兑的尚未到期付款的商业汇票，包括银行承兑汇票和商业承兑汇票，应根据“应付票据”账户的期末贷方余额填列。在本例中，“应付票据”项目期末余额=应付票据 424 060.00（元）。

“应付账款”项目：反映企业购买原材料、商品和接受劳务供应等应付给供应单位的款项，应根据“应付账款”和“预付账款”两个总账账户所属明细账户的期末贷方余额之和填列。在本例中，“应付账款”项目期末余额=应付账款 245 128.00（元）。

“预收款项”项目：反映企业按照购货合同规定预收购买单位的账款，应根据“应收账款”和“预收账款”两个总账账户所属明细账户的期末贷方余额之和填列。在本例中，“预收款项”项目期末余额=预收账款 21 840.00（元）。

“合同负债”项目：反映企业已收或应收客户对价而应向客户转让商品的义务。该项目应分别根据“合同负债”账户的相关明细账户的期末余额分析填列。

“应付职工薪酬”项目：反映企业根据有关规定应付给职工的工资、职工福利费等各种薪酬，应根据“应付职工薪酬”账户的期末贷方余额填列，若“应付职工薪酬”账户期末为借方余额，则应以“－”号填列。在本例中，“应付职工薪酬”项目期末余额=应付职工薪酬 51 392.35（元）。

“应交税费”项目：反映企业按照税法规定计算应交而未交的各种税费，应根据“应交税费”账户的期末贷方余额填列，若“应交税费”账户期末为借方余额，则应以“－”

号填列。在本例中，“应交税费”项目期末余额=应交税费339 271.86（元）。

“其他应付款”项目：反映企业的其他各项应付、暂收的款项，包括应付利息、应付股利和其他应付款。该项目应根据“应付利息”“应付股利”“其他应付款”账户的期末余额合计数填列。在本例中，“其他应付款”项目期末余额=应付利息12 600.22+应付股利4 315.16+其他应付款6 500.00=23 415.38（元）。

“一年内到期的非流动负债”项目：反映企业非流动负债中将于资产负债表日后一年内到期部分的金额，应根据“长期借款”“应付债券”等有关账户期末贷方余额中将于一年内到期的部分填列。

“长期借款”项目：反映企业向银行或其他金融机构借入的期限在一年以上的各项借款，应根据“长期借款”账户期末贷方余额扣除一年内到期的长期借款后的数额填列。在本例中，“长期借款”项目期末余额=长期借款3 178 000.00（元）。

“应付债券”项目：反映企业为筹集长期资金而发行的债券本金和利息，应根据“应付债券”账户期末贷方余额扣除一年内到期的应付债券后的数额填列。

“实收资本”项目：反映企业投资者实际投入的资本总额，应根据“实收资本”账户的期末贷方余额填列。在本例中，“实收资本”项目期末余额=实收资本5 000 000.00（元）。

“资本公积”项目：反映企业资本公积的期末结余，应根据“资本公积”账户的期末贷方余额填列。在本例中，“资本公积”项目期末余额=资本公积49 560.00（元）。

“其他综合收益”项目：反映企业其他综合收益的期末结余，应根据“其他综合收益”账户的期末余额填列。

“盈余公积”项目：反映企业盈余公积的期末结余，应根据“盈余公积”账户的期末贷方余额填列。在本例中，“盈余公积”项目期末余额=盈余公积258 839.68（元）。

“未分配利润”项目：反映企业尚未分配的利润，应根据“本年利润”账户期末贷方余额减去“利润分配”账户期末借方余额的差额填列，差额若为负数，以“-”号填列；若两个账户期末均为贷方余额，则应根据二者的合计数填列；若两个账户期末均为借方余额，则应根据二者的合计数以“-”号填列；年末，应根据“利润分配”账户年末贷方余额填列，如年末为借方余额，则以“-”号填列。在本例中，“未分配利润”项目期末余额=利润分配142 004.37（元）。

综上所述，资产负债表“期末余额”栏各项目的金额，其填列方法大体上可归纳为以下几种情况：

（1）根据某一总账账户的期末余额直接填列的项目。如“应收票据”“短期借款”“应付票据”“应付职工薪酬”“应交税费”“实收资本”“资本公积”“其他综合收益”“盈余公积”等项目。

（2）根据若干总账账户的期末余额计算填列的项目。如“货币资金”“存货”“固定资产”“无形资产”“其他应付款”“未分配利润”等项目。

（3）根据若干总账账户的期末余额计算、分析填列的项目。如“其他应收款”等项目。

（4）根据若干明细账户的期末余额计算填列的项目。如“应收账款”“预付款项”“应付账款”“预收款项”等项目。

（5）根据明细账户的期末余额计算、分析填列的项目。如“交易性金融资产”“合同资产”“一年内到期的非流动资产”“债权投资”“其他债权投资”“长期股权投资”“长期待摊费用”“合同负债”“一年内到期的非流动负债”“长期借款”“应付债券”等项目。

根据图8-41中资产、负债、所有者权益和成本类账户所记录的期末余额，按照以上方法所编制的林城市奇效中药制品公司12月份的资产负债表见表12-3。

表12-3 **资产负债表**

会企01表

编制单位：林城市奇效中药制品公司　　20××年12月31日　　单位：元

资产	期末余额	上年年末余额	负债及所有者权益	期末余额	上年年末余额
流动资产：			流动负债：		
货币资金	477 615.20		短期借款	130 000.00	
交易性金融资产			应付票据	424 060.00	
应收票据	298 320.33		应付账款	245 128.00	
应收账款	86 033.00		预收款项	21 840.00	
预付款项	152 400.00		合同负债		
其他应收款	518.61		应付职工薪酬	51 392.35	
存货	649 538.07		应交税费	339 271.86	
合同资产			其他应付款	23 415.38	
一年内到期的非流动资产			一年内到期的非流动负债		
其他流动资产		（略）	其他流动负债		
流动资产合计	1 664 425.21		流动负债合计	1 235 107.59	
非流动资产：			非流动负债：		（略）
债权投资			长期借款	3 178 000.00	
其他债权投资			应付债券		
长期股权投资			其他非流动负债		
固定资产	7 824 086.43		非流动负债合计	3 178 000.00	
在建工程			负债合计	4 413 107.59	
无形资产	375 000.00		所有者权益：		
商誉			实收资本	5 000 000.00	
长期待摊费用			资本公积	49 560.00	
其他非流动资产			其他综合收益		
非流动资产合计	8 199 086.43		盈余公积	258 839.68	
			未分配利润	142 004.37	
			所有者权益合计	5 450 404.05	
资产总计	9 863 511.64		负债及所有者权益总计	9 863 511.64	

第三节　利润表

一、利润表的作用

利润表是总括反映企业一定会计期间经营成果的会计报表。由于利润表反映的是企业一定会计期间的收入、费用及利润实现或亏损发生的情况，因而也被称为损益表、收益表。

企业编制利润表，主要是借以向财务会计报告使用者提供反映其一定会计期间经营成果的会计信息。具体说来，利润表的作用主要体现在：

第一，由于利润表的列报必须充分反映企业经营业绩的主要来源构成，借助于利润表，可以反映企业一定会计期间各项收入、费用的发生情况和净利润的实现或亏损的发生情况，反映收入、费用、利润的构成；

第二，借助于利润表，有助于财务会计报告使用者判断企业净利润的质量及风险，据以评价对企业投资的价值和报酬，判断企业资本是否保全，评价和考核企业管理人员的经营业绩；

第三，对比分析企业前后期的利润表，可以了解企业经营成果的变化情况，把握企业的获利能力，预测企业未来一定会计期间净利润的持续性，从而作出正确的决策。

二、利润表的格式及净利润的计算步骤

与资产负债表一样，利润表通常也包括表首和主体两个部分。利润表表首部分主要列示利润表的名称、编制单位、编制期间、报表编号、货币计量单位等内容。

就其主体来看，利润表有单步式和多步式两种格式。单步式利润表是将企业一定期间的所有收入汇集在一起，将所有费用也汇集在一起，然后以收入合计数减费用合计数的方式一次计算企业一定期间的净利润。多步式利润表将收入和费用项目加以归类，列示一些中间性收益指标，分步反映企业一定期间净利润的构成内容，从而能明显地反映出收入与费用配比的层次性，便于财务会计报告使用者清晰地了解企业净利润的形成过程，便于预测企业今后的获利能力。因此，我国企业的利润表一般采用多步式，见表12-5。

利润表主要反映营业收入、营业利润、利润总额和净利润等内容。在多步式利润表中，其计算步骤是：

第一步，以营业收入为基础，减去营业成本、税金及附加、销售费用、管理费用、财务费用等，再加上投资收益等，计算出企业一定会计期间的营业利润；

第二步，以营业利润为基础，加上营业外收入，减去营业外支出，计算出企业一定会计期间的利润总额；

第三步，以利润总额为基础，减去所得税费用，计算出企业一定会计期间的净利润（或净亏损）；

第四步，以净利润（或净亏损）和其他综合收益为基础，计算综合收益总额；

第五步，以净利润（或净亏损）为基础，计算每股收益。

三、利润表的编制方法及实例

利润表是总括反映企业一定报告期经营成果的会计报表，分别设有“本期金额”和“上期金额”两个金额栏。

利润表的“本期金额”栏，反映各项目本报告期的累计实际发生数。具体说来，如果是每年1月、2月、4月、5月、7月、8月、10月和11月编制的月度利润表，其“本期金额”栏反映各项目该月的实际发生数；如果是每年第1季度和第3季度编制的季度利润表，其“本期金额”栏反映各项目该季度的累计实际发生数；如果是上半年编制的半年度利润表，其“本期金额”栏反映各项目该半年度的累计实际发生数；如果是按年度编制的年度利润表，则其“本期金额”栏反映各项目该年度的累计实际发生数。

利润表的“本期金额”栏，反映各项目本报告期的累计实际发生数。具体说来，如果是按月编制的利润表，其“本期金额”栏反映各项目该月的实际发生数；如果是按季度、按半年度、按年度编制的利润表，则其“本期金额”栏分别反映各项目该季度、该半年度、该年度的累计实际发生数。

利润表“上期金额”栏，反映各项目上年同期的累计实际发生数，其各项目的数字，应根据上年同期利润表中“本期金额”栏所列数字填列。如果上年利润表与本年利润表的项目名称和内容不相一致，应对上年利润表的项目名称和数字按本年度的规定进行调整后，再填入本表“上期金额”栏。

利润表各项目的金额，除“基本每股收益”和“稀释每股收益”项目的金额外，总的说来，应根据损益类账户的发生额分析、计算填列。具体地说，各项目的内容及填列方法如下。

“营业收入”项目：反映企业经营日常业务所确认的收入总额，应根据“主营业务收入”账户和“其他业务收入”账户的发生额分析、计算填列。

“营业成本”项目：反映企业经营日常业务所发生的实际成本总额，应根据“主营业务成本”和“其他业务成本”账户的发生额分析、计算填列。

“税金及附加”项目：反映企业经营日常业务应负担的各种税金及教育费附加，应根据“税金及附加”账户的发生额分析、计算填列。

“销售费用”项目：反映企业在销售商品等过程中发生的各种销售费用，应根据“销售费用”账户的发生额分析、计算填列。

“管理费用”项目：反映企业为组织和管理生产经营所发生的管理费用，应根据“管理费用”账户的发生额分析、计算填列。

“财务费用”项目：反映企业为筹集生产经营所需资金而发生的财务费用，应根据“财务费用”账户的发生额分析、计算填列。

“财务费用”项目下的“利息费用”项目：反映企业为筹集生产经营所需资金等而发生的应予费用化的利息支出。该项目应根据“财务费用”账户的相关明细账户的发生额分析填列。该项目作为“财务费用”项目的其中项，以正数填列。

“财务费用”项目下的“利息收入”项目：反映企业按照相关会计准则确认的应冲减财务费用的利息收入。该项目应根据“财务费用”账户的相关明细账户的发生额分析填列。该项目作为“财务费用”项目的其中项，以正数填列。

“投资收益”项目：反映企业以各种方式对外投资所取得的收益，应根据“投资收益”账户的发生额分析、计算填列。

“营业利润”项目：反映企业实现的营业利润，应根据营业收入减去营业成本、税金及附加、销售费用、管理费用、财务费用等，再加上投资收益等，计算填列，若为亏损，则以“-”号填列。

“营业外收入”项目：反映企业发生的与其生产经营无直接关系的各项收入，应根据“营业外收入”账户的发生额分析、计算填列。

“营业外支出”项目：反映企业发生的与其生产经营无直接关系的各项支出，应根据“营业外支出”账户的发生额分析、计算填列。

“利润总额”项目：反映企业实现的利润总额，应根据营业利润加上营业外收入，减去营业外支出，计算填列，若为亏损，则以“-”号填列。

“所得税费用”项目：反映企业按规定从本期损益中扣除的所得税，应根据“所得税费用”账户的发生额分析、计算填列。

“净利润”项目：反映企业实现的净利润，应根据利润总额减去所得税费用计算填列，若为亏损，则以“-”号填列。

“其他综合收益的税后净额”项目：反映企业根据企业会计准则规定未在损益中确认的各项利得和损失扣除所得税影响后的净额。

“综合收益总额”项目：反映企业净利润与其他综合收益的合计金额。

“每股收益”项目：反映普通股或潜在普通股已公开交易的企业，以及正处在公开发行普通股或潜在普通股过程中的企业，其普通股股东持有每一股份所能享有企业利润或承担企业损失的信息，包括基本每股收益和稀释每股收益两项指标，应根据净利润（或净亏损）计算填列。

林城市奇效中药制品公司20××年1—11月损益类账户的累计发生额见表12-4，该企业20××年12月损益类账户所记录的发生额见图8-41，按照上述方法编制20××年度的利润表见表12-5。

表12-4　**林城市奇效中药制品公司20××年1—11月损益类账户累计发生额一览表**

单位：元

序　号	会计科目	借方发生额	贷方发生额
1	主营业务收入		7 838 154.18
2	其他业务收入		81 275.31
3	投资收益		28 700.00
4	营业外收入		88 900.00
5	主营业务成本	5 928 156.50	
6	其他业务成本	78 100.32	
7	税金及附加	50 112.39	

续表

序　号	会计科目	借方发生额	贷方发生额
8	销售费用	431 300.00	
9	管理费用	566 756.49	
10	财务费用	19 865.32	
11	其中：利息费用	22 365.12	
12	利息收入		2 499.80
13	营业外支出	89 350.22	
14	所得税费用		

表12-5

利润表[①]

20××年

会企02表

编制单位：林城市奇效中药制品公司　　　　单位：元

项　目	本期金额	上期金额
一、营业收入	8 628 929.49	（略）
减：营业成本	6 361 036.32	
税金及附加	54 914.94	
销售费用	446 800.00	
管理费用	610 743.32	
财务费用	20 665.81	
其中：利息费用	22 965.12	
利息收入	2 699.80	
加：投资收益（损失以“-”号填列）	28 700.00	
二、营业利润（亏损以“-”号填列）	1 163 469.10	
加：营业外收入	109 500.00	
减：营业外支出	127 602.09	
三、利润总额（亏损总额以“-”号填列）	1 145 367.01	
减：所得税费用	286 341.75	
四、净利润（净亏损以“-”号填列）	859 025.26	
五、其他综合收益的税后净额		
六、综合收益总额	（略）	
七、每股收益	（略）	
（一）基本每股收益	（略）	
（二）稀释每股收益		

① 鉴于企业每年12月份不编制反映当月而编制反映该年度经营成果的利润表，故在本例中，所编制的利润表是林城市奇效中药制品公司20××年度的利润表，反映其当年1至12月和上年同期（此略）的经营成果。

第四节 其他财务报表

如前所述，一套完整的企业财务报表至少应当包括资产负债表、利润表、现金流量表、所有者权益（股东权益）变动表和附注，即“四表一注”。以下对现金流量表、所有者权益（股东权益）变动表和附注作简要介绍。

一、现金流量表简介

（一）现金流量表的概念

现金流量表是反映企业一定会计期间现金和现金等价物流入和流出的报表。

现金流量表所反映的现金，是指企业库存现金以及可以随时用于支付的存款，主要包括库存现金、银行存款和其他货币资金。库存现金是指企业持有可随时用于支付的现金，与“库存现金”科目的核算内容一致；银行存款是指企业存入金融机构、可以随时用于支取的存款，与“银行存款”科目核算内容基本一致，但不能随时支取的定期存款等不应作为现金，而提前通知金融机构便可支取的定期存款则应列入现金范围内；其他货币资金是指存放在金融机构的外埠存款、银行汇票存款、银行本票存款、信用卡存款、信用证保证金存款和存出投资款等，与“其他货币资金”科目核算内容一致。

现金流量表所反映的现金等价物，是指企业持有的期限短、流动性强、易于转换为已知金额现金、价值变动风险很小的投资。其中，“期限短”一般是指从购买日起3个月内到期。现金等价物通常包括3个月内到期的短期债券投资。权益性投资变现的金额通常不确定，因而不属于现金等价物。现金等价物虽然不是现金，但其支付能力与现金的差别不大，可视为现金。

不同企业现金及现金等价物的范围可能不同。企业应当根据经营特点等具体情况，确定现金及现金等价物的范围。根据企业会计准则的规定，企业现金及现金等价物的范围一经确定，不得随意变更。如果发生变更，应当按照会计政策变更处理。

（二）现金流量表的作用

企业的生存和发展在很大程度上依赖于企业的现金流转情况。企业现金充裕，其生产经营活动就能正常顺利开展；企业现金不足，轻则影响企业的正常生产经营，重则危及企业的生存。因此，现金管理已经成为企业财务管理的一个重要方面，受到投资者、债权人、政府监管部门以及企业管理人员的关注。

编制现金流量表，主要是为财务会计报告使用者提供企业一定会计期间内现金和现金等价物流入和流出的信息。财务会计报告使用者借助于现金流量表，可以了解和评价企业获取现金和现金等价物的能力，并据以预测企业未来现金流量；可以评价企业支付能力、偿债能力和周转能力；可以分析企业收益质量及影响现金净流量的因素，掌握企业经营活动、投资活动和筹资活动的现金流量，可以从现金流量的角度了解净利润的质量，为分析和判断企业的财务前景提供信息。

（三）现金流量表的编制

在现金流量表中，现金及现金等价物被视为一个整体。现金流量表所反映的现金流量，是指一定会计期间企业现金和现金等价物的流入和流出。企业现金和现金等价物之间的转换不属于现金流量，如从银行提取现金、用现金购买短期到期的国债等。我国企业会计准则根据企业业务活动的性质和现金流量的来源，将企业一定期间产生的现金流量分为三类，即经营活动现金流量、投资活动现金流量和筹资活动现金流量。

现金流量表的格式、内容、编制基础和编制方法等，将在专业会计教材中介绍。

二、所有者权益变动表简介

所有者权益变动表是反映构成所有者权益的各组成部分当期的增减变动情况的报表，在股份有限公司称为“股东权益变动表”。

所有者权益变动表应当全面反映一定时期所有者权益变动的情况，不仅包括所有者权益总量的增减变动，还包括所有者权益增减变动的重要结构性信息，特别是要反映直接计入所有者权益的利得和损失，让报表使用者准确理解所有者权益增减变动的根源。

所有者权益变动表至少应当单独列示反映下列信息的项目：一是综合收益总额；二是会计政策变更和前期差错更正的累积影响金额；三是所有者投入资本和向所有者分配利润等；四是按照规定提取的盈余公积；五是所有者权益各组成部分的期初和期末余额及其调节情况。

所有者权益变动表的具体格式、内容和编制方法等，将在专业会计教材中介绍。

三、附注简介

（一）附注的概念

附注是对资产负债表、利润表、现金流量表、所有者权益（股东权益）变动表等报表中列示项目所作的文字描述或明细资料，以及对未能在这些报表中列示项目的说明等。附注应当披露财务报表的编制基础，相关信息应当与资产负债表、利润表、现金流量表和所有者权益变动表等报表中列示的项目相互参照。

附注是财务报表不可或缺的重要组成部分，它与资产负债表、利润表、现金流量表、所有者权益（股东权益）变动表等报表具有同等的重要性。附注披露信息采用定量与定性相结合的方法，从而能从量和质两个角度完整反映企业的交易或事项。财务会计报告使用者要了解企业的财务状况、经营成果和现金流量，应当全面阅读附注，从而从整体上理解和把握财务报表，满足决策需求。

（二）附注披露的内容

按照我国企业会计准则的规定，附注应当披露以下有关内容。

一是企业的基本情况，包括：企业注册地、组织形式和总部地址；企业的业务性质和主要经营活动，如企业所处的行业、所提供的主要产品或服务、客户的性质、销售策略、监管环境的性质等；母公司以及集团最终母公司的名称；财务报告的批准报出者和财务报告批准报出日；营业期限有限的企业，还应当披露有关其营业期限的信息。

二是财务报表的编制基础。财务报表的编制基础是指财务报表是在持续经营基础上还是非持续经营基础上编制的。企业一般是在持续经营基础上编制财务报表，清算、破产属于非持续经营基础。

三是遵循企业会计准则的声明。企业应当声明编制的财务报表符合企业会计准则的要求，真实、完整地反映了企业的财务状况、经营成果和现金流量等有关信息，以此明确企业编制财务报表所依据的制度基础。如果企业编制的财务报表只是部分地遵循了企业会计准则，附注中不得作出这种表述。

四是重要会计政策和会计估计。重要会计政策的说明，包括财务报表项目的计量基础和在运用会计政策过程中所做的重要判断等。重要会计估计的说明，包括可能导致下一个会计期间内资产、负债账面价值重大调整的会计估计的确定依据等。企业应当披露采用的重要会计政策和会计估计，并结合企业的具体实际披露其重要会计政策的确定依据和财务报表项目的计量基础，及其会计估计所采用的关键假设和不确定因素。

五是会计政策和会计估计变更以及差错更正的说明。

六是报表重要项目的说明。企业应当按照资产负债表、利润表、现金流量表、所有者权益变动表及其项目列示的顺序，对报表重要项目的说明采用文字和数字描述相结合的方式进行披露。报表重要项目的明细金额合计，应当与报表项目金额相衔接。企业应当在附注中披露费用按照性质分类的利润表补充资料，可将费用分为耗用的原材料、职工薪酬费用、折旧费用、摊销费用等。

七是或有和承诺事项、资产负债表日后非调整事项、关联方关系及其交易等需要说明的事项。

八是有助于财务报表使用者评价企业管理资本的目标、政策及程序的信息。

本章习题自测

下 篇

会计工作组织管理

就会计核算工作需要和会计工作管理要求而言，会计工作组织管理的任务主要是如何根据本单位的实际情况，选择和设计一种恰当的账务处理程序，如何根据会计工作的需要，制定和贯彻执行会计规范、设置会计机构、配备会计人员，如何根据会计工作的要求，做好出纳、会计档案管理和会计交接工作等，从而保证会计工作合理有效地进行。

基于此，本篇共设置了四章，即“账务处理程序”“会计规范”“会计机构和会计人员”“出纳工作、会计档案管理和会计工作交接”。

第十三章

账务处理程序

【本章教学目标】

知识目标：本章主要阐述账务处理程序的含义和种类，各种账务处理程序的特点、内容、优缺点和适用范围，并通过实例说明了记账凭证账务处理程序和科目汇总表账务处理程序的应用。通过本章学习，要求了解账务处理程序的种类及各种账务处理程序的主要区别，熟悉和理解记账凭证账务处理程序的特点、一般程序、优缺点及适用范围，着重理解和掌握科目汇总表账务处理程序的特点、一般程序、优缺点和适用范围，了解汇总记账凭证账务处理程序、多栏式日记账账务处理程序、日记总账账务处理程序、通用日记账账务处理程序的特点、一般程序、优缺点和适用范围。

能力目标：掌握科目汇总表的编制方法和根据科目汇总表登记总分类账的方法，能够在会计实务中熟练运用科目汇总表账务处理程序。

思政目标：通过对各种账务处理程序的比较和对会计计算技术、账务处理方法发展变迁的了解，增强与时俱进的思想意识，培养持续学习、不断创新的会计工作态度。

第一节　账务处理程序概述

一、账务处理程序的意义

会计凭证、会计账簿和会计报表（或财务会计报告）是组织会计核算的工具，填制和审核凭证、登记账簿、编制报表是会计核算工作的三个主要环节和重要内容。填制和审核凭证是对会计核算资料的收集及初步分类，登记账簿是对会计核算资料的分类整理，编制报表是对会计核算资料进行再加工及综合汇总。显然，会计凭证、会计账簿和会计报表不是彼此孤立的，而是以一定的方式相互结合的，构成一个整体。为了合理组织会计核算工作，确保会计信息的及时性，必须把各种会计凭证、会计账簿、会计报表等按一定要求有机结合起来。

账务处理程序也称会计核算形式、会计核算组织程序，是指会计凭证、会计账簿、会计报表之间相互结合的方式。它既包括会计凭证、会计账簿、会计报表各自的种类、格式，也包括根据审核无误的会计凭证登记会计账簿，根据核对无误的会计账簿记录编制会计报表这一记账程序和方法。

会计凭证、会计账簿、会计报表之间相互结合的方式不同，就会形成不同的账务处理程序。不同的账务处理程序具有不同的特点和适用性，对会计凭证、会计账簿的种类、格式、填制或登记方法等具有不同的要求。因此，如何根据本单位的规模大小、交易或事项的繁简程度以及管理上的要求等实际情况，科学合理地选择或设计一种适用于本单位的账务处理程序，对于有效地组织会计核算工作，正确、及时、完整地提供会计信息，尽可能简化会计核算手续，节约人力、物力和核算费用，都具有重要意义。

二、账务处理程序的种类

我国在长期的会计核算工作中，形成了多种各具特色的账务处理程序。根据登记总分类账的依据、方法不同，账务处理程序可分为记账凭证账务处理程序、科目汇总表账务处理程序、汇总记账凭证账务处理程序、多栏式日记账账务处理程序、日记总账账务处理程序和通用日记账账务处理程序等。其中，记账凭证账务处理程序是最基本的一种账务处理程序，科目汇总表账务处理程序是运用最广泛的一种账务处理程序，也有一些单位根据自身实际情况，分别采用汇总记账凭证账务处理程序、多栏式日记账账务处理程序、日记总账账务处理程序、通用日记账账务处理程序等。

各种账务处理程序尽管在诸多方面具有共同点，但仍然具有各自的明显特色。各种账务处理程序的区别主要表现在登记总分类账的依据、方法不同。

第二节　记账凭证账务处理程序

一、记账凭证账务处理程序的特点和内容

记账凭证账务处理程序的特点是直接根据记账凭证逐日逐笔登记总分类账。它是最基本的一种账务处理程序，其他各种账务处理程序都是在此基础上适应经济管理、会计核算的不同需要演变而成的。

在记账凭证账务处理程序下，记账凭证可以采用专用记账凭证（即收款凭证、付款凭证和转账凭证），也可以采用通用记账凭证；需要设置库存现金日记账、银行存款日记账、明细分类账和总分类账，其中的日记账和总分类账一般采用三栏式，明细分类账可视需要采用三栏式、多栏式和数量金额式等。

在记账凭证账务处理程序下，其一般程序如下：

①根据原始凭证编制汇总原始凭证；

②根据原始凭证或汇总原始凭证编制记账凭证；

③根据收款凭证、付款凭证逐日逐笔登记库存现金日记账和银行存款日记账；

④根据原始凭证、汇总原始凭证和记账凭证登记明细分类账；

⑤根据记账凭证逐笔登记总分类账；

⑥期末，将库存现金日记账、银行存款日记账和明细分类账的余额，与有关总分类账的余额核对相符；

⑦期末，根据核对无误的总分类账和明细分类账记录编制会计报表。

记账凭证账务处理程序如图13-1所示。

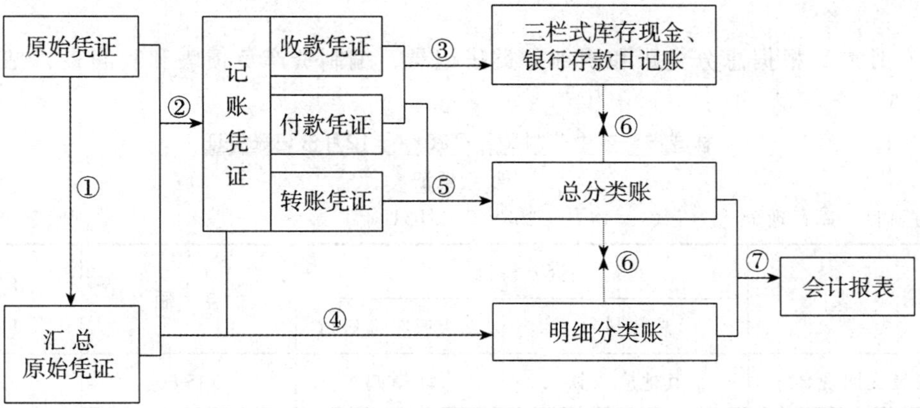

图13-1 记账凭证账务处理程序示意图

二、记账凭证账务处理程序的优缺点和适用范围

在记账凭证账务处理程序下，由于是直接根据记账凭证逐日逐笔登记总分类账的，因而账务处理程序简单明了，易于理解和运用，且总分类账记录清晰，账户对应关系清楚，能较详细地反映各项交易或事项的发生情况。但是，当交易或事项数量较多时，登记总分类账的工作量较大。因此，记账凭证账务处理程序一般适用于规模较小、交易或事项数量较少、记账凭证不多的单位。

三、记账凭证账务处理程序举例

以下举例说明记账凭证账务处理程序下专用记账凭证的填制，库存现金日记账、银行存款日记账、总分类账、有关明细分类账的登记，资产负债表和利润表的编制。

【例13-1】林城市奇效中药制品公司采用记账凭证账务处理程序进行会计核算，其一般程序如下（编制汇总原始凭证从略）：

（1）林城市奇效中药制品公司20××年12月份在生产经营过程中发生各项交易或事项（见第八章例8-1中业务事项1至业务事项66，本例为简便起见，所取得的原始凭证或汇总原始凭证格式从略）。

（2）根据前述各项交易或事项填制专用记账凭证（本例按交易或事项的时间顺序并结合专用记账凭证类别填制记账凭证），见表13-1。

（3）根据收款凭证、付款凭证逐日逐笔登记库存现金日记账和银行存款日记账（日记账应每日结出借方合计、贷方合计和余额，本例为简便起见，按月结账），分别见表13-2和表13-3。

（4）根据原始凭证、汇总原始凭证和记账凭证登记材料采购明细账、生产成本明细账（其他明细账从略），分别见表8-1和表8-5。

（5）根据记账凭证逐笔登记总分类账（总分类账一般为三栏式，并应按记账凭证顺序号逐笔登记，本例为简便起见，采用“T”形账，按分录序号逐笔登记），如图8-41所示。

（6）月末，将库存现金日记账、银行存款日记账及材料采购明细账、生产成本明细账记录分别与有关总分类账记录进行核对，编制“日记账、明细账与总账核对表”，见表13-4。

（7）月末，根据总分类账和明细分类账记录，编制资产负债表和利润表，见表12-3和表12-5。

表13-1 **林城市奇效中药制品公司20××年12月份记账凭证**

收款凭证

借方科目：库存现金　　20××年12月3日　　现收字第 1 号

摘要	贷方科目		金额	记账符号
	总账科目	二级或明细科目		
采购员交回现金	其他应收款	印岸鸿	335.60	√
金额合计			335.60	

收款凭证

借方科目：银行存款　　20××年12月1日　　银收字第 1 号

摘要	贷方科目		金额	记账符号
	总账科目	二级或明细科目		
从银行取得借款	短期借款		100 000.00	√
金额合计			100 000.00	

收款凭证

借方科目：银行存款　　20××年12月5日　　银收字第 2 号

摘要	贷方科目		金额	记账符号
	总账科目	二级或明细科目		
向济民药店预收2号产品货款	预收账款	林城市济民药店	18 000.00	√
金额合计			18 000.00	

收款凭证

借方科目：银行存款　　20××年12月5日　　银收字第 3 号

摘要	贷方科目		金额	记账符号
	总账科目	二级或明细科目		
收到大康药业公司投入资金	实收资本		100 000.00	√
	资本公积	资本溢价	10 000.00	
金额合计			110 000.00	

续表

收款凭证

借方科目：银行存款　　20××年12月23日　　银收字第 4 号

摘　要	贷方科目		金　额	记账符号
	总账科目	二级或明细科目		
销售1号产品550盒、2号产品500瓶，增值税税率13%	主营业务收入		385 500.00	√
	应交税费	应交增值税（销项税额）	50 115.00	
金额合计			435 615.00	

收款凭证

借方科目：银行存款　　20××年12月26日　　银收字第 5 号

摘　要	贷方科目		金　额	记账符号
	总账科目	二级或明细科目		
和济药业、福康药业偿还欠款	应收账款	和济药业公司	185 320.00	√
		福康药业公司	290 000.00	
金额合计			475 320.00	

收款凭证

借方科目：银行存款　　20××年12月27日　　银收字第 6 号

摘　要	贷方科目		金　额	记账符号
	总账科目	二级或明细科目		
收到保险赔款	其他应收款	林城市财产保险公司	6 000.00	√
金额合计			6 000.00	

收款凭证

借方科目：银行存款　　20××年12月31日　　银收字第 7 号

摘　要	贷方科目		金　额	记账符号
	总账科目	二级或明细科目		
银行存款利息	财务费用	利息收入	200.00	√
金额合计			200.00	

续表

付款凭证

贷方科目：库存现金　　20××年12月5日　　现付字第　1　号

摘要	借方科目		金额	记账符号
	总账科目	二级或明细科目		
支付从韵岩药材厂购料的运杂费及增值税	材料采购	乙材料	400.00	√
	应交税费	应交增值税（进项税额）	36.00	
金额合计			436.00	

付款凭证

贷方科目：库存现金　　20××年12月10日　　现付字第　2　号

摘要	借方科目		金额	记账符号
	总账科目	二级或明细科目		
发放本月职工工资	应付职工薪酬		115 000.00	√
金额合计			115 000.00	

付款凭证

贷方科目：库存现金　　20××年12月16日　　现付字第　3　号

摘要	借方科目		金额	记账符号
	总账科目	二级或明细科目		
现金短款	待处理财产损溢	待处理流动资产损溢	118.00	√
金额合计			118.00	

付款凭证

贷方科目：银行存款　　20××年12月1日　　银付字第　1　号

摘要	借方科目		金额	记账符号
	总账科目	二级或明细科目		
预付下半年报刊订阅费	制造费用		540.00	√
	管理费用		1 100.00	
	应交税费	应交增值税（进项税额）	147.60	
金额合计			1 787.60	

续表

付款凭证

贷方科目：银行存款　　20××年12月1日　　银付字第 2 号

摘　要	借方科目		金　额	记账符号
	总账科目	二级或明细科目		
支付材料货款、运杂费、进项税额	材料采购	甲材料	66 600.00	√
	应交税费	应交增值税（进项税额）	8 634.00	
金额合计			75 234.00	

付款凭证

贷方科目：银行存款　　20××年12月2日　　银付字第 3 号

摘　要	借方科目		金　额	记账符号
	总账科目	二级或明细科目		
支付广告费	销售费用		15 500.00	√
	应交税费	应交增值税（进项税额）	930.00	
金额合计			16 430.00	

付款凭证

贷方科目：银行存款　　20××年12月6日　　银付字第 4 号

摘　要	借方科目		金　额	记账符号
	总账科目	二级或明细科目		
支付材料运杂费及增值税	材料采购	甲材料	700.00	√
		乙材料	300.00	
	应交税费	应交增值税（进项税额）	90.00	
金额合计			1 090.00	

付款凭证

贷方科目：银行存款　　20××年12月6日　　银付字第 5 号

摘　要	借方科目		金　额	记账符号
	总账科目	二级或明细科目		
购入新设备一台	固定资产		30 700.00	√
	应交税费	应交增值税（进项税额）	3 963.00	
金额合计			34 663.00	

续表

付款凭证

贷方科目：银行存款　　20××年12月10日　　银付字第 6 号

摘　要	借方科目		金　额	记账符号
	总账科目	二级或明细科目		
从银行提取现金	库存现金		115 000.00	√
金额合计			115 000.00	

付款凭证

贷方科目：银行存款　　20××年12月11日　　银付字第 7 号

摘　要	借方科目		金　额	记账符号
	总账科目	二级或明细科目		
购买职工福利用品	应付职工薪酬		16 100.00	√
金额合计			16 100.00	

付款凭证

贷方科目：银行存款　　20××年12月12日　　银付字第 8 号

摘　要	借方科目		金　额	记账符号
	总账科目	二级或明细科目		
缴纳11月份税费	应交税费	应交增值税（已交税金）	98 000.00	√
		应交城市维护建设税	6860.00	
		应交教育费附加	2940.00	
金额合计			107 800.00	

付款凭证

贷方科目：银行存款　　20××年12月13日　　银付字第 9 号

摘　要	借方科目		金　额	记账符号
	总账科目	二级或明细科目		
支付5月份税款滞纳金	营业外支出		1 100.00	√
金额合计			1 100.00	

续表

付款凭证

贷方科目：银行存款　　20××年12月17日　　银付字第 10 号

摘要	借方科目		金额	记账符号
	总账科目	二级或明细科目		
支付金融机构手续费	财务费用	利息费用	400.49	√
金额合计			400.49	

付款凭证

贷方科目：银行存款　　20××年12月18日　　银付字第 11 号

摘要	借方科目		金额	记账符号
	总账科目	二级或明细科目		
向灾区捐款	营业外支出		35 000.00	√
金额合计			35 000.00	

付款凭证

贷方科目：银行存款　　20××年12月18日　　银付字第 12 号

摘要	借方科目		金额	记账符号
	总账科目	二级或明细科目		
购置办公用品	制造费用		600.00	√
	管理费用		1 200.00	
	应交税费	应交增值税（进项税额）	234.00	
金额合计			2 034.00	

付款凭证

贷方科目：银行存款　　20××年12月21日　　银付字第 13 号

摘要	借方科目		金额	记账符号
	总账科目	二级或明细科目		
支付机器设备日常修理维护费	管理费用		830.00	√
	应交税费	应交增值税（进项税额）	107.90	
金额合计			937.90	

续表

付款凭证

贷方科目：银行存款　　20××年12月28日　　银付字第 14 号

摘　要	借方科目		金　额	记账符号
	总账科目	二级或明细科目		
支付本月水电费	制造费用		3 800.00	√
	管理费用		1 700.00	
	应交税费	应交增值税（进项税额）	651.00	
金额合计			6 151.00	

付款凭证

贷方科目：银行存款　　20××年12月28日　　银付字第 15 号

摘　要	借方科目		金　额	记账符号
	总账科目	二级或明细科目		
预付乙材料货款	预付账款	韵岩药材厂	50 000.00	√
金额合计			50 000.00	

付款凭证

贷方科目：银行存款　　20××年12月31日　　银付字第 16 号

摘　要	借方科目		金　额	记账符号
	总账科目	二级或明细科目		
支付本季度利息	应付利息		1 050.00	√
金额合计			1 050.00	

付款凭证

贷方科目：银行存款　　20××年12月31日　　银付字第 17 号

摘　要	借方科目		金　额	记账符号
	总账科目	二级或明细科目		
偿还短期借款	短期借款		30 000.00	√
金额合计			30 000.00	

续表

付款凭证

贷方科目：银行存款　　　　20××年12月31日　　　　银付字第 18 号

摘　要	借方科目		金　额	记账符号
	总账科目	二级或明细科目		
向投资者支付利润	应付股利		535 000.00	√
金额合计			535 000.00	

转账凭证

20××年12月1日　　　　转 字第 1 号

摘　要	会计科目		借方金额	贷方金额	记账符号
	总账科目	二级或明细科目			
收到华光科技公司投资专利权	无形资产		120 000.00		√
	实收资本			120 000.00	
金额合计			120 000.00	120 000.00	

转账凭证

20××年12月3日　　　　转 字第 2 号

摘　要	会计科目		借方金额	贷方金额	记账符号
	总账科目	二级或明细科目			
收到甲公司投资载货汽车	固定资产		77 000.00		√
	实收资本			77 000.00	
金额合计			77 000.00	77 000.00	

转账凭证

20××年12月3日　　　　转 字第 3 号

摘　要	会计科目		借方金额	贷方金额	记账符号
	总账科目	二级或明细科目			
采购员印岸鸿报销差旅费	管理费用		2 164.40		√
	其他应收款	印岸鸿		2 164.40	
金额合计			2 164.40	2 164.40	

续表

转账凭证

20××年12月3日　　　　转 字第 4 号

摘　　要	会计科目		借方金额	贷方金额	记账符号
	总账科目	二级或明细科目			
以商业汇票购入材料	材料采购	甲材料	77 000.00		√
		乙材料	45 000.00		
	应交税费	应交增值税（进项税额）	15 860.00		
	应付票据	腩铭药材厂		137 860.00	
金额合计			137 860.00	137 860.00	

转账凭证

20××年12月4日　　　　转 字第 5 号

摘　　要	会计科目		借方金额	贷方金额	记账符号
	总账科目	二级或明细科目			
收到预付货款购入的乙材料	材料采购	乙材料	60 000.00		√
	应交税费	应交增值税（进项税额）	7 800.00		
	预付账款	韵岩药材厂		67 800.00	
金额合计			67 800.00	67 800.00	

转账凭证

20××年12月10日　　　　转 字第 6 号

摘　　要	会计科目		借方金额	贷方金额	记账符号
	总账科目	二级或明细科目			
仓库发出材料	生产成本	1号产品	126 550.00		√
		2号产品	121 490.00		
	制造费用		7 060.00		
	管理费用		1 510.00		
	原材料	甲材料		172 050.00	
		乙材料		84 560.00	
金额合计			256 610.00	256 610.00	

续表

转账凭证

20××年12月14日　　　　转 字第 7 号

摘要	会计科目		借方金额	贷方金额	记账符号
	总账科目	二级或明细科目			
专用设备制造厂捐赠设备	固定资产		19 000.00		√
	营业外收入			19 000.00	
金额合计			19 000.00	19 000.00	

转账凭证

20××年12月15日　　　　转 字第 8 号

摘要	会计科目		借方金额	贷方金额	记账符号
	总账科目	二级或明细科目			
没收逾期未退包装物押金	其他应付款	华阳药业公司	800.00		√
	营业外收入			800.00	
金额合计			800.00	800.00	

转账凭证

20××年12月16日　　　　转 字第 9 号

摘要	会计科目		借方金额	贷方金额	记账符号
	总账科目	二级或明细科目			
机器盘亏	待处理财产损溢	待处理固定资产损溢	3 000.00		√
	累计折旧		7 500.00		
	固定资产			10 500.00	
金额合计			10 500.00	10 500.00	

转账凭证

20××年12月16日　　　　转 字第 10 号

摘要	会计科目		借方金额	贷方金额	记账符号
	总账科目	二级或明细科目			
乙材料盘盈	原材料	乙材料	1 510.00		√
	待处理财产损溢	待处理流动资产损溢		1 510.00	
金额合计			1 510.00	1 510.00	

续表

转账凭证

20××年12月16日　　转 字第 11 号

摘　要	会计科目		借方金额	贷方金额	记账符号
	总账科目	二级或明细科目			
1号产品盘亏	待处理财产损溢	待处理流动资产损溢	5 724.30		
	库存商品	1号产品		5 724.30	√
金额合计			5 724.30	5 724.30	

转账凭证

20××年12月16日　　转 字第 12 号

摘　要	会计科目		借方金额	贷方金额	记账符号
	总账科目	二级或明细科目			
转销应付账款	应付账款	三宝中药材基地	800.00		
	营业外收入			800.00	√
金额合计			800.00	800.00	

转账凭证

20××年12月18日　　转 字第 13 号

摘　要	会计科目		借方金额	贷方金额	记账符号
	总账科目	二级或明细科目			
资本公积、盈余公积转增资本	资本公积		90 000.00		
	盈余公积		50 000.00		√
	实收资本			140 000.00	
金额合计			140 000.00	140 000.00	

转账凭证

20××年12月18日　　转 字第 14 号

摘　要	会计科目		借方金额	贷方金额	记账符号
	总账科目	二级或明细科目			
销售1号产品400盒，单价410元，增值税税率13%	应收账款	和济药业公司	185 320.00		
	主营业务收入			164 000.00	√
	应交税费	应交增值税（销项税额）		21 320.00	
金额合计			185 320.00	185 320.00	

续表

转账凭证

20××年12月20日　　转 字第 15 号

摘要	会计科目		借方金额	贷方金额	记账符号
	总账科目	二级或明细科目			
销售2号产品200瓶，单价320元，增值税税率13%	应收票据	金阳药业公司	72 320.00		√
	主营业务收入			64 000.00	
	应交税费	应交增值税（销项税额）		8 320.00	
	金额合计		72 320.00	72 320.00	

转账凭证

20××年12月20日　　转 字第 16 号

摘要	会计科目		借方金额	贷方金额	记账符号
	总账科目	二级或明细科目			
转销本月盘亏机器的净值	其他应收款	林城市财产保险公司	2 000.00		√
	营业外支出		1 000.00		
	待处理财产损溢	待处理固定资产损溢		3 000.00	
	金额合计		3 000.00	3 000.00	

转账凭证

20××年12月20日　　转 字第 17 号

摘要	会计科目		借方金额	贷方金额	记账符号
	总账科目	二级或明细科目			
转销本月盘盈的乙材料	待处理财产损溢	待处理流动资产损溢	1 510.00		√
	管理费用			1 510.00	
	金额合计		1 510.00	1 510.00	

转账凭证

20××年12月20日　　转 字第 18 号

摘要	会计科目		借方金额	贷方金额	记账符号
	总账科目	二级或明细科目			
转销本月盘亏的1号产品	其他应收款	林城市财产保险公司	4 000.00		√
	营业外支出		1 151.87		
	管理费用		572.43		
	待处理财产损溢	待处理流动资产损溢		5 724.30	
	金额合计		5 724.30	5 724.30	

续表

转账凭证

20××年12月20日　　转 字第 19 号

摘　要	会计科目		借方金额	贷方金额	记账符号
	总账科目	二级或明细科目			
转销本月短款	其他应收款	文彩霞	118.00		√
	待处理财产损溢	待处理流动资产损溢		118.00	
金额合计			118.00	118.00	

转账凭证

20××年12月22日　　转 字第 20 号

摘　要	会计科目		借方金额	贷方金额	记账符号
	总账科目	二级或明细科目			
销售2号产品300瓶，单价320元，增值税税率13%	预收账款	维民药业公司	108 480.00		√
	主营业务收入			96 000.00	
	应交税费	应交增值税（销项税额）		12 480.00	
金额合计			108 480.00	108 480.00	

转账凭证

20××年12月25日　　转 字第 21 号

摘　要	会计科目		借方金额	贷方金额	记账符号
	总账科目	二级或明细科目			
购入甲材料	材料采购	甲材料	44 400.00		√
	应交税费	应交增值税（进项税额）	5 756.00		
	应付账款	林城市药材公司		50 156.00	
金额合计			50 156.00	50 156.00	

转账凭证

20××年12月31日　　转 字第 22 号

摘　要	会计科目		借方金额	贷方金额	记账符号
	总账科目	二级或明细科目			
预提本月利息	财务费用	利息费用	600.00		√
	应付利息			600.00	
金额合计			600.00	600.00	

续表

转账凭证

20××年12月31日　　　　转 字第 23 号

摘　要	会计科目		借方金额	贷方金额	记账符号
	总账科目	二级或明细科目			
结转本月已验收入库材料的实际采购成本	原材料	甲材料	188 700.00		√
		乙材料	105 700.00		
	材料采购	甲材料		188 700.00	
		乙材料		105 700.00	
金额合计			294 400.00	294 400.00	

转账凭证

20××年12月31日　　　　转 字第 24 号

摘　要	会计科目		借方金额	贷方金额	记账符号
	总账科目	二级或明细科目			
计算、分配本月职工工资	生产成本	1号产品	42 000.00		√
		2号产品	34 000.00		
	制造费用		11 000.00		
	管理费用		28 000.00		
	应付职工薪酬			115 000.00	
金额合计			115 000.00	115 000.00	

转账凭证

20××年12月31日　　　　转 字第 25 号

摘　要	会计科目		借方金额	贷方金额	记账符号
	总账科目	二级或明细科目			
发放福利用品	生产成本	1号产品	5 880.00		√
		2号产品	4 760.00		
	制造费用		1 540.00		
	管理费用		3 920.00		
	应付职工薪酬			16 100.00	
金额合计			16 100.00	16 100.00	

续表

转账凭证

20××年12月31日　　　　转 字第 26 号

摘　　要	会计科目		借方金额	贷方金额	记账符号
	总账科目	二级或明细科目			
计提本月固定资产折旧	制造费用		5 100.00		√
	管理费用		4 500.00		
	累计折旧			9 600.00	
金额合计			9 600.00	9 600.00	

转账凭证

20××年12月31日　　　　转 字第 27 号

摘　　要	会计科目		借方金额	贷方金额	记账符号
	总账科目	二级或明细科目			
分配、结转本月制造费用	生产成本	1号产品	16 380.00		√
		2号产品	13 260.00		
	制造费用			29 640.00	
金额合计			29 640.00	29 640.00	

转账凭证

20××年12月31日　　　　转 字第 28 号

摘　　要	会计科目		借方金额	贷方金额	记账符号
	总账科目	二级或明细科目			
结转本月完工入库1号产品1 000盒、2号产品1 000瓶的实际生产成本	库存商品	1号产品	190 810.00		√
		2号产品	173 510.00		
	生产成本	1号产品		190 810.00	
		2号产品		173 510.00	
金额合计			364 320.00	364 320.00	

转账凭证

20××年12月31日　　　　转 字第 29 号

摘　　要	会计科目		借方金额	贷方金额	记账符号
	总账科目	二级或明细科目			
计算本月应交城市维护建设税	税金及附加		3 361.79		√
	应交税费	应交城市维护建设税		3 361.79	
金额合计			3 361.79	3 361.79	

续表

转账凭证

20××年12月31日　　　　转 字第 30 号

摘要	会计科目		借方金额	贷方金额	记账符号
	总账科目	二级或明细科目			
计算本月应交教育费附加	税金及附加		1 440.76		√
	应交税费	应交教育费附加		1 440.76	
金额合计			1 440.76	1 440.76	

转账凭证

20××年12月31日　　　　转 字第 31 号

摘要	会计科目		借方金额	贷方金额	记账符号
	总账科目	二级或明细科目			
结转本月已售1号产品、2号产品的实际生产成本	主营业务成本		354 779.50		√
	库存商品	1号产品		181 269.50	
		2号产品		173 510.00	
金额合计			354 779.50	354 779.50	

转账凭证

20××年12月31日　　　　转 字第 32 号

摘要	会计科目		借方金额	贷方金额	记账符号
	总账科目	二级或明细科目			
结转本月收入	主营业务收入		709 500.00		√
	营业外收入		20 600.00		
	本年利润			730 100.00	
金额合计			730 100.00	730 100.00	

续表

转账凭证

20××年12月31日　　　　转 字第 33 号

摘要	会计科目		借方金额	贷方金额	记账符号
	总账科目	二级或明细科目			
结转本月费用	本年利润		458 121.24		√
	主营业务成本			354 779.50	
	税金及附加			4 802.55	
	销售费用			15 500.00	
	管理费用			43 986.83	
	财务费用			800.49	
	营业外支出			38 251.87	
金额合计			458 121.24	458 121.24	

转账凭证

20××年12月31日　　　　转 字第 34 号

摘要	会计科目		借方金额	贷方金额	记账符号
	总账科目	二级或明细科目			
计算本月应交所得税	所得税费用		286 341.75		√
	应交税费	应交所得税		286 341.75	
金额合计			286 341.75	286 341.75	

转账凭证

20××年12月31日　　　　转 字第 35 号

摘要	会计科目		借方金额	贷方金额	记账符号
	总账科目	二级或明细科目			
结转本月所得税费用	本年利润		286 341.75		√
	所得税费用			286 341.75	
金额合计			286 341.75	286 341.75	

续表

转账凭证

20××年12月31日　　　　转 字第 36 号

摘　要	会计科目		借方金额	贷方金额	记账符号
	总账科目	二级或明细科目			
计提法定盈余公积	利润分配	提取法定盈余公积	85 902.53		√
	盈余公积	法定盈余公积		85 902.53	
	金额合计		85 902.53	85 902.53	

转账凭证

20××年12月31日　　　　转 字第 37 号

摘　要	会计科目		借方金额	贷方金额	记账符号
	总账科目	二级或明细科目			
计提任意盈余公积	利润分配	提取任意盈余公积	154 624.55		√
	盈余公积			154 624.55	
	金额合计		154 624.55	154 624.55	

转账凭证

20××年12月31日　　　　转 字第 38 号

摘　要	会计科目		借方金额	贷方金额	记账符号
	总账科目	二级或明细科目			
向投资者分配利润	利润分配	应付现金股利	515 415.16		√
	应付股利			515 415.16	
金额合计			515 415.16	515 415.16	

转账凭证

20××年12月31日　　　　转 字第 39 号

摘　要	会计科目		借方金额	贷方金额	记账符号
	总账科目	二级或明细科目			
结转全年已分配利润	利润分配	未分配利润	755 942.24		√
	利润分配	提取法定盈余公积		85 902.53	
		提取任意盈余公积		154 624.55	
		应付现金股利		515 415.16	
	金额合计		755 942.24	755 942.24	

续表

转账凭证

20××年12月31日　　　　转 字第 40 号

摘要	会计科目		借方金额	贷方金额	记账符号
	总账科目	二级或明细科目			
结转全年净利润	本年利润		859 025.26		
	利润分配	未分配利润		859 025.26	√
金额合计			859 025.26	859 025.26	

表13-2　**库存现金日记账**　　第 页

20××年		凭证		摘要	对方科目	借方（收入）	贷方（支出）	余额（结余）
月	日	字	号					
12	1			期初余额				9 388.60
	3	现收	1	采购员交回现金	其他应收款	335.60		9 724.20
	5	现付	1	支付乙材料运杂费	材料采购		436.00	9 288.20
	10	银付	6	从银行提取现金	银行存款	115 000.00		124 288.20
	10	现付	2	发放本月职工工资	应付职工薪酬		115 000.00	9 288.20
	16	现付	3	现金短款	待处理财产损溢		118.00	9 170.20
12	31			6月份合计及余额		115 335.60	115 554.00	9 170.20

表13-3　**银行存款日记账**　　第 页

20××年		凭证		结算方式			摘要	对方科目	借方（收入）	贷方（支出）	余额（结余）
月	日	字	号	支票	托收	其他					
12	1						期初余额				353 087.99
	1	银收	1				从银行借款	短期借款	100 000.00		453 087.99
	1	银付	1				订阅报刊	制造费用		540.00	452 547.99
	1	银付	1				订阅报刊	管理费用		1 100.00	451 447.99
	1	银付	1				订阅报刊	应交税费		147.60	451 300.39
	1	银付	2				购入甲材料	材料采购		66 600.00	384 700.39
	1	银付	2				购入甲材料	应交税费		8 634.00	376 066.39

续表

20××年		凭证		结算方式			摘　要	对方科目	借方（收入）	贷方（支出）	余额（结余）
月	日	字	号	支票	托收	其他					
12	2	银付	3				支付广告费	销售费用		15 500.00	360 566.39
	2	银付	3				支付广告费	应交税费		930.00	359 636.39
	5	银收	2				预收产品货款	预收账款	18 000.00		377 636.39
	5	银收	3				大康药业投资	实收资本	100 000.00		477 636.39
	5	银收	3				大康药业投资	资本公积	10 000.00		487 636.39
	6	银付	4				支付运杂费	材料采购		1 090.00	486 546.39
	6	银付	5				购入设备	固定资产		30 700.00	455 846.39
	6	银付	5				购入设备	应交税费		3 963.00	451 883.39
	10	银付	6				从银行提现	库存现金		115 000.00	336 883.39
	11	银付	7				购职工福利用品	应付职工薪酬		16 100.00	320 783.39
	12	银付	8				缴纳5月份税费	应交税费		107 800.00	212 983.39
	13	银付	9				支付税款滞纳金	营业外支出		1 100.00	211 883.39
	17	银付	10				支付银行手续费	财务费用		400.49	211 482.90
	18	银付	11				向灾区捐款	营业外支出		35 000.00	176 482.90
	18	银付	12				购置办公用品	制造费用		600.00	175 882.90
	18	银付	12				购置办公用品	管理费用		1 200.00	174 682.90
	18	银付	12				购置办公用品	应交税费		234.00	174 448.90
	21	银付	13				支付修理费	管理费用		830.00	173 618.90
	21	银付	13				支付修理费	应交税费		107.90	173 511.00
	23	银收	4				销售商品	主营业务收入	385 500.00		559 011.00
	23	银收	4				销售商品	应交税费	50 115.00		609 126.00
	26	银收	5				收回货款	应收账款	191 880.00		1 084 446.00
	27	银收	6				保险赔款	其他应收款	6 000.00		1 090 446.00
	28	银付	12				支付本月水电费	制造费用		3 800.00	1 086 646.00

续表

20××年		凭证		结算方式			摘 要	对方科目	借方（收入）	贷方（支出）	余额（结余）
月	日	字	号	支票	托收	其他					
	28	银付	12				支付本月水电费	管理费用		1 700.00	1 084 946.00
	28	银付	14				支付本月水电费	应交税费		651.00	1 084 295.00
	28	银付	15				预付购料款	预付账款		50 000.00	1 034 295.00
	31	银收	7				银行存款利息	财务费用	200.00		1 034 495.00
	31	银付	16				支付本季度利息	应付利息		1 050.00	1 033 445.00
	31	银付	17				偿还短期借款	短期借款		30 000.00	1 003 445.00
	31	银付	18				支付利润	应付股利		535 000.00	468 445.00
12	31						12月份合计及余额		1 145 135.00	1 029 777.99	468 445.00

表13-4 **日记账、明细账与总账核对表**

20××年12月31日　　单位：元

会计科目	期初余额		本期发生额		期末余额	
	借 方	贷 方	借 方	贷 方	借 方	贷 方
库存现金日记账	9 388.60		115 335.60	115 554.00	9 170.20	
“库存现金”总分类账	9 388.60		115 335.60	115 554.00	9 170.20	
银行存款日记账	353 087.99		1 145 135.00	1 029 777.99	468 445.00	
“银行存款”总分类账	353 087.99		1 145 135.00	1 029 777.99	468 445.00	
材料采购——甲材料明细账			188 700.00	188 700.00		
材料采购——乙材料明细账			105 700.00	105 700.00		
“材料采购”总分类账			294 400.00	294 400.00		
生产成本——1号产品明细账			190 810.00	190 810.00		
生产成本——2号产品明细账			173 510.00	173 510.00		
“生产成本”总分类账			364 320.00	364 320.00		

第三节　科目汇总表账务处理程序

一、科目汇总表账务处理程序的特点和内容

科目汇总表账务处理程序又称记账凭证汇总表账务处理程序。其主要特点：定期根据当期全部记账凭证编制科目汇总表，然后据以登记总分类账。

在科目汇总表账务处理程序下，其记账凭证、账簿的设置与记账凭证账务处理程序的要求基本相同。

科目汇总表账务处理程序的

①根据原始凭证编制汇总原始凭证；

②根据原始凭证或汇总原始凭证编制记账凭证；

③根据收款凭证、付款凭证逐日逐笔登记库存现金日记账和银行存款日记账；

④根据原始凭证、汇总原始凭证和记账凭证登记明细分类账；

⑤根据一定时期的全部记账凭证，定期汇总，编制科目汇总表；

⑥根据科目汇总表登记总分类账；

⑦期末，将库存现金日记账、银行存款日记账和明细分类账的余额，与有关总分类账的余额核对相符；

⑧期末，根据核对无误的总分类账和明细分类账记录编制会计报表。

科目汇总表账务处理程序如图13-2所示。

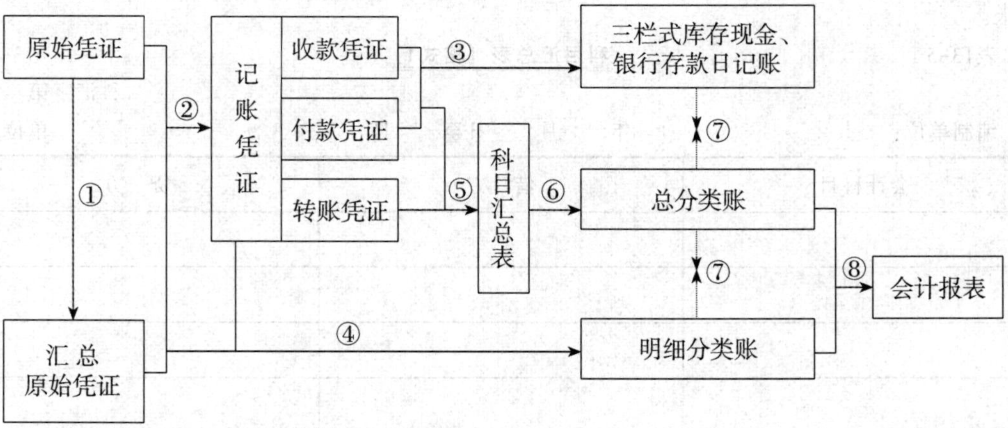

图13-2　科目汇总表账务处理程序示意图

二、科目汇总表的编制

科目汇总表也可称为记账凭证汇总表，是指定期根据当期全部专用记账凭证（或通用记账凭证），按照相同科目的借方、贷方分别进行归类，并计算出每一总账科目该期的借方发生额合计数和贷方发生额合计数所编制的汇总表，它是一种特种记账凭证。

编制科目汇总表，首先应当确定汇总的期间范围，即“定期”。在实际工作中，各单位可以根据本单位交易或事项数量多少的具体情况，确定科目汇总表汇总的期间范围，如五天，或十天，或半个月，或一个月。通常，交易或事项数量较多的，汇总的期间范围适宜短一些；交易或事项数量较少的，汇总的期间范围则适宜长一些甚至可以按月汇总。

科目汇总表的编制，概括地说，就是定期将该期间内的所有记账凭证，按相同会计科目归类，汇总每一会计科目的借方本期发生额和贷方本期发生额，分别填入科目汇总表的借方栏和贷方栏内，最终计算出全部总账科目该期的借方发生额合计数和贷方发生额合计数，并经试算平衡即可。其编制步骤：

首先，按照总分类账账页目录中的账户名称，开设“T”形账户；

其次，定期将该期间内的所有记账凭证过入“T”形账户；

再次，根据“T”形账户的记录，计算每个账户的借方、贷方发生额；

最后，根据“T”形账户记录中每个账户的借方、贷方发生额填列科目汇总表，加计合计数，检查借方发生额合计数和贷方发生额合计数是否平衡。如果借方发生额合计数与贷方发生额合计数相等，说明记账凭证和科目汇总表编制基本正确，可以根据科目汇总表登记总分类账。如果不等，需查找原因，平衡之后方可据以登记总分类账。

科目汇总表的编制方法

在实际运用中，科目汇总表没有具体的固定格式。常见的格式有两种，见表13-5和表13-6。表13-5所示的科目汇总表可以按月汇总编制一张，也可在一个月内定期汇总，每汇总一次编制一张；表13-6所示的科目汇总表则是在一个月内定期（如按旬）汇总，每月只编制一张。科目汇总表可以每汇总一次编制一张，也可以按旬汇总一次，每月编制一张。

表13-5　　**科目汇总表（格式1）**

科汇字第　　号

编制单位：　　　　年　　月　　日至　　日　　　　单位：元

会计科目	借　方	贷　方

表13-6　**科目汇总表（格式2）**

科汇字第　号

编制单位：　年　月　单位：元

会计科目	1—10日		11—20日		21—30日		本月合计	
	借方	贷方	借方	贷方	借方	贷方	借方	贷方

三、科目汇总表账务处理程序的优缺点和适用范围

采用科目汇总表账务处理程序，由于是根据编制的科目汇总表汇总登记总分类账的，因而可以大大减少登记总账的工作量；同时，由于科目汇总表实际上又是一定时期内的总分类账户本期发生额对照表，因此，科目汇总表起到了登记总账前的试算平衡作用，从而防止了可能出现的一些错误。

科目汇总表账务处理程序的缺点：首先，由于科目汇总表及总分类账户都不写摘要，因而无法反映交易或事项的概要；其次，科目汇总表及总分类账户都不反映账户对应关系，故不利于检查交易或事项的来龙去脉，不利于日后查考和根据账簿记录进行分析。

从总体上说，科目汇总表账务处理程序是实际工作中运用最广泛的一种账务处理程序，任何单位，不论其规模大小，都可以采用这种账务处理程序。当然，由于科目汇总表账务处理程序可以大大减少登记总账的工作量，因而特别适用于规模较大、交易或事项数量较多、记账凭证较多的单位。如果规模小、交易或事项数量少、记账凭证不多的单位采用科目汇总表账务处理程序，应当注意把科目汇总表汇总的期间范围定长一些，必要时可按月汇总编制一张科目汇总表，从而充分发挥其能够减少登记总账工作量的长处，提高会计核算工作效率。

四、科目汇总表账务处理程序举例

与本章第二节所述记账凭证账务处理程序相比，在科目汇总表账务处理程序下，应当

定期根据记账凭证编制科目汇总表并据以登记总分类账，除此之外，其一般程序与记账凭证账务处理程序完全相同。以下主要说明科目汇总表的编制和总分类账的登记。

以例13-1中林城市奇效中药制品公司20××年12月份的账务处理为例，根据该公司20××年12月份的记账凭证（见表13-1），按月汇总编制科目汇总表，见表13-7；根据该科目汇总表登记总分类账，见表13-8。

表13-7 **科目汇总表**

20××年12月1日至31日 科汇字第6号

编制单位：林城市奇效中药制品公司 单位：元

会计科目	借方	贷方	会计科目	借方	贷方
库存现金	115 335.60	115 554.00	承上页	3 216 850.40	3 460 013.39
银行存款	1 145 135.00	1 029 777.99	应付股利	535 000.00	515 415.16
应收票据	72 320.00		其他应付款	800.00	
应收账款	185 320.00	475 320.00	实收资本		437 000.00
预付账款	50 000.00	67 800.00	资本公积	90 000.00	10 000.00
其他应收款	6 118.00	8 500.00	盈余公积	50 000.00	240 527.08
材料采购	294 400.00	294 400.00	本年利润	1 603 488.25	730 100.00
原材料	295 910.00	256 610.00	利润分配	1 511 884.48	1 614 967.50
库存商品	364 320.00	360 503.80	生产成本	364 320.00	364 320.00
固定资产	126 700.00	10 500.00	制造费用	29 640.00	29 640.00
累计折旧	7 500.00	9 600.00	主营业务收入	709 500.00	709 500.00
无形资产	120 000.00		营业外收入	20 600.00	20 600.00
待处理财产损溢	10 352.30	10 352.30	主营业务成本	354 779.50	354 779.50
短期借款	30 000.00	100 000.00	税金及附加	4 802.55	4 802.55
应付票据		137 860.00	销售费用	15 500.00	15 500.00
应付账款	800.00	50 156.00	管理费用	45 496.83	45 496.83
预收账款	108 480.00	18 000.00	财务费用	1 000.49	1 000.49
应付职工薪酬	131 100.00	131 100.00	营业外支出	38 251.87	38 251.87
应交税费	152 009.50	383379.30	所得税费用	286 341.75	286 341.75
应付利息	1 050.00	600.00			
合计转下页	3 216 850.40	3 460 013.39	合计	8 878 256.12	8 878 256.12

表13-8

总分类账

会计科目：库存现金

20××年		凭证		摘 要	借 方	贷 方	借或贷	余 额
月	日	字	号					
12	1			月初余额			借	9 388.60
	31	科汇	12	1—31日发生额	115 335.60	115 554.00	借	9 170.20
12	31			本月合计	115 335.60	115 554.00	借	9 170.20

会计科目：银行存款

20××年		凭证		摘 要	借 方	贷 方	借或贷	余 额
月	日	字	号					
12	1			月初余额			借	353 087.99
	31	科汇	12	1—31日发生额	1 145 135.00	1 029 777.99	借	468 445.00
12	31			本月合计	1 145 135.00	1 029 777.99	借	468 445.00

会计科目：应收票据

20××年		凭证		摘 要	借 方	贷 方	借或贷	余 额
月	日	字	号					
12	1			月初余额			借	63 000.33
	31	科汇	12	1—31日发生额	72 320.00		借	135 320.33
12	31			本月合计	72 320.00		借	135 320.33

会计科目：应收账款

20××年		凭证		摘 要	借 方	贷 方	借或贷	余 额
月	日	字	号					
12	1			月初余额			借	376 033.00
	31	科汇	12	1—31日发生额	185 320.00	475 320.00	借	86 033.00
12	31			本月合计	185 320.00	475 320.00	借	86 033.00

会计科目：预付账款

20××年		凭证		摘 要	借 方	贷 方	借或贷	余 额
月	日	字	号					
12	1			月初余额			借	170 200.00
	31	科汇	12	1—31日发生额	50 000.00	67 800.00	借	152 400.00
12	31			本月合计	50 000.00	67 800.00	借	152 400.00

续表

会计科目：其他应收款

20××年		凭证		摘　要	借　方	贷　方	借或贷	余　额
月	日	字	号					
12	1			月初余额			借	2 900.61
	31	科汇	6	1—31日发生额	6 118.00	8 500.00	借	518.61
12	31			本月合计	6 118.00	8 500.00	借	518.61

会计科目：材料采购

20××年		凭证		摘　要	借　方	贷　方	借或贷	余　额
月	日	字	号					
12	31	科汇	12	1—31日发生额	294 400.00	294 400.00	平	0
12	31			本月合计	294 400.00	294 400.00	平	0

会计科目：原材料

20××年		凭证		摘　要	借　方	贷　方	借或贷	余　额
月	日	字	号					
12	1			月初余额			借	606 421.87
	31	科汇	12	1—31日发生额	295 910.00	256 610.00	借	645 721.87
12	31			本月合计	295 910.00	256 610.00	借	645 721.87

会计科目：库存商品

20××年		凭证		摘　要	借　方	贷　方	借或贷	余　额
月	日	字	号					
12	31	科汇	12	1—31日发生额	364 320.00	360 503.80	借	3 816.20
12	31			本月合计	364 320.00	360 503.80	借	3 816.20

会计科目：固定资产

20××年		凭证		摘　要	借　方	贷　方	借或贷	余　额
月	日	字	号					
12	1			月初余额			借	7 925 246.61
	31	科汇	12	1—31日发生额	126 700.00	10 500.00	借	8 041 446.61
12	31			本月合计	126 700.00	10 500.00	借	8 041 446.61

会计科目：累计折旧

20××年		凭证		摘　要	借　方	贷　方	借或贷	余　额
月	日	字	号					
12	1			月初余额			贷	215 260.18
	31	科汇	12	1—31日发生额	7 500.00	9 600.00	贷	217 360.18
12	31			本月合计	7 500.00	9 600.00	贷	217 360.18

续表

会计科目：无形资产

20××年		凭证		摘 要	借 方	贷 方	借或贷	余 额
月	日	字	号					
12	1			月初余额			借	255 000.00
	31	科汇	12	1—31日发生额	120 000.00		借	375 000.00
12	31			本月合计	120 000.00		借	375 000.00

会计科目：待处理财产损溢

20××年		凭证		摘 要	借 方	贷 方	借或贷	余 额
月	日	字	号					
12	31	科汇	12	1—31日发生额	10 352.30	10 352.30	平	0
12	31			本月合计	10 352.30	10 352.30	平	0

会计科目：短期借款

20××年		凭证		摘 要	借 方	贷 方	借或贷	余 额
月	日	字	号					
12	1			月初余额			贷	60 000.00
	31	科汇	12	1—31日发生额	30 000.00	100 000.00	贷	130 000.00
12	31			本月合计	30 000.00	100 000.00	贷	130 000.00

会计科目：应付票据

20××年		凭证		摘 要	借 方	贷 方	借或贷	余 额
月	日	字	号					
12	1			月初余额			贷	286 200.00
	31	科汇	12	1—31日发生额		137 860.00	贷	424 060.00
12	31			本月合计		137 860.00	贷	424 060.00

会计科目：应付账款

20××年		凭证		摘 要	借 方	贷 方	借或贷	余 额
月	日	字	号					
12	1			月初余额			贷	195 772.00
	31	科汇	12	1—31日发生额	800.00	50 156.00	贷	245 128.00
12	31			本月合计	800.00	50 156.00	贷	245 128.00

会计科目：预收账款

20××年		凭证		摘 要	借 方	贷 方	借或贷	余 额
月	日	字	号					
12	1			月初余额			贷	112 320.00
	31	科汇	12	1—31日发生额	108 480.00	18 000.00	贷	21 840.00
12	31			本月合计	108 480.00	18 000.00	贷	21 840.00

续表

会计科目：应付职工薪酬

20××年		凭证		摘要	借方	贷方	借或贷	余额
月	日	字	号					
12	1			月初余额			贷	51 392.35
12	31	科汇	12	1—30日发生额	131 100.00	131 100.00	贷	51 392.35
12	31			本月合计	131 100.00	131 100.00	贷	51 392.35

会计科目：应交税费

20××年		凭证		摘要	借方	贷方	借或贷	余额
月	日	字	号					
12	1			月初余额			贷	107 902.06
	31	科汇	12	1—31日发生额	152 009.50	383 379.30	贷	339 271.86
12	31			本月合计	152 009.50	383 379.30	贷	339 271.86

会计科目：应付利息

20××年		凭证		摘要	借方	贷方	借或贷	余额
月	日	字	号					
12	1			月初余额			贷	13 050.22
	31	科汇	12	1—31日发生额	1 050.00	600.00	贷	12 600.22
12	31			本月合计	1 050.00	600.00	贷	12 600.22

会计科目：应付股利

20××年		凭证		摘要	借方	贷方	借或贷	余额
月	日	字	号					
12	1			月初余额			贷	23 900.00
	31	科汇	12	1—31日发生额	535 000.00	515 415.16	贷	4 315.16
12	31			本月合计	535 000.00	515 415.16	贷	4 315.16

会计科目：其他应付款

20××年		凭证		摘要	借方	贷方	借或贷	余额
月	日	字	号					
12	1			月初余额			贷	7 300.00
	31	科汇	12	1—31日发生额	800.00		贷	6 500.00
12	31			本月合计	800.00		贷	6 500.00

会计科目：长期借款

20××年		凭证		摘要	借方	贷方	借或贷	余额
月	日	字	号					
12	1			月初余额			贷	3 178 000.00
12	31			本月合计			贷	3 178 000.00

续表

会计科目：实收资本

20××年		凭证		摘 要	借 方	贷 方	借或贷	余 额
月	日	字	号					
12	1			月初余额			贷	4 563 000.00
	31	科汇	12	1—31日发生额		437 000.00	贷	5 000 000.00
12	31			本月合计		437 000.00	贷	5 000 000.00

会计科目：资本公积

20××年		凭证		摘 要	借 方	贷 方	借或贷	余 额
月	日	字	号					
12	1			月初余额			贷	129 560.00
	31	科汇	12	1—31日发生额	90 000.00	10 000.00	贷	49 560.00
12	31			本月合计	90 000.00	10 000.00	贷	49 560.00

会计科目：盈余公积

20××年		凭证		摘 要	借 方	贷 方	借或贷	余 额
月	日	字	号					
12	1			月初余额			贷	68 312.60
	31	科汇	12	1—31日发生额	50 000.00	240 527.08	贷	258 839.68
12	31			本月合计	50 000.00	240 527.08	贷	258 839.68

会计科目：本年利润

20××年		凭证		摘 要	借 方	贷 方	借或贷	余 额
月	日	字	号					
12	1			月初余额			贷	873 388.25
	31	科汇	12	1—31日发生额	1 603 488.25	730 100.00	平	0
12	31			本月合计	1 603 488.25	730 100.00	平	0

会计科目：利润分配

20××年		凭证		摘 要	借 方	贷 方	借或贷	余 额
月	日	字	号					
12	1			月初余额			贷	38 921.35
	31	科汇	12	1—31日发生额	1 511 884.48	1 614 967.50	贷	142 004.37
12	31			本月合计	1 511 884.48	1 614 967.50	贷	142 004.37

会计科目：生产成本

20××年		凭证		摘 要	借 方	贷 方	借或贷	余 额
月	日	字	号					
12	31	科汇	12	1—31日发生额	364 320.00	364 320.00	平	0
12	31			本月合计	364 320.00	364 320.00	平	0

续表

计科目：制造费用

20××年		凭证		摘　要	借　方	贷　方	借或贷	余　额
月	日	字	号					
12	31	科汇	12	1—31日发生额	29 640.00	29 640.00	平	0
12	31			本月合计	29 640.00	29 640.00	平	0

会计科目：主营业务收入

20××年		凭证		摘　要	借　方	贷　方	借或贷	余　额
月	日	字	号					
12	31	科汇	12	1—31日发生额	709 500.00	709 500.00	平	0
12	31			本月合计	709 500.00	709 500.00	平	0

会计科目：营业外收入

20××年		凭证		摘　要	借　方	贷　方	借或贷	余　额
月	日	字	号					
12	31	科汇	12	1—31日发生额	20 600.00	20 600.00	平	0
12	31			本月合计	20 600.00	20 600.00	平	0

会计科目：主营业务成本

20××年		凭证		摘　要	借　方	贷　方	借或贷	余　额
月	日	字	号					
12	31	科汇	12	1—31日发生额	354 779.50	354 779.50	平	0
12	31			本月合计	354 779.50	354 779.50	平	0

会计科目：税金及附加

20××年		凭证		摘　要	借　方	贷　方	借或贷	余　额
月	日	字	号					
12	31	科汇	12	1—31日发生额	4 802.55	4 802.55	平	0
12	31			本月合计	4 802.55	4 802.55	平	0

会计科目：销售费用

20××年		凭证		摘　要	借　方	贷　方	借或贷	余　额
月	日	字	号					
12	31	科汇	12	1—31日发生额	15 500.00	15 500.00	平	0
12	31			本月合计	15 500.00	15 500.00	平	0

会计科目：管理费用

20××年		凭证		摘　要	借　方	贷　方	借或贷	余　额
月	日	字	号					
12	31	科汇	12	1—31日发生额	45 496.83	45 496.83	平	0
12	31			本月合计	45 496.83	45 496.83	平	0

续表

会计科目：财务费用

20××年		凭证		摘　要	借　方	贷　方	借或贷	余　额
月	日	字	号					
12	31	科汇	12	1—31日发生额	1 000.49	1 000.49	平	0
12	31			本月合计	1 000.49	1 000.49	平	0

会计科目：营业外支出

20××年		凭证		摘　要	借　方	贷　方	借或贷	余　额
月	日	字	号					
12	31	科汇	12	1—31日发生额	38 251.87	38 251.87	平	0
12	31			本月合计	38 251.87	38 251.87	平	0

会计科目：所得税费用

20××年		凭证		摘　要	借　方	贷　方	借或贷	余　额
月	日	字	号					
12	31	科汇	12	1—31日发生额	286 341.75	286 341.75	平	0
12	31			本月合计	286 341.75	286 341.75	平	0

第四节　其他账务处理程序

正如第一节指出的那样，除了记账凭证账务处理程序这一最基本的账务处理程序、科目汇总表账务处理程序这一运用最广泛的账务处理程序以外，还有一些单位根据自身实际情况，分别采用汇总记账凭证账务处理程序、多栏式日记账账务处理程序、日记总账账务处理程序和通用日记账账务处理程序等。以下对这四种账务处理程序作简要介绍。

一、汇总记账凭证账务处理程序

（一）汇总记账凭证账务处理程序的特点和内容

汇总记账凭证账务处理程序的特点：根据记账凭证定期编制汇总记账凭证，月末根据汇总记账凭证登记总分类账。

汇总记账凭证账务处理程序中设置的账簿与记账凭证账务处理程序中的要求基本相同。但总分类账的格式一般要求采用有“对应科目”专栏的三栏式，其余账簿的格式与记账凭证账务处理程序的要求相同。至于记账凭证的种类和格式，应当采用专用记账凭证，即收款凭证、付款凭证、转账凭证。

汇总记账凭证账务处理程序如图13-3所示。

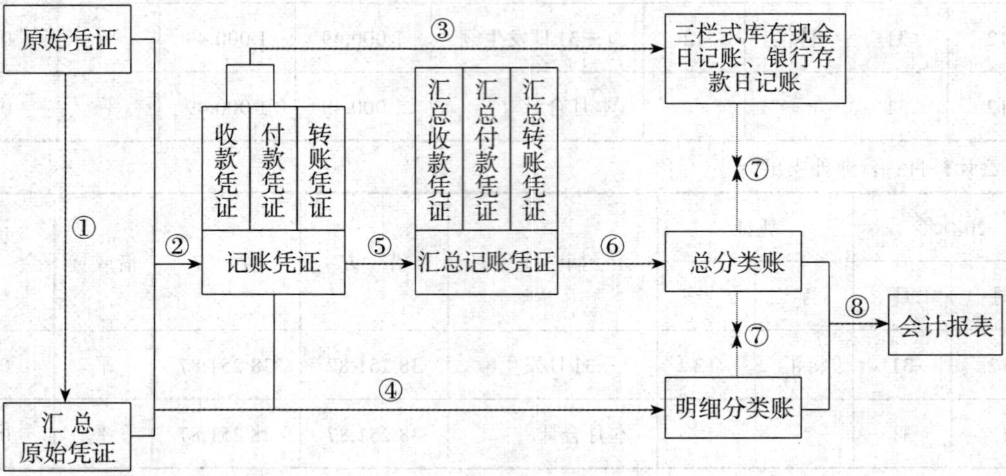

图13-3 汇总记账凭证账务处理程序示意图

其一般程序如下：

① 根据原始凭证编制汇总原始凭证；

② 根据原始凭证或汇总原始凭证编制记账凭证；

③ 根据收款凭证、付款凭证逐日逐笔登记库存现金日记账和银行存款日记账；

④ 根据原始凭证、汇总原始凭证和记账凭证登记各种明细分类账；

⑤ 根据专用记账凭证分别定期编制汇总收款凭证、汇总付款凭证、汇总转账凭证等汇总记账凭证；

⑥ 月末，根据各种汇总记账凭证登记总分类账；

⑦ 月末，将库存现金日记账、银行存款日记账和明细分类账的余额，与有关总分类账的余额核对相符；

⑧ 月末，根据核对无误的总分类账和明细分类账记录编制会计报表。

（二）汇总记账凭证的编制

汇总记账凭证是根据不同的记账凭证，利用账户的对应关系按相同的会计科目定期汇总编制而成的一种汇总式的记账凭证。由于专用记账凭证分为三种，汇总记账凭证相应地也有三种，即汇总收款凭证、汇总付款凭证、汇总转账凭证。

汇总收款凭证，是按库存现金科目或银行存款科目的借方分别设置，定期（如五天或十天）将该期间内的全部库存现金收款凭证或银行存款收款凭证，分别按与设证科目相对应的贷方科目加以归类，汇总填列一次，每月编制一张。月末结算出汇总收款凭证的合计数，据以登记“库存现金”或“银行存款”账户的借方以及各有关账户的贷方。汇总收款凭证的格式见表13-9。

表13-9

汇总收款凭证

借方科目： 年 月 汇收字第 号

贷方科目	金额				记账符号
	1—10日收款凭证 第 号至第 号	11—20日收款凭证 第 号至第 号	21—30日收款凭证 第 号至第 号	合计	
合计					

汇总付款凭证，是按库存现金科目或银行存款科目的贷方分别设置，定期（如五天或十天）将该期间内的全部库存现金付款凭证或银行存款付款凭证，分别按与设证科目相对应的借方科目加以归类，汇总填制一次，每月编制一张。月末结算出汇总付款凭证的合计数，据以登记"库存现金"或"银行存款"账户的贷方以及各有关账户的借方。汇总付款凭证的格式见表13-10。

表13-10

汇总付款凭证

贷方科目： 年 月 汇付字第 号

借方科目	金额				记账符号
	1—10日付款凭证 第 号至第 号	11—20日付款凭证 第 号至第 号	21—30日付款凭证 第 号至第 号	合计	
合计					

汇总转账凭证，通常是按每一科目的贷方分别设置，定期（如五天或十天）将该期间内的全部转账凭证，按与设证科目相对应的借方科目加以归类，汇总填列一次，每月编制一张。月末结算出汇总转账凭证的合计数，据以登记设证账户的贷方以及各有关账户的借方。如果某一贷方账户的转账凭证数量不多，如"累计折旧"账户通常每月只有一张转账凭证，或汇总原始凭证、自制原始凭证已按贷方科目设置，也可以不编制汇总转账凭证，直接根据转账凭证登记有关总账。汇总转账凭证的格式见表13-11。

表13-11　　　　　　　　　　　　**汇总转账凭证**

贷方科目：　　　　　　　　　　　　年　　月　　　　　　　　　　　　汇转字第　　号

借方科目	金额				记账符号
	1—10日转账凭证 第　号至第　号	11—20日转账凭证 第　号至第　号	21—30日转账凭证 第　号至第　号	合计	
合计					

（三）汇总记账凭证账务处理程序的优缺点和适用范围

汇总记账凭证账务处理程序由于是在月终根据汇总记账凭证一次登记总账，因而可以大大减少登记总账的工作量。同时，汇总记账凭证及登记的总分类账能反映科目之间的对应关系，有利于了解交易或事项的概貌。但是，由于这种账务处理程序下的汇总转账凭证是按每一贷方科目而不是按交易或事项的性质归类汇总的，因而不利于日常核算工作的合理分工，而且编制汇总转账凭证的工作量较大。另外，登记后的总账虽然反映了科目的对应关系，但数字均是总括数，也不便于查账。

就其具有的优点看，汇总记账凭证账务处理程序适用于规模较大、交易或事项数量较多、记账凭证较多的单位。在实际工作中，采用这种账务处理程序的单位不多见。

二、多栏式日记账账务处理程序

（一）多栏式日记账账务处理程序的特点和内容

多栏式日记账账务处理程序的特点：设置并根据收款凭证、付款凭证逐日逐笔登记多栏式日记账，根据转账凭证定期编制转账凭证汇总表，月末再根据多栏式日记账和转账凭证汇总表登记总分类账。如果转账凭证不多，也可直接用以登记总账，不编制转账凭证汇总表。

在多栏式日记账账务处理程序下，除日记账采用多栏式外，记账凭证和其他账簿的种类、格式等，与记账凭证账务处理程序下的要求基本一样；转账凭证汇总表的格式、编制方法与科目汇总表一样。多栏式日记账账页格式见表11-3、表11-4和表11-5。

多栏式日记账账务处理程序如图13-4所示。

其一般程序如下：

① 根据原始凭证编制汇总原始凭证；

② 根据原始凭证或汇总原始凭证编制记账凭证；

③ 根据收款凭证、付款凭证逐日逐笔登记多栏式库存现金日记账和银行存款日记账；

④ 根据原始凭证、汇总原始凭证和记账凭证登记各种明细分类账；

⑤ 根据转账凭证编制转账凭证汇总表；

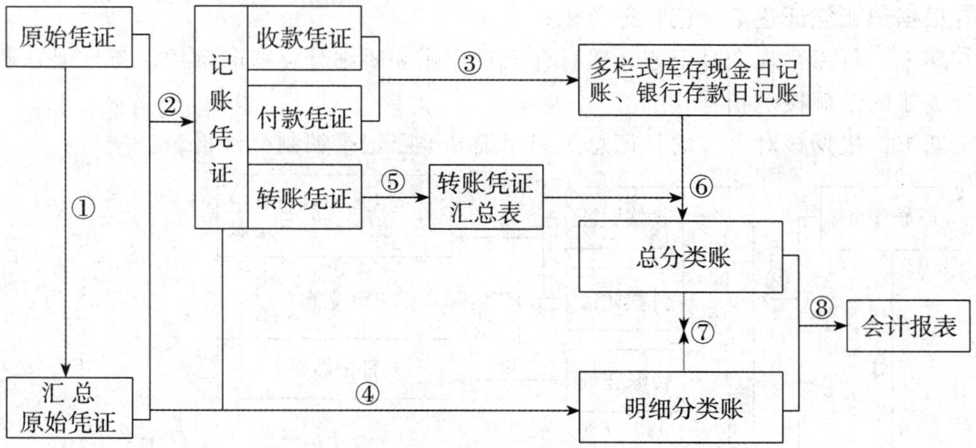

图13-4 多栏式日记账账务处理程序示意图

⑥ 月末，根据多栏式库存现金日记账、银行存款日记账和转账凭证汇总表登记总分类账；

⑦ 月末，将明细分类账的余额与有关总分类账的余额核对相符；

⑧ 月末，根据核对无误的总分类账和明细分类账记录编制会计报表。

（二）多栏式日记账账务处理程序的优缺点和适用范围

采用多栏式日记账账务处理程序，由于是月末一次汇总登记总账，故可大大减少登记总账的工作量；同时，借助于多栏式日记账，能减少记账凭证的归类整理工作，并可以清晰地反映库存现金、银行存款的来龙去脉。其缺点是：多栏式日记账的账页可能因对应科目较多而变得太宽，不便于记账。因此，这种账务处理程序通常适用于规模不大、运用会计科目较少而涉及库存现金或银行存款增加、减少的交易或事项（即收付款业务）又相对较多的单位。在实际工作中，很少有单位采用这种账务处理程序。

三、日记总账账务处理程序

（一）日记总账账务处理程序的特点和内容

日记总账账务处理程序的特点：设置日记总账，根据记账凭证逐笔登记日记总账。

在日记总账账务处理程序下，记账凭证、日记账、明细账的种类和格式等，与记账凭证账务处理程序下的要求一样，但需要特别开设日记总账。日记总账是日记账和总分类账结合设置的一种联合账簿，它将全部总账科目集中设置在一张账页上，以记账凭证为依据，对发生的各项经济业务逐笔进行序时登记，月末在账页的同一行次上分别结算出各个总账科目的发生额，在下一行次上结算出余额。日记总账的格式见表11-9。

日记总账账务处理程序如图13-5所示。

其一般程序如下：

①根据原始凭证编制汇总原始凭证；

②根据原始凭证或汇总原始凭证编制记账凭证；

③根据收款凭证、付款凭证逐日逐笔登记库存现金日记账和银行存款日记账；

④根据原始凭证、汇总原始凭证和记账凭证登记明细分类账；

⑤根据记账凭证逐笔登记日记总账；

⑥期末，将库存现金日记账、银行存款日记账和明细分类账的余额，与日记总账中有关总分类账的余额核对相符；

⑦期末，根据核对无误的日记总账和明细分类账记录编制会计报表。

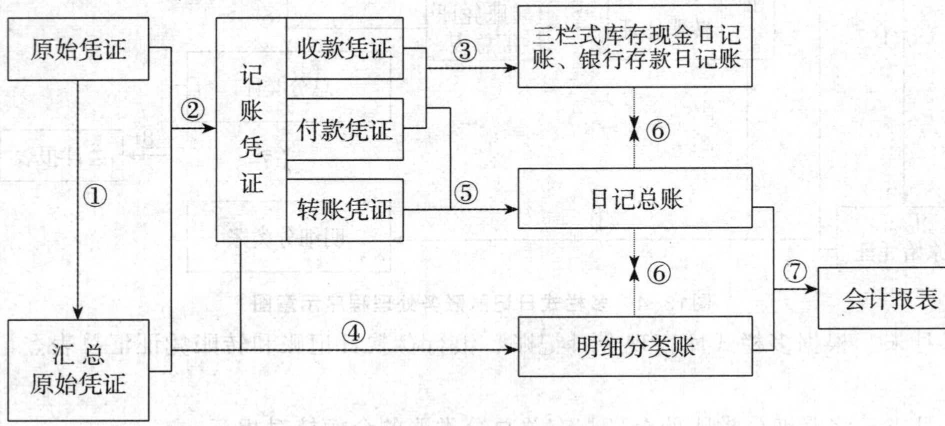

图13-5　日记总账账务处理程序示意图

（二）日记总账账务处理程序的优缺点和适用范围

日记总账是按全部科目分借方和贷方设置的，并且是根据记账凭证逐笔登记的，可以全面反映各项交易或事项的来龙去脉，有利于对会计核算资料的分析和使用，而且账务处理程序也比较简单。其缺点是：企业单位如果运用的会计科目多，总分类账的账页过长，不便于记账和查阅。因此，这种账务处理程序通常只适用于规模小、交易或事项简单、使用会计科目很少的单位。在实际工作中，很少有单位采用这种账务处理程序。

四、通用日记账账务处理程序

（一）通用日记账账务处理程序的特点和内容

通用日记账账务处理程序的特点：将所有交易或事项按所涉及的会计科目，以分录的形式记入通用日记账，再根据通用日记账的记录登记总分类账。

采用通用日记账账务处理程序，一般不填制记账凭证，而是根据原始凭证或汇总原始凭证直接登记通用日记账。这种做法实际上是用订本式通用日记账账簿代替记账凭证。采用这种账务处理程序，总分类账是根据通用日记账逐笔登记的，一般采用三栏式。由于通用日记账的记录实际上就是各项交易或事项的会计分录，已经反映了科目对应关系，因此，总分类账一般采用不反映对应科目的借贷余三栏式，不登记对应科目。另外，在这种账务处理程序下，一般不设库存现金日记账、银行存款日记账。这样，库存现金的每日收、付金额和余额，需要根据“库存现金”总账科目的记录进行了解，或者根据通用日记账的相应记录计算得出。企业单位与开户银行之间有关银行存款收付金额和余额的核对，也要根据“银行存款”总账科目的记录或通用日记账的记录进行。在规模小、交易或事项数量较少的单位，为了加强对货币资金的管理，也可以设“库存现金日记账”和“银行存款日记账”（可采用三栏式），根据通用日记账所记录的会计分录及原始凭证或汇总原始凭证登记。通用日记账的格式见表11-6。

通用日记账账务处理程序如图13-6所示。

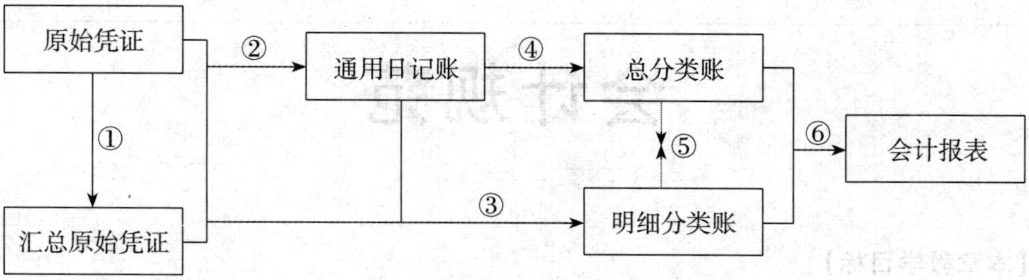

图13-6　通用日记账账务处理程序示意图

其一般程序：

① 根据原始凭证编制汇总原始凭证；

② 根据原始凭证或汇总原始凭证登记通用日记账；

③ 根据原始凭证、汇总原始凭证和通用日记账登记明细分类账；

④ 根据通用日记账逐笔登记总分类账；

⑤ 期末，将明细分类账的余额与有关总分类账的余额核对相符；

⑥ 期末，根据核对无误的总分类账和明细分类账记录编制会计报表。

（二）通用日记账账务处理程序的优缺点和适用范围

通用日记账账务处理程序的优点在于减少了编制记账凭证的大量工作，便于了解企业单位每日每项交易或事项的发生和完成情况，便于按交易或事项发生的时间顺序查阅资料。其不足之处在于：只设一本通用日记账，不便于会计核算分工；根据原始凭证或汇总原始凭证登记通用日记账，账簿记录容易发生错误；根据通用日记账逐笔登记总分类账，则登记总分类账的工作量大。这种账务处理程序通常只适用于规模小、交易或事项简单的单位。在实际工作中，很少有单位采用这种账务处理程序。

最后应当指出的是，一个单位开展会计核算工作，可以采用手工的方式，也可以采用会计电算化的方式。虽然本章所述的各种账务处理程序主要是手工会计核算条件下的账务处理程序，但由于会计电算化是在会计工作中应用电子计算机和现代数据处理技术，以电子计算机代替人工进行记账、算账、报账以及部分代替人脑完成会计信息分析的过程，其基本原理与手工会计核算的基本原理是相同的，因而从理论上讲，这些账务处理程序在会计电算化条件下也是可以采用的。当然，由于科目汇总表账务处理程序是运用最广泛的一种账务处理程序，为了便于实现会计电算化与手工会计核算的衔接，目前我国的会计核算软件几乎都是按照科目汇总表账务处理程序进行设计的。

本章习题自测

第十四章

会计规范

【本章教学目标】

知识目标：本章简要阐述会计规范及其体系架构，着重阐述会计法律和会计行政法规的主要内容，会计制度体系的构成内容，现行企业会计准则体系的构成内容。通过本章学习，要求全面、系统认识会计规范，从总体上把握会计规范体系的主要内容及其分类方法，建立对会计规范体系的整体认识。

能力目标：能够熟悉并在会计实务中熟练运用会计规范。

思政目标：通过对会计规范的了解和掌握，树立会计工作的法治观念，增强会计工作的规则意识，强化会计工作遵纪守法的理念。

第一节　会计规范概述

一、会计规范的含义和特征

所谓会计规范，是以一定的会计理论为基础制定的，协调、管理会计工作的各种法律、法令、条例、规则、制度等规范性文件的总称。[①]它是对会计工作所作出的一系列约束，是会计工作的标准和评价会计工作质量的客观依据。

会计规范通常应当具有以下基本特征：

第一，普遍性特征。无论是约定俗成还是惯例性的，也无论是强制性还是自发性的，作为对会计工作作出的一系列约束，会计规范应当具有普遍性，应当是得到多数人认可的，普遍认可是会计规范赖以存在的基础，否则，对会计工作的约束也就无从谈起。

---

① 规范是指“约定俗成或明文规定的标准”（中国社会科学院语言研究所词典编辑室.现代汉语词典［M］.北京：商务印书馆，2002：474）。将规范延伸到会计领域即可明确会计规范的含义。然而，由于认识视角不同，人们对会计规范的含义具有不同的认识。例如，我国著名会计学家杨纪琬、娄尔行、葛家澍三位教授曾经指出，“会计规范是一个广义的术语，它包括所有对会计的记录、确认、计量和报告具有制约、限制和引导作用的法律、法规、原则、准则、制度等”（杨纪琬，娄尔行，葛家澍.会计学原理［M］.北京：中国财政经济出版社，1998：267）；唐国平教授指出，“会计规范是关于经济组织（或单位）会计行为的标准或法式”（唐国平.会计学原理［M］.北京：中国财政经济出版社，2006：388）；陈亚民博士指出，“会计规范是在会计领域内起作用的一种社会意识形态……作为一种标准，它帮助会计人员解决如何工作的问题，为评价会计工作提供客观依据；作为一种机制，它是保障和促进会计活动达到预期目的的一种制约力量”（陈亚民.会计规范论［M］.北京：中国财政经济出版社，1991：21）；王开田教授指出，“会计规范是会计在漫长的社会实践中，依据其自身的特点，为满足和实现会计目标的内部需要以及为满足会计外部的要求（会计系统之外的要求，例如投资者、债权人、社会公众、政府有关机构等的要求）而逐步建立起来的，使会计程序和方法标准化和模式化的一系列会计法规、法律、职业道德、准则、制度、条例的总和”（王开田.会计规范理论结构［M］.北京：中国财政经济出版社，2001：3）。由此看来，尽管人们对会计规范的认识尚存在一定差异，但大都认为会计规范应当包括各种会计法律、法令、条例、规则、制度等内容。

第二，约束性特征。会计规范是会计工作的标准和评价会计工作质量的客观依据，这种标准、依据往往具有强制约束力，必须遵照执行，如有违反，将视情节轻重受到法律制裁、行政制裁或道德谴责。有的会计规范的约束力即使是非强制性的，如有违反，也可能会遭到业界或社会的负面评价甚至谴责。

第三，地域性特征。会计学作为管理学科，属于社会科学的范畴。受到会计所处社会经济环境的影响，会计规范不可避免地带有国家、民族特色，具有明显的地域性特征，其中的法律规范表现尤为突出。当然，会计是国际通用的商业语言，会计规范的地域性并不排斥各国间会计规范的共性，而且会计规范国际协调与趋同的步伐不断加快，各国会计规范的共性将会日益增多。尽管如此，会计规范的地域性特征仍将在相当长的历史时期内存在。

第四，发展性特征。要发挥会计规范的实际效用，自然应当使会计规范在一定时期保持其相对稳定性。但是，会计规范不是一成不变的。随着政治、法律、经济、科技、教育和文化等环境的不断变化，会计也会不断发展和完善，这样一来，原有的会计规范必然面临调整、修正甚至放弃，新的会计规范必然会有着新的展示舞台，从而使会计规范呈现出明显的发展性特征。

二、会计规范的作用

作为协调、管理会计工作的各种规范性文件，每一种会计规范都具有其特定的作用。从总体上看，会计规范的作用主要体现在以下几个方面：

第一，会计规范是进行国民经济宏观调控与管理的重要手段。各个经济组织是国民经济的细胞，其会计信息按照一定的组织系统层层上报汇总，就可形成一个行业、一个地区，乃至一个国家进行宏观经济调控与管理所需的会计信息。会计规范的重要作用之一，就是引导并约束各个经济组织按照规定标准核算各项交易或事项，规范各个经济组织提供财务会计信息的行为，保证会计信息的质量，从而为宏观经济调控与管理提供可靠的参考依据。

第二，会计规范是设计合法有效的会计行为模式的重要手段。会计规范无论是强制性还是自发性的，也无论是约定俗成还是惯例性的，都具有约束力，它制约、限制和引导会计人员从事会计工作。会计人员只有遵循会计规范从事会计工作，其会计行为才是合法、合规、合理、有效的，才能保障和促进会计活动达到预期目的。

第三，会计规范是会计工作的标准和评价会计工作质量的客观依据。会计规范是经济组织会计行为的标准或法式，是会计人员的职业标准，它帮助会计人员解决如何工作的问题，解决会计人员在职业活动中应当做什么、应当怎样做和不应当怎样做的问题。与此同时，会计规范也就成为有关方面监督会计工作、评判会计工作质量的客观标准和依据。

总之，建立健全会计规范，有利于保证会计行为的合法性、合规性、合理性、有效性，有利于保证会计工作、会计信息的质量，促进会计目标的顺利实现，从而更好地维护社会经济秩序，促进我国社会主义市场经济健康有序的发展。

三、会计规范体系架构

通常，一个国家会计规范的内容与其会计发展演变的状况密切相关，从根本上说，一个国家会计规范的建立、制定和完善，主要受其政治、法律、经济、科技、教育和文化等环境的影响。

自中华人民共和国成立以来，特别是自改革开放以来，我国会计环境急速变化，会计规范的建设加大了力度、加快了步伐，而自进行社会主义市场经济建设开始的近二十年，其成效最为显著。从目前的实际情况看，我国的会计规范涉及会计工作的各个领域、各个方面，已构成一个较为完善的会计规范体系。

从规范的形成方式和来源看，我国的会计规范体系主要由两个部分构成：（1）自发形成的会计规范。它源自长期会计实务经验总结，是在长期的会计实践中经过检验并具有合理内核从而逐步形成的会计习惯、惯例和规则等。（2）自觉制定的会计规范。它是由国家立法机关、国家和地方行政机关、会计专业团体、各基层经济组织等制定主体所制定的各种法律、法令、条例、规则、制度等规范性文件。我国现行的会计规范大致可以分为会计法律、会计行政法规、会计制度和会计准则等类别。

从所规范的内容看，我国的会计规范体系主要由以下几个部分构成：（1）对会计人员的规范，主要包括会计人员的从业资格、职责、权限、专业技术职务、继续教育、职业道德、任免和奖惩等内容；（2）对会计机构的规范，主要包括会计机构的设置、会计岗位的设置、会计机构内部稽核制度和内部牵制制度等内容；（3）对会计核算工作的规范，主要包括会计核算的基本前提、会计凭证的填制和审核、会计账簿的登记、财务会计报告的编制与报送、会计信息的公告与披露、会计工作交接和会计档案管理等内容；（4）对会计监督工作的规范，主要包括会计监督的主体、监督的客体、监督的依据、监督的形式、监督的方法等内容。

第二节　会计法律

一、会计法律的含义

会计法律是指为了体现国家利益和根本意志而由国家立法机关经过一定的立法程序制定的，强迫会计行为主体必须实施，用以指导会计工作、调整经济生活中会计关系的法律。在会计规范体系中，会计法律最具权威性、最具约束力。为了规范会计工作，世界各国通常都会以不同的形式制定会计法律。

我国的会计法律是由国家最高权力机关——全国人民代表大会及其常务委员会制定，以中华人民共和国主席令的形式颁布实施的会计法律规范，它是会计工作的基本大法，在会计规范体系中处于最高层次，是制定其他各层次会计规范的基本依据。

目前，我国最主要的会计法律是《中华人民共和国会计法》（简称《会计法》）。同时，我国规范会计行为的专业法律还有《中华人民共和国注册会计师法》《中华人民共和国审计法》。此外，《中华人民共和国公司法》、《中华人民共和国外商投资法》、《中华人民共和国企业破产法》、《中华人民共和国证券法》、《中华人民共和国经济合同法》以及各项税法等经济法律的相关条款，也有对相关会计行为的法律规定。

二、我国《会计法》的主要内容

为了适应我国经济发展和会计工作规范化、法治化建设工作的需要，1985年1月21日，第六届全国人民代表大会常务委员会第九次会议审议通过了我国第一部《会计法》，并于同年5月1日起施行。随着改革开放的不断深化和建立社会主义市场经济体制的要求，1993年12月29日，第八届全国人民代表大会常务委员会第五次会议通过了《关于修改〈中华人民共和国会计法〉的决定》，对《会计法》作了修改。根据进一步深化经济体制改革对会计工作提出的新要求，1999年10月31日，第九届全国人民代表大会常务委员会第十二次会议审议通过了重新修订的《会计法》，并于2000年7月1日起施行。2017年11月4日，第十二届全国人民代表大会常务委员会第三十次会议通过决定，决定对《中华人民共和国会计法》等十一部法律进行修改。

我国的《会计法》包括总则，会计核算，公司、企业会计核算的特别规定，会计监督，会计机构和会计人员，法律责任，附则等部分。

《会计法》的"总则"部分，主要对我国《会计法》的立法宗旨、适用范围、会计责任、对会计人员的法律保护与奖励、会计工作管理体制等作出规定。《会计法》的立法宗旨是"规范会计行为，保证会计资料真实、完整，加强经济管理和财务管理，提高经济效益，维护社会主义市场经济秩序"。我国会计法适用于国家机关、政党组织、企业、事业单位、社会团体和其他组织办理会计事务。《会计法》规定，各单位必须依法设置会计账簿，并保证其真实、完整；单位负责人是会计责任主体，应对本单位的会计工作和会计资料的真实性、完整性负责；会计机构、会计人员依法进行会计核算，实行会计监督。我国会计法规定，任何单位或者个人不得对依法履行职责、抵制违反《会计法》规定行为的会计人员实行打击报复；对认真执行《会计法》、忠于职守、坚持原则、作出显著成绩的会计人员，给予精神的或者物质的奖励。我国会计法规定，国务院财政部门主管全国的会计工作，县级以上地方各级人民政府财政部门管理本行政区域内的会计工作；国家实行统一的会计制度，该会计制度由国务院财政部门根据《会计法》制定并公布。

《会计法》的"会计核算"部分，主要就应当进行会计核算的交易或事项、会计年度、记账本位币、会计记录采用的文字、会计凭证的填制与审核、会计账簿的设置与登记、会计处理方法的变更、财务会计报告的编制与报送、会计档案管理等问题作出原则性规定。我国会计法规定，各单位必须依法设置会计账簿，根据实际发生的经济业务事项进行会计核算，填制会计凭证，登记会计账簿，编制财务会计报告，并保证其真实、完整；应当办理会计手续，进行会计核算的经济业务事项包括：款项和有价证券的收付，财物的收发、增减和使用，债权债务的发生和结算，资本、基金的增减，收入、支出、费用、成本的计算，财务成果的计算和处理，需要办理会计手续、进行会计核算的其他事项；会计年度采用公历制；会计核算以人民币为记账本位币；会计记录的文字应当使用中文；会计凭证、会计账簿、财务会计报告和其他会计资料，必须符合国家统一的会计制度的规定；各单位采用的会计处理方法，前后各期应当一致，不得随意变更，确有必要变更的，应当按照国家统一的会计制度的规定变更，并将变更的原因、情况及影响在财务会计报告中说明；各单位对会计凭证、会计账簿、财务会计报告和其他会计资料应当建立档案，妥善保管。

《会计法》的“公司、企业会计核算的特别规定”部分，主要是规定公司、企业必须根据实际发生的经济交易或事项，按照国家统一的会计制度的规定确认、计量和记录资产、负债、所有者权益、收入、费用和利润，并规定了公司、企业进行会计核算不得发生的行为，包括：（1）随意改变资产、负债、所有者权益的确认标准或者计量方法，虚列、多列、不列或者少列资产、负债、所有者权益；（2）虚列或者隐瞒收入，推迟或者提前确认收入；（3）随意改变费用、成本的确认标准或者计量方法，虚列、多列、不列或者少列费用、成本；（4）随意调整利润的计算、分配方法，编造虚假利润或者隐瞒利润；（5）违反国家统一的会计制度规定的其他行为。

《会计法》的“会计监督”部分，主要就单位内部会计监督、外部监督检查的有关问题作出规定。我国会计法规定，各单位应当按照以下要求建立、健全本单位内部会计监督制度：（1）记账人员与经济业务事项和会计事项的审批人员、经办人员、财物保管人员的职责权限应当明确，并相互分离、相互制约；（2）重大对外投资、资产处置、资金调度和其他重要经济业务事项的决策和执行的相互监督、相互制约程序应当明确；（3）财产清查的范围、期限和组织程序应当明确；（4）对会计资料定期进行内部审计的办法和程序应当明确。《会计法》规定，单位负责人应当保证会计机构、会计人员依法履行职责，不得授意、指使、强令会计机构、会计人员违法办理会计事项；会计机构、会计人员对违反会计法和国家统一的会计制度规定的会计事项，有权拒绝办理或者按照职权予以纠正；会计机构、会计人员发现会计账簿记录与实物、款项及有关资料不相符的，按照国家统一的会计制度的规定有权自行处理的，应当及时处理，无权处理的，应当立即向单位负责人报告，请求查明原因，作出处理；任何单位和个人对违反《会计法》和国家统一的会计制度规定的行为，有权检举；有关法律、行政法规规定，须经注册会计师进行审计的单位，应当向受委托的会计师事务所如实提供会计凭证、会计账簿、财务会计报告和其他会计资料以及有关情况；财政部门对各单位的下列情况实施监督：是否依法设置会计账簿，会计凭证、会计账簿、财务会计报告和其他会计资料是否真实、完整，会计核算是否符合会计法和国家统一的会计制度的规定，从事会计工作的人员是否具备专业能力、遵守职业道德；财政、审计、税务、中国人民银行、证券监管、保险监管等部门应当依照有关法律、行政法规规定的职责，对有关单位的会计资料实施监督检查，并对在监督检查中知悉的国家秘密和商业秘密负有保密义务；各单位必须依照有关法律、行政法规的规定，接受有关监督检查部门依法实施的监督检查，如实提供会计凭证、会计账簿、财务会计报告和其他会计资料以及有关情况，不得拒绝、隐匿、谎报。

《会计法》的“会计机构和会计人员”部分，主要就各单位会计机构设置、会计机构内部稽核制度的建立、会计人员从业资格、会计人员工作交接等问题作出原则性规定。我国会计法规定，各单位应当根据会计业务的需要，设置会计机构，或者在有关机构中设置会计人员并指定会计主管人员；不具备设置条件的，应当委托经批准设立从事会计代理记账业务的中介机构代理记账；国有的和国有资产占控股地位或者主导地位的大、中型企业必须设置总会计师；会计机构内部应当建立稽核制度；会计人员应当具备从事会计工作所需要的专业能力；担任单位会计机构负责人或会计主管人员的，应当具备会计师以上专业技术职务资格或者从事会计工作三年以上经历；会计人员应当遵守职业道德，提高业务素质；因有提供虚假财务会计报告，做假账，隐匿或者故意销毁会计凭证、会计账簿、财务会计报告，贪污，挪用公款，职务侵占等与会计职务有关的违法行为被依法追究刑事责任的人员，不得再从事会计工作；会计人员调动工作或者离职，必须与接管人员办清交接手续。

《会计法》的“法律责任”部分规定详细，内容较多，主要就会计违法行为类别、违法行为主体、违法行为监管部门、违法行为应当承担的法律责任等问题作出规定。

我国会计法规定，有下列行为之一，尚不构成犯罪的，由县级以上人民政府财政部门责令限期改正，可以对单位并处三千元以上五万元以下的罚款，对其直接负责的主管人员和其他直接责任人员可以处二千元以上二万元以下的罚款，属于国家工作人员的还应当由其所在单位或者有关单位依法给予行政处分；构成犯罪的，依法追究刑事责任；属于会计人员，情节严重的，五年内不得从事会计工作：（1）不依法设置会计账簿的；（2）私设会计账簿的；（3）未按照规定填制、取得原始凭证或者填制、取得的原始凭证不符合规定的；（4）以未经审核的会计凭证为依据登记会计账簿或者登记会计账簿不符合规定的；（5）随意变更会计处理方法的；（6）向不同的会计资料使用者提供的财务会计报告编制依据不一致的；（7）未按照规定使用会计记录文字或者记账本位币的；（8）未按照规定保管会计资料，致使会计资料毁损、灭失的；（9）未按照规定建立并实施单位内部会计监督制度或者拒绝依法实施的监督或者不如实提供有关会计资料及有关情况的；（10）任用会计人员不符合本法规定的。

我国会计法规定，伪造、变造会计凭证、会计账簿，编制虚假财务会计报告，构成犯罪的，依法追究刑事责任。尚不构成犯罪的，由县级以上人民政府财政部门予以通报，可以对单位并处五千元以上十万元以下的罚款；对其直接负责的主管人员和其他直接责任人员，可以处三千元以上五万元以下的罚款；属于国家工作人员的，还应当由其所在单位或者有关单位依法给予撤职直至开除的行政处分；其中的会计人员，五年内不得从事会计工作。

我国会计法规定，隐匿或者故意销毁依法应当保存的会计凭证、会计账簿、财务会计报告，构成犯罪的，依法追究刑事责任。尚不构成犯罪的，由县级以上人民政府财政部门予以通报，可以对单位并处五千元以上十万元以下的罚款；对其直接负责的主管人员和其他直接责任人员，可以处三千元以上五万元以下的罚款；属于国家工作人员的，还应当由其所在单位或者有关单位依法给予撤职直至开除的行政处分；其中的会计人员，五年内不得从事会计工作。

我国会计法规定，授意、指使、强令会计机构、会计人员及其他人员伪造、变造会计凭证、会计账簿，编制虚假财务会计报告或者隐匿、故意销毁依法应当保存的会计凭证、会计账簿、财务会计报告，构成犯罪的，依法追究刑事责任；尚不构成犯罪的，可以处五千元以上五万元以下的罚款；属于国家工作人员的，还应当由其所在单位或者有关单位依法给予降级、撤职、开除的行政处分。

我国会计法规定，单位负责人对依法履行职责、抵制违反会计法规定行为的会计人员以降级、撤职、调离工作岗位、解聘或者开除等方式实行打击报复，构成犯罪的，依法追究刑事责任；尚不构成犯罪的，由其所在单位或者有关单位依法给予行政处分。对受打击报复的会计人员，应当恢复其名誉和原有职务、级别。

我国会计法规定，财政部门及有关行政部门的工作人员在实施监督管理中滥用职权、玩忽职守、徇私舞弊或者泄露国家秘密、商业秘密，构成犯罪的，依法追究刑事责任；尚不构成犯罪的，依法给予行政处分。

《会计法》的“附则”部分，主要就“单位负责人”“国家统一的会计制度”用语的含义等作出规定。我国会计法规定，单位负责人是指单位法定代表人或者法律、行政法规规定代表单位行使职权的主要负责人；国家统一的会计制度是指国务院财政部门根据会计法制定的关于会计核算、会计监督、会计机构和会计人员以及会计工作管理的制度。

中共二十大报告指出：“……要坚持走中国特色社会主义法治道路，建设中国特色社会主义法治体系、建设社会主义法治国家，围绕保障和促进社会公平正义，坚持依法治国、依法执政、依法行政共同推进，坚持法治国家、法治政府、法治社会一体建设，全面推进科学立法、严格执法、公正司法、全民守法，全面推进国家各方面工作法治化。”① 可以预见，我国的会计法律将会尽快得以进一步完善。

第三节　会计行政法规

一、会计行政法规的含义

我国的会计行政法规是指由国家最高行政机关——国务院根据会计法律制定，以中华人民共和国国务院令的形式颁布实施的会计规范。在会计规范体系中，会计行政法规的权威性、约束力仅次于会计法律。

会计行政法规一般以条例的名义发布。我国现行的会计行政法规主要有2000年6月21日中华人民共和国国务院令第287号发布、自2001年1月1日起施行的《企业财务会计报告条例》和1990年12月31日中华人民共和国国务院令第72号发布、自1990年12月31日起施行的《中华人民共和国总会计师条例》（以下简称《总会计师条例》）。②

二、我国会计行政法规的主要内容

（一）《企业财务会计报告条例》

《企业财务会计报告条例》包括总则、财务会计报告的构成、财务会计报告的编制、财务会计报告的对外提供、法律责任、附则等六章，共四十六条，主要包括以下几个方面的内容：

1. 指出制定《企业财务会计报告条例》的依据是《会计法》，目的是规范企业财务会计报告，保证其真实、完整，并要求企业（包括公司，不包括不对外筹集资金、经营规模较小的企业，下同）遵照执行。

2. 对编制和对外提供财务会计报告作出原则规定：企业不得编制和对外提供虚假的或

① 习近平. 高举中国特色社会主义伟大旗帜为全面建设社会主义现代化国家而团结奋斗——在中国共产党第二十次全国代表大会上的报告［EB/OL］.（2022-10-25）.https：//www.gov.cn/xinwen/2022-10/25/content_5721685.htm.

② 国务院曾于1978年9月12日发布《会计人员职权条例》，后来由于已被1999年10月31日全国人大常委会修订并公布的《中华人民共和国会计法》、1987年6月20日国务院发布的《关于实行专业技术职务聘任制度的规定》、1990年12月31日国务院发布的《总会计师条例》所代替，在2001年10月6日中华人民共和国国务院令第319号《国务院关于废止2000年底以前发布的部分行政法规的决定》中，将其废止。

者隐瞒重要事实的财务会计报告，并由企业负责人对其真实性、完整性负责；任何组织或者个人不得授意、指使、强令企业编制和对外提供虚假的或者隐瞒重要事实的财务会计报告；注册会计师、会计师事务所审计企业财务会计报告，应当依照有关法律、行政法规以及注册会计师执业规则的规定进行，并对所出具的审计报告负责。

3. 规定财务会计报告由年度、半年度、季度和月度财务会计报告构成；对财务会计报告包括的内容、财务会计报告内容涉及的会计要素的定义以及列示、附注应当包括的内容等作出了规定。

4. 对财务会计报告编制时间、编制基础、编制依据、编制前的准备工作、编制原则和方法、编制要求等作出原则规定。

5. 对对外提供财务会计报告的要求和注意事项、财务会计报告的提供期限、财务会计报告所反映的会计信息质量要求、财务会计报告使用者、接受企业财务会计报告的组织或者个人应当遵守的保密要求等作出原则规定。

6. 根据《会计法》的规定，明确规定了违反《企业财务会计报告条例》应当承担的法律责任。

（二）《总会计师条例》

《总会计师条例》包括总则、总会计师的职责、总会计师的权限、任免与奖惩、附则等五章，共二十三条。

《总会计师条例》的主要内容涉及设置总会计师的条件、总会计师的地位、总会计师的职责、总会计师的权限、总会计师的任命（或者聘任）和免职（或者解聘）程序、总会计师必须具备的条件、总会计师的奖惩、对总会计师行使职权的保护等方面。[①]

第四节　会计制度

一、会计制度的含义

在会计规范体系中，会计法律是指导会计工作、调整经济生活中会计关系的纲领性文件；会计行政法规是对会计工作的原则性规定；会计制度是规范会计工作的具体依据和标准，是会计工作应当遵守的办事规程或行动准则，是各单位对特定交易或者事项进行会计处理的具体办法。

我国的会计制度可以分为两种层次：一种是国家统一的会计制度；另一种是单位内部的会计制度。[②]

国家统一的会计制度，是指国务院财政部门根据会计法律和会计行政法规制定的关于会计核算、会计监督、会计机构和会计人员以及会计工作管理的制度。国家统一的会计制

① 相关内容可参见第十五章第二节的介绍。

② 在我国，由于人们对“制度”二字的理解不同、应用场合不同，会计制度有多种含义。在一般日常用语中，人们常以会计制度泛指会计规范，会计制度就是会计规范的别称；在更多情况下，人们常说的会计制度是狭义的，要么是指会计核算制度，如《企业会计制度》《行政单位会计制度》等，要么是指单位内部的会计制度；《会计法》所指的会计制度是国家统一的会计制度。我们认为，我国会计规范体系中的会计制度可以分为两种层次，即国家统一的会计制度和单位内部的会计制度。

度属于会计规章，其名称一般冠以“制度”“准则”“规范”“规定”“办法”等。在会计规范体系中，国家统一的会计制度处于第三层次，它在会计规范体系中所占的比例往往最大，涉及面最广，具有针对性强的特性。

单位内部的会计制度，是指各单位根据《会计法》和国家统一的会计制度的规定，结合单位类型和内容管理的需要，自行制定或委托社会会计服务机构代为制定，用以处理会计事务的内部会计管理制度。在会计规范体系中，单位内部的会计制度处于第四层次，它是结合单位自身需要而对国家统一的会计制度的进一步补充。

二、我国的会计制度体系

自新中国成立以来，特别是自改革开放以来，我国十分重视会计制度建设工作，会计制度日益完善。我国的会计制度体系由国家统一的会计制度和单位内部的会计制度两大部分构成，如图14-1所示。

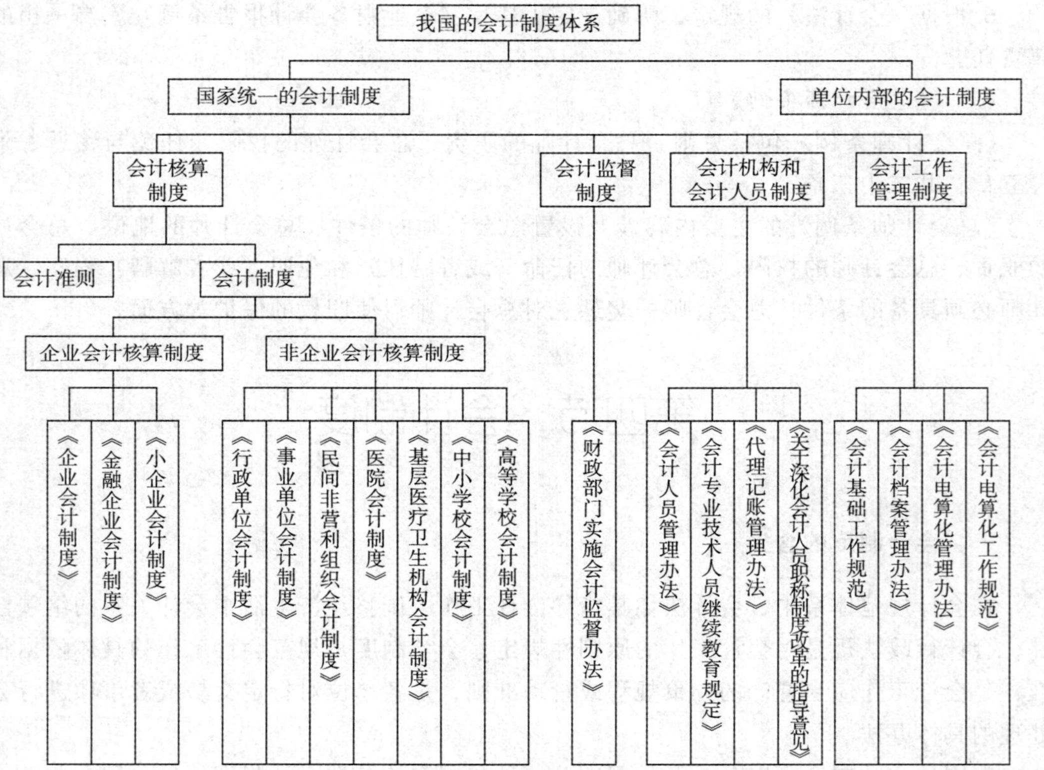

图14-1　我国会计制度体系示意图

（一）国家统一的会计制度

由国务院财政部门根据会计法律和会计行政法规制定的国家统一的会计制度，可按其内容分为四类，即会计核算制度、会计监督制度、会计机构和会计人员制度、会计工作管理制度。

1.国家统一的会计核算制度[①]

我国国家统一的会计核算制度可以按其适用范围分为两大体系：一是适用于各类企业的会计核算制度；二是适用于政府和非营利组织的会计核算制度。

我国的企业会计核算制度是由国务院财政部门根据会计法律和会计行政法规制定发布的，主要包括2000年12月29日发布的《企业会计制度》、2001年11月27日发布的《金融企业会计制度》和2004年4月27日发布的《小企业会计制度》等。

我国适用于行政、事业单位和民间非营利组织等的会计核算制度，主要包括财政部于1998年2月6日发布、2013年12月18日修订发布的《行政单位会计制度》，1997年7月17日发布、2012年12月19日修订发布的《事业单位会计制度》，2004年8月18日发布的《民间非营利组织会计制度》，2010年12月31日发布的《医院会计制度》，2010年12月29日发布的《基层医疗卫生机构会计制度》，2013年12月27日发布的《中小学校会计制度》，2013年12月30日发布的《高等学校会计制度》等。

2.国家统一的会计监督制度

会计监督是对会计核算过程中背离会计规范的交易或事项进行的内部监视督察，它与会计核算是相辅相成的，与会计核算遵循同样的会计规范，因此，我国国家统一的会计监督制度主要寓于各种会计规范之中。例如，我国《会计法》就明确规定，各单位应当建立、健全本单位内部会计监督制度，并赋予了会计机构、会计人员进行会计监督的权力；财政部发布的《会计基础工作规范》也要求各单位的会计机构、会计人员对本单位的经济活动进行会计监督，并对其作出了详细规定。由此看来，我国统一的会计监督制度并无缺失。

除了内部会计监督外，会计监督的重要内容是外部监督。为规范财政部门会计监督工作，保障财政部门有效实施会计监督，保护公民、法人和其他组织的合法权益，财政部根据《会计法》《企业财务会计报告条例》等有关法律、行政法规的规定，制定了《财政部门实施会计监督办法》，并于2001年2月20日发布，同日起施行。该办法主要就会计监督的主体、客体，会计监督检查的内容、形式和程序，违规违法行为的处理、行政处罚等的种类和范围，行政处罚的程序等作出了具体规定。

3.国家统一的会计机构和会计人员制度

我国国家统一的会计机构和会计人员制度，主要包括《代理记账管理办法》《会计人员管理办法》《会计专业技术人员继续教育规定》和《关于深化会计人员职称制度改革的指导意见》等。

4.国家统一的会计工作管理制度

我国国家统一的会计工作管理制度主要包括《会计基础工作规范》《会计档案管理办法》《会计电算化管理办法》《会计电算化工作规范》等。其中，《会计基础工作规范》是为了加强会计基础工作，建立规范的会计工作秩序，提高会计工作水平，由财政部根据

---

① 综观世界各国对会计核算工作的规范形式，大体可以分为两种类型，即会计制度型和会计准则型。我国在1993年以前属于会计制度型国家，自1993年开始实施会计准则以后，应当属于会计准则型国家。然而，由于我国较为完备的会计准则体系刚刚建成，特别是由于受会计职业环境等因素的影响，已经发布的会计准则尚未普遍实施，时至今日，我国仍然在一定范围内实行会计制度，从而形成了国家统一的会计核算制度既有会计制度又有会计准则的特殊局面。这里所讨论的国家统一的会计核算制度只是其中的会计制度部分，会计准则部分留待本章第五节专门介绍。

《会计法》的有关规定制定，于1996年6月17日发布的，它主要就会计机构设置、会计人员配备、会计人员职业道德、会计工作交接、会计核算的一般要求、会计凭证的填制、会计账簿的登记、财务会计报告的编制和会计监督等方面涉及的主要问题作出了具体规定；《会计档案管理办法》是为了加强会计档案管理，统一会计档案管理制度，更好地为发展社会主义市场经济服务，由财政部和国家档案局根据《会计法》和《档案法》的规定联合制定，于1998年8月21日发布、2015年12月11日修订发布的，它主要就会计档案的内容与种类，会计档案管理的基本要求，会计档案的日常管理，会计档案的保管期限、鉴定和销毁等作出了规定。

（二）单位内部的会计制度

如前所述，单位内部的会计制度是各单位根据《会计法》和国家统一的会计制度的规定，结合单位管理需要，自行制定或委托社会会计服务机构代为制定，用以处理会计事务的内部会计管理制度。一般说来，在会计制度型的国家，由于有政府统一制定并要求每一个单位必须执行的较为详细的会计制度，各单位再制定内部的会计制度就显得不必要了。而在会计准则型的国家，由于会计准则是进行会计工作的标准和指导思想，是对会计实践活动的规律性总结，其要求不太具体、详细，因而，各单位在会计工作中还必须依据相应的会计法律和会计准则制定符合自身具体情况的会计制度。由于我国在较长时期仍将存在会计制度和会计准则并存的局面，但会计准则取代会计制度是必然趋势，因而各单位制定内部的会计制度就很有必要。

各单位制定内部会计制度，应当遵循的基本要求是：（1）执行法律、法规和国家统一的财务会计制度；（2）体现本单位的生产经营、业务管理的特点和要求；（3）全面规范本单位的各项会计工作，建立健全会计基础，保证会计工作的有序进行；（4）科学、合理，便于操作和执行；（5）定期检查执行情况，并根据管理需要和执行中的问题不断完善。

按照《会计基础工作规范》的要求，单位内部的会计制度应当包括以下几个方面：

1. 内部会计管理体系。其主要内容包括：单位领导人、总会计师对会计工作的领导职责；会计部门及会计机构负责人、会计主管人员的职责、权限；会计部门与其他职能部门的关系；会计核算的组织形式等。

2. 会计人员岗位责任制度。其主要内容包括：会计人员的工作岗位设置；各会计工作岗位的职责和标准；各会计工作岗位的人员和具体分工；会计工作岗位轮换办法；对各会计工作岗位的考核办法。

3. 账务处理程序制度。其主要内容包括：会计科目及明细科目的设置和使用；会计凭证的格式、审核要求和传递程序；会计核算方法；会计账簿的设置；编制财务报表的种类和要求；单位会计指标体系。

4. 内部牵制制度。其主要内容包括：内部牵制制度的原则；组织分工；出纳岗位的职责和限制条件；有关岗位的职责和权限。

5. 稽核制度。其主要内容包括：稽核工作的组织形式和具体分工；稽核工作的职责和权限；审核会计凭证和复核会计账簿、财务报表的方法。

6. 原始记录管理制度。其主要内容包括：原始记录的内容和填制方法；原始记录的格式；原始记录的审核；原始记录填制人的责任；原始记录签署、传递、汇集要求。

7. 定额管理制度。其主要内容包括：定额管理的范围；制定和修订定额的依据、程序和方法；定额的执行；定额考核和奖惩办法等。

8. 计量验收制度。其主要内容包括：计量检测手段和方法；计量验收管理的要求；计量验收人员的责任和奖惩办法。

9. 财产清查制度。其主要内容包括：财产清查的范围；财产清查的组织；财产清查的期限和方法；对财产清查中发现问题的处理办法；对财产管理人员的奖惩办法。

10. 财务收支审批制度。其主要内容包括：财务收支审批人员和审批权限；财务收支审批程序；财务收支审批人员的责任。

11. 成本核算制度。实行成本核算的单位应当建立成本核算制度，其主要内容包括：成本核算的对象；成本核算的方法和程序；成本分析等。

12. 财务会计分析制度。其主要内容包括：财务会计分析的主要内容；财务会计分析的基本要求和组织程序；财务会计分析的具体方法；财务会计分析报告的编写要求等。

第五节　会计准则

一、会计准则的含义

会计准则产生于20世纪初的美国。1929—1933年，资本主义国家发生的严重经济危机使人们认识到，企业弄虚作假、提供失真的会计报表，客观上对金融证券市场的混乱和经济危机起到了推波助澜的作用。危机过后，美国开始加强了对证券市场的管理，对上市公司财务报表和编制程序进行了规范，统一了会计处理的程序和方法。1936年以后，美国的一些民间会计组织开始有组织、有意识地制定会计准则。通过随后几十年的不懈努力，美国及其他世界上各个主要国家都已经或正在建立一套完善的会计准则体系。迄今为止，世界上最完善、最具有权威的会计准则仍然首推美国的会计准则。

所谓会计准则，是指会计人员在从事会计工作的过程中，在对交易或事项进行确认、计量以及在编报财务会计报告时，应当遵循的基本规则和指南，也是评价和鉴定会计工作质量的标准、依据。

会计准则既是对会计实践活动的规律性总结，又具有指导会计实务的功能，它直接指出会计应该怎样和不应该怎样。因此，会计准则是会计行为的指南，是生成和提供高质量会计信息的重要技术标准，是会计人员从事会计工作所应遵循的规范。此外，会计准则也是构成现代会计理论体系的核心内容，没有会计准则，也就无所谓会计理论。因此，加强对会计准则的研究，制定和实施切实可行的会计准则，具有十分重要的理论意义和现实意义。

二、我国会计准则与会计制度的关系

在中华人民共和国成立以后的40多年里，我国实行的是高度集中的计划经济体制。由于一开始就受苏联的影响，在这一经济体制下，我国一直采用与之相适应的会计制度作

为会计核算的规范。随着20世纪70年代我国开始实行改革开放政策，特别是自20世纪90年代我国开始建立社会主义市场经济体制以后，我国会计环境急速变化，会计工作也相应进入了一个不断深化改革的时期。经过较长时期的广泛论证和深入研究，我国财政部于1992年11月30日以部长令的形式正式发布了《企业会计准则》，并规定自1993年7月1日起实施，这是我国会计改革进入实质性阶段的重要标志。2006年2月15日，财政部发布了新修订的《企业会计准则——基本准则》和38项具体准则，同年10月30日发布了《企业会计准则——应用指南》，并都要求于2007年1月1日起在上市公司范围内开始执行。至此，与国际财务会计报告准则实质上趋同的可以独立施行的我国会计准则体系基本建成。由于我国当时在一定范围内实行会计制度，从而形成了我国既有会计准则又有会计制度的特殊局面。

按照我国《会计法》的规定，我国的会计准则和会计制度都是在《会计法》指导下由国家财政部门统一制定和颁布的，都属于国家统一的会计核算制度，二者都是会计规范中关于会计核算的规范。具体到企业而言，它们所规范的内容都是某个企业过去已经发生的引起资产、负债、所有者权益变动和形成收入、费用、利润的交易或事项。从这个意义上讲，我国的会计准则与会计制度没有什么本质的区别。

但是，会计准则与会计制度毕竟是两种不同的会计规范形式，二者的侧重点有所不同。会计活动包括会计确认、会计计量、会计记录和会计报告四个环节，因此，会计规范也就有确认、计量、记录和报告这四个可能的要素。从我国的会计准则看，它以特定的经济交易或事项或者以特定的财务报表项目为对象，详细分析其特点，规定所必须引用的概念的定义，重点解决会计确认、会计计量问题，兼顾会计报告问题。我国的会计制度则是以某一特定会计主体为对象，详细规定其会计科目的设置方法、会计科目的使用说明、会计报表的格式及编制方法等，重点解决会计记录和会计报告问题。由此看来，会计准则与会计制度是侧重点有所不同的两种会计规范形式。

综观世界各国对会计核算工作的规范形式，大体可以分为会计制度和会计准则两种类型。考虑到会计准则是当今国际上通用的会计核算工作的规范形式，因此，全面采用会计准则将是我国会计核算工作规范形式努力改革的方向。

三、我国现行的会计准则体系

我国现行的会计准则可以按其适用范围分为非营利组织会计准则和营利组织会计准则两大体系。

我国的非营利组织会计准则主要是政府会计准则，它由一项基本准则和若干项具体准则构成，主要适用于各级政府和与本级政府财政部门直接或者间接发生预算拨款关系的国家机关、军队、政党组织、社会团体、事业单位及其他单位。

我国现行会计准则体系中的营利组织会计准则包括企业会计准则和小企业会计准则，以下分别对其作简要介绍。

（一）企业会计准则

我国现行的企业会计准则是规范企业会计确认、会计计量、会计报告的会计准则，它由基本准则、具体准则和应用指南三个层次构成。[①]

1.基本准则

我国企业会计准则中的基本准则是企业会计准则体系的概念基础，是企业会计准则体系的“纲”，在企业会计准则体系中起着统驭和指导作用，是制定具体准则和应用指南的依据。

如前所述，我国现行企业会计准则中的基本准则是财政部于2006年2月15日发布的《企业会计准则——基本准则》，它类似于国际会计准则理事会的《编制财务报表的框架》和美国等国家或地区的“财务会计概念框架”。该准则是在1992年发布的《企业会计准则》的基础上，立足于我国国情并积极借鉴国际惯例而重新修订、发布实施的，它的制定吸收了当代财务会计理论研究的最新成果，反映了当前我国企业会计实务发展的内在需要。该准则共十一章五十条，主要就准则制定的目的和适用范围、财务会计报告的目标、财务会计报告使用者、会计基本假设、企业会计记账基础、企业应当采用的记账方法、会计信息质量要求、会计要素的定义、会计要素的确认条件、会计计量属性、财务会计报告体系等问题作出了规定。

2.具体准则

我国企业会计准则中的具体准则是“目”，是依据基本准则的原则要求，对特定交易或事项或者特定财务报表项目作出的具体规定。

如前所述，财政部于2006年2月15日发布了38项具体会计准则，其中，有16项是对2005年前我国已经发布的具体准则的修订和进一步完善，有22项是全新制定的。2014年以来，财政部又陆续修订、制定了若干具体会计准则。目前，我国的具体会计准则已达40多项，见表14-1。

我国的具体会计准则大体上可以分为三类：第一类是共性或通用具体准则，即用来规范所有企业一般都可能发生的交易或事项的具体准则，如“存货”“长期股权投资”“固定资产”“无形资产”“资产减值”“职工薪酬”“收入”“所得税”等具体准则；第二类是特殊性具体准则，即用来规范一般企业的特殊性交易或事项和特殊行业的交易或事项的具体准则，如“投资性房地产”“生物资产”“非货币性资产交换”“建造合同”“租赁”“金融工具确认和计量”“金融资产转移”“套期保值”“原保险合同”“再保险合同”“石油天然气开采”等具体准则；第三类是报告类具体准则，即用来规范企业财务会计报告编制和会计信息披露的具体准则，如“财务报表列报”“现金流量表”“中期财务报告”“合并财务报表”“关联方披露”等具体准则。

3.应用指南

我国企业会计准则中的应用指南是根据基本准则和具体准则制定的，是对具体准则的操作指引，是指导会计实务操作的细则，它有助于会计人员完整、准确地理解和掌握具体准则，确保具体准则的贯彻实施。

① 针对企业会计准则实施过程中可能出现的个别问题，我国财政部还随时以“会计准则解释”和“会计准则实施问题专家工作组意见”的形式予以指导。从这个意义上说，我国现行企业会计准则体系除了基本准则、具体准则和应用指南三个层次外，还包括“会计准则解释”和“会计准则实施问题专家工作组意见”。

表14-1　　　　我国企业具体会计准则一览表

序号	企业会计准则编号	具体会计准则名称	序号	企业会计准则编号	具体会计准则名称
1	第1号	存货	22	第22号	金融工具确认和计量
2	第2号	长期股权投资	23	第23号	金融资产转移
3	第3号	投资性房地产	24	第24号	套期保值
4	第4号	固定资产	25	第25号	原保险合同
5	第5号	生物资产	26	第26号	再保险合同
6	第6号	无形资产	27	第27号	石油天然气开采
7	第7号	非货币性资产交换	28	第28号	会计政策、会计估计变更和差错更正
8	第8号	资产减值	29	第29号	资产负债表日后事项
9	第9号	职工薪酬	30	第30号	财务报表列报
10	第10号	企业年金基金	31	第31号	现金流量表
11	第11号	股份支付	32	第32号	中期财务报告
12	第12号	债务重组	33	第33号	合并财务报表
13	第13号	或有事项	34	第34号	每股收益
14	第14号	收入	35	第35号	分部报告
15	第15号	建造合同	36	第36号	关联方披露
16	第16号	政府补助	37	第37号	金融工具列报
17	第17号	借款费用	38	第38号	首次执行企业会计准则
18	第18号	所得税	39	第39号	公允价值计量
19	第19号	外币折算	40	第40号	合营安排
20	第20号	企业合并	41	第41号	在其他主体中权益的披露
21	第21号	租赁	42	第42号	持有待售的非流动资产、处置组和终止经营

我国财政部2006年10月30日发布的《企业会计准则——应用指南》主要包括两个方面的内容：一是准则解释，主要是对各项准则的重点、难点和关键问题等进行具体解释；二是会计科目和会计报表，主要是对企业应当设置的会计科目、企业主要的账务处理、会计报表的格式和编制要求等进行具体说明。

（二）小企业会计准则

我国小企业的规模小、数量多。据不完全统计，在全国工业企业数中，小企业数占

95%以上；小企业最终产品及服务的价值占全国国内生产总值的近50%。随着我国社会主义市场经济的不断发展和完善，小企业在我国经济中的地位日益突出，并且成为最活跃、最具有潜力的新的经济增长点之一。

为了规范小企业会计确认、计量和报告行为，促进小企业可持续发展，发挥小企业在国民经济和社会发展中的重要作用，根据《会计法》及其他有关法律和法规，财政部制定了《小企业会计准则》，并于2011年10月18日发布，自2013年1月1日起在小企业范围内施行，鼓励小企业提前执行，同时废止了2004年4月27日发布的《小企业会计制度》。

《小企业会计准则》适用于在中华人民共和国境内依法设立的、符合《中小企业划型标准规定》所规定的小型企业标准的企业，[①]但有三类小企业除外：股票或债券在市场上公开交易的小企业；金融机构或其他具有金融性质的小企业；企业集团内的母公司和子公司。

《小企业会计准则》对小企业资产、负债、所有者权益、收入、费用和利润的确认、计量和报告，对外币业务处理，对财务报表的构成内容及应当反映的主要信息，对需要设置的会计科目和主要账务处理等，均作了规定。

《小企业会计准则》借鉴了《企业会计准则》的制定方式，在核算方法上兼具小企业自身的特色，尤其采取了与税法更为趋同的计量规则，大大简化了会计准则与税法的协调。

本章习题自测

① 工业和信息化部、国家统计局、国家发展和改革委员会、财政部于2011年6月18日发布了《中小企业划型标准规定》。该规定将中小企业划分为中型、小型、微型三种类型，具体标准根据企业从业人员、营业收入、资产总额等指标，结合行业特点制定。例如，工业以从业人员20人及以上，且营业收入300万元及以上的为小型企业；建筑业以营业收入300万元及以上，且资产总额300万元及以上的为小型企业；批发业以从业人员5人及以上，且营业收入1 000万元及以上的为小型企业；零售业以从业人员10人及以上，且营业收入100万元及以上的为小型企业。

第十五章

会计机构和会计人员

【本章教学目标】

知识目标：本章主要阐述设置会计机构的基本要求、会计岗位责任制的建立、会计机构内部稽核制度、内部牵制制度和会计人员的含义、会计人员的聘任要求、总会计师制度、会计人员的职责和权限、会计人员的职业道德、会计人员专业技术职务制度及继续教育制度。通过本章学习，要求从总体上把握会计机构设置、会计人员配备的基本要求，初步熟悉会计人员的职责、权限。

能力目标：能够从总体上把握会计机构设置、会计人员配备的基本要求，在会计实务中能够正确履行会计人员的职责、行使会计人员的权限。

思政目标：通过对会计人员的聘任要求、职责、权限、职业道德、继续教育制度的认识和理解，树立会计工作的法治观念，增强会计工作的规则意识，强化会计工作遵纪守法的理念，遵守会计人员职业道德底线，守法奉公，守责敬业，守正创新，坚持学习。

第一节　会计机构

一、会计机构的设置

一个单位总是存在着需要办理的会计事务。会计机构就是各单位办理会计事务的职能部门。为了办理会计事务，做好会计工作，充分发挥会计的职能作用，各单位应当按照国家有关规定设置会计机构。

各单位在设置会计机构时，既要遵循国家有关规定，又应当以本单位会计业务需要为基本前提。一般说来，凡是大、中型企事业单位以及财务收支数额较大、会计业务较多的机关和其他组织，都应当单独设置会计机构。在实际工作中，财务收支数额不大、会计业务比较简单的单位，可以不单独设置会计机构。但是，我国《会计法》规定，不单独设置会计机构的单位，应当在有关机构中设置会计人员并指定会计主管人员。这里的“会计主管人员”是一个特指概念，不同于通常所说的“会计主管”“主管会计”“主办会计”等，而是指负责组织管理会计事务、行使会计机构负责人职权的负责人。

此外，对于不具备设置会计机构和会计人员条件的单位，应当按照我国《会计法》的规定，根据会计业务的需要，委托经批准设立的代理记账机构办理会计业务。财政部

2016年2月16日发布了《代理记账管理办法》，对代理记账资格的申请、取得和管理，以及代理记账机构从事代理记账业务等进行了规定，2019年3月14日作出了修改《代理记账管理办法》的决定。代理记账是指代理记账机构接受委托办理会计业务，是一种合法的社会性会计服务活动。代理记账机构是指依法取得代理记账资格，从事代理记账业务的机构。代理记账机构办理会计业务必须符合国家统一的会计制度的规定。按照规定，代理记账机构可以接受委托办理的会计业务包括：根据委托人提供的原始凭证和其他相关资料，按照国家统一的会计制度的规定进行会计核算，包括审核原始凭证、填制记账凭证、登记会计账簿、编制财务会计报告等；对外提供财务会计报告；向税务机关提供税务资料；委托人委托的其他会计业务。委托人委托代理记账机构代理记账，应当在相互协商的基础上，订立书面委托合同。委托合同除应具备法律规定的基本条款外，应当明确双方对会计资料真实性、完整性各自应当承担的责任，会计资料传递程序和签收手续，编制和提供财务会计报告的要求，会计档案的保管要求及相应的责任，终止委托合同应当办理的会计业务交接事宜等内容。

二、会计岗位责任制

会计岗位责任制，亦称会计人员岗位责任制、会计工作岗位责任制，就是在会计机构内部按照会计工作的内容和会计人员的配备情况，合理分工，将会计机构的工作划分为若干个岗位，并为每个岗位规定职责和要求，使每一项会计工作都有专人负责，每一位会计人员都有明确职责的一种责任制度。实践证明，建立健全会计岗位责任制，有利于分清职责，考核会计人员的工作成绩，有利于加强会计管理，提高会计工作效率，保证会计工作有秩序地进行。各单位在组织管理会计工作中，应当结合自身实际，建立健全会计岗位责任制。

会计岗位责任制主要包括会计人员的岗位设置、各会计工作岗位的职责和标准、各会计工作岗位的人员和具体分工、会计工作岗位轮换办法、对各会计工作岗位的考核办法等内容。

各单位应当根据自身管理的需要，从本单位会计业务内容和数量的实际情况出发，结合会计人员配备情况，合理确定本单位会计工作岗位的分布。一般说来，会计工作岗位可分为：会计机构负责人或者会计主管人员、出纳、财产物资核算、工资核算、成本费用核算、经营成果核算、资金核算、往来结算、总账报表、稽核、会计档案管理等。开展会计电算化和管理会计的单位，可以根据需要设置相应工作岗位，也可以与其他工作岗位相结合。在规模较大的单位，由于会计业务量大，会计人员较多，会计机构内部可以按交易或事项的类别等划分岗位，设立综合财务组、工资组、资金组、成本组、会计组等若干职能组别，明确各自的职责要求，分别负责各项会计业务工作。

会计工作岗位可以一人一岗、多人一岗，也可以一人多岗，各单位可以根据自身特点具体确定。各个岗位上的会计人员在完成本职工作的同时，要与其他岗位上的会计人员密切配合，互相协作，共同做好本单位的会计工作。

实行会计人员岗位责任制，并不要求会计人员长期固定在某一工作岗位上，会计人员之间的分工，应该有计划地进行轮换，以便会计人员能够比较全面地了解和熟悉各项会计工作，提高业务水平，便于相互协作，提高工作效率，把会计工作做得更好。

三、会计机构内部稽核制度和内部牵制制度

各单位只有在会计机构内部建立会计稽核制度和内部牵制制度，按照内部管理制度的要求，科学合理地设置会计岗位，才能使会计机构有效运转，真正发挥会计的监督职能，防止会计核算工作上的差错和有关人员的舞弊，提高会计核算工作的质量。

（一）会计机构内部稽核制度

稽核是稽查和复核的简称。会计稽核是会计机构本身对于会计核算工作进行的一种自我检查和审核工作，其目的在于防止会计核算工作上的差错和有关人员的舞弊。通过稽核，对日常核算工作中所出现的疏忽、错误等及时加以纠正或制止，以提高会计核算工作的质量。会计稽核是会计工作的重要内容，加强会计稽核工作是做好会计核算工作的重要保证。从会计工作的实际情况看，一些单位存在的会计数据失真、账目不清、会计核算混乱等问题，在很大程度上与会计机构内部稽核制度不健全有关。因此，会计法规定，会计机构内部应当建立稽核制度。

会计机构内部稽核工作的主要内容包括：第一，审核财务、成本、费用等计划指标项目是否齐全，编制依据是否可靠，有关计划是否正确，各项计划指标是否互相衔接等，审核之后应提出建议或意见，以便修改和完善计划与预算；第二，审核实际发生的交易、事项或财务收支是否符合法律、法规、规章制度的规定，如发现问题，应及时提出并采取切实措施加以制止和纠正；第三，审核会计凭证、会计账簿、财务会计报告和其他会计资料的内容是否合法、真实、准确、完整，手续是否齐全，是否符合有关法律、法规、规章制度、规定的要求；第四，审核各项财产物资的增减变动和结存情况，并与账面记录进行核对，确定账实是否相符，并查明账实不符的原因。

（二）会计机构内部牵制制度

内部牵制制度，也称钱账分管制度，是指凡是涉及款项和财物收付、结算及登记的任何一项工作，必须由两人或两人以上分工办理，以起到相互制约作用的一种工作制度。例如，库存现金和银行存款的支付，应由会计主管人员或其授权的代理人审核、批准，出纳人员付款，记账人员记账，而不能由一人兼办。

实行内部牵制制度，主要是为了加强会计人员相互制约、相互核对，提高会计核算工作的质量，防止会计事务处理中发生的失误和差错以及营私舞弊等行为。《会计法》规定，出纳人员不得兼任稽核、会计档案保管和收入、支出、费用、债权债务账目的登记工作。出纳人员是各单位专门从事货币资金收付业务的会计人员，根据复式记账原则，每发生一笔货币资金收付的交易或事项，必然会引起收入、费用或债权、债务等账簿记录的变化，或者说每发生一笔货币资金收付的交易或事项，都要登记收入、费用或债权、债务等有关账簿，如果把这些账簿登记工作都交由出纳人员办理，会给贪污舞弊行为以可乘之机。同样道理，如果稽核、会计档案保管工作也交由出纳人员负责，也就难以防止利用抽换单据、涂改记录等手段进行舞弊的行为。

四、会计工作的组织形式

会计工作的组织形式一般分为集中核算和非集中核算两种。

集中核算就是把整个单位的大部分或主要的会计核算工作，都集中在单位的会计部门进行，单位内部的其他部门和下属单位只对其本身所发生的交易或事项进行原始记录，办理原始凭证的取得、填制、审核和汇总工作，并定期送交单位会计部门，由单位会计部门进行会计核算。实行集中核算，有利于单位的会计部门全面了解、掌握本单位的经济活动，其缺点是会计部门的工作量较大。

非集中核算又称分散核算，就是单位内部各部门和下属单位对其本身所发生的交易或事项进行较全面完整的会计核算，单位的会计部门一般只根据各部门上报的核算资料加以汇总，进行总分类核算，编制财务会计报告，并负责指导、检查和督促单位内部各部门和下属单位的核算工作。实行非集中核算，有利于单位内部各部门及时利用核算资料进行日常考核和分析，因地制宜地解决生产、经营管理上的问题。

在实际工作中，各单位应根据实际情况及管理上的需要确定采用集中核算或非集中核算形式。这两种核算形式在一个单位内部并非相互对立的，各单位既可以对某些交易或事项采用集中核算形式，也可以对另外一些交易或事项采用非集中核算形式。

第二节　会计人员

一、会计人员的含义

会计人员是指根据会计法的规定，在国家机关、社会团体、企业、事业单位和其他组织中从事会计核算、实行会计监督等会计工作的人员。

会计人员包括从事出纳、稽核、资产和负债及所有者权益的核算、收入和费用的核算、财务成果的核算、财务会计报告编制、会计监督、会计机构内会计档案管理、其他会计工作等具体会计工作的人员。

担任单位会计机构负责人或会计主管人员、总会计师的人员，也属于会计人员。

各单位的会计人员是办理会计事务、做好会计工作的重要保证。各单位应当按照国家有关规定，结合本单位的具体情况，配备符合要求的一定数量的会计人员，充分发挥会计职能作用，实现会计目标。

二、会计人员的配备、聘任

各单位应当根据会计法等法律法规的有关规定，结合本单位会计工作需要，自主配备、聘任一定数量的会计人员。

单位配备的会计人员应当符合规定要求。按照规定，会计人员从事会计工作，应当符合下列要求：一是遵守《会计法》和国家统一的会计制度等法律法规；二是具备良好的职业道德；三是按照国家有关规定参加继续教育；四是具有会计类专业知识，基本掌握会计基础知识和业务技能，能够独立处理基本会计业务，具备从事会计工作所需要的专业能力。单位聘任会计人员，应当根据国家有关法律法规的规定，判断会计人员是否具备从事会计工作所需要的专业能力。因发生与会计职务有关的违法行为被依法追究刑事责任的人员，单位不得聘任其从事会计工作。

单位聘任的会计机构负责人或会计主管人员，应当符合《会计法》等法律法规的有关规定。按照我国会计法的规定，担任单位会计机构负责人或会计主管人员的，应当具备会计师以上专业技术职务资格等与其岗位相匹配的专业能力或者从事会计工作三年以上经历。

单位聘任的总会计师，应当符合《会计法》《总会计师条例》等法律法规的有关规定。按照规定，单位应当任用符合任职条件、具备职业胜任能力的人员担任总会计师。

按照我国会计法的规定，会计人员有违反会计法的行为，构成犯罪的，依法追究刑事责任，尚不构成犯罪的，五年内不得从事会计工作，属于国家工作人员的，还应当由其所在单位或者有关单位依法给予行政处分。

我国国家机关、社会团体、企业、事业单位和其他组织任用会计人员，应当实行回避制度。按照规定，单位领导人的直系亲属不得担任本单位的会计机构负责人、会计主管人员，会计机构负责人、会计主管人员的直系亲属不得在本单位会计机构中担任出纳工作。需要回避的直系亲属为夫妻关系、直系血亲关系、三代以内旁系血亲以及配偶亲关系。

在实际工作中，一个单位的会计人员既要开展本单位的会计核算、内部会计监督等工作，维护本单位的合法权益，又要执行国家财经法律、法规、制度、纪律等，维护国家的整体利益，维护社会主义市场经济秩序。基于此，应当对会计人员的任免作出特殊规定。我国会计法规定，任何单位或者个人不得对依法履行职责、抵制违反会计法规定行为的会计人员实行打击报复。单位负责人对依法履行职责、抵制违反会计法规定行为的会计人员以降级、撤职、调离工作岗位、解聘或者开除等方式实行打击报复，构成犯罪的，依法追究刑事责任；尚不构成犯罪的，由其所在单位或者有关单位依法给予行政处分。对受打击报复的会计人员，应当恢复其名誉和原有职务、级别。与此同时，对认真执行《会计法》、忠于职守、坚持原则、作出显著成绩的会计人员，应当给予精神的或者物质的奖励。

按照我国会计法的规定，单位任用会计人员不符合会计法规定，尚不构成犯罪的，由县级以上人民政府财政部门责令限期改正，可以对单位并处三千元以上五万元以下的罚款，对其直接负责的主管人员和其他直接责任人员可以处二千元以上二万元以下的罚款，属于国家工作人员的还应当由其所在单位或者有关单位依法给予行政处分；构成犯罪的，依法追究刑事责任。

三、总会计师制度

按照我国有关会计法律法规的要求，国有的和国有资产占控股地位或者主导地位的大、中型企业必须设置总会计师；行政事业单位根据需要，经批准可以设置总会计师。

总会计师是单位的行政领导成员，协助单位主要行政领导人工作，直接对单位主要行政领导人负责。企业的总会计师由本单位主要行政领导人提名，政府主管部门任命或者聘任；事业单位和业务主管部门的总会计师依照干部管理权限任命或者聘任。凡设置总会计师的单位，在单位行政领导成员中不得设置与总会计师职权重叠的副职，以充分发挥总会计师的作用。

单位聘任的总会计师，应当符合《会计法》《总会计师条例》等法律法规的有关规定。按照我国有关法律法规的规定，单位应当任用符合任职条件、具备职业胜任能力的人员担任总会计师。通常，担任总会计师的人员必须具备会计师以上的专业技术职称，一般应由高级会计师、正高级会计师担任。总会计师必须具备的条件是：坚持社会主义方向，积极为经济建设和改革开放服务；坚持原则，廉洁奉公；取得会计师任职资格后，主管一个单位或者单位内一个重要方面的财务会计工作时间不少于三年；有较高的理论政策水平，熟悉国家财经法律、法规、方针、政策和制度，掌握现代化管理的有关知识；具备本行业的基本业务知识，熟悉行业情况；有较强的组织领导能力，能胜任本职工作。

总会计师主要是组织领导本单位的财务管理、成本管理、预算管理、会计核算和会计监督等方面的工作，参与本单位重要经济问题的分析和决策。具体地说，总会计师的职责是负责组织本单位的下列工作：编制和执行预算、财务收支计划、信贷计划，拟订资金筹措和使用方案，开辟财源，有效地使用资金；进行成本费用预测、计划、控制、核算、分析和考核，督促本单位有关部门降低消耗、节约费用、提高经济效益；建立、健全经济核算制度，利用财务会计资料进行经济活动分析；承办单位主要行政领导人交办的其他工作。此外，总会计师应当对本单位财会机构的设置和会计人员的配备、会计专业职务的设置和聘任提出方案；应当组织本单位会计人员的业务培训和考核；应当支持本单位会计人员依法行使职权。

总会计师的权限包括：对违反国家财经法律、法规、方针、政策、制度和有可能在经济上造成损失、浪费的行为，有权制止或者纠正，制止或者纠正无效时，提请单位主要行政领导人处理；有权组织本单位各职能部门、直属基层组织的经济核算、财务会计和成本管理方面的工作；主管审批财务收支工作；签署预算、财务收支计划、成本和费用计划、信贷计划、财务专题报告、会计决算报表；有权事先对会计人员的任用、晋升、调动、奖惩提出意见；财会机构负责人或者会计主管人员的人选，应当由总会计师进行业务考核，依照相关规定审批。

四、会计人员的职责和权限

（一）会计人员的职责

我国《会计法》规定：“会计机构、会计人员依照本法规定进行会计核算，实行会计监督。”显然，进行会计核算、实行会计监督是法律赋予会计机构、会计人员及相关人员的重要职责。

1.进行会计核算

进行会计核算，及时地提供真实完整的、能满足有关各方需要的会计信息，是会计人员最基本的职责，也是做好会计工作最起码的要求。

按照我国《会计法》的规定，下列经济交易或事项，应当办理会计手续，进行会计核算：（1）款项和有价证券的收付；（2）财物的收发、增减和使用；（3）债权债务的发生和结算；（4）资本、基金的增减；（5）收入、支出、费用、成本的计算；（6）财务成果的计算和处理；（7）需要办理会计手续、进行会计核算的其他事项。

各单位会计人员必须按照国家统一的会计制度的规定，确认、计量、记录和报告各会计要素，不得随意改变会计要素的确认标准或者计量方法，且不得虚列、多列、不列、少列以及推迟或者提前确认。会计人员应当以实际发生的经济交易或事项为依据进行会计核算，认真填制和审核会计凭证，登记会计账簿，编制财务会计报告。会计凭证、会计账簿、财务会计报告和其他会计资料，必须符合国家统一的会计制度的规定，任何单位不得以虚假的交易、事项或资料进行会计核算。

2.实行会计监督

按照我国《会计法》的规定，各单位应当建立、健全本单位会计监督制度。单位会计监督制度应当符合下列要求：（1）记账人员与经济业务事项和会计事项的审批人员、经办人员、财物保管人员的职责权限应当明确，并相互分离、相互制约；（2）重大对外投融资、对外担保、资产处置、资金调度和其他重要经济业务事项的决策和执行的相互监督、相互制约程序应当明确；（3）财产清查的范围、期限和组织程序应当明确；（4）对会计资料定期进行内部审计的办法和程序应当明确。

单位会计人员应当对本单位各项交易或事项和会计手续的合法性、合规性、合理性等进行监督。会计机构、会计人员必须按照国家统一的会计制度的规定，对原始凭证的真实性、合法性、准确性、完整性进行审核；必须对会计账簿记录的正确性、会计账簿记录与实物、款项及有关资料的一致性进行审核；必须对财务会计报告和其他会计资料的真实性、完整性进行审核。

除了进行会计核算、实行会计监督以外，各单位的会计人员还应当按照会计法律和有关法规的规定，结合本单位的具体情况，拟订本单位办理会计事务的具体办法；应当参与相关管理工作，根据工作需要并结合专业特长，参与制订经济计划、业务计划，编制预算和财务计划等，并考核、分析其执行情况；应当妥善保管会计凭证、会计账簿、财务会计报告等会计档案资料和办理其他会计事项等。

（二）会计人员的权限

为了保障会计人员依法履行职责，国家赋予了会计人员必要的工作权限，主要有以下几方面：

（1）有权要求本单位有关部门、人员认真执行会计法和有关法律法规，认真执行国家批准的计划、预算，遵守国家财经纪律和财务会计制度等。会计人员对不真实、不合法的原始凭证有权不予接受，并向单位负责人报告；对记载不准确、不完整的原始凭证有权予以退回，并要求按照国家统一的会计制度的规定更正、补充；发现会计账簿记录与实物、款项及有关资料不相符的，按照国家统一的会计制度的规定有权自行处理的，应当及时处理；无权处理的，应当立即依职责权限向上级或单位负责人报告，请求查明原因，作出处理。

（2）有权参与本单位编制计划、制定定额、签订经济合同，参与有关的生产、经营管理会议。单位负责人和有关部门对会计人员提出的有关财务开支和经济效益等方面的问题和意见，要认真考虑，合理的意见应予以采纳。

（3）有权监督、检查本单位有关部门的财务收支、资金使用和财产的保管、收发、计量、检验等情况，本单位有关部门要提供资料，如实反映情况。

为了保障会计人员依法履行会计核算、会计监督的职责和行使会计工作权限，我国《会计法》规定，任何单位或者个人不得以任何方式授意、指使、强令会计机构、会计人员及相关人员伪造、变造会计凭证、会计账簿和其他会计资料，提供虚假财务会计报告和内部控制报告，不得以任何方式对依法履行职责、抵制违反会计法规定行为的会计人员进行打击报复。同时，《会计法》规定，对于认真执行会计法律、忠于职守、坚持原则、作出显著成绩的会计人员，应当给予精神的或者物质的奖励。

五、会计人员的职业道德

中共二十大报告指出，要“推动明大德、守公德、严私德，提高人民道德水准和文明素养”①。会计职业道德是会计人员在会计工作中应当遵守的道德规范和职业行为准则，是会计人员职业品质、工作作风、工作纪律和职业责任的统一。由于会计职业道德是对会计法律制度的重要补充，是规范会计行为的基础，是实现会计目标的重要保证，是提高会计人员素质的内在要求，因此，加强会计人员职业道德建设和教育，不断提高会计人员职业道德修养水平，具有特别重要的意义。

在国外，一些经济发达国家和国际组织曾对会计职业道德提出明确要求。例如，1980年7月，国际会计师联合会公布的《国际会计职业道德准则》，从正直、客观、独立、保密、技术标准、业务能力、道德自律等七个方面规定了职业道德的内容。

在我国，《公民道德建设实施纲要》提出了职业道德的基本内容，即爱岗敬业、诚实守信、办事公道、服务群众、奉献社会。根据我国《会计法》、《会计基础工作规范》和中国注册会计师协会颁布的《中国注册会计师职业道德基本准则》、《中国注册会计师职业道德规范指导意见》的基本要求，结合《公民道德建设实施纲要》、我国会计人员的实际情况和国际上会计职业道德的一般要求，我国会计人员职业道德的内容曾经概括为：爱岗敬业、诚实守信、廉洁自律、客观公正、坚持准则、提高技能、参与管理、强化服务。

为贯彻落实党中央、国务院关于加强社会信用体系建设的决策部署，推进会计诚信体系建设，提高会计人员职业道德水平，根据《中华人民共和国会计法》《会计基础工作规范》，财政部研究制定并于2023年1月12日印发了《会计人员职业道德规范》。按照《会计人员职业道德规范》，我国会计人员职业道德的内容可以概括为三“坚”三“守”，即：坚持诚信，守法奉公；坚持准则，守责敬业；坚持学习，守正创新。

坚持诚信，守法奉公，其基本要求是：会计人员应当牢固树立诚信理念，以诚立身、以信立业，严于律己、心存敬畏，言行和内心思想要保持一致，忠诚老实，说老实话，办老实事，做老实人，不弄虚作假，不欺上瞒下，遵守自己所作出的承诺，讲信用、重信用，信守诺言，信誉至上，执业谨慎，保守商业秘密，除法律规定和单位领导人同意外，不私自向外界提供或者泄露单位的会计信息，不为利益所诱惑；会计人员应当学法知法守法，要按照国家法律法规的规定履行职责，办理会计事务，不违法乱纪，要公私分明、克己奉公、不贪不占、清正廉洁，要自省、自爱、自重，要自我约束、自我控制，自觉抵制享乐主义、个人主义、拜金主义，要摆正位置，树立服务意识，树立良好职业形象，要敢于、善于运用法律所赋予的权利抵制不正之风，维护会计行业声誉。

坚持准则，守责敬业，其基本要求是：会计人员应当严格执行会计准则制度，实事求

① 习近平．高举中国特色社会主义伟大旗帜为全面建设社会主义现代化国家而团结奋斗——在中国共产党第二十次全国代表大会上的报告［EB/OL］.（2022-10-25）.https：//www.gov.cn/xinwen/2022-10/25/content_5721685.htm.

是，端正态度，不偏不倚，不掺杂个人的主观意愿，也不为他人的意见所左右，保持应有的独立性，保持客观、公平、公正的从业心态，依照准则制度办理会计业务和事项，作出客观公正的会计职业判断，保证会计信息的真实性、完整性；会计人员应当热爱自己的本职工作，任劳任怨，安心于本职岗位，充分认识会计工作在社会经济活动中的地位和作用，认识会计工作的社会意义和道德价值，敬重会计职业，具有会计职业的荣誉感和自豪感，在职业活动中具有高度的劳动热情和创造性，以强烈的事业心、责任感从事会计工作，勤勉尽责、爱岗敬业，忠于职守、敢于斗争，自觉抵制会计造假行为，维护国家财经纪律和经济秩序。

坚持学习，守正创新，其基本要求是：会计人员应当始终秉持专业精神，增强不断提高专业技能的自觉性和紧迫感，勤学苦练，刻苦钻研，积极探索，锐意进取，掌握科学的学习方法，向书本学、向社会学、向实际工作学，在学中思，在思中学，持续提升会计专业能力；会计人员应当不断适应新形势新要求，与时俱进、开拓创新，持续提高会计专业理论水平、会计实务操作能力和职业判断能力，要树立参与管理活动的意识，努力钻研相关业务，全面了解财经法规和相关制度，全面熟悉本单位经营活动和业务流程，运用掌握的会计信息和会计方法，积极反映管理活动中存在的问题，主动提出解决问题的合理化建议和办法、措施，协助领导决策，为管理决策层当好参谋，为改善单位内部管理、提高管理水平服务，努力推动会计事业高质量发展。

我国《会计基础工作规范》规定，财政部门、业务主管部门和各单位应当定期检查会计人员遵守职业道德的情况，并作为会计人员晋升、晋级、聘任专业技术职务、表彰奖励的重要考核依据；会计人员违反职业道德的，由所在单位进行处罚，情节严重的，不得从事会计工作。

六、会计人员专业技术职务制度

会计人员是维护社会主义市场经济秩序的重要力量。为了加强会计人员队伍建设，提高会计人员专业能力，充分发挥职称制度对会计人员培养质量的导向作用，充分调动会计人员的积极性和创造性，促进职称制度与会计人员培养、使用相结合，国家在国家机关、企业、事业单位以及社会团体等组织的会计人员中实行专业技术职务（职称）制度。

按照规定，会计人员专业技术职务分为初级、中级和高级三个层级，初级只设助理级，高级分设副高级和正高级，初级、中级、副高级和正高级专业技术职务名称依次为助理会计师、会计师、高级会计师和正高级会计师。会计人员各级别职称分别与事业单位专业技术岗位等级相对应，正高级对应专业技术岗位一至四级，副高级对应专业技术岗位五至七级，中级对应专业技术岗位八至十级，初级对应专业技术岗位十一至十三级。

目前，会计人员各层级专业技术职务采用考试、评审、考评结合等多种评价方式。助理会计师、会计师实行全国统一的会计专业技术资格考试，高级会计师采取考试与评审相结合的方式，正高级会计师一般采取评审方式。

按照规定，会计人员参加各层级专业技术职务评价，必须达到以下标准条件：遵守《会计法》和国家统一的会计制度等法律法规；具备良好的职业道德，无严重违反财经纪律的行为；热爱会计工作，具备相应的会计专业知识和业务技能；按照要求参加继续教育。此外，助理会计师、会计师、高级会计师和正高级会计师还应分别具备以下标准条件：

助理会计师：(1) 基本掌握会计基础知识和业务技能；(2) 能正确理解并执行财经政策、会计法律法规和规章制度；(3) 能独立处理一个方面或某个重要岗位的会计工作；(4) 具备国家教育部门认可的高中毕业（含高中、中专、职高、技校）以上学历。

会计师：(1) 系统掌握会计基础知识和业务技能；(2) 掌握并能正确执行财经政策、会计法律法规和规章制度；(3) 具有扎实的专业判断和分析能力，能独立负责某领域会计工作；(4) 具备博士学位；或具备硕士学位，从事会计工作满1年；或具备第二学士学位或研究生班毕业，从事会计工作满2年；或具备大学本科学历或学士学位，从事会计工作满4年；或具备大学专科学历，从事会计工作满5年。

高级会计师：(1) 系统掌握和应用经济与管理理论、财务会计理论与实务；(2) 具有较高的政策水平和丰富的会计工作经验，能独立负责某领域或一个单位的财务会计管理工作；(3) 工作业绩较为突出，有效提高了会计管理水平或经济效益；(4) 有较强的科研能力，取得一定的会计相关理论研究成果，或主持完成会计相关研究课题、调研报告、管理方法或制度创新等；(5) 具备博士学位，取得会计师职称后，从事与会计师职责相关工作满2年；或具备硕士学位，或第二学士学位或研究生班毕业，或大学本科学历或学士学位，取得会计师职称后，从事与会计师职责相关工作满5年；或具备大学专科学历，取得会计师职称后，从事与会计师职责相关工作满10年。

正高级会计师：(1) 系统掌握和应用经济与管理理论、财务会计理论与实务，把握工作规律；(2) 政策水平高，工作经验丰富，能积极参与一个单位的生产经营决策；(3) 工作业绩突出，主持完成会计相关领域重大项目，解决重大会计相关疑难问题或关键性业务问题，提高单位管理效率或经济效益；(4) 科研能力强，取得重大会计相关理论研究成果，或其他创造性会计相关研究成果，推动会计行业发展；(5) 一般应具有大学本科及以上学历或学士以上学位，取得高级会计师职称后，从事与高级会计师职责相关工作满5年。

七、会计专业技术人员继续教育制度

从总体上看，目前我国会计专业技术人员的业务素质、专业技能、职业判断能力、职业道德修养等，远远不能适应我国社会主义市场经济改革和发展不断提出的要求。为了规范会计专业技术人员继续教育，保障会计专业技术人员的合法权益，不断提高会计专业技术人员素质，我国对会计专业技术人员实行继续教育制度。国家机关、企业、事业单位以及社会团体等组织具有会计专业技术资格的人员，或不具有会计专业技术资格但从事会计工作的人员，均享有参加继续教育的权利和接受继续教育的义务。用人单位应当保障本单位会计专业技术人员参加继续教育的权利。

按照规定，财政部负责制定全国会计专业技术人员继续教育政策，会同人力资源社会保障部监督指导全国会计专业技术人员继续教育工作的组织实施，人力资源社会保障部负责对全国会计专业技术人员继续教育工作进行综合管理和统筹协调；县级以上地方人民政府财政部门、人力资源社会保障部门共同负责本地区会计专业技术人员继续教育工作。

各单位具有会计专业技术资格的人员应当自取得会计专业技术资格的次年开始参加继续教育，并在规定时间内取得规定学分。不具有会计专业技术资格但从事会计工作的人员应当自从事会计工作的次年开始参加继续教育，并在规定时间内取得规定学分。

会计专业技术人员继续教育内容包括公需科目和专业科目。公需科目包括专业技术人员应当普遍掌握的法律法规、政策理论、职业道德、技术信息等基本知识；专业科目包括会计专业技术人员从事会计工作应当掌握的财务会计、管理会计、财务管理、内部控制与风险管理、会计信息化、会计职业道德、财税金融、会计法律法规等相关专业知识。

会计专业技术人员参加继续教育实行学分制管理，每年参加继续教育取得的学分不少于90学分。其中，专业科目一般不少于总学分的三分之二。会计专业技术人员参加继续教育取得的学分，在全国范围内当年度有效，不得结转以后年度。

用人单位应当对会计专业技术人员参加继续教育的种类、内容、时间和考试考核结果等情况进行记录，并在培训结束后及时按照要求将有关情况报送所在地政府财政部门或中央主管单位。各单位应当建立本单位会计专业技术人员继续教育与使用、晋升相衔接的激励机制，将参加继续教育情况作为会计专业技术人员考核评价、岗位聘用的重要依据。会计专业技术人员参加继续教育情况，应当作为聘任会计专业技术职务或者申报评定上一级资格的重要条件。

继续教育管理部门应当加强对会计专业技术人员参加继续教育情况的考核与评价，并将考核、评价结果作为参加会计专业技术资格考试或评审、先进会计工作者评选、高端会计人才选拔等的依据之一，并纳入其信用信息档案。对未按规定参加继续教育或者参加继续教育未取得规定学分的会计专业技术人员，继续教育管理部门应当责令其限期改正。

本章习题自测

第十六章

出纳工作、会计档案管理和会计工作交接

【本章教学目标】

知识目标：本章主要阐述出纳工作的主要内容、出纳工作岗位设置、出纳人员的配备和出纳业务的办理，会计档案的基本管理要求、日常管理工作的内容和保管期满后的鉴定及销毁方法，会计工作交接的基本程序和主要内容。通过本章学习，要求了解出纳工作的主要内容、出纳工作岗位设置和出纳人员配备的基本要求，熟悉库存现金管理制度的主要内容，熟练掌握各项出纳业务的办理，熟悉会计档案日常管理工作的内容，掌握会计档案保管期满后的鉴定及销毁方法，了解会计工作交接的基本程序和主要内容。

能力目标：在会计实务中，基本能够胜任出纳工作，熟悉会计档案管理，熟悉会计工作交接程序和内容。

思政目标：通过对库存现金管理制度主要内容、出纳人员配备要求、出纳业务办理的理解，树立会计工作的法治观念，增强会计工作的规则意识和安全意识，强化会计工作的服务理念和敬业奉献精神，培养严谨务实、耐心细致、沉着冷静、敢于斗争的工作作风。

第一节　出纳工作

一、出纳的含义

"出纳"一词由"出"和"纳"两个字组合而成。顾名思义，"出"即支出，"纳"即收入。根据不同场合，会计学中的出纳一词通常有出纳工作、出纳人员两种含义。

出纳工作是指一个单位对其货币资金、有价证券、票据等进行收付、保管、核算及相关工作的总称，它是一个单位会计核算工作的重要组成部分。从广义上讲，无论是会计机构专设出纳岗位的货币资金、有价证券、票据等的收付、保管、核算，还是业务部门的货币资金收付、保管等方面的工作，都是一个单位的出纳工作。从狭义上讲，出纳工作仅指一个单位会计机构专设出纳岗位的工作。

出纳人员是指一个单位从事出纳工作的人员。从广义上讲，出纳人员既包括在单位会计机构专设出纳岗位上的工作人员，也包括在单位业务部门从事收银（收款）工作的各类工作人员。单位业务部门的收银员（收款员）与会计机构专设出纳岗位上的工作人员相

比，在工作内容、方法、要求和应当具备的基本素质等方面均具有相同之处，可以说，他们是会计机构的出纳派出人员，其工作是单位整个出纳工作的一部分。狭义的出纳人员仅指单位会计机构专设出纳岗位上的会计工作人员。

二、出纳工作的内容

由于各单位会计工作岗位责任制不同，会计机构内部分工不同，各单位出纳工作的内容也就存在差异。然而，由于出纳工作具有其不同于一般会计核算工作的特殊性，这就使得各单位的出纳工作内容具有广泛的共同性。

一般说来，出纳工作的主要内容应当包括：（1）办理收付库存现金的交易或事项；（2）办理银行转账结算的交易或事项；（3）对库存现金、银行存款及有价证券等进行明细分类核算；（4）保管库存现金、有价证券、票据和印鉴等。

三、出纳工作岗位的设置和出纳人员的配备

出纳工作是单位会计核算工作的重要组成部分，出纳人员是单位从事出纳工作的会计人员。为了做好单位出纳工作，提高出纳工作质量，各单位应当设置出纳工作岗位，配备出纳人员。

出纳工作岗位是单位会计机构内部办理出纳业务的专门岗位。通常，一个单位应当根据国家有关会计法律、法规、制度、规定的要求，结合本单位管理工作和办理出纳业务的实际需要，在会计机构内部设置出纳科（组、室），专门办理出纳业务，并应根据出纳工作的特殊性和实际需要设立专门的办公场所。

与此同时，单位会计机构内部应当根据国家有关会计法律、法规、制度、规定的要求，结合本单位办理出纳业务的实际需要，配备必要数量的出纳人员。规模较小、人员较少、交易或者事项较为简单的单位，根据需要可以只配备一名专职出纳人员，也可以指定一名兼职人员办理出纳业务。

由于出纳工作的特殊性，单位会计机构内部配备的出纳人员除了应当具备处理一般会计事项所需的会计专业基本知识、良好的会计职业道德修养等以外，还应当具备以下基本条件：

第一，要具备办理出纳业务所需的较高的专业政策水平和法纪水平。出纳人员应当根据工作需要，掌握和熟练应用国家有关会计法律、法规、制度、规定，掌握和熟练应用国家有关现金管理、银行结算、发票管理、税收征管、成本管理、费用报销等方面的制度和本单位的各项财务管理规定，具有较高的专业政策水平和法纪水平，守法意识强。

第二，要具备办理出纳业务所需的过硬的专业知识、技能和本领。出纳人员应当根据本单位出纳业务工作内容的要求，熟悉手工点钞和机器点钞的方法，特别要学习和苦练各种手工点钞的方法和技术，做到点数迅速、准确无误；要学会整理票币的方法，提高挑剔票币的能力，练就鉴别票币的基本功；要熟悉各种票据，掌握填开票据的具体要求和方法；要学会使用算盘、计算器、计算机等工具，提高自身的数字运算能力，做到准确快捷；要练习和掌握阿拉伯数字的书写技巧和方法。

第三，要具备基本的出纳安全工作常识和极强的安全意识。库存现金、有价证券、票据、各种印鉴，既要有内部的保管分工，各负其责，并做到相互牵制，又要有对外的安全

保证措施，从办公用房的建造，门、屉、柜的锁具配置，到保险柜密码的管理，都要符合安全要求。出纳人员既应当配合安全保卫机构的工作，又要主动学习和掌握安全工作常识，增强安全工作意识，始终把保护自身分管的财产物资的安全完整作为需要履行的首要职责。

第四，要具备与出纳岗位相符合的工作作风和奉献精神。由于随时随地都在与库存现金、有价证券、票据、印鉴等打交道，稍有不慎就会造成意想不到的损失，因此，出纳人员责任重大，应当养成精力集中、有条不紊、手续完备、严谨务实、耐心细致、沉着冷静的工作作风；同时，出纳人员应当树立牢固的服务观念和良好的窗口形象，在工作中文明服务，礼貌待客，做到诚恳、热情、耐心、周到；出纳人员还应当时刻保持职业警惕性，具有为保护财产物资的安全完整敢于同犯罪分子作斗争的勇气和奉献精神。

四、库存现金管理制度

单位的库存现金包括人民币和外币，是流动性最强、可以立即投入流通的交换媒介，可以随时用于购买商品、支付费用、偿还债务等，也可以随时存入银行。为了加强对各单位库存现金的管理，加强对社会经济活动的监督，促进我国市场经济的健康发展，国务院发布了《现金管理暂行条例》、中国人民银行发布了《现金管理暂行条例实施细则》。库存现金管理制度的主要内容如下：

1.库存现金的使用范围

按照规定，各单位只可在下列范围内使用现金：（1）职工工资、各种工资性津贴；（2）个人劳动报酬，包括稿费和讲课费及其他专门工作报酬；（3）支付给个人的各种奖金，包括根据国家规定颁发给个人的各种科学技术、文化艺术、体育等奖金；（4）各种劳保、福利费用以及国家规定的对个人的其他现金支出；（5）收购单位向个人收购农副产品和其他物资支付的价款；（6）出差人员必须随身携带的差旅费；（7）结算起点（1 000元）以下的零星支出；（8）中国人民银行确定需要支付现金的其他支出。

除上述第（5）、（6）项外，各单位在支付个人款项时，支付现金每人一次不得超过1 000元，超过限额部分，根据提款人的要求在指定的银行转为储蓄存款或以支票、银行本票支付。确需全额支付现金的，应经开户银行审查后予以支付。

2.库存现金的限额管理

库存现金限额是指各单位为了保证日常零星开支的需要，按照规定允许留存库存现金的最高数额。

按照规定，各单位的库存现金都要核定限额。库存现金限额应当由各单位提出计划，报开户银行审批。开户银行根据实际需要，原则上以各单位3天至5天的日常零星开支所需核定库存现金限额。边远地区和交通不发达地区的单位，其库存现金限额可以适当放宽，但最多不得超过15天的日常零星开支。对没有在银行单独开立账户的附属单位必须保留的库存现金也要核定限额，其限额包括在单位的库存现金限额之内。

经核定的库存现金限额，各单位必须严格遵守。各单位因业务变化需要增加或减少库存现金限额时，应向开户银行提出申请，经批准后再行调整。

3.库存现金收支的管理

按照规定，各单位库存现金的收支应当依照下列规定办理：（1）一个单位在几家银行开户的，只能在一家银行开设现金结算户，支取库存现金，并由该家银行负责核定库存现金限额并进行库存现金管理检查。（2）各单位收入的库存现金应当于当日送存开户银行，当日送存确有困难的，由开户银行确定送存时间。（3）各单位支付现金，可以从本单位库存现金限额中支付或者从开户银行提取，不得从本单位收入的库存现金中直接支付（即坐支）。因特殊情况需要坐支现金的，应当事先报经开户银行审查批准，由开户银行核定坐支范围和限额。坐支单位应当定期向开户银行报送坐支金额和使用情况。（4）各单位根据规定从开户银行提取库存现金的，应当写明用途，由本单位会计机构负责人签字盖章，经开户银行审核后，予以支付现金。（5）因采购地点不固定、交通不便、抢险救灾以及其他特殊情况必须使用现金的，各单位应当向开户银行提出申请，由本单位会计机构负责人签字盖章，经开户银行审核后，予以支付现金。

4.库存现金保管的管理

为了保护库存现金安全，防止库存现金丢失被盗，国家规定，各单位不准用“白条”顶库，即不准用不符合财务制度的凭证顶替库存现金；不准单位之间相互借用库存现金；不准谎报用途套取库存现金；不准利用银行账户代其他单位和个人存入或支取库存现金；不准“公款私存”，即不准将单位收入的库存现金以个人名义存入储蓄；不准保留“小金库”，即不准保留账外公款；禁止发行变相货币，不准以任何票券代替人民币在市场上流通。

5.国家鼓励减少库存现金的使用

为了控制现金投放量，国家鼓励各单位和个人在经济活动中采取转账方式进行结算，减少使用库存现金。按照规定，各单位在销售活动中，不得对库存现金结算给予比转账结算优惠的待遇；不得拒收支票、银行汇票和银行本票；购置国家规定和专项控制商品，必须采取转账结算方式，不得使用库存现金；各单位应当积极委托开户银行开展代发工资、转存储蓄业务。

五、出纳业务的办理

（一）收付库存现金的交易或事项的办理

企业单位在经济活动过程中，必然会发生各种收入和付出库存现金的交易或事项，例如，从银行提取库存现金、收到差旅人员交回多余的库存现金、将库存现金存入银行、以库存现金支付费用或购买商品等。

出纳人员办理每一次库存现金收付的交易或事项，都应当遵循以下基本要求：

（1）收入和付出库存现金时必须谨慎从事，要先点数再复点，要与缴款人或领款人当面点清钱款，要注意对票币的整理、挑剔和鉴别，防止发生差错。

（2）为了确保出纳人员和库存现金安全，存取库存现金时一般应当由两人以上进行，数额较大时应派专车存取，必要时可要求单位安全保卫机构派员护送。

（3）发生一切涉及库存现金收入的交易或事项，都应当开具有关收款的票据。除了从银行提取库存现金需事先开具现金支票等少数事项外，收入库存现金时通常应当先收款后开具有关收款的票据，并由会计人员审核后加盖本单位财务专用章等印鉴。

（4）发生一切涉及库存现金付出的交易或事项，都应当具有相应的记账凭证及所附原始凭证。付出库存现金时应当先复核已审核签章的记账凭证及所附原始凭证，经复核无误后再付款。

（5）收入库存现金时所填开的收款票据必须符合原始凭证的填制要求；付出库存现金时对记账凭证及所附原始凭证的复核，必须严格按照审核记账凭证、审核原始凭证的要求进行。

（6）收入或付出库存现金的手续办理完毕后，应当在有关原始凭证上加盖“现金收讫”或“现金付讫”印戳。

（二）银行转账结算的交易或事项的办理

货币的收付行为称为结算。结算分为现金结算和银行转账结算。现金结算就是使用现款进行的结算。按照我国现金管理制度的规定，现金结算主要适用于对个人的款项收付。除国家现金管理制度规定可以使用现金结算的以外，各单位发生的各项经济往来不直接使用库存现金结算，而必须通过银行办理转账结算。银行转账结算也称非现金结算、银行结算、转账结算，是指通过银行将款项从付款单位账户划转到收款单位账户的结算方式。银行转账结算进一步分为支票、银行本票、银行汇票、商业汇票、汇兑、托收承付、委托收款、信用卡等多种结算方式。

在实际工作中，各单位银行转账结算的交易或事项一般由出纳人员办理。出纳人员办理银行转账结算的交易或事项，应当遵循以下要求：

（1）按照《银行结算办法》的规定，熟悉和掌握各种银行转账结算方式的适用范围、结算程序、基本规定和注意事项等。

（2）办理转账结算的交易或事项，在银行开立的账户内必须有足够的资金保证支付。

（3）必须使用银行统一规定的票据和结算凭证。票据和结算凭证是办理结算的依据，必须按照规定正确填写，字迹清楚，印章齐全，单位和银行的名称写明全称，异地结算的应冠有省（自治区、直辖市）、县（市）字样。严禁伪造、变造票据和结算凭证。

（4）必须遵守结算原则，即：恪守信用，履约付款；谁的钱进谁的账，由谁支配；银行不垫款。

（5）必须严格遵守银行结算办法的规定，不准出租、出借银行账户；不准签发空头支票和远期支票；不准套取银行信用。

（三）库存现金、银行存款及有价证券的明细核算

库存现金、银行存款及有价证券的明细核算是通过设置和登记日记账形式进行的。

库存现金日记账和银行存款日记账是由出纳人员按照交易或事项发生的时间先后顺序分别逐日逐笔登记库存现金和银行存款增加、减少及结存情况的订本式账簿。在第十一章中，已对库存现金日记账和银行存款日记账的设置方法、账页格式、登记依据、登记方法、注意事项和库存现金的清查盘点、银行存款余额的核对调整等内容作了介绍。应当明确的是，由于库存现金日记账、银行存款日记账是对库存现金、银行存款进行的一种特殊的明细分类核算，要受总账会计设置的“库存现金”“银行存款”总分类账的总金额控制，因此，出纳人员虽然既保管库存现金、管理银行账户和办理银行转账结算的交易或事项，又登记库存现金日记账和银行存款日记账，但并不违背“钱账分管”的原则。

为了对股票、债券等有价证券进行明细分类核算，出纳人员应当在总账会计设置的有关总分类账的控制下，设置和登记有价证券明细账，并定期出具收、付、存报告单。有价证券明细账一般应当按有价证券的种类分设户头，所登记的金额应当与总账会计登记的金额相一致。当账面金额与有价证券的面值不一致时，应当在摘要栏内注明有价证券的批次、面值和张数等，并可通过设置“股票备查登记簿”“债券备查登记簿”等进行补充登记。

（四）库存现金、有价证券、票据和印鉴的保管

1.库存现金的保管

库存现金保管的责任人是出纳人员。出纳人员保管库存现金，主要应当注意采取必要的保安措施，保安重点是出纳办公室和保险柜。出纳办公室应当选择坚固实用的房间、房门、窗户，要符合防火、防盗、防潮、通风要求。保险柜应靠办公室内墙摆放；保险柜钥匙由出纳人员专人保管，不得交由他人代管；保险柜由出纳人员开启，做好开启记录，并严格做好保密密码工作；出纳人员工作变动或离职时，应当更换保险柜密码；保险柜钥匙、密码丢失或者发生故障，出纳人员应当立即报请领导处理，不得自行随意找人配钥匙或修理保险柜；必须更换保险柜时，应当办理以旧换新的批准手续，注明更换情况以备查考。

在日常工作中，为了便于及时收付款项，出纳人员在上班工作时间，可以将库存现金限额内的少量现金放置于办公桌的抽屉里，但必须注意随时落锁、随时保管好钥匙。待下班时，必须整理好现金，将其放置于保险柜内。

特别应当指出的是，出纳人员保管库存现金，必须严格遵守国家现金管理制度的规定，不准用“白条”顶库，不准“公款私存”，不准保留“小金库”，不准单位之间相互借用库存现金，不准利用银行账户代其他单位和个人存入或支取库存现金。

2.有价证券的保管

出纳人员保管的有价证券，主要是指证明持有人债权或所有权最终可以兑换成货币的债权或所有权凭证，包括国库券、地方政府债券、金融债券、公司债券和股票等。认购有价证券，是企业对外投资的一种重要形式。企业持有的有价证券是资产的重要组成部分，具有较强的流动性，出纳人员必须妥善保管。

首先，由于有价证券具有与库存现金相似的特性，出纳人员应当按照保管库存现金的要求，妥善保管有价证券。其次，出纳人员应当及时掌握各种债券的到期时间。为了避免失误，可设置“债券备查登记簿”或自制相关表册，详细标明各种债券的批次、购入时间、面值、利率、张数和到期时间等。此外，业务人员需要提取有价证券外出办理有关事项时，应当办理类似于库存现金借据的正规手续交给出纳人员作为支付凭据，交还有价证券时，由出纳人员在该借据上加盖注销章再退还给出据人。

3.票据的保管

出纳人员保管的票据，主要是指空白支票和空白收据。

支票是银行的存款人签发给收款人办理结算或委托开户银行将款项支付给收款人的票据。支票分为现金支票和转账支票。现金支票可以提取现金，也可以转账；转账支票只能转账，不能支取现金。各单位为了随时通过开户银行办理支取款项的业务，往往都要在银行存款的额度内填写“支票领用单”并加盖预留银行印鉴，向开户银行领购支票，保留一定数量的空白支票备用。支票是一种支付凭证，一旦填写了有关内容并加盖了预留银行印鉴后，即可成为直接从银行支取现金或与其他单位进行款项结算的凭据。因此，除了必须严格按照《银行结算办法》的规定签发使用支票外，出纳人员必须采取措施，妥善保管空白支票，避免遗失、发生非法使用和盗用等情况。保管空白支票，特别要注意坚决贯彻落实票、印分管的原则，空白支票和预留银行印鉴不得由一个人保管，以便形成制约机制，明确责任，防止发生舞弊行为。出纳人员应当设置“支票备查登记簿”，登记支票的签发日期、支票号码、收款单位、用途、金额等，并由支票领用人签名盖章。对于作废的支票，要加盖“作废”章，与存根一同妥善保管，不得丢失、撕毁。结清银行账户时，必须将全部剩余空白支票交回开户银行注销。

空白收据一旦填写了有关内容并加盖了有关印鉴后，即可成为办理现金支付或转账结算的一种书面证明。因此，出纳人员必须按照相关规定使用和妥善保管空白收据，避免遗失、发生非法使用和盗用等情况。保管空白收据，同样要注意贯彻落实票、印分管的原则，空白收据和印鉴不得由一个人保管，防止发生舞弊行为。出纳人员应当设置“收据备查登记簿”，登记收据的领用日期、起讫号码、领用部门等，并由领用人签名盖章。有关部门领用空白收据，应当填制领用单，并由部门负责人签字同意。使用收据时，不得将收据带出本单位；不得转借、赠送和买卖空白收据；不得弄虚作假，开具实际与票面不符、存根联与其他联不符的收据。对于作废的收据，要加盖“作废”章，与存根一同妥善保管，不得丢失、撕毁。收据用完后，须将收据存根交还、核销。

4.印鉴的保管

企业单位的印鉴包括会计机构需要使用的企业财务专用章、企业负责人名章、会计机构负责人或会计主管人员名章、出纳人员名章以及“现金收讫”“现金付讫”“银行收讫”“银行付讫”章等。对于各种印鉴，一要视同库存现金，妥善加以保管；二要切实贯彻票、印分管的原则，特别是不能由一个人既保管预留银行印鉴又保管空白支票，以防止发生舞弊等行为。

第二节 会计档案管理

一、会计档案的含义和内容

会计档案是指单位在进行会计核算等过程中接收或形成的，记录和反映单位经济交易或事项的，具有保存价值的文字、图表等各种形式的会计资料，包括通过计算机等电子设备形成、传输和存储的电子会计档案。

各单位的会计档案是国家档案的重要组成部分，是记录各单位日常发生的交易或者事项、反映各单位经济活动情况的重要证据，是各单位的重要历史资料，是加强经济管理所需的主要资料来源。国家机关、社会团体、企业、事业单位和其他组织均应按照国家档案管理要求，加强会计档案管理工作。

各单位的会计档案一般分为以下四类：

(1) 会计凭证类，包括原始凭证、记账凭证；

(2) 会计账簿类，包括总账、明细账、日记账、固定资产卡片、其他辅助性账簿；

(3) 财务会计报告类，包括月度、季度、半年度、年度财务会计报告；

(4) 其他类，包括银行存款余额调节表、银行对账单、纳税申报表、会计档案移交清册、会计档案保管清册、会计档案销毁清册、会计档案鉴定意见书及其他具有保存价值的会计资料。

二、会计档案管理的基本要求

为了加强会计档案的科学管理，统一会计档案管理制度，做好会计档案管理工作，充分、有效地保护和利用会计档案，更好地为发展社会主义市场经济服务，财政部和国家档案局联合制定、发布了《会计档案管理办法》。按照规定，会计档案管理的基本要求是：

第一，各级人民政府财政部门和档案行政管理部门，应当共同负责会计档案工作制度的制定、会计档案工作的监督和指导。

第二，国家机关、社会团体、企业、事业单位和其他组织应当加强会计档案管理工作，建立和完善会计档案的收集、整理、保管、利用和鉴定销毁等管理制度。

第三，国家机关、社会团体、企业、事业单位和其他组织应当采取可靠的安全防护技术和措施，保证会计档案的真实、完整、可用、安全，严防毁损、散失和泄密。

第四，各单位的出纳人员不得兼任会计档案保管工作。

第五，委托人委托代理记账机构代理记账，应当在订立的书面委托合同中明确会计档案的保管要求及相应的责任。

三、会计档案的日常管理

各单位会计档案的日常管理工作，概括地说就是立卷、归档、保管、查阅。

按照规定，各单位在完成各项业务手续和账务处理程序后，必须由会计机构按照归档范围和归档要求，定期将应当归档的会计资料收集、整理、立卷，装订成册，编制“会计档案保管清册”，归档保管。各单位的会计机构应当定期对各种会计凭证分类整理，装订成册，并顺序编号，归档保管；年终应将已更换的各种活页账簿、卡片账簿以及必要的辅助性账簿连同账簿使用登记表装订成册，加上封面，统一编号，由有关人员签章，与订本账簿一并归档保管；年终应将全年编制的财务会计报告按时间先后顺序整理，装订成册，加具封面，归档保管。

当年形成的会计档案，在会计年度终了后，可由单位会计机构临时保管一年，再移交单位档案管理机构保管。因工作需要确需推迟移交的，应当经单位档案管理机构同意。单位会计机构临时保管会计档案最长不超过三年。临时保管期间，会计档案的保管应当符合国家档案管理的有关规定，且出纳人员不得兼管会计档案。单位会计机构在办理会计档案移交时，应当编制“会计档案移交清册”，并按照国家档案管理的有关规定办理移交手续。移交本单位档案机构保管的纸质会计档案，原则上应当保持原卷册的封装，个别需要拆封重新整理的，档案机构应当会同会计机构和经办人员共同拆封整理，以分清责任；电子会计档案移交时应当将电子会计档案及其元数据一并移交，且文件格式应当符合国家档案管理的有关规定。单位档案管理机构接收电子会计档案时，应当对电子会计档案的准确性、完整性、可用性、安全性进行检测，符合要求的才能接收。未设立档案机构的单位，应当在会计机构内部指定专人保管。

按照规定，单位因撤销、解散、破产或其他原因而终止的，在终止或办理注销登记手续之前形成的会计档案，按照国家档案管理的有关规定处置。单位分立后原单位存续的，其会计档案应当由分立后的存续方统一保管，其他方可以查阅、复制与其业务相关的会计档案。单位分立后原单位解散的，其会计档案应当经各方协商后由其中一方代管或按照国家档案管理的有关规定处置，各方可以查阅、复制与其业务相关的会计档案。单位分立中未结清的会计事项所涉及的会计凭证，应当单独抽出由业务相关方保存，并按照规定办理交接手续。单位因业务移交其他单位办理所涉及的会计档案，应当由原单位保管，承接业务单位可以查阅、复制与其业务相关的会计档案。对其中未结清的会计事项所涉及的会计凭证，应当单独抽出由承接业务单位保存，并按照规定办理交接手续。单位合并后原各单位解散或者一方存续其他方解散的，原各单位的会计档案应当由合并后的单位统一保管。单位合并后原各单位仍存续的，其会计档案仍应当由原各单位保管。建设单位在项目建设期间形成的会计档案，需要移交给建设项目接受单位的，应当在办理竣工财务决算后及时移交，并按照规定办理交接手续。单位之间交接会计档案时，交接双方应当办理会计档案交接手续。移交会计档案的单位，应当编制会计档案移交清册，列明应当移交的会计档案名称、卷号、册数、起止年度、档案编号、应保管期限和已保管期限等内容。交接会计档案时，交接双方应当按照会计档案移交清册所列内容逐项交接，并由交接双方的单位有关负责人负责监督。交接完毕后，交接双方经办人和监督人应当在会计档案移交清册上签名或盖章。电子会计档案应当与其元数据一并移交，特殊格式的电子会计档案应当与其读取平台一并移交。档案接受单位应当对保存电子会计档案的载体及技术环境进行检验，确保所接收电子会计档案的准确、完整、可用和安全。

各单位应当建立健全会计档案查阅、复制、借出登记制度，严格按照相关制度管理会计档案，在进行会计档案查阅、复制、借出时履行登记手续，确保会计档案的完整、安全，严防毁损、散失。单位保存的会计档案一般不得对外借出。确因工作需要且根据国家有关规定必须借出的，应当严格按照规定办理相关手续。会计档案借用单位应当妥善保管和利用借入的会计档案，确保借入会计档案的安全完整，并在规定时间内归还。单位的会计档案及其复制件需要携带、寄运或者传输至境外的，应当按照国家有关规定执行。

四、会计档案的保管期限

按照规定，会计档案的保管期限分为永久和定期两类，其中定期保管期限又分为10年和30年。保管期限的计算从会计年度终了后的第一天算起。企业和其他组织会计档案保管期限见表16-1。

表16-1　　　　企业和其他组织会计档案保管期限表

会计档案名称	保管期限	备　注
一、会计凭证类		
1.原始凭证	30年	
2.记账凭证	30年	
二、会计账簿类		
1.总账	30年	
2.明细账	30年	
其中：固定资产卡片		固定资产报废清理后保存5年
3.日记账	30年	
4.其他辅助性账簿	30年	
三、财务会计报告类		
1.月度、季度、半年度财务会计报告	10年	
2.年度财务会计报告（决算）	永久	
四、其他类		
1.银行存款余额调节表	10年	
2.银行对账单	10年	
3.纳税申报表	10年	
4.会计档案移交清册	30年	
5.会计档案保管清册	永久	
6.会计档案销毁清册	永久	
7.会计档案鉴定意见书	永久	

注：本表所列会计档案保管期限为最低保管期限，各类会计档案的保管原则上应当按照本表所列期限执行。

五、会计档案的鉴定及销毁

单位应当定期对已到保管期限的会计档案进行鉴定，并形成“会计档案鉴定意见书”。会计档案鉴定工作应当由单位档案管理机构牵头，组织单位会计、审计、纪检监察等机构或人员共同进行。经鉴定，仍需继续保存的会计档案，应当重新划定保管期限；对保管期满，确无保存价值的会计档案，可以销毁。

经鉴定可以销毁的会计档案，应当按照以下程序销毁：

（1）单位档案管理机构编制“会计档案销毁清册”，列明拟销毁会计档案的名称、卷号、册数、起止年度、档案编号、应保管期限、已保管期限和销毁时间等内容。

（2）单位负责人、档案管理机构负责人、会计机构负责人、档案管理机构经办人、会计机构经办人在“会计档案销毁清册”上签署意见。

（3）单位档案管理机构负责组织会计档案销毁工作，并与会计机构共同派员监销。监销人在会计档案销毁前，应当按照“会计档案销毁清册”所列内容进行清点核对；在会计档案销毁后，应当在“会计档案销毁清册”上签名或盖章。电子会计档案的销毁还应当符合国家有关电子档案的规定，并由单位档案管理机构、会计机构和信息系统管理机构共同派员监销。

应当注意的是，保管期满但未结清的债权债务会计凭证和涉及其他未了事项的会计凭证不得销毁，纸质会计档案应当单独抽出立卷，电子会计档案单独转存，保管到未了事项完结时为止。单独抽出立卷或转存的会计档案，应当在“会计档案鉴定意见书”、“会计档案销毁清册”和“会计档案保管清册”中列明。

按照我国会计法律的规定，隐匿或者故意销毁依法应当保存的会计凭证、会计账簿、财务会计报告，构成犯罪的，依法追究刑事责任；尚不构成犯罪的，由县级以上人民政府财政部门予以通报，可以对单位并处五千元以上十万元以下的罚款，对其直接负责的主管人员和其他直接责任人员可以处三千元以上五万元以下的罚款，属于国家工作人员的还应当由其所在单位或者有关单位依法给予撤职直至开除的行政处分，其中的会计人员五年内不得从事会计工作。

第三节　会计工作交接

一、会计工作交接的基本要求

会计工作交接是指会计人员由于工作调动或者由于单位撤销、合并、分立等原因而离职时，将其所经管的会计工作全部移交给接管人员的工作。会计人员调动工作或者离职，必须与接管人员办清交接手续。办清会计工作交接手续，有利于明确移交人员、接管人员和监交人员各自的责任，是保持单位会计工作的连续性、防止因会计人员更换而出现会计核算工作混乱现象的重要保证。

会计工作交接必须按照以下要求进行：

第一，会计人员调动工作或者离职，必须与接管人员在规定期限内办清所经管的会计工作的交接手续，未办清交接手续的会计人员不得调动工作或者离职。会计人员临时离职或者因病不能工作且需要接替或者代理的，会计机构负责人、会计主管人员或者单位领导人必须指定有关人员接替或者代理，并办理交接手续。临时离职或者因病不能工作的会计人员恢复工作的，应当与接替或者代理人员办理交接手续。移交人员因病或者其他特殊原因不能亲自办理移交的，经单位领导人批准，可由移交人员委托他人代办移交，但委托人应当对所移交的会计档案和其他有关资料的合法性、真实性承担法律责任。

第二，单位撤销时，必须留有必要的会计人员，会同有关人员办理清理工作，编制决算。未移交前，不得离职。接收单位和移交日期由主管部门确定。

第三，移交人员必须对所移交的会计凭证、会计账簿、财务会计报告和其他有关资料的合法性、真实性承担法律责任。

第四，接管人员应当认真接管移交工作，并继续办理好所接管的未了事项，以保持会计核算工作的连续性。

第五，为了保持会计记录的连续性，接管人员应当继续使用移交的会计账簿，不得自行另立新账。

二、会计工作交接的程序和内容

就其工作程序和内容而言，会计工作交接可以分为三个主要环节，即准备工作、移交工作、监交工作。

1.准备工作

会计人员办理会计工作交接，应当提前及时做好移交前的准备工作，其内容包括：

（1）已经受理的交易或者事项，如果尚未填制会计凭证，应当填制完毕。

（2）尚未登记的账目，应当登记完毕，并在最后一笔余额后加盖经办人员印章。

（3）整理应该移交的各项资料，并对未了事项写出书面材料。

（4）编制移交清册，列明应当移交的会计凭证、会计账簿、财务会计报告、印章、库存现金、有价证券、支票簿、发票、文件、其他会计资料和物品等内容；实行会计电算化的单位，从事该项工作的移交人员还应当在移交清册中列明会计软件及密码、会计软件数据磁盘（磁带等）及有关资料、实物等内容。

2.移交工作

在办理会计工作交接时，移交人员应当按照移交清册逐项移交，接管人员则要逐项核对点收。移交工作内容包括：

（1）库存现金、有价证券要根据会计账簿有关记录进行点交。库存现金、有价证券必须与会计账簿记录中的余额保持一致。不一致时，移交人员必须负责查证清楚。

（2）会计凭证、会计账簿、财务会计报告和其他会计资料必须完整无缺。如有短缺，必须查清原因，并在移交清册中注明，由移交人员负责。

（3）银行存款账户余额要与银行对账单核对，如不一致，应当编制银行存款余额调节表调节相符，各种财产物资和债权债务的明细账户余额要与总账有关账户余额核对相符；必要时要抽查个别账户的余额，与实物核对相符，或者与往来单位、个人核对清楚。

（4）移交人员经管的票据、印章和其他实物等，必须交接清楚；移交人员从事会计电算化工作的，要对有关电子数据在实际操作状态下进行交接。

（5）会计机构负责人、会计主管人员移交时，还必须将全部财务会计工作、重大财务收支和会计人员的情况等，向接管人员详细介绍。对需要移交的遗留问题，会计机构负责人、会计主管人员应当写出书面材料。

3.监交工作

会计人员在办理会计工作交接手续时，必须有监交人员负责对会计工作交接进行监督。一般会计人员交接，由单位会计机构负责人、会计主管人员负责监交；会计机构负责人、会计主管人员交接，由单位领导人负责监交，必要时可由上级主管部门派人会同监交。

会计工作交接完毕后，交接双方和监交人员要在移交清册上签名或者盖章。在移交清册上，应当注明单位名称，交接日期，交接双方和监交人员的职务、姓名，移交清册页数以及需要说明的问题和意见等。移交清册一般应当填制一式三份，交接双方各执一份，存档一份。

本章习题自测

主要参考书目

[1] 中华人民共和国财政部. 企业会计准则（合订本）[M]. 北京：经济科学出版社，2019.

[2] 中华人民共和国财政部. 企业会计准则应用指南（2023年版）[M]. 上海：立信会计出版社，2023.

[3] 财政部会计司编写组. 企业会计准则详解与实务（2023年版）[M]. 北京：人民邮电出版社，2023

[4] 唐国平.会计学原理 [M]. 4版. 北京：中国财政经济出版社，2020.

[5] 夏成才.会计学原理 [M]. 3版. 北京：首都经济贸易大学出版社，2012.

[6] 吴水澎.会计学原理 [M]. 北京：经济科学出版社，2011.

[7] 陈国辉，迟旭升. 基础会计 [M]. 7版. 大连：东北财经大学出版社，2021.

[8] 朱小平，周华，秦玉熙. 初级会计学 [M]. 10版.北京：中国人民大学出版社，2019.

[9] 张志康. 会计学基础 [M]. 北京：科学出版社，2016.

[10] 谢万健. 会计规范专题 [M]. 2版. 北京：北京大学出版社，2014.

[11] 娄尔行. 基础会计 [M]. 上海：上海财经大学出版社，2002.

[12] 高等财经院校会计教材编写组. 会计原理 [M]. 北京：中国财政经济出版社，1963.